뉴노멀 시대
위험과 정부 책임성
: 안전사회 건설을 위하여

김정인 지음

박영사

머리말

지금까지 삶을 살아오면서 '일상의 소중함'을 이렇게까지 가슴깊이 느껴본 적은 없는 듯하다. 물론 지인이나 가족 혹은 본인 스스로가 몸이 아프거나 힘든 일을 겪을 때 빠른 일상으로의 복귀를 간절히 바란 적은 있지만, 오늘날처럼 불안감과 절망감, 공포의 마음이 컸던 적은 드물었던 것 같다. '이전으로 돌아갈 수 있을까?' 많은 사람들이 최근 들어 수도 없이 되뇌는 질문이다. 그 질문에 대한 답을 찾기 위해 정책결정자들도, 연구자들도, 학자들도, 일반 시민들도 고군분투하고 있다. 2019년 12월경부터 시작된 코로나 19 상황을 8개월여가 지나서까지 감당해 내면서 고심 끝에 내리는 결론은 '이전의 일상으로 돌아가기는 어려울 것이다!'라는 답이다.

이제 거리에서, 공공장소에서 마스크를 쓰지 않고서 마음껏 크게 웃으며 대화를 나누고, 손을 맞잡는 모습은 거의 보기 드문 광경이 되었다. 불과 작년까지만 해도 너무나 당연했던 일상이, 그 아름다운 모습들이 이제는 당연하지 않은, 타인의 눈살을 찌푸리게 만드는 광경이 되어버린 것이다. 사람들은 이제 반쯤은 자포자기하는 마음으로 이러한 상황에 익숙해져 가고 있다. 누군가는 '이제는 마스크를 쓰지 않으면 허전할 정도'라는 말을 한다. '이제는 마스크로 가려지지 않은 사람들의 눈만 봐도 그 사람이 무엇을 원하는지 대충은 알아차릴 정도'라는 웃지 못할 농담을 건네기도 한다. '직접 가족, 친구의 얼굴을 마주하는 것보다 컴퓨터나 휴대폰 프로그램을 활용해 화상으로 얼굴을 마주하는 것이 더 마음 편하다'라는 말을 하는 사람들도 있다. 그렇다! 이제는 과거 비일상적이던 것이 너무도 당연한 일상이 되어버린 "뉴노멀(New Normal)"의 시대가 시작된 것이다. 토머스 프리드먼이라는 뉴욕 타임스 칼럼리스트는 앞으로의 시대를 코로나 이전(Before Corona, BC)과 코로나 이후(After Corona, AC)로 구분할 수 있을 것이라고 언급하였다. 코로나 19가 전 세계에 심각한 신종 위험으로 등장하였으며, 심지어는 이후 세계의 급격한 변화를 가져온 '단절적 균형' 상태의 핵심 사건으로 자리잡게 된 것이다.

돌이켜 보면 우리사회는 코로나 19 사태 이전부터 급진적 산업화 시기를 거치면서 이미 뉴노멀 시대를 열어가고 있었다. 세계 금융위기 이후의 저성장, 높은 불확실성과 예측불가능성 등을 주요 특징으로 하는 뉴노멀 시대에 더해 산업화에 따른 여러 가지 위험들이 확산되면서 위험사회로의 가속화도 이루어지고 있는 것이다. 이번 코로나 19 사태는 신종 질병 등과 관련된 새로운 위험에 대한 공포와 불안까지 확산시키며 전 세계를 뒤흔들고 있다. 지금 이 순간에도 전 세계적으로 코로나 19 확진자가 발생하고 있으며, 이로 인해 숨지는 안타까운 상황들도 지속되고 있다. 많은 사람들이 가을부터 다시 시작될 것으로 우려되는 코로나 19 2차 파동을 염려하고 있다.

뉴노멀 시대의 위험사회에서 불안감을 느끼는 국민들을 위해 정부는 무엇을 해야 할까? 본서에서는 이러한 질문에 대한 답을 찾아보고 싶었다. 답을 찾는 여정이 쉽지만은 않았다. 뉴노멀 시대에 발생하는 다양한 위험사례들을 유형별로 분석하고, 이를 바탕으로 안전사회 건설을 위한 정부의 역할을 모색해 보고자 노력하는 가운데 사회 곳곳에서 벌어졌던 혹은 벌어지고 있는 위험 상황들을 접하면서 위험에 대한 불안과 공포감이 더욱 커지기도 하였다. 하지만 본 연구를 통해 분명하게 확인할 수 있었던 것은 저자와 같이 주관적 위험에 대한 인식이 강한 국민들에 대한, 또 더욱 중요하게는 실질적으로 발생하는 객관적 위험을 예방·대응하는 데 있어서 정부는 '책임감'을 가져야 한다는 것이다.

많은 연구자들이 코로나 19 사태를 통해 정부의 책임성은 더욱 확장될 것으로 예측하고 있다. 코로나 19 사태를 겪으면서 경제적·사회적 측면을 포함한 다양한 측면에서 국민의 고통이 더욱 커지고 있기 때문이다. 이처럼 위기에 처한 국민들을 국가(정부)는 '보호(保護)'할 의무가 있는 것이다. 본서에서는 안전사회 구축을 위해 정부가 ① 보장성, ② 사회적 포용성, ③ 시의성·신속성 등의 가치를 중요하게 고려할 필요가 있다고 제안하였다. 이러한 가치를 바탕으로 확장된 정부 책임성을 확보할 필요가 있을 것이다. 사회안전망 구축을 통한 보장국가의 달성을 통해 국민의 신뢰를 회복하고 안전사회를 건설해 나가야 할 것이다. 이러한 과정에는 반드시 국민들의 참여와 협력, 이해, 공감이 수반되어야 한다.

코로나 19 상황으로 인해 이전에 경험하지 못했던 새로운 세상의 문이 열리면서 국민도, 정부도 준비해야 할 것들이 참으로 많아졌다. 저자 스스로도 포스트 코로나 시대를 어떻게 준비할 것인가에 대한 고민이 깊다. 이러한 고민을 본서에 담을 수 있도록 지원해 주신 한국연구재단의 저술출판지원사업 관계자들께 깊은 감사를 드린다. 또한 저자의 학문적 바탕이 되어주신 미국 조지아 대학교의 J. Edward Kellough 교수님과 서울대학교 행정대학원의 정홍익 교수님께도 감사를 드린다. 본서의 출판을 허락해 주신 박영사 안종만·안상준 대표님, 아낌없는 지원을 해 주신 박영사 이영조 차장님과 장유나 과장님께도 감사드리고 싶다.

앞으로 어떤 세상이 열릴지는 아무도 알 수 없다. 불확실성과 예측불가능성이 높은 뉴노멀 시대 위험사회에서, 그래도 작은 희망을 가지고 묵묵히 살아가고 있는 우리 모두에게 격려와 위로의 박수를 보낸다. 그에 더해 의료 현장에서 아직까지도 코로나 19와 사투를 벌이고 있는 의료진들, 국민들의 안전을 위해 불철주야 애쓰고 계시는 모든 분들께 깊은 존경과 감사의 마음을 전한다. 모든 분들의 안전과 건강을 기원하며 이 글을 마친다.

2020년 8월
저자 **김정인**

목 차

제III부 안전사회 구축을 위한 정부 책임성과 거버넌스

제 I 부

뉴노멀 시대와
안전사회

안전사회란 무엇인가?

제1절   안전사회 개념과 특징

1. 안전의 개념과 의미

안전사회(safety society)에 대해 본격적으로 논의하기 이전에 안전(safety)이 무엇인가를 살펴볼 필요가 있다. 안전의 사전적 의미를 살펴보면 다음과 같다. 표준국어대사전에 의하면 안전(安全)은 "위험이 생기거나 사고가 날 염려가 없음. 또는 그런 상태"를 의미한다.[1],[2] 또한 안전은 위험 또는 위기와 반대되는 의미로 사용되며, 위험 또는 위기가 제거된 상태를 의미한다(이부하, 2011). 특히 안전은 ① 'safety'의 안전 의미와 ② 'security'의 안전 의미로 구분해 설명할 수 있다. Security는 외부의 의도적인 공격 등과 같은 위험으로부터 보호되는 상태를 의미하며, safety는 인간으로서 인식할 수 있는 다양한 형태의 위험으로부터 보호되는 상태를 의미하기에, safety가 security 보다 광범위하고 포괄적인 의미로 해석되는 것이다(이부하, 2011; 정문식, 2007). 보다 구체적으로 safety가 감정적·물리적 위험으로부터의 1차적인 안전을 의미한다면, security는 시스템으로서 지속적이고 계속적인 안전을 의미한다(류성진, 2019: 66).

이와 같이 안전은 "위험이 생기거나 사고가 날 염려가 없는 상태로서, 안전한 상태란 위험 원인이 없는 상태 또는 위험 원인이 있더라도 인간이 위해를 받는 일이 없도록 대책이 세워져 있고, 그런 사실이 확인된 상태"라고 정의할 수 있다(두피디아, 2020). 또한 안전은 "위험이 생기거나 사고가 날

---

[1] https://ko.dict.naver.com/#/entry/koko/4edc1416bc8643669da78d84972927dc

[2] 안전과 유사한 용어로 안보, 평온, 평강, 안정, 평안, 평화 등이 있으며, 위험, 불안전, 위태, 불안 등이 반대말로 사용된다.

염려가 없거나 또는 그런 상태에 국한되지 않고 불의의 사고나 의도적 행위로 인해 초래되는 건강상의 해로운 결과인 손상이 발생되는 위험 환경, 위험요인 등을 적절히 통제하여 손상이 발생하지 않도록 취해지는 모든 중재 방안"이라고도 정의할 수 있다(오세연·곽영길, 2017: 221). 이처럼 안전 개념은 위험 개념과 반대되며, 내용과 범위가 매우 광범위하고, 동시에 객관적 요인과 주관적 인식 모두를 포괄한다고 할 수 있다.

　사전적 의미 뿐만 아니라 법적 의미에서도 안전 개념을 살펴볼 수 있다. 대한민국 「헌법」에서는 안전이라는 단어가 총 11번 나타나는데 「헌법」 조문을 제외하고는 안전이라는 의미가 '안전보장'이라는 용어로 사용된다 (윤수정, 2019: 5).[3] 먼저 「헌법」 조문에 제시되는 안전의 개념은 보다 추상적인 의미로 해석된다. 개인의 '자유와 행복'이라는 측면에서 안전을 해석하는 견해가 있으며(송석윤, 2007: 45), 영원한 안전 확보 차원에서의 안전의무를 국민 생명·신체·재산을 보호해야 하는 국가의 헌법상 의무로 해석하기도 한다(이한태·전우석, 2015: 127). 또한 「헌법」에서 가장 많이 활용되는 용어인 국가의 '안전보장'은 "국가의 존립·헌법의 기본질서 유지 등을 포함하는 개념으로서 결국 국가의 독립, 영토의 보전, 헌법과 법률의 기능, 헌법에 의하여 설치된 국가기관 유지 등의 의미"로 해석된다.[4] 이에 의하면 안전은 보

---

3) ① 「헌법」 전문(前文) "우리들과 우리들의 자손의 안전과 자유와 행복을 영원히 확보할 것을 다짐하면서" ② 제5조 ② 국군은 국가의 안전보장과 국토방위의 신성한 의무를 수행함을 사명으로 하며, 그 정치적 중립성은 준수된다. ③ 제37조 ② 국민의 모든 자유와 권리는 국가안전보장·질서유지 또는 공공복리를 위하여 필요한 경우에 한하여 법률로써 제한할 수 있으며, 제한하는 경우에도 자유와 권리의 본질적인 내용을 침해할 수 없다. ④ 제50조 ① 국회의 회의는 공개한다. 다만, 출석의원 과반수의 찬성이 있거나 의장이 국가의 안전보장을 위하여 필요하다고 인정할 때에는 공개하지 아니할 수 있다. ⑤ 제60조 ① 국회는 상호원조 또는 안전보장에 관한 조약, 중요한 국제조직에 관한 조약, 우호통상항해조약, 주권의 제약에 관한 조약, 강화조약, 국가나 국민에게 중대한 재정적 부담을 지우는 조약 또는 입법사항에 관한 조약의 체결·비준에 대한 동의권을 가진다. ⑥ 제76조 ① 대통령은 내우·외환·천재·지변 또는 중대한 재정·경제상의 위기에 있어서 국가의 안전보장 또는 공공의 안녕질서를 유지하기 위하여 긴급한 조치가 필요하고 국회의 집회를 기다릴 여유가 없을 때에 한하여 최소한으로 필요한 재정·경제상의 처분을 하거나 이에 관하여 법률의 효력을 가지는 명령을 발할 수 있다. ⑦ 제91조 ① 국가안전보장에 관련되는 대외정책·군사정책과 국내정책의 수립에 관하여 국무회의의 심의에 앞서 대통령의 자문에 응하기 위하여 국가안전보장회의를 둔다. ② 국가안전보장회의는 대통령이 주재한다. ③ 국가안전보장회의의 조직·직무범위 기타 필요한 사항은 법률로 정한다. ⑧ 제109조 재판의 심리와 판결은 공개한다. 다만, 심리는 국가의 안전보장 또는 안녕질서를 방해하거나 선량한 풍속을 해할 염려가 있을 때에는 법원의 결정으로 공개하지 아니할 수 있다.

다 광범위한 의미로서 단순한 개인의 보호법익 개념보다 국가안보와 관련된 집단적 차원의 안전 의미로 해석되어 왔다(김소연, 2017). 최근 들어서는 국민의 안전보장을 국가의 근본적 의무로 간주하고 있다. 특히 재해로부터의 예방과 그 위험으로부터의 국민 보호는 「헌법」과 「재난 및 안전관리 기본법」에 대표적으로 나타난다(윤수정, 2019: 6-7).[5] 이와 같이 「헌법」에 나타난 안전이라는 의미는 개인의 자유와 행복을 위한 소극적 의미에서부터, 국가의 적극적 보호 의무까지 두 가지 의미를 모두 다 포함한다고 할 수 있다.

안전의 개념은 다양하고 복합적으로 설명할 수 있다. 특히 안전사회를 객관적으로 드러난 안전 수준(소극적 수준의 안전)과 주관적으로 인식하는 안전 수준(적극적 수준의 안전)으로 나누어 설명할 수 있다. 전자인 객관적으로 드러나는 안전사회는 재난·사고 등과 같은 안전사고가 없는 사회를 의미한다. 반면에 후자인 주관적으로 인식되는 안전사회는 구성원들의 안전 인식 수준이 높은 사회를 의미한다. 객관적이고 표면적으로 드러나는 안전의 개념도 중요하다. 하지만, 안전은 사회 구성원들이 인식하는 위험과 밀접한 관련성이 있어 주관적 인식도 중요하게 고려할 필요가 있다(Slovic, 1997).

근래에는 단순히 재난 또는 사고가 없는 상태에서 벗어나 보다 장기적으로 걱정 없이 안정적으로 살아가는 생활적인 관점에서 안전의 중요성을 강조하기도 한다. 이와 관련해 대표적으로 '생활안전' 영역이 제시될 수 있다(김성근, 2017). 생활안전은 크게 두 가지로 설명될 수 있는데, 첫 번째는 재난과 분리된 일상적 안전사고 범주의 한정된 개념이며, 두 번째는 범죄, 재난, 안전사고, 기후변화 적응 등 일상생활 속에서 발생하는 위험요소로부터의 안전 의미로 포괄적인 개념이다(김성근, 2017: 17). 이 두 가지 개념 중 어떤 것이든, 생활안전은 광범위하게 해석될 수 있다.[6].[7] 또한 「재난 및 안

---

4) 헌재결 1992. 2. 25, 89헌가104.

5) 「헌법」 제34조 제6항 "국가는 재해를 예방하고 그 위험으로부터 국민을 보호하기 위하여 노력하여야 한다", 제36조 제3항 "모든 국민은 보건에 관하여 국가의 보호를 받는다"에서 제시되고 있다. 그리고 「재난 및 안전관리 기본법」의 목적은 "각종 재난으로부터 국토를 보존하고 국민의 생명·신체 및 재산을 보호하기 위하여 국가와 지방자치단체의 재난 및 안전관리체제를 확립하고, 재난의 예방·대비·대응·복구와 안전문화활동, 그 밖에 재난 및 안전관리에 필요한 사항을 규정함"이다(국가법령정보센터, 2020a).

6) 같은 맥락에서 생활안전을 ① "국민의 일상생활을 영위하는 과정에서 생명과 건강, 재산상의 위해를 받지 않는 상태", ② "가정, 학교, 사회생활 등 일상적으로 접하는 생활환경에서의 위

전관리 기본법」에서는 안전을 재난 또는 안전관리라는 범위 내에서 광범위하게 제시하고 있다. 안전과 반대 의미인 재난을 자연재난과 사회재난으로 구분하여 설명한다. 이러한 점을 고려해 볼 때 안전의 범위는 제한적이고 한정적인 영역만을 의미하는 것이 아니라, 생활과 관련된 광범위한 영역을 포괄한다고 할 수 있다.

<표 1-1> 「재난 및 안전관리 기본법」에 제시된 안전 관련 용어

안전 관련 용어	의미 및 특징
재난	국민의 생명·신체·재산과 국가에 피해를 주거나 줄 수 있는 것
자연재난	태풍, 홍수, 호우(豪雨), 강풍, 풍랑, 해일(海溢), 대설, 한파, 낙뢰, 가뭄, 폭염, 지진, 황사(黃砂), 조류(藻類) 대발생, 조수(潮水), 화산활동, 소행성·유성체 등 자연우주물체의 추락·충돌, 그 밖에 이에 준하는 자연현상으로 인하여 발생하는 재해
사회재난	화재·붕괴·폭발·교통사고(항공사고 및 해상사고를 포함)·화생방사고·환경오염사고 등으로 인하여 발생하는 대통령령으로 정하는 규모 이상의 피해와 에너지·통신·교통·금융·의료·수도 등 국가기반체계의 마비, 「감염병의 예방 및 관리에 관한 법률」에 따른 감염병 또는 「가축전염병예방법」에 따른 가축전염병의 확산, 「미세먼지 저감 및 관리에 관한 특별법」에 따른 미세먼지 등으로 인한 피해
해외재난	대한민국의 영역 밖에서 대한민국 국민의 생명·신체 및 재산에 피해를 주거나 줄 수 있는 재난으로서 정부차원에서 대처할 필요가 있는 재난
재난관리	재난의 예방·대비·대응 및 복구를 위하여 하는 모든 활동
안전관리	재난이나 그 밖의 각종 사고로부터 사람의 생명·신체 및 재산의 안전을 확보하기 위하여 하는 모든 활동
안전기준	각종 시설 및 물질 등의 제작, 유지관리 과정에서 안전을 확보할 수 있도록 적용하여야 할 기술적 기준을 체계화한 것

험으로부터 안전에 대한 지식, 태도, 행동을 신장시키는 행위", ③ "주민들의 일상생활 과정에서 개개인의 건강과 생명을 유지할 수 있도록 육체적, 심리적, 또는 물질적 위해의 원인이 되는 위험요인과 상황, 환경의 변화에 대응할 수 있는 상태"라고 할 수 있다(김성근, 2017: 18 재인용).

7) 생활안전에 관한 상세한 내용은 제5장에서 논의한다.

안전 관련 용어	의미 및 특징
긴급구조	재난이 발생할 우려가 현저하거나 재난이 발생하였을 때에 국민의 생명·신체 및 재산을 보호하기 위하여 긴급구조기관과 긴급구조지원기관이 하는 인명구조, 응급처치, 그 밖에 필요한 모든 긴급한 조치
국가재난관리 기준	모든 유형의 재난에 공통적으로 활용할 수 있도록 재난관리의 전 과정을 통일적으로 단순화·체계화한 것
재난관리정보	재난관리를 위하여 필요한 재난상황정보, 동원가능 자원정보, 시설물정보, 지리정보
재난안전 통신망	재난관리책임기관·긴급구조기관 및 긴급구조지원기관이 재난관리 업무에 이용하거나 재난현장에서의 통합지휘에 활용하기 위하여 구축·운영하는 무선통신망

출처: 「재난 및 안전관리 기본법」을 바탕으로 저자 작성.

2. 안전의 기준

안전은 두 가지 기준에 따라 설명할 수 있다. 첫 번째는 '안전 수준'에 따른 기준으로서, 위험이 거의 존재하지 않는 소극적 의미의 안전과 위험이 발생할 가능성을 사전에 예방하고 위험이 존재할 경우 이를 적극적으로 관리하는 적극적 의미의 안전으로 분류하는 것이다(홍성태, 2012). 위험이 존재하지 않는 '소극적 의미'의 안전은 위험으로부터 자유로우며, 위험이 존재하지 않거나 위험의 요소가 완전히 제거된 상태를 의미한다. 이때 안전은 단순히 재해나 사고위험이 존재하지 않는 소극적인 상태를 의미하는 것이다. 한편 '적극적 의미'의 안전은 위험이 발생할 수 있는 가능성을 예방하고 관리하는 상태를 의미한다(홍성태, 2012). 이는 위험이 처음부터 존재하지 않거나 위험요소가 완전히 제거된 것이 아니라, 위험 원인이 존재한다고 하더라도 이에 대한 대책이 세워져 있으면 이 역시 안전한 상태라고 할 수 있다는 것이다. 즉 위험을 예방하고 관리할 수 있는 상태일 때 적극적 의미에서의 안전 상태라고 할 수 있는 것이다. 이처럼 안전은 재해나 사고위험이 존재하지 않는 소극적인 상태 뿐만 아니라 위험이 발생할 수 있는 가능성을 예방하고 관리할 수 있는 적극적인 상태 모두를 포함한다.

안전 수준은 객관적(소극적) 수준과 주관적(적극적) 인식 수준 모두를 포함하여 복합적으로 구성된다(Bailey et al., 2010). 객관적 수준의 안전은 육체적·정신적 손상을 유발시킬 수 있는 위험요인이 통제되며 물리적 제약요인이 제거된 상태를 의미한다(Maurice et al., 1998). 주관적 수준의 안전은 위험이 존재하지 않거나 도래하지 않는다고 인식(perception)하는 것을 의미한다(Slovic, 2001). 이는 안전을 어떻게 측정하는가와도 관련이 있다. 안전 측정 지표는 객관성 여부에 따라 객관적으로 드러나는 사실을 바탕으로 한 측정과 주관적 인식을 바탕으로 한 측정으로 구분할 수 있다. 객관적 지표는 각종 재난 위험 피해 확률을 기반으로 안전을 측정하는 것이며, 주관적 지표는 재난과 위험에 대한 인지 정도, 안전에 대한 욕구, 평상시 위험 제거 노력, 안전의 중요성 등과 같은 주관적 인식을 바탕으로 안전을 측정하는 것이다(정보통신정책연구원, 2005). 객관적 지표에서의 안전은 표면상으로 드러나는 재해, 재난, 위험요소들이 존재하지 않는 것을 의미한다. 이러한 점에서 소극적 의미의 안전이라고 할 수 있다. 반면에 주관적 지표에서의 안전은 개인의 재난, 재해, 위험에 대한 주관적 인식까지를 포함하기 때문에 이는 적극적 의미의 안전이라고 할 수 있다.[8] 특히 적극적 의미의 안전은 위험에 대한 객관적 지표보다는 주관적 인식을 중요하게 고려한다. 이와 같이 객관적으로 측정된 안전 수준과 사람들이 인식하는 불안 또는 안전감에는 상당부분의 괴리가 존재할 수 있기 때문에 이들의 차이를 고려하여 안전 수준을 판단해야 하는 것이다.

두 번째는 '안전의 적용 범위' 기준에 따라 개인적 관점의 '개인안전'과 사회 전체의 '일반안전'으로 분류하는 것이다(오승규, 2013; 김혜경, 2014). 전자인 개인안전은 전통적 개념으로서 안전을 개인에 한정해 해석하는 것이다. 이는 외부권력으로부터 개인을 보호한다는 의미이며, 보호 대상을 일반 다수가 아니라 특정 개인으로 구체화하는 개념이다. 개인의 생명, 신체, 재산을 보호하는 활동을 안전이라고 해석할 수 있어 안전의 적용 범위가 개인 영역에 한정되고 제한될 수 있다. 개인안전을 달성하기 위해서는 무엇보다

---

8) 그러나 일부 예외가 있기는 하지만 지금까지 안전 및 위험에 대한 연구들은 대부분 인적 재난 혹은 자연재난(예: 교통사고, 범죄, 자연재해) 피해 등의 객관적이고 공학적인 관점에만 중점을 둔 경향이 있다. 이로 인해 안전에 대한 주관적 연구는 거의 이루어지지 못했다는 한계가 있다(서재호·이승종, 2012).

도 개인의 자유가 우선되어야 하며, 사회의 목적 달성을 위해 개인 희생을
강요할 수 없다(Singelstein & Stolle, 2012). 또한 개인적 차원에서의 안전을 심
리적·인지적 측면으로도 설명할 수 있다(Slovic, 1997). 위험이 모든 사람들
에게 동일하게 인식되는 것이 아니라 개인의 특성에 따라 다양하게 인식될
수 있다는 것이다. 각 개인이 위험에 대응하는 태도 및 위험에 대한 정보량
등에 있어서도 차이가 있기 때문에 위험에 있어서 개인 간에는 인지적 차이
가 나타난다(Slovic, 2001).

이에 반해 사회적(일반적) 관점에서의 일반안전은 특정 개인의 적용 범위
를 넘어서 사회 전반의 안전을 의미한다. 특정 개인이 아니라 일반 시민들의
안전 도모를 중요시 하는 것이다. 개인안전에 비해 일반안전은 보다 집단적이
고 추상적인 개념이며(오승규, 2013), 안전사회에서 일컫는 안전의 의미는 일반
안전의 개념에 더 가깝다고 할 수 있다. 일반안전은 "공공의 안녕과 질서유지
를 넘어 사회평온 유지"라는 '사회안전'의 의미로 해석될 수 있다(김혜경, 2014).
또한 사회적 관점에서의 안전은 개인이 속한 사회·문화적 환경에 영향을 받
는다(Douglas & Wildavsky, 1982). 문화이론(cultural theory)에 의하면 사회·문화
적 맥락은 위험 형성에 있어서 중요한 영향 요인이 되는 것이다. 개인의 차이
인정 보다 사회구조 속의 개인 배태성(embeddedness)을 강조하며, 사회·문화
속에서 형성되는 가치관, 세계관, 태도의 사회적 구성물(social construction)에
따라 안전 개념이 형성된다는 것이다(Thompson et al., 1990).

3. 안전사회의 네 가지 유형

본 연구는 앞서 제시한 두 가지 기준인 안전 수준과 안전 적용 범위에
따라 안전사회를 네 가지 유형으로 분류하고자 한다. <표 1-2>에서 제시
되듯이 소극적-적극적 기준과 개인-사회 기준에 따라 안전사회를 네 가
지 유형으로 분류할 수 있다.9) 즉 ① 개인에게 위험이 존재하지 않는 안전
사회, ② 개인의 위험인식이 낮은 안전사회, ③ 사회 전반에 위험이 존재하
지 않는 안전사회, ④ 사회 전반의 위험을 적극적으로 관리할 수 있는 안전

---

9) 물론 현대사회에 들면서 외부효과 등으로 인해 개인과 사회의 범위 구분이 명확하지 않을 수
있다. 그럼에도 불구하고 본서에서는 개인적 관점과 사회적 관점을 분리하여 설명하기로 한다.

사회 등으로 구분할 수 있는 것이다. 이와 같이 안전사회는 다양한 차원에서 고려될 수 있다.

<표 1-2> 안전 수준과 적용 범위에 따른 안전사회 유형

		안전 수준	
		소극적	적극적
안전 적용 범위	개인적 관점	– 객관적·표면적 안전 – 외부로부터의 안전 – 기본권으로서 안전권 중시 – 안전사회 추구: 외부로부터의 개인 보호	– 안전에 대한 개인의 주관적 인식 – 개인의 안전욕구＋안전인식 – 안전사회 추구: 개인의 안전 욕구 충족과 주관적 인식 (만족도) 증진
	사회적 관점	– 공공이익 보장으로서 안전권 – 사회 전반적 안전보장 – 객관적이고 표면적인 안전 – 안전사회 추구: 사회적 안전망 구축	– 사회·문화적, 맥락적 요인 강조 – 구조적 측면 강조 – 안전은 사회적 구성물 – 안전사회 추구: 사회 구성원들의 안전문화 형성

출처: 저자 작성.

1) 개인적 차원의 소극적 의미로서의 안전사회

첫 번째 안전사회 유형은 개인에게 위험요소가 존재하지 않는 소극적 의미의 안전사회이다. 이 유형은 각 개인들에게 있어 위험요소가 제거된 상태이며, 외부 환경이 개인에게 손해를 발생시키지 않는 상태이다. 개인적 차원에서의 안전사회 추구는 개인의 법적 권리보장 측면에서 고려될 수 있다(윤수정, 2019). 법적 의미에서의 안전은 "손해를 발생시킬 수 있는 행위나 상태의 위험으로부터 개인의 생명, 자유, 재산 등 법익을 보호하는 것"이다 (류현숙, 2018: 14). 타인이나 사회로부터 개인의 생명, 자유, 재산 등이 침해받지 않고 보호 받을 수 있는 권리를 지녀야 한다는 것이다. 법적 권리보장 차원에서 안전은 '법익침해로부터 자유로운 상태'를 의미하며, 개인의 생명, 신체, 재산, 명예, 자유 등 다양한 법익의 안전을 요구할 수 있는 권리인 '안전권(safety right)'으로 설명될 수 있다(김대환, 2014; 김소연, 2017).

개인적 차원의 안전은 근대국가 성립과정에서부터 논의되어 왔다. 무엇보다도 근대 초기 군주국가에서 국가의 가장 중요한 임무는 전쟁의 위험으로부터 개인을 보호하는 것이었다. 안전권은 근대국가에서부터 국민의 기본권으로 이해되어 왔으며, 개인에 대한 법적 보호를 우선적으로 고려하였다. 안전권은 루소(Jean-Jacques Rousseau, 1712~1778)의 사회계약론으로터 시작하였다. 사회계약론에 의하면 국가의 가장 중요한 의무는 시민의 생명, 재산, 그리고 안전보장이기에 시민 개개인의 안전보장은 국가의 당연한 의무이자 시민들이 누릴 수 있는 권리인 것이다(Leterre, 2011). 홉스는 개인의 생명에 대한 안전보호와 같은 문명화된 삶의 재화들이 사회적으로 보장되지 않는 것은 인간의 본성과 배치되는 것이라고 강조하면서, 사회계약을 통해 인간 본성인 개인의 안전보호를 달성해야 한다고 주장하였다. 즉 자연상태에서 인간의 속성은 거만해지기 쉽기 때문에 만인에 의한 만인을 위한 투쟁 상태에 놓일 가능성이 높다. 이를 해결하기 위해서 사회적 계약 등을 통해 타인을 침해하지 않기로 약속하는 것이 개인 안전보장 측면에서 반드시 필요한 것이다(이호선, 2018: 374).

이와 같이 근대국가 이후 "국가는 외적의 침략으로부터 시민을 지켜주고, 시민들의 상호침해로부터 시민을 보호해주는 안전국가(Sicherheitsstaat)이어야 한다. 리바이어던은 안전국가로서 기능하지 못하면 사망하게 되고 자

장자크 루소[10]	토머스 홉스[11]

(1712~1778)	(1588~1679)

---

10) 출처: https://ko.wikipedia.org/wiki/%EC%9E%A5%EC%9E%90%ED%81%AC_%EB%A3%A8%EC%86%8C

11) 출처: http://m.ch.yes24.com/Article/View/16184

연 상태로 되돌아온다고 한다. 이러한 홉스의 안전국가사상은-주의주의 (voluntarism) 성격에도 불구하고-국가의 법의 목적이 개인의 자유 보호에 있다"고 본다(이상돈, 2018: 38). 근대 시민사회에서 국가가 등장하면서부터 개인의 안전보장, 국가로부터의 소극적 자유 보장인 자유권적 기본권은 가장 중요한 시민의 권리가 되었다. 외부로부터 침해받지 않으며, 자유로운 상태를 유지할 권리는 개인의 기본권이며 이를 실현하는 것이 국가의 가장 중요한 목적이었던 것이다. 이러한 측면에서 개인의 안전보장은 소극적 의미에서의 안전 의미이다(김용훈, 2019). 이는 외부로부터 개인의 생명, 신체 및 건강에 관한 위험에서 벗어난 자기결정권을 행사하는 것이다(윤수정, 2019). 따라서 개인의 안전보장을 위해 '방어권'이 우선적으로 주어진다.[12]

2) 개인적 차원의 적극적 의미로서의 안전사회

두 번째 안전사회 유형은 개인의 위험에 대한 인식이 낮으며, 정부가 위험을 적극적으로 예방·관리할 수 있다고 인식하는 사회이다. 이는 개인의 심리적 동기부여 기재와 관련된 안전사회 유형이며, 개인의 안전인식과 안전욕구(safety needs)가 높게 나타난다. 개인적 차원의 안전은 심리적 동기부여(motivation)의 안전욕구 측면에서 설명될 수 있다. 안전사회는 개인의 생존을 위한 기본적 욕구가 충족된 상태이다(Holzmann, 2001). 이러한 안전 사회와 관련된 대표적인 동기부여 이론으로는 매슬로의 욕구계층이론이 있다(Maslow, 1943). 매슬로의 욕구계층이론에 의하면 인간의 욕구는 다섯 가지로 구분될 수 있다. 가장 하위욕구는 생리적 욕구(physiological needs)이며, 다음으로 안전욕구(safety needs), 관계욕구(love and belongingness needs), 자아존중욕구(esteem needs), 자아실현욕구(self-actualization needs)로 구분된다. 이 중에서 개인의 안전과 관련된 욕구는 안전욕구로서 이는 공포, 혼란, 불안 등으로부터 해방되는 상태를 의미한다. 인간은 본질적으로 자신의 삶에서 질서, 예측가능성, 통제를 선호하는 경향이 있으며 이러한 욕구를 충족하고자 하는 성향이 있다는 것이다(Maslow, 1943). 즉 혼란스러운 외부환경으로부터 자신을 보호하는 것이 인간의 기본적인 욕구라는 것이다. 매슬로

---

12) 대표적인 예로 「헌법」에 의하면 제28조 형사보상청구권과 제29조 국가배상청구권을 보장하고 있다(윤수정, 2019).

에 따르면 안전을 추구하는 것은 인간이 지닌 기본적인 욕구이며, 인간은 기본적 욕구를 충족할 때 동기부여가 된다. 안전욕구는 외부로부터의 공포 및 불안전성으로부터 안정성을 찾는 것이다.

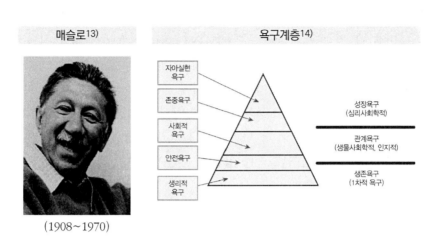

(1908~1970)

　　개인의 안전욕구가 증가하면 개인 안전을 위협하는 요인으로부터 탈피 하고자 하는 노력, 사회정책 등이 강화되어 안전사회가 보장될 가능성이 높 아진다. 다시 말해, 개인의 안전욕구가 높을 때 개인의 위험 행동 회피 욕구 가 증가하여 사고예방 가능성이 증가한다는 것이다(서재호, 2015: 209). 일부 연구자(예: Brown & Cullen, 2006)의 욕구조사 설문을 바탕으로 부산시 16개 구군의 48개 주민센터 통장 총 1,348명(유효 응답: 888명)을 대상으로 안전욕 구를 조사한 실증연구(설문 기간: 2014년 8월 20일부터 9월 25일 까지)에 의하면, 매슬로의 다섯 가지 욕구 중에서 안전욕구가 가장 중요한 욕구라고 응답한 인원이 20.6%로서 두 번째로 높은 응답률을 나타냈다(서재호, 2015).[15]

---

13) 출처: https://en.wikipedia.org/wiki/Abraham_Maslow

14) 출처: 김정인(2018: 657).

15) 서재호(2015)의 연구에 따르면 성별에 따른 차이를 볼 때 남성(총 응답자의 16.1%)보다 여성 (총 응답자의 24.2%)이 안전욕구를 더욱 중요하게 고려하고 있는 것으로 나타났다. 이와 관련 해 남성보다 여성이 더 높은 안전욕구를 지녔다고 해석 할 수 있을 것이다. 또한 일관된 결과 는 아니지만 연령에 따라 안전에 대한 중요성 인식에 차이가 나타났다. 특히 30대와 40대보다 청년층과 장년층에서 안전욕구가 높게 나타난 것이다. 학력에 따라서도 안전욕구의 차이가 나 타났다. 학력이 낮을수록 안전욕구가 가장 중요한 욕구라고 응답한 것이다. 중졸 미만의 학력 을 지닌 응답자들이 안전욕구를 가장 중요하게 고려하는 것으로 나타났다. 소득과의 관계에서

이처럼 안전은 개인적 차원에서 반드시 보호받아야 하는 법적 기본권이며, 동시에 인간이 추구하고자 하는 인간의 기본적 욕구이다. 개인적 차원의 안전보장이 이루어지지 않는다면 타인에 대한 안전 더 나아가 사회 전체의 안전은 보장되기 어렵다. 무엇보다도 위험은 의도하지 않게 타인에게 손해를 미칠 수 있는 부의 외부효과(negative external effect) 특성을 지니기에 위험을 개인적 수준에서만 고려할 수는 없다. 개인의 피해는 단순히 개인 한사람의 피해가 아니라 타인에 대한 피해(예: 코로나 19와 같은 감염병 확산피해)로 확대될 수 있다는 점을 생각해 볼 때, 안전을 개인적 차원에서만 한정해 논의할 수 없는 것이다. 더 나아가 안전권의 개념 역시 개인의 기본권뿐만 아니라 국가안보와 연결되는 집단적 차원의 국가안전보장으로 확대될 수 있다는 점을 감안할 때(김소연, 2017), 안전은 개인적 차원을 넘어 사회 전체의 차원으로 확대하여 고려할 필요가 있다. 특히 현대사회에서 공익 또는 공공성을 달성하기 위해 때로는 개인의 자유가 억제되는 경향이 있으며, 시민의 보편적 의무로서 개인의 특별한 희생까지 요구되기도 하고, 사회의 안전을 위해 개인의 자유가 무시되는 상황도 일부 발생하고 있다(김혜경, 2014). 이러한 여러 측면들을 살펴보았을 때 현대사회에서 안전은 개인적 차원에서 사회적 차원으로 확대해 논의할 필요성이 있다.

3) 사회적 차원의 소극적 의미로서의 안전사회

세 번째 안전사회 유형은 사회 전체에 위험요소가 거의 존재하지 않는 상태를 의미한다. 사회 전반에 위해요인 등이 완전히 제거된 상태라고 할 수 있다. 예를 들어 범죄, 교통사고, 안전사고, 자연재해 등 위해적인 요인들이 거의 존재하지 않는 경우를 의미하는 것이다. 사회적 관점의 안전 의미가 강조된 것은 정부의 기능이 확대되면서 부터라고 할 수 있다(윤수정, 2019). '사회안전망'을 구축하고자 하는 것은 국민의 요구이며, 이를 달성하고자 하는 것 역시 국가의 의무이다(류성진, 2019). 특히 법치국가 원리에 따르면 개인의 안전보호는 타인의 안전을 침해하지 않는 범위 내에서 이루어

도 소득이 500만 원 이상으로 응답한 경우 안전을 가장 중요한 욕구로 고려하였으며, 소득이 100만 원 미만인 경우 안전을 가장 중요한 욕구로 고려한다고 응답한 비율이 두 번째로 높았다. 즉 소득이 매우 높거나 낮을수록 안전욕구는 높게 나타난 것이다.

진다. 타인, 더 나아가 공동체의 안전을 위협하는 사회에서는 개인의 안전
역시 보장받을 수 없다. 타인의 안전을 보장하고 이를 침해하지 않는 선에
서 개인의 안전이 보장될 수 있기에 사회적 안전보장 없이는 개인적 안전보
장 역시 어려워진다는 것이다(송석윤, 2007). 현대사회에서는 예측할 수 없는
안전 위협요인들[예: 사회재난(화재, 질병, 교통사고, 아프리카돼지열병(ASF) 등과
같은 가축전염병, 환경문제)과 자연재난(태풍, 가뭄, 지진, 홍수 등)]이 존재할 수
있어 사회 전반의 안전 확보를 위한 사회적 장치가 더욱 필요해진 것이다.

  또한 국민에 대한 국가안전보장 관점에서 사회적 차원의 소극적 의미
로서의 안전사회를 해석할 수 있다. 대한민국 「헌법」에 의하면 국민의 안전
을 보호해야하는 것이 국가의 의무이자, 정치적 공동체를 형성하고자 하는
민주주의의 가치인 것이다(윤수정, 2019). 국민이 재난, 사고, 폭력, 위해 등
각종 위험요인에 노출될 수 있는 가능성을 줄이는 것이 국가의 가장 주요한
임무인 것이다. 국민의 안전권은 외부 침해로 부터의 보호라는 소극적 의미
에서 탈피해야 하며, 국가가 적극적으로 국민의 안전권을 보호해 주는 것이
현대 민주주의의 원리에도 부합된다(윤수정, 2019). 민주주의 관점 뿐만 아니
라 복지국가 차원에서도 정부는 적극적으로 국민의 안전을 보장해야 한다.
특히 아동, 청소년, 노인, 장애인 등 사회적 약자계층의 안전을 보장하는 것
이 국가의 의무이자 곧 복지인 것이다(전광석, 2015). 오늘날 복지와 안전을
통합하여 '안전복지' 개념이 등장한 측면을 고려해 볼 필요가 있다. 안전이
보장될 때 복지가 증진될 수 있기 때문에 안전은 복지의 전제조건이 될 수
있다(양기근 외, 2017). 즉 모든 사회 구성원들은 소득, 연령, 지역에 관계없이
동등하게 안전을 보장받아야 하며, 누구나 안전한 삶을 누릴 수 있어야 한
다는 것이다(강병준, 2016). 이를 위해서는 무엇보다도 사회안전망을 구축하
는 것이 필수적이라고 할 수 있다.

4) 사회적 차원의 적극적 의미로서의 안전사회

  마지막 안전사회 유형은 각 개인을 넘어 사회 전반에 존재하는 위험
가능성을 줄이는 것을 의미한다. 위험을 사전적으로 예방하고, 만약 위험이
존재한다면 이를 적극적으로 관리하는 상태를 나타내는 것이다. 위험은 언
제, 어디서나 존재할 수 있으며, 예측불가능하고, 편재되어 있기 때문에

(Slovic et al., 2000), 현대사회에서 위험이 존재하지 않는다는 것은 있을 수 없다. 현대사회의 특징을 고려해 볼 때 위험이 전혀 존재하지 않는 상태는 현실적으로 거의 불가능하기에 소극적 의미의 안전 개념보다는 적극적 의미의 안전 개념을 고려하는 것이 더욱 타당할 수 있다. 즉 위험은 언제·어디서나 존재할 수 있어 가능한 이를 예방할 수 있어야 하며, 위험이 발생되었을 때 효과적으로 관리할 수 있어야 한다는 것이다.

이러한 경우, 특히 사회·문화적 요인과 맥락적 요인이 안전 수준에 중대한 영향을 미친다(Rippl, 2002). 안전은 절대적으로 주어진 것이 아니라 사회 구성원의 맥락적 상황에 의해서 형성되는 것이다. 특히 위험은 사회·문화적 요인에 중대한 영향을 받는데, 개인이 속한 사회가 어떠한 문화적 환경에 노출되어 있는가에 따라 위험을 인식하는 태도와 가치에 영향을 받을 수 있다. 다시 말해 사회·문화적 요인에 의해 위험에 반응하는 인식까지도 달라질 수 있다는 것이다(이건 외, 2013). 예를 들어 평등주의(egalitarianism) 문화가 팽배한 사회에서는 후세에 위험을 전달하는 것에 적극적으로 반대하는 인식이 강하기에 환경파괴 등과 관련된 위험인식이 높게 나타난다. 반면에 개인주의(individualism) 문화가 팽배한 사회에서는 위험을 기회로 받아들이는 경향이 강해 위험인식이 높지 않은 편이다. 운명주의(fatalism) 문화가 팽배한 사회에서는 개인이 위험에 민감하게 반응하지 않는다. 개인은 위험을 인지하려고 하지 않으며, 동시에 이에 대한 관심도 높지 않은 편이다. 위계주의(hierarchy) 문화가 팽배한 사회에서는 위험에 대한 전문성이 있는 정부나 전문가들의 위험 평가를 국민이 신뢰하는 경향이 있어 보다 적극적으로 위험을 수용하는 편이다(Douglas & Wildavsky, 1982; Rippl, 2002). 이와 같이 국민의 안전인식은 각 국가의 사회·문화 유형에 따라 다르게 나타날 수 있기 때문에 어떤 사회·문화 유형이 안전사회 추구에 바람직하다고 말하기는 어렵다. 그럼에도 불구하고 사회 구성원들의 인식체계인 안전문화는 안전사회 구축에 중요한 역할을 한다. 조직 내 구성원들이 공유하는 안전에 대한 인식과 태도에 영향을 미치는 안전문화가 어떻게 형성되는 가에 따라 안전사회가 다르게 구성될 수 있는 것이다(Lee, 2016).

제2절 **위협받는 안전사회**

1. 한국사회의 안전

한국은 안전사회인가? 국민들은 위험이 존재하지 않는 안전사회에서 생활하고 있는가? 여기서는 앞서 설명한 네 가지 안전사회 유형에 따라 한국사회가 과연 안전사회인가에 대해 분석해 보고자 한다. 안전의 범위와 영역이 광범위하게 해석될 수 있기 때문에 좁은 의미에서의 안전사회를 논의하는 것보다 넓은 의미에서의 안전사회를 논의하는 것이 바람직할 것이다. 따라서 한정된 자료원을 기반으로 하기보다 광범위한 자료원을 기반으로 하여 한국사회의 안전 정도를 분석하고자 한다.

제2절에서는 첫째, 국가법령정보센터에서 제시하는 안전 관련 법령자료들을 분석하였다. 특히 「재난 및 안전관리 기본법」을 기반으로 하여 관련 법률들을 살펴보았다. 둘째, 통계청, 행정안전부, 경찰청, 고용노동부, 보건복지부 등 정부기관에서 공식적으로 발표하는 안전 관련 통계자료를 기반으로 하여 객관적으로 나타난 한국의 안전 현황을 살펴보았다. 보다 구체적으로, 통계청에서 제공하는 '사회지표', 그리고 각 부처의 통계자료들을 종합적으로 제공하는 국가지표체계 안전지표들(가해에 의한 사망률, 범죄피해율, 도로교통사고사망률, 산재사망률, 아동안전사고 사망률, 아동학대 피해 경험률, 화재사망자 수 등), 행정안전부에서 제공하는 '지역안전지수' 등을 종합적으로 북석하여 한국의 안전사회 여부를 판단하였다. 셋째, 본 연구에서는 객관적으로 나타나는 안전지표들 뿐만 아니라 국민들이 인식하는 주관적인 안전지수들도 살펴보았다. 이를 위해 안전사회 여부에 대한 국민들의 인식을 조사한 통계청의 '사회조사' 분석결과를 활용하였다.

2. 안전사회 관련 법령 분석

국가법령정보센터를 통해 안전과 관련된 법률들을 살펴보았다.[16] 먼저

---

16) 「헌법」 조문에 제시된 안전과 관련된 논의들은 안전 개념에서 설명하였기 때문에 여기에서는 법률을 중심으로 살펴보도록 한다.

2020년 4월까지 제·개정된 법률명에 '안전'이라는 단어를 포함하는 현행 법률들을 분석한 결과 총 62개의 법률들이 있었다(<부록 1-1> 참조). 안전 관련 법률들이 어느 영역에 해당되는지를 분석하기 위하여 각 법률의 소관 부서를 중심으로 법률들을 영역별로 분류하였다(<표 1-3> 참조). 그 결과 안전 관련 법률들은 해양, 범죄·화재·재난, 에너지·환경, 안보, 질병·보건·식품, 직업·교육, 교통 분야로 분류될 수 있으며, 해당 소관부서들은 해양수산부, 해양경찰청, 행정안전부, 경찰청, 소방청, 국무조정실, 농림축산식품부, 산업통상자원부, 원자력안전위원회, 환경부, 과학기술정보통신부, 국가안보실, 국가정보원, 국방부, 보건복지부, 식품의약품안전처, 고용노동부, 교육부, 국토교통부 등이었다. 안전 관련 법률이 가장 많이 포함된 영역은 범죄·화재·재난 영역으로서 총 16건(전체 약 25.8%)으로 나타났다. 또한 에너지·환경도 16건(전체 약 25.8%)으로 나타났다. 질병·보건·식품은 9건(전체 약 14.5%), 교통은 7건(전체 약 11.2%), 해양은 7건(전체 약 11.2%), 직업·교육은 4건(전체 약 6.4%), 안보는 3건(전체 약 4.8%) 순으로 나타났다.

또한 안전 관련 용어인 '위험', '재난', '재해', '감염병' 등과 같은 단어가 포함된 법률들을 살펴보았다. 그 결과 행정안전부의 「재해위험 개선사업 및 이주대책에 관한 특별법」, 「급경사지 재해예방에 관한 법률」, 「자연재해대책법」, 「재해경감을 위한 기업의 자율활동 지원에 관한 법률」, 「재해구호법」, 「저수지·댐의 안전관리 및 재해예방에 관한 법률」, 「지진·화산재해대책법」, 소방청의 「위험물안전관리법」, 보건복지부의 「감염병의 예방 및 관리에 관한 법률」, 「재난적 의료비 지원에 관한 법률」, 고용노동부의 「고용보험 및 산업재해보상보험의 보험료징수 등에 관한 법률」, 「고용보험·산업재해보상보험의 보험관계 성립신고 등의 촉진을 위한 특별조치법」, 「산업재해보상보험법」, 인사혁신처의 「공무원 재해보상법」, 국방부의 「군인 재해보상법」, 농림축산식품부의 「농어업인의 안전보험 및 안전재해예방에 관한 법률」, 「농어업재해대책법」, 「농어업재해보험법」, 해양수산부의 「어선원 및 어선 재해보상보험법」, 금융위원회의 「화재로 인한 재해보상과 보험가입에 관한 법률」 등이 있었다.

안전 및 안전 관련 용어들을 포함한 법률들을 살펴본 결과 다음과 같은 특징이 나타났다. 첫째, 관련 법률들은 국민의 안전에 대한 기본권이 침해받지 않도록 법률을 통해 안전을 보장하고 있었다. 예를 들어 「교통안전법」 제3조에 의하면 국가와 지방자치단체는 국민·주민의 생명·신체 및 재산을 보호해야 하는 의무조항을 명시하고 있었다. 둘째, 더 나아가 안전 관련 법률들은 국민이 안전에 관련해 기본권을 침해당했을 때 이에 대한 보상조치를 마련하는 등 적극적인 보호 조치를 제시하고 있었다. 예를 들어 「재해구호법」, 「재해위험 개선사업 및 이주대책에 관한 특별법」 등을 통해 국가가 국민의 안전을 기본권으로서 적극적으로 보호하고 있었다. 셋째, 안전 관련 법률 등은 단순히 개인적 차원의 안전 기본권 보장 뿐만 아니라 사회 전체의 안전을 위해 노력하고 있었다. 특히 국가와 지방자치단체의 국민 전체 안전보장 의무를 강조하고 있다. 예를 들어 「재난 및 안전관리 기본법」에 의하면 "국가와 지방자치단체는 재난이나 그 밖의 각종 사고로부터 국민의 생명·신체 및 재산을 보호할 책무를 지고, 재난이나 그 밖의 각종 사고를 예방하고 피해를 줄이기 위하여 노력하여야 하며, 발생한 피해를 신속히 대응·복구하기 위한 계획을 수립·시행하여야 한다"라고 규정하고 있다(국가법령정보센터, 2020a). 이러한 점을 고려해 볼 때 한국사회의 안전 관련 법률들은 다양한 영역에서 국민의 생명 및 신체를 보호하고 있으며, 국민을 위한 피해보상까지 적극적으로 책임지는 법조항을 마련하고 있었다. 더 나아가 사회 전체의 안전보장을 위한 중앙정부와 지방자치단체의 책임을 강조하고 있었다.

<표 1-3> 소관부서에 따른 '안전' 단어 포함 법률 현황

영역	소관부서	법률 건수 및 현황
해양	해양수산부	6건: 4·16세월호참사 진상규명 및 안전사회 건설 등을 위한 특별법, 선박안전법, 수중레저활동의 안전 및 활성화 등에 관한 법률, 어선안전조업법, 한국해양교통안전공단법, 해사안전법
	해양경찰청	1건: 수상레저안전법

영역	소관부서	법률 건수 및 현황
범죄·화재·재난	행정안전부	7건: 국민 안전교육 진흥 기본법, 보행안전 및 편의증진에 관한 법률, 소규모 공공시설 안전관리 등에 관한 법률, 승강기 안전관리법, 어린이놀이시설 안전관리법, 재난 및 안전관리 기본법, 저수지·댐의 안전관리 및 재해예방에 관한 법률
	경찰청	3건: 경찰공무원 보건안전 및 복지 기본법, 사격 및 사격장 안전관리에 관한 법률, 총포·도검·화약류 등의 안전관리에 관한 법률
	소방청	4건: 다중이용업소의 안전관리에 관한 특별법, 소방공무원 보건안전 및 복지 기본법, 위험물안전관리법, 화재예방, 소방시설 설치·유지 및 안전관리에 관한 법률
	국무조정실	1건: 사회적 참사의 진상규명 및 안전사회 건설 등을 위한 특별법
	농림축산식품부	1건: 농어업인의 안전보험 및 안전재해예방에 관한 법률
에너지·환경	산업통상자원부	9건: 고압가스 안전관리법, 광산안전법, 송유관 안전관리법, 수소경제 육성 및 수소 안전관리에 관한 법률, 액화석유가스의 안전관리 및 사업법, 어린이제품 안전 특별법, 전기안전관리법, 전기용품 및 생활용품 안전관리법, 제품안전 기본법
	원자력안전위원회	4건: 생활주변방사선 안전관리법, 원자력안전법, 원자력안전위원회의 설치 및 운영에 관한 법률, 한국원자력안전기술원법
	환경부	2건: 석면안전관리법, 선박안전법
	과학기술정보통신부	1건: 연구실 안전환경 조성에 관한 법률
안보	국가안보실	1건: 국가안전보장회의법
	국가정보원	1건: 국민보호와 공공안전을 위한 테러방지법
	국방부	1건: 군용항공기 비행안전성 인증에 관한 법률

영역	소관부서	법률 건수 및 현황
질병·보건·식품	보건복지부	4건: 생명윤리 및 안전에 관한 법률, 인체조직안전 및 관리 등에 관한 법률, 첨단재생의료 및 첨단바이오의약품 안전 및 지원에 관한 법률, 환자안전법
	식품의약품 안전처	5건: 수입식품안전관리 특별법, 식품안전기본법, 식품·의약품 등의 안전기술 진흥법, 어린이 식생활안전관리 특별법, 한국 식품안전관리인증원의 설립 및 운영에 관한 법률
직업·교육	고용노동부	2건: 산업안전보건법, 한국산업안전보건공단법
	교육부	2건: 교육시설 등의 안전 및 유지관리 등에 관한 법률, 학교안전사고 예방 및 보상에 관한 법률
교통	국토교통부	7건: 교통안전법, 시설물의 안전 및 유지관리에 관한 특별법, 지하안전관리에 관한 특별법, 철도안전법, 한국교통안전 공단법, 항공안전기술원법, 항공안전법

출처: 안전 관련 법률을 바탕으로 저자 작성.

3. 안전지표들을 활용한 안전사회 분석

1) 한국사회의 안전지표 현황

한국사회가 안전사회인지 여부를 판단하기 위해서는 안전지표들을 활용한 분석을 시행해 볼 필요가 있다. 여기서는 「재난 및 안전관리 기본법」에 따라 안전지표의 중요 요소인 재난을 자연재난과 사회재난으로 구분하여 살펴보았다. 먼저 행정안전부의 「재해연보」를 기반으로 자연재난 현황을 살펴본 결과, 태풍, 홍수, 호우, 강풍, 풍랑, 해일, 대설, 한파, 낙뢰, 가뭄, 폭염, 지진, 황사 등의 자연재해 현황은 매년 일정한 패턴 없이 발생하였다. 우리나라에서는 호우, 태풍, 대설 등의 자연재난으로 인해 인명과 재산피해가 끊임없이 발생하였는데, 2009년부터 2018년까지의 평균 인명피해(사망·실종)는 19명, 재산피해는 3,628억 원(2018년도 환산 가격 기준임)에 이르렀다. 특히 2018년도에는 총 27회의 자연재난이 발생하였고, 53명이 사망하였으며, 1,413억 원의 재산피해가 발생하였다. 최근 한국사회에서 발생하는 자

연재해의 특징은 2016년 경주지진, 2017년 포항지진, 2020년 집중호우 피해
등 자연재난이 다양화되고 있다는 것이다.[17]

[그림 1-1] 자연재난 발생현황(인명피해와 재산피해 현황)

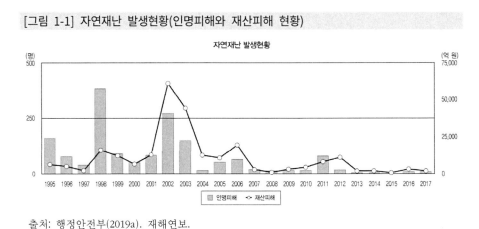

출처: 행정안전부(2019a). 재해연보.

　　다음으로 사회재난에 대해 살펴보았다. 첫째, 범죄와 관련된 지표로서
'타인의 가해에 의한 사망률'과 '범죄피해율'을 분석해 보았다. 타인에 의한
범죄피해가 증가한다면 그 사회는 매우 불안전한 사회이며, 가해에 의한 사
망률이 높을수록 위협적인 사회라고 할 수 있다. 통계청 자료에 따르면, 한
국의 경우 타인의 가해에 의한 사망률은 1997년과 1998년에 인구 10만 명당
2.2명으로 가장 높았다가 다시 점차 낮아지고 있는 추세이다. 또한 [그림
1-2]에서 보듯이 인구 10만 명당 2009년에는 1.4명, 2010년에는 1.3명,
2011년에는 1.1명 등으로 낮아졌으며, 2018년에는 0.8명으로 떨어졌다. 성별
에 따른 가해에 의한 사망률 차이를 보면 과거에는 여성보다 남성이 두 배정
도 높았으나, 지금은 성별에 따른 차이는 나타나지 않았다.[18] 이러한 측면을
고려해 볼 때 한국사회는 과거에 비해 타인의 가해에 의한 사망률은 낮아지
고 있으며, 이에 대한 성별의 차이도 줄어드는 추세라고 할 수 있을 것이다.
　　범죄피해율을 살펴보면 2012년부터 2016년까지는 전반적인 범죄피해
율이 낮아지고 있었다. 인구 10만 명당 폭력범죄(형법상 폭행, 상해, 공갈, 협

17) http://www.index.go.kr/potal/main/EachDtlPageDetail.do?idx_cd=1628

18) http://www.index.go.kr/unify/idx-info.do?idxCd=8101

박, 약취와 유인, 체포와 감금죄 등이 해당)와 재산범죄(형법상 절도, 장물, 사기, 횡령, 배임, 손괴죄 등이 해당)를 합한 전체 범죄피해 건수가 점차 줄어들고 있다는 것이다. 하지만, 2018년의 경우 폭력범죄의 증가로 2016년에 비해 전체 범죄피해 건수가 다시 증가되는 현상이 나타났다.[19] 구체적으로 2012년에는 총 4,600.2건(폭력범죄: 768.2건, 재산범죄: 3,832건), 2014년에는 총 3,661.9건(폭력범죄: 371.7건, 재산범죄: 3,290.2건), 2016년에는 총 3,555.7건(폭력범죄: 387.8건, 재산범죄: 3,167.9건), 2018년에는 총 3,678.5건(폭력범죄: 566.3건, 재산범죄: 3,112.2건)으로 나타났다(한국형사정책연구원, 2019). 폭력범죄보다 재산범죄의 비율이 상대적으로 높았으나, 재산범죄는 지속적으로 낮아지는 추세이고 폭력범죄는 2014년 하락한 이후 오히려 다시 증가하고 있는 추세를 보였다. 이러한 측면을 고려해 볼 때 전반적인 범죄피해율은 낮아지고 있으나, 폭력범죄는 증가하고 있음을 알 수 있다.

둘째, 교통분야와 관련하여 '도로교통사고사망률'을 분석해 보면 다음과 같은 특징이 나타난다. 인구 10만 명당 도로교통으로 인한 사망자 수(도로에서 차량의 교통으로 인한 사고로 30일 이내에 사망한 경우)의 추세를 분석한 결과 1990년대 중반까지 도로교통사고사망률이 증가하다가 이후 꾸준히 감소하고 있었다. 특히 2000년에는 인구 10만 명당 교통사고사망자 수는 21.9명이었으나, 2018년에는 7.3명으로 대폭 감소하였다. 그러나 영국과 일본에 비해 두 배 이상의 사망률을 나타내고 있음을 고려해 볼 때 여전히 우리나라의 도로교통사고사망률은 국제 수준에는 미흡한 실정이었다(도로교통공단, 2019). 교통안전 수준은 과거보다 향상되었지만 여전히 미흡하다고 할 수 있는 것이다.

셋째, 직업 및 생활 관련 안전지표로는 '산업재해(산재)사망률', '아동안전사고 사망률', '아동학대 피해 경험률', '화재 사망자 수'를 분석하였다. 이 지표들은 한국의 사회안전망 수준을 보여주는 대표적인 지표들이다. 먼저 산재 적용대상 근로자[20] 1만 명당 산재 사망자 수를 의미하는 산재사망률

---

19) 여기서 범죄 건수는 공식 범죄통계가 아니라 한국형사정책연구원의 「국민생활안전실태조사」에서 조사한 자기보고 방식 조사 결과를 나타낸 것이다. 공식 범죄통계에 잡히지 않는 통계(사법기관에 신고되지 않거나, 공식통계에서 빠진 숨은 범죄 포함)를 고려하여 조사하였다.
20) 산업재해 적용 대상 근로자는 상시근로자 1인 이상 사업장에 종사하는 모든 근로자(단, 개인이 행하는 농업, 임업(절목업 제외), 어업·수렵업은 5인 이상, 공무원연금법, 선원법, 어선원

을 분석한 결과 사망자 수가 2016년까지 점차 줄어들다가 최근 들어 다시 증가하는 추세가 나타났다. 보다 구체적으로 산재사망률이 1990년대에는 1만 명당 3명 수준이었으나, 2000년대 들어 지속적으로 감소하여 2001년 2.6명, 2010년 1.36명, 2016년 0.96명이 되었다. 그러나 다시 2017년에 1.05명, 2018년에 1.12명으로 증가하고 있다(고용노동부, 2019). 산업재해가 근로자의 근로여건 및 직업 안전강도를 보여주는 지표이기 때문에 산재사망률이 낮을수록 근무환경이 개선되었다고 평가할 수 있다. 이를 고려해 볼 때 과거에 비해 근로자들의 근로환경은 개선되었으나 최근 들어 직업안전환경이 다시 불안전해지고 있는 경향이 나타났다.

또 다른 직업 및 생활 관련 안전지표로 아동안전사고 사망률을 제시할 수 있는데, 이는 만 14세 이하 아동인구 10만 명당 안전사고사망자 수(안전사고: 운수사고, 추락, 익사, 질식, 화상, 중독 등)를 측정한 것이다(통계청, 2019a). 아동은 안전에 대한 인식이 성인보다 부족하기 때문에 이들의 안전사고를 줄일 수 있는 방안들이 마련될 필요가 있다. 아동안전사고 사망률을 분석한 결과 2000년 이후 아동안전사고 사망률은 지속적으로 하락하였다. 2000년에는 아동인구(만 14세 이하) 10만 명당 안전사고 사망률이 14.2명이었으나, 2010년에는 4.8명, 2018년에는 2.4명으로 지속적으로 감소하고 있는 추세이다. 같은 맥락에서 아동학대 피해 경험률[21]을 살펴보았다. 다른 안전지표들과 달리 아동학대 피해 경험률의 비율은 지속적으로 증가하고 있다. 2009년에는 아동학대 건수가 아동 10만 명당 55.1건이었다면 2014년에는 109.9명, 2018년에는 301.4명으로 급속도로 증가하고 있었다(고용노동부, 2019). 이러한 분석 결과로 볼 때 한국사회의 아동학대 피해가 매우 심각하다고 할 수 있다.[22] 이로 인해 아동에 대한 인권과 안전이 보장되지 못하고 있는 것이

및 어선재해보상 보험법, 사립학교교직원연금법, 총 공시금액 2천만 원 미만 공사는 제외) 등을 포함한다(고용노동부, 2019).

21) 이는 전국아동보호전문기관 및 129 콜센터를 통해 신고 및 접수된 아동학대 현황 중 아동학대로 판정되어 보호된 사례의 아동인구 대비 건수를 의미한다(보건복지부, 2019). 여기서 아동학대는 「아동복지법」 제2조의 정의를 따른다. 이는 "보호자를 포함한 성인에 의해 아동(18세 미만)의 건강·복지를 해치거나 정서적 발달을 저해할 수 있는 신체적, 정서적, 성적 폭력 또는 가혹행위 및 아동의 보호자에 의해 이루어지는 유기와 방임"을 말한다.

22) 물론 아동학대에 대한 국민적 인식이 향상되어 신고 건수가 증가되었기 때문이라고 해석할 수 있다. 그럼에도 불구하고 아동학대로 인해 심각한 안전문제가 제기되는 측면이 있다고 할 수 있다.

다. 이밖에도 연간 화재 발생으로 인한 사망자 수를 의미하는 화재 사망자 수는 화재사고가 대형사고로 이어질 가능성이 높아 중요한 지표로 고려될 수 있다(소방청, 2019). 화재로 인한 사망자 수는 2000년 531명, 2009년 409명, 2011년 263명으로 지속적으로 감소하였으나, 그 이후 점차 증가하다 다시 감소하는 등 일관적으로 나타나지는 않았다.

우리나라의 인구 10만 명당 자살 사망자 수를 의미하는 자살률을 살펴보면 과거에 비해서 점차 증가하고 있음을 알 수 있다(통계청, 2019a). 특히 한국사회에서 외환위기를 겪으면서 자살률은 급격하게 증가하였으며, 그 이후로도 증가하는 추세에 있다. 한국의 자살률은 2018년의 경우 26.6명으로서, OECD 국가들 평균에 비해 2배 이상의 매우 높은 수준임을 고려할 때 안전에 큰 저해 요인이 되고 있다(통계청, 2019a). 또한 감염병 분야 사망자 수는 2015년 2,798명, 2016년 2,726명, 2017년 2,391명으로 감소하는 경향이 있었으나, 2018년에는 C형 간염(152명)의 법정감염병 편입과 인플루엔자 사망자 급증(262명에서 720명으로 증가)으로 인해 사망자 수가 3,071명에 이르고 있다(행정안전부, 2020). 최근 코로나 19 감염병의 여파 등 새로운 질병이 증가하면서 한국사회에서의 감염병에 의한 사망자 수 증가는 향후 중요한 안전사회 저해 요인이 될 수 있을 것이다.

이상에서 살펴본 바에 따르면 한국사회에서 자연재난 피해는 일관적이지 않지만 다양하게 나타나고 있으며, 새로운 형태의 자연재난이 다수 발생하고 있었다. 또한 사회재난에 있어 범죄(예: 타인의 가해에 의한 사망률, 범죄피해율), 교통분야(예: 도로교통사고사망률), 생활(예: 아동안전사고 사망률) 관련 안전 지표들은 점차 개선되고 있음에도 불구하고, 산재사망률과 화재 사망자 수는 전반적으로 증·감이 혼재되어 나타났다. 반면에 아동학대 피해 경험률, 자살률, 감염병에 의한 사망자 수 등은 점차 증가하여 사회의 안전을 위협하고 있었다. 또한 OECD 국가들과 비교한 결과 우리나라의 화재, 범죄, 생활23)관련 안전은 양호한 편이지만, 교통사고, 자살, 감염병 분야 사망자 수는 OECD 국가들의 평균 보다 높은 편으로 나타났다. 특히 자살률은 매우 심각한 수준이었다(행정안전부, 2019b).

---

23) 여기서 생활안전 지표는 생활안전 사망자 수를 의미하며, 이는 통계청 사망원인 통계 중 낙상(추락)인원, 유독성 물질에 의한 불의의 중독 및 노출 인원, 불의의 익사 및 익수 사망자 수를 포함한다(행정안전부, 2019b).

[그림 1-2] 주요 안전지수 현황과 주요 안전지표 OECD 국가 비교

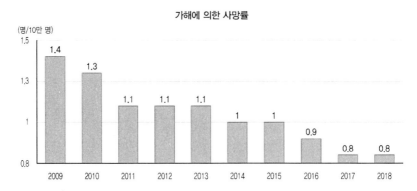

가해에 의한 사망률

출처: 통계청(2019a). 사망원인통계.

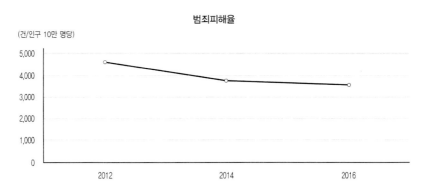

범죄피해율

출처: 한국형사정책연구원(2019).「전국범죄피해조사 2018」.

도로교통사고사망률

출처: 도로교통공단(2019).「교통사고 통계분석」; 통계청(2019).「장래인구추계」.
주석: 1) 도로교통사고사망률＝(도로교통사고사망자 수÷총 인구)×100,000.
     2) 도로교통사고사망자는 도로의 차량 교통에 의한 사고로 인해 사고발생 30일 이내에
        사망한 경우를 말함(1999년까지는 72시간 이내 사망).

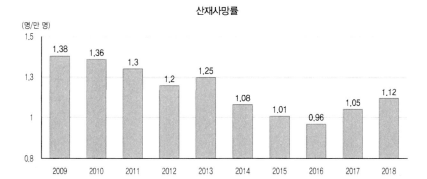

출처: 고용노동부(2019). 「산업재해 현황」.
주석: 1) 산재사망률＝(산재 사망자 수÷산재 적용대상 근로자 수)×10,000.
    2) 사망자 수에는 사업장외 교통사고, 체육행사, 폭력행위, 사고발생일로부터 1년경과
    사고사망자, 통상 출퇴근 사망자는 제외(다만, 운수업, 음식숙박업의 사업장외 교통사
    고 사망자 포함)

출처: 통계청(2019a). 사망원인통계.

출처: 보건복지부(2019). 전국아동학대 현황 보고서.

출처: 소방청(2019). 화재발생총괄표.

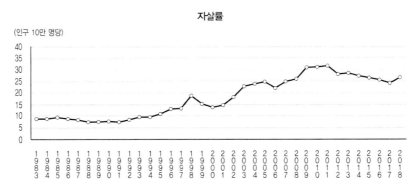

출처: 통계청(2019a). 「사망원인통계」.

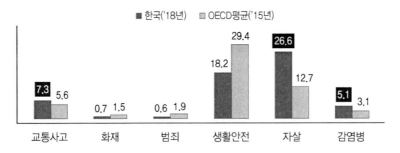

출처: 행정안전부(2019c). 2019년 전국 지역안전지수.

2) 지역의 안전사회 현황 분석

본 연구는 전국적인 안전 현황 뿐만 아니라 각 지역의 안전 현황을 지역안전지수를 통해 분석하였다. 지역안전지수는 「재난 및 안전관리 기본법」 제66조의10(안전지수의 공표)[24]에 따라 매년 지역안전등급으로 공개되는 지수이다. 즉 지역안전지수는 '안전에 관한 각종 통계를 활용하여 지방자치단체별 안전수준을 계량화한 등급'으로서, 안전관리에 있어 지방자치단체의 책임성을 강화하고 안전 취약부분의 자율적 개선을 목적으로 하고 있다.[25] 지역안전지수는 1등급에서 5등급의 다섯 등급으로 나뉘고(1등급일수록 행정구역에서 상대적으로 안전), 전년도 통계자료를 기반으로 작성된다. 2015년부터 통계작성이 시작되어 2019년 현재까지 총 5년 동안 7개 분야(교통사고, 화재, 범죄, 자연재해, 생활안전, 자살, 감염병)의 현황을 제시하고 있다. 구체적인 안전지수는 다음과 같은 공식으로 산출된다(행정안전부, 2020).

> **안전지수 = 100 − (위해지표 + 취약지표 − 경감지표)**
>
> − 위해지표: 분야별 사망자 수 및 발생 건수 등 결과지표
> (예) 교통사고사망자 수 등
> − 취약지표: 사망자 발생 등의 원인이 될 수 있는 지표
> (예) 재난약자, 자동차등록 대수 등
> − 경감지표: 사망자 발생 등을 경감 할 수 있는 지표
> (예) 교통단속 CCTV 대수 등

2019년의 경우 광역자치단체와 기초자치단체별로 7개 분야(교통사고, 화재, 범죄, 자연재해, 생활안전, 자살, 감염병)의 지역안전지수 현황이 [그림 1−3]과 같이 나타나고 있다. 이러한 현황을 살펴본 결과 교통사고는 특별·광역시 및 자치구의 경우 낮게 나타났으나, 군(郡) 단위에서 매우 높게 나타났

---

24) 행정안전부 장관은 지역별 안전수준과 안전의식을 객관적으로 나타내는 지수를 개발·조사하여 그 결과를 공표할 수 있다.
25) https://www.mois.go.kr/frt/sub/a06/b10/safetyIndex/screen.do

다. 자살과 감염병은 전 지역에서 높게 나타났으며, 특히 군 지역에서 더욱 취약한 것으로 나타났다(행정안전부, 2020). 지역에 따른 안전지수를 비교해 본 결과 도시화 수준이 낮은 군 단위로 갈수록 안전지수가 낮게 나타남을 확인할 수 있었다. 특히 화재를 제외한 교통사고, 생활안전, 자살, 감염병 분야에서 군 단위의 안전성이 상대적으로 낮아 이에 대한 특별한 관리가 필요한 것으로 보인다.

[그림 1-3] 2019년 지역안전지수 비교

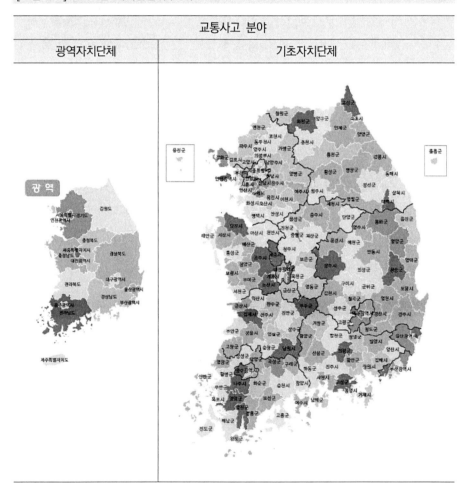

화재 분야	
광역자치단체	기초자치단체

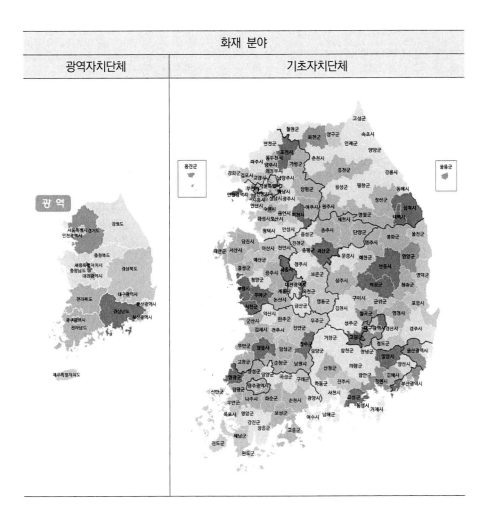

범죄 분야	
광역자치단체	기초자치단체

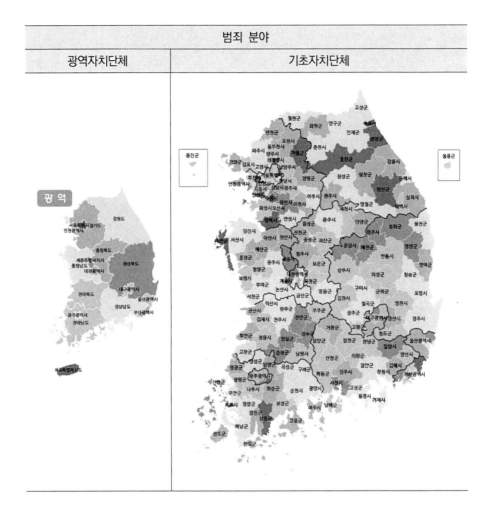

생활안전 분야

광역자치단체	기초자치단체

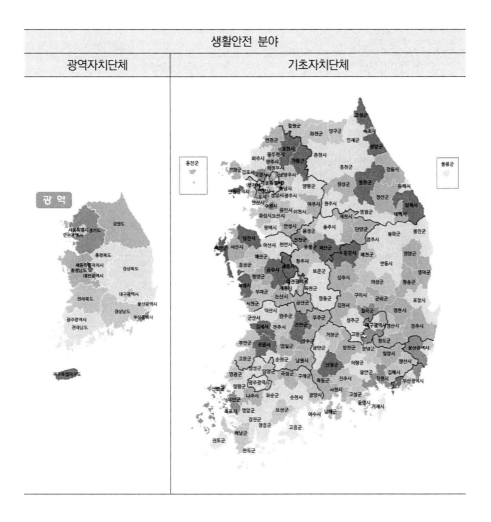

자살 분야	
광역자치단체	기초자치단체

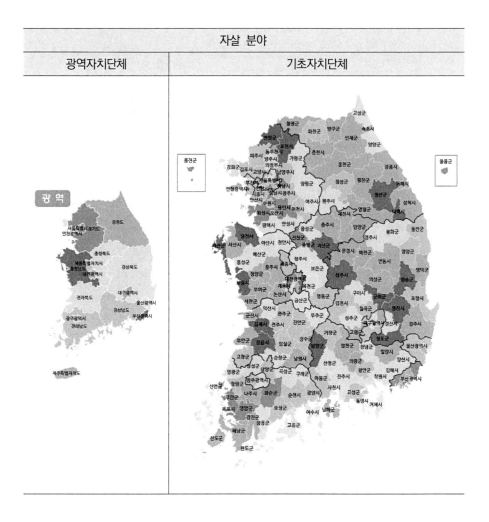

감염병 분야	
광역자치단체	기초자치단체

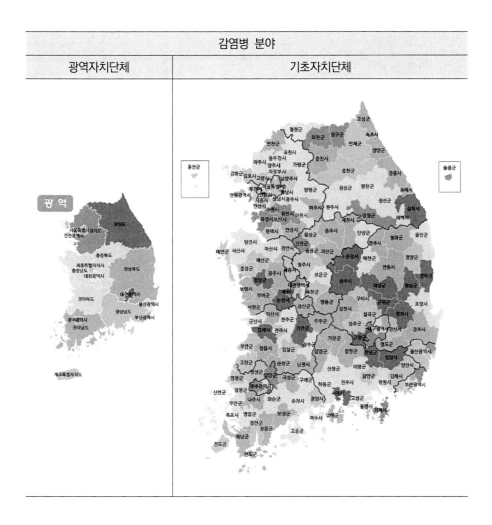

자연재해 분야[1]	
광역자치단체	기초자치단체

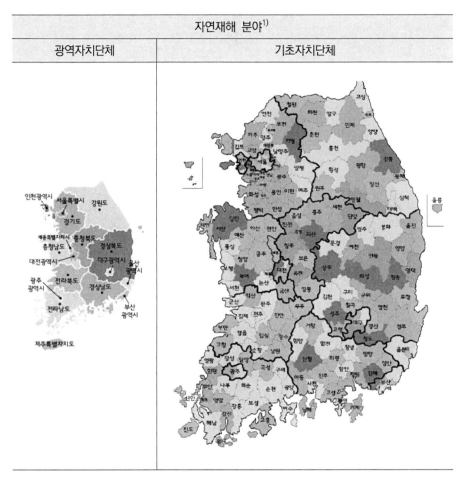

주: 안전등급 ▷ ▨ 1등급 ▨ 2등급 ▨ 3등급 ▨ 4등급 ▨ 5등급

1) 자연재해의 경우 2019년 제도개선을 위한 관련 규정 개정으로 2018년 자료 제시.
출처: 행정안전부(2020).

4. 주관적 인식에 따른 안전사회 분석

한국사회의 안전 현황은 객관적 지표 뿐만 아니라 국민의 주관적 사회 안전 인식을 통해서도 평가할 수 있다. 이와 관련해 여기에서는 1979년 이후부터 실시해 오고 있는 통계청의 '사회안전 인식조사'[26]를 통해 한국인의 안전인식을 분석하였다. 2018년 조사된 한국인의 전반적인 사회안전 인식 지수는 2016년에 비해 7.2%p 증가하였지만, 사회가 전반적으로 안전하다고 인식한 국민은 여전히 20.5%밖에 되지 않았다([그림 1-4] 참조). 이에 반해 사회가 불안하다고 인식하는 국민은 31.3%로서 안전하다고 인식하는 국민 보다 더 많은 것으로 나타났다(통계청, 2019b). 2010년 이후 한국인의 사회안전 인식은 2014년 하락했다가 전반적으로 다시 상승하고 있는 추세에 있기는 하지만 대부분의 국민은 여전히 한국사회가 안전하지 못하다고 인식하고 있는 것으로 나타났다.

[그림 1-4] 한국인의 사회안전 인식 변화

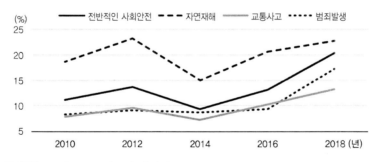

출처: 통계청(2019b). 2018 한국의 사회지표.

사회조사 결과에 의하면 자연재해 보다는 교통사고나 범죄발생과 같은 사회재난에 국민들은 더 큰 불안을 느끼고 있었다(<표 1-4> 참조). 교통사고에 있어서 안전하다고 인식하는 국민은 약 10%밖에 되지 않았으며, 약 50% 이상이 범죄발생에 있어서 불안감을 느끼고 있었다. 성별에 있어서는

---

26) 2018년 사회조사 결과는 전국 25,843 표본 가구 내 상주하는 만 13세 이상 가구원 약 39,000 명을 대상으로 2018. 5. 16.~5. 31. 기간 동안 조사하여 집계한 결과이다(통계청, 2019b).

<표 1-4> 2018년 사회안전에 대한 국민 인식 조사

(단위: %)

		전반적인 사회안전			자연재해			교통사고			범죄발생		
		안전	보통	불안	안전	보통	불안	안전	보통	불안	안전	보통	불안
전체		20.5	48.2	31.3	22.8	39.6	37.6	13.1	39.2	47.6	17.2	32.0	50.8
성별	남자	24.5	48.5	27.1	26.1	40.4	33.5	14.8	39.8	45.4	21.8	33.8	44.5
	여자	16.6	48.0	35.4	19.5	38.9	41.6	11.5	38.6	49.8	12.7	30.3	57.0
연령	13~19세	26.8	48.2	25.0	29.0	42.1	28.9	17.3	40.2	42.6	19.9	30.5	49.6
	20~29세	23.1	46.7	30.3	25.7	40.3	34.0	13.1	37.6	49.2	19.4	29.0	51.6
	30~39세	20.3	46.2	33.5	23.5	39.2	37.4	12.6	36.9	50.5	18.7	30.9	50.4
	40~49세	21.6	48.7	29.8	23.9	40.2	35.9	12.3	41.1	46.6	19.3	34.3	46.5
	50~59세	19.1	49.6	31.8	20.1	40.2	39.7	12.7	40.2	47.1	15.8	34.1	50.2
	60세 이상	17.2	49.2	33.6	19.6	37.8	42.6	13.2	39.2	47.6	13.3	31.8	54.9

출처: 통계청(2019b). 2018 한국의 사회지표.

남성에 비해 여성들이 더욱 한국사회를 불안전하다고 인식하였다. 여성의 약 16% 정도만이 한국사회가 안전하다고 인식하고 있었다. 물론 성별에 따라 위험에 대한 인식의 정도가 다르고, 특히 여성이 남성에 비해 위험에 대한 민감도가 높다는 연구(예: Gustafson, 1998)가 제시된 바가 있기는 하지만, 한국에서는 전반적으로 여성이 남성보다 사회가 불안전하다고 인식하고 있는 것으로 나타났다. 특히 여성은 남성에 비해 범죄발생 등 치안에 있어서 더욱 불안감을 나타내었다. 2018년의 인식조사에 의하면 범죄발생에 있어 남성은 약 44.5%가 불안하다고 응답한 반면에 여성은 무려 57%가 불안하다고 응답한 것이다. 이에 비해, 안전하다고 응답한 여성은 단지 12.7% 밖에 되지 않았다(통계청, 2019b).

연령에 따라서도 한국사회에서의 안전인식에는 차이가 나타났는데, 젊은 계층일수록 안전인식이 높은 것으로 나타났다. 연령과 위험인식 관계에 대한 선행연구에 의하면 일반적으로 연령이 낮을수록 위험에 대한 인식이 낮아지는 경향을 보였다(Siegrist et al., 2005). 물론 안전인식과 실제 사고의 관계는 다르게 나타날 수 있다. 일례로 젊은 세대일수록 교통사고에 대한 안전인식이 높게 나타나지만 현실은 꼭 그렇지만은 않다. 미국의 경우 15세부터 20세까지 연령대의 가장 큰 사망 위험요인은 교통사고로 나타났다(NHTSA, 2009).

이 외에도 야간보행이 안전하다고 인식하는 인구의 비율을 조사한 '야간보행안전도' 조사결과에 의하면 2018년 기준으로 국민의 약 63.5% 정도가 야간보행이 안전하다고 인식하였다. 특히 남성보다 여성이 20%p 낮게 야간보행의 안전성을 평가하였으며, 지역별로는 도시지역이 농촌지역보다 안전성이 낮게 나타났으나, 그 차이는 점차 줄어들고 있었다(통계청, 2019b).

이와 같이 국민들은 전반적으로 한국사회가 여전히 불안전하다고 인식하고 있었으며, 특히 자연재해 보다는 사회재난에 대해 더욱 불안전하게 인식하고 있었다. 남성보다는 여성이 사회에 대해 더욱 불안전하게 인식하고 있었으며, 연령이 높을수록 안전에 대한 인식은 낮게 나타나는 경향이 있었다. 이러한 측면들을 고려해 보았을 때 한국인은 한국사회가 여전히 안전하지 못하다고 인식하고 있는 것으로 보인다.[27]

<표 1-5> 성별 및 도농별 야간보행 안전도

(단위: %)

		1997년	2001년	2005년	2008년	2010년	2012년	2014년	2016년	2018년
전체		58.4	51.4	57.4	59.2	59.4	56	57.4	59.1	63.5
성별	남자	73.3	62.2	69.2	72.4	70.9	69.1	70.9	70.6	74.3
	여자	44.3	41.2	46.1	46.5	48.3	43.3	44.5	47.8	53
동·읍면부	동부	54	49	55.6	57.9	58.2	54.4	56.2	58.5	63
	읍면부	76.1	60.9	65.6	64.9	64.9	63.7	63.2	61.6	66

출처: 통계청(2019b). 2018 한국의 사회지표.

---

27) 실제 안전사고 건수를 고려해 볼 때 2018년 화재 건수는 4만2천 건이며, 화재 건당 피해액은 13,024,000원으로 나타났다. 2017년 자동차사고 건수는 216,335건, 사망자 수는 4,185명이며, 2017년 총 범죄 발생 건수는 182만5천 건으로 나타나고 있다(통계청, 2019).

제**3**절 **환경변화와 안전사회**

1. 한국의 안전사회 발전방향

이상에서의 논의들을 살펴볼 때 한국사회의 안전 현황에서 나타나는 몇 가지 특징들을 살펴볼 수 있다. 첫째, 한국사회의 안전 관련 법령들은 다양한 영역에서 국민의 기본권 보호와 적극적인 피해 보상을 보장하고 있다. 또한 사회 전반에서의 공공안전을 달성하기 위하여 국가와 지방자치단체의 의무를 법령을 통해 부과하고 있다. 이러한 점을 고려해 볼 때 한국사회에는 안전사회를 달성하기 위한 법·제도적 기반이 어느 정도 마련되어 있다고 할 수 있다. 둘째, 객관적으로 나타나는 안전지표와 주관적인 안전인식에는 차이가 있었다. 예를 들어 범죄와 관련해 범죄피해율 등의 객관적인 안전지표들은 과거에 비해 개선되고 있었으며, 특히 OECD 국가들에 비해 상대적으로 안전성이 높게 나타났다. 그럼에도 불구하고 많은 국민들은 야간 보행 안전도를 포함하여 범죄 관련 안전성이 여전히 낮다고 평가하고 있었다. 특히 남성에 비해 여성은 범죄에 관련하여 한국사회가 위험하다고 인식하고 있었다. 향후 이러한 점을 고려해 국민이 주관적으로 인식하는 안전사회 달성 방안을 마련할 필요가 있을 것이다. 셋째, 지역에 따른 지역안전지수의 차이를 고려해 볼 때, 개인의 안전도 중요하지만 지역공동체 및 지역사회의 안전을 우선 고려해야 할 필요성이 제기되었다. 특히 도시화 수준이 낮은 군(郡) 단위의 안전지수는 타 지역사회에 비해 낮게 나타나고 있었다.

2. 급격한 환경변화와 안전사회 구축의 필요성

최근에는 예측하기 어려운 사회 환경의 변화가 발생하고 있어 위험사회로의 가속화가 이루어지고 있으며, 이로 인해 안전사회가 위협을 받고 있는 실정이다. 현대인들은 과거에 경험하지 못한 새로운 사회 환경에 직면하고 있다. 뉴노멀 시대의 위험사회 도래로 인해 현대인들의 불안감이 고조되고 있다. 2000년대 이후의 사회는 이전 산업화 시대와는 완전히 다른 저성장, 저소비, 저물가, 저수익률과 같은 경제 현상이 만연한 뉴노멀(New Normal)의 시대로 진입하였다(El-Erion, 2008; 2010). 뉴노멀은 특정 지역, 국가, 시기에 한정된 현상이 아니라 모든 지역 및 국가에서 장기적으로 발생하는 현상으로서 전 세계에 보편화된 현상이다(IMF, 2015; McNamee & Diamond, 2003). 한국 역시 저성장, 저물가, 저출산, 고령화, 저수익률 등의 문제가 심각해지고 있다. 뉴노멀 시대의 사회문제는 다양하고 복잡하게 연계되어 나타난다. 즉 경제, 환경, 사회, 복지, 노동 등 모든 분야에서 상호관련성을 지니면서 사회문제가 발생하고 있는 것이다(IMF, 2015). 특히 코로나 19 감염병 등과 같은 새로운 질병의 등장으로 과거에는 경험하지 못한 새로운 세계로의 국면을 맞이하고 있다. 뿐만 아니라 끊임없는 자연재난의 발생과 교통사고 발생, 안전사고 발생, 가축 전염병 발생 등 다양한 영역에서 안전사회가 위협을 받고 있다. 태안 화력발전소 컨베이어 사망사고, 고양시 백석역 근처 고양 지역난방공사의 배관(열수송관) 파열사고, 강릉발 서울행 KTX 산천 고속열차 탈선 사고, 코로나 19 감염병 등 다양한 분야에서 예측할 수 없는 안전사고와 위험사고가 발생하고 있는 것이다. 이로 인해 많은 사람들은 사회 곳곳에 안전을 위협하는 요소가 존재하고 있음을 절감하게 된다.

따라서 최근 정부는 안전사회를 달성하기 위한 다양한 정책들을 실시하고 있다. 예를 들어 문재인 정부는 안전사회 구축을 주요 국정과제인 '안전사고 예방 및 재난 안전관리의 국가책임체제 구축', '통합적 재난관리체계 구축 및 현장 즉시대응 역량 강화', '국민 건강을 지키는 생활안전 강화', '미세먼지 걱정 없는 쾌적한 대기환경 조성', '지속가능한 국토환경 조성', '탈원전 정책으로 안전하고 깨끗한 에너지로 전환', '신기후체제에 대한 견실한 이행체계 구축', '해양영토 수호와 해양안전 강화' 등으로 선정하고 이를 달성하고자 노력하고 있다(청와대, 2017). 또한 정부는 안전사회를 구축하기 위한 새로운 법률들을 제정·시행하고 있다. 대표적으로 2017년 12월 12일 「사회적 참사의 진상규명 및 안전사회 건설 등을 위한 특별법」(이하 「사회적 참사 특별법」)을 제정하여 시행하고 있다. 이 법은 "가습기살균제사건과 4·16 세월호참사의 발생원인·수습과정·후속조치 등의 사실관계와 책임소재의 진상을 밝히고 피해자를 지원하며, 재해·재난의 예방과 대응방안을 수립하여 안전한 사회를 건설·확립하는 것"을 주목적으로 하고 있다(국가법령정보

센터, 2020b). 정부가 「사회적 참사 특별법」을 제정하여 안전한 사회를 달성
하고자 끊임없이 노력하고 있지만, 현실적으로는 안전사회를 구축하는 데
어려움이 따른다. 또한 「미세먼지 저감 및 관리에 관한 특별법」이 2018년 8
월 제정되어 시행되고 있다. 이 법은 "미세먼지 및 미세먼지 생성물질의 배
출을 저감하고 그 발생을 지속적으로 관리함으로써 미세먼지가 국민건강에
미치는 위해를 예방하고 대기환경을 적정하게 관리·보전하여 쾌적한 생활
환경을 조성하는 것"을 목적으로 한다(국가법령정보센터, 2020c). 이러한 정부
의 노력에도 불구하고 예측불가능하며, 불확실하고, 복잡한 오늘날의 환경
속에서 안전사회를 달성하는 것은 쉽지가 않다.

앞에서 논의한 통계청의 사회안전에 대한 인식조사 결과를 살펴보더라
도 아직까지 한국사회가 안전하다고 인식하기보다는 불안전하다고 인식하
는 국민이 더 많은 것으로 나타났다(통계청, 2019b). [그림 1-5]에서 보듯이
국민들은 식량안보와 국가안보 등에서는 상대적으로 안전성을 높게 인식하
고 있었으나, 교통사고, 범죄발생 등을 포함하여 전반적인 일반 사회영역에
서는 한국사회가 불안전하다고 인식하고 있었다.

[그림 1-5] 사회안전에 대한 인식도

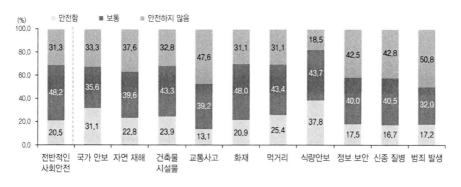

출처: 통계청(2018). 2018년 사회조사 결과.

이처럼 여전히 한국사회를 불안전하다고 평가하는 국민이 많음에도 불
구하고, 희망적인 것은 한국사회가 안전한 사회가 되었으면 하고 바라는 국
민의 기대가 증가하고 있다는 점이다. 국민의 안전사회에 대한 열망은 더욱

높아지고 있다고 할 수 있다.

[그림 1-6] 국민의 안전사회에 대한 기대

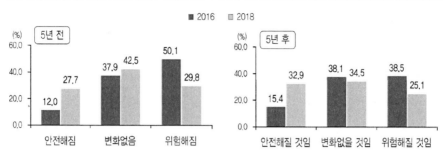

출처: 통계청(2018). 2018년 사회조사 결과.

[그림 1-6]에서 살펴볼 수 있듯이 2016년에 비해 2018년 국민들이 5년 전에 비해 더욱 안전해졌다고 인식하는 비율이 증가하였으며, 향후 5년 뒤에도 안전해질 것이라고 믿는 국민들의 비율 역시 2016년에 비해 증가하였다. 이와 관련해 안전사회를 달성하기 위해서는 정부와 국민 모두가 안전사회에 대한 새로운 패러다임을 준비할 필요가 있다. 과거 안전사회 구축 노력이 중앙정부 중심의 명령과 지시에 따르는 일방적이고 획일적인 안전체계 구축 방안을 강조하는 것이었다면, 오늘날 예측불가능하고 불확실한 복잡사회에서는 이러한 안전 패러다임은 적절하지 못하다. 향후에는 안전사회를 위한 법적·제도적 기반 마련 뿐만 아니라, 정부, 민간(기업), 시민사회 모두가 참여하는 협력적 안전 네트워크 구축이 이루어질 필요가 있다. 이와 관련해서는 다음 장에서 설명하는 뉴노멀 사회에서도 언급될 것이다.

〈부록 1-1〉 안전 관련 법률 현황

번호	법령명	법령 종류	공포 번호	공포 일자	시행 일자	제정·개정 구분	소관부처
1	4·16세월호참사 진상규명 및 안전사회 건설 등을 위한 특별법	법률	제12843호	2014. 11. 19.	2015. 1. 1.	제정	해양수산부
2	경찰공무원 보건안전 및 복지 기본법	법률	제15760호	2018. 9. 18.	2019. 3. 19.	일부 개정	경찰청, 해양경찰청
3	고압가스 안전관리법	법률	제16935호	2020. 2. 4.	2020. 8. 5.	일부 개정	산업통상 자원부
4	광산안전법	법률	제15175호	2017. 12. 12.	2018. 6. 13.	일부 개정	산업통상 자원부
5	교육시설 등의 안전 및 유지관리 등에 관한 법률	법률	제16678호	2019. 12. 3.	2020. 12. 4.	제정	교육부
6	교통안전법	법률	제16629호	2019. 11. 26.	2022. 11. 27.	일부 개정	국토교통부
7	국가안전보장회의법	법률	제12224호	2014. 1. 10.	2014. 1. 10.	일부 개정	국가안보실
8	국민보호와 공공안전을 위한 테러방지법	법률	제15608호	2018. 4. 17.	2018. 10. 18.	타법 개정	국가정보원
9	국민 안전교육 진흥 기본법	법률	제16878호	2020. 1. 29.	2020. 1. 29.	일부 개정	행정안전부
10	군용항공기 비행안전성 인증에 관한 법률	법률	제16353호	2019. 4. 23.	2019. 10. 24.	일부 개정	국방부, 방위사업청
11	농어업인의 안전보험 및 안전재해예방에 관한 법률	법률	제16968호	2020. 2. 11.	2020. 2. 11.	일부 개정	농림축산 식품부, 해양수산부
12	다중이용업소의 안전관리에 관한 특별법	법률	제17091호	2020. 3. 24.	2020. 4. 3.	타법 개정	소방청
13	보행안전 및 편의증진에 관한 법률	법률	제14839호	2017. 7. 26.	2017. 7. 26.	타법 개정	행정안전부

번호	법령명	법령 종류	공포 번호	공포 일자	시행 일자	제정 개정 구분	소관부처
14	사격 및 사격장 안전관리에 관한 법률	법률	제14839호	2017. 7. 26.	2017. 7. 26.	타법 개정	경찰청
15	사회적 참사의 진상규명 및 안전사회 건설 등을 위한 특별법	법률	제15213호	2017. 12. 12.	2017. 12. 12.	제정	국무조정실
16	산업안전보건법	법률	제16272호	2019. 1. 15.	2021. 1. 16.	전부 개정	고용노동부
17	생명윤리 및 안전에 관한 법률	법률	제16372호	2019. 4. 23.	2019. 10. 24.	일부 개정	보건복지부
18	생활주변방사선 안전관리법	법률	제16299호	2019. 1. 15.	2019. 7. 16.	일부 개정	원자력안전 위원회
19	생활화학제품 및 살생물제의 안전관리에 관한 법률	법률	제17103호	2020. 3. 24.	2021. 1. 1.	일부 개정	환경부
20	석면안전관리법	법률	제16606호	2019. 11. 26.	2020. 5. 27.	일부 개정	환경부
21	선박안전법	법률	제17028호	2020. 2. 18.	2020. 8. 19.	일부 개정	해양수산부
22	소규모 공공시설 안전관리 등에 관한 법률	법률	제16767호	2019. 12. 10.	2020. 6. 11.	일부 개정	행정안전부
23	소방공무원 보건안전 및 복지 기본법	법률	제16768호	2019. 12. 10.	2020. 4. 1.	타법 개정	소방청
24	송유관 안전관리법	법률	제16130호	2018. 12. 31.	2019. 4. 1.	일부 개정	산업통상 자원부
25	수상레저안전법	법률	제17091호	2020. 3. 24.	2020. 3. 24.	타법 개정	해양경찰청
26	수소경제 육성 및 수소 안전 관리에 관한 법률	법률	제16942호	2020. 2. 4.	2022. 2. 5.	제정	산업통상 자원부
27	수입식품안전관리 특별법	법률	제17245호	2020. 4. 7.	2021. 10. 1.	일부 개정	식품의약품 안전처

번호	법령명	법령 종류	공포 번호	공포 일자	시행 일자	제정 ·개정 구분	소관부처
28	수중레저활동의 안전 및 활성화 등에 관한 법률	법률	제14839호	2017. 7. 26.	2017. 7. 26.	타법 개정	해양수산부
29	승강기 안전관리법	법률	제17091호	2020. 3. 24.	2020. 3. 24.	타법 개정	행정안전부
30	시설물의 안전 및 유지관리에 관한 특별법	법률	제16497호	2019. 8. 20.	2020. 2. 21.	일부 개정	국토교통부
31	식품안전기본법	법률	제15708호	2018. 6. 12.	2018. 6. 12.	일부 개정	식품의약품 안전처
32	식품·의약품 등의 안전기술 진흥법	법률	제15941호	2018. 12. 11.	2019. 6. 12.	일부 개정	식품의약품 안전처
33	액화석유가스의 안전관리 및 사업법	법률	제16943호	2020. 2. 4.	2020. 8. 5.	일부 개정	산업통상 자원부
34	어린이놀이시설 안전관리법	법률	제14839호	2017. 7. 26.	2017. 7. 26.	타법 개정	행정안전부
35	어린이 식생활안전관리 특별법	법률	제17247호	2020. 4. 7.	2020. 4. 7.	일부 개정	식품의약품 안전처
36	어린이제품 안전 특별법	법률	제13859호	2016. 1. 27.	2017. 1. 28.	타법 개정	산업통상 자원부
37	어선안전조업법	법률	제16569호	2019. 8. 27.	2020. 8. 28.	제정	해양수산부
38	연구실 안전환경 조성에 관한 법률	법률	제15563호	2018. 4. 17.	2018. 10. 18.	일부 개정	과학기술 정보통신부
39	원자력안전법	법률	제16575호	2019. 8. 27.	2020. 1. 1.	일부 개정	원자력안전 위원회
40	원자력안전위원회의 설치 및 운영에 관한 법률	법률	제16576호	2019. 8. 27.	2019. 8. 27.	일부 개정	원자력안전 위원회
41	위험물안전관리법	법률	제17091호	2020. 3. 24.	2020. 3. 24.	타법 개정	소방청

번호	법령명	법령 종류	공포 번호	공포 일자	시행 일자	제정 · 개정 구분	소관부처
42	인체조직안전 및 관리 등에 관한 법률	법률	제15898호	2018. 12. 11.	2019. 12. 12.	일부 개정	보건복지부, 식품의약품 안전처
43	재난 및 안전관리 기본법	법률	제16666호	2019. 12. 3.	2020. 6. 4.	일부 개정	행정안전부
44	저수지 · 댐의 안전관리 및 재해예방에 관한 법률	법률	제16773호	2019. 12. 10.	2020. 12. 11.	일부 개정	행정안전부
45	전기안전관리법	법률	제17171호	2020. 3. 31.	2028. 4. 1.	제정	산업통상 자원부
46	전기용품 및 생활용품 안전 관리법	법률	제15338호	2017. 12. 30.	2018. 7. 1.	전부 개정	산업통상 자원부
47	제품안전기본법	법률	제16803호	2019. 12. 10.	2020. 6. 11.	일부 개정	산업통상 자원부
48	지하안전관리에 관한 특별법	법률	제16414호	2019. 4. 30.	2019. 11. 1.	타법 개정	국토교통부
49	철도안전법	법률	제16638호	2019. 11. 26.	2022. 5. 27.	일부 개정	국토교통부
50	첨단재생의료 및 첨단바이오 의약품 안전 및 지원에 관한 법률	법률	제16556호	2019. 8. 27.	2020. 8. 28.	제정	보건복지부, 식품의약품 안전처
51	총포 · 도검 · 화약류 등의 안전관리에 관한 법률	법률	제16670호	2019. 12. 3.	2019. 12. 3.	일부 개정	경찰청
52	학교안전사고 예방 및 보상에 관한 법률	법률	제15966호	2018. 12. 18.	2019. 6. 19.	일부 개정	교육부
53	한국교통안전공단법	법률	제14939호	2017. 10. 24.	2018. 1. 1.	일부 개정	국토교통부
54	한국산업안전보건공단법	법률	제14502호	2016. 12. 27.	2016. 12. 27.	일부 개정	고용노동부

번호	법령명	법령 종류	공포 번호	공포 일자	시행 일자	제정 · 개정 구분	소관부처
55	한국식품안전관리인증원의 설립 및 운영에 관한 법률	법률	제14026호	2016. 2. 3.	2017. 2. 4.	제정	식품의약품 안전처
56	한국원자력안전기술원법	법률	제15022호	2017. 10. 31.	2018. 11. 1.	타법 개정	원자력안전 위원회
57	한국해양교통안전공단법	법률	제16160호	2018. 12. 31.	2019. 7. 1.	제정	해양수산부
58	항공안전기술원법	법률	제15022호	2017. 10. 31.	2018. 11. 1.	타법 개정	국토교통부
59	항공안전법	법률	제16643호	2019. 11. 26.	2022. 11. 27.	일부 개정	국토교통부
60	해사안전법	법률	제17056호	2020. 2. 18.	2020. 5. 19.	일부 개정	해양수산부
61	화재예방, 소방시설 설치·유지 및 안전관리에 관한 법률	법률	제17091호	2020. 3. 24.	2020. 3. 24.	타법 개정	소방청
62	환자안전법	법률	제16893호	2020. 1. 29.	2021. 1. 30.	일부 개정	보건복지부

뉴노멀 시대의 안전사회

제1절 뉴노멀 시대 도래의 배경

1. 뉴노멀 시대 등장과 의의

'뉴노멀(New Normal)'이라는 용어는 맥나미와 다이아몬드의 저서 "The new normal: Great opportunities in a time of great risk"에서 처음으로 사용되었다(McNamee & Diamond, 2003).[1] 그 이후 뉴노멀이라는 용어가 전 세계적으로 주목을 받은 것은 PIMCO의 최고경영자인 El-Erian(2008)이 그의 저서 "When markets collide: Investment strategies for the age of global economic change"에 뉴노멀의 개념을 보다 구체적으로 제시하면서 부터이다. 그의 저서에 의하면 뉴노멀은 세계 금융위기 이후의 새로운 세계경제 질서를 의미한다. 2001년 IT 버블붕괴가 발생하고 그로 인해 유동성 자본의 과잉공급 및 금융규제 완화가 일어났다. 이에 대한 부작용으로 자산 가격이 버블로 붕괴되고 동시에 글로벌 금융위기가 발생하게 된 것이다. 그 이후 세계경제는 저성장 국면으로 접어들었다(지식경제부, 2010). 세계 금융위기 이후 세계경제는 더 이상 과거와 같은 고성장을 이룩하는 것이 불가능해졌으며, 저성장·저금리·저물가·고실업률의 뉴노멀 시대로 접어들게 된 것이다(미래준비위원회, 2016). 이와 같이 뉴노멀이라는 용어가 처음 등장한 것은 경제 분야에서였으며, 세계 금융위기 이후의 '저성장' 시대를 뉴노멀이라고 일컫는다.

뉴노멀의 의미가 저성장의 시대라는 경제적 특징을 지니고 있음에도

---

1) 미국 벤처 투자가인 R. McNamee는 새로운 경제적 기준으로 저성장, 저소득, 저수익률, 고위험을 제시하였다. 중국은 뉴노멀이라는 용어 대신에 새로운 상태(안정 성장 시대)라는 의미인 '신창타이(新常態)'를 사용한다(위키피디아, 2020).

불구하고 뉴노멀이 반드시 경제 분야에서만 고려되는 것은 아니다. 사전적 의미로 뉴노멀은 "새롭게 만들어진 것이 아니라, 과거에는 비정상(abnormal)로 간주되었던 것들이 환경변화로 인해 일상적으로 인식되는 것"을 의미한다(최상옥, 2016: 5). '올드 노멀(Old Normal)'이 뉴노멀로 자리 잡기 이전 시대의 표준화된 기준과 질서를 의미한다면, 뉴노멀은 과거 표준에 의문을 품고 시대환경 변화에 따라 새롭게 부상하는 표준 질서를 의미한다고 할 수 있다. 예를 들어 1930년대 세계 대공황이 발생했을 때 뉴딜정책을 통해 정부 역할을 강화한 것이나, 1980년대 규제완화 및 IT 기술 변화에 따른 혁신이 강조된 것 모두가 뉴노멀이라고 할 수 있는 것이다. 이와 같이 과거 환경과는 구분되는 새로운 환경, 즉 과거에는 비정상적이라고 여겨졌던 현상이 언제·어디서나 발생할 수 있는 현상으로 변화는 것이 바로 뉴노멀인 것이다. 이는 과거와는 확연하게 다른 변화의 발생이며, 그 변화의 예측이 어려운 현상을 포함한다. 이와 같이 저성장, 높은 불확실성과 예측불가능성, 빠른 기술 변화 등이 뉴노멀 시대의 대표적인 특징이 되었다(구교준·이용숙, 2016).

　뉴노멀 현상은 다양한 환경에서 발생한다. 저성장·저금리·저물가·고실업률이라는 경제적 환경의 변화, 4차 산업혁명과 같이 급속한 기술발전으로 인한 산업 및 노동시장의 변화, 의료기술의 발전으로 발생하는 인구고령화, 세계적인 인구이동을 통한 다문화가구의 증가, 저출산에 따른 생산 가능인구 감소, 새로운 질병의 등장, 미세먼지의 일상화와 기후체계 변화로 인한 환경문제 악화, 지역사회 축소현상 등 다양한 영역에서 뉴노멀 현상이 발생하고 있으며, 뉴노멀 시대로의 가속화가 이루어지고 있는 것이다. 예를 들어 한국의 주택시장은 주택 건설공사 계약 실적이 2015년 84조 원으로 사상 최고 수준이었으나, 이후 이러한 성장세가 둔화되어 주택시장에서의 자본과 노동 유휴문제가 발생하였다(송하승·이형찬, 2018). 이와 같이 뉴노멀 현상은 다양한 영역에서 발생하고 있는 것이다. 특히 최근 들어서는 코로나바이러스감염증−19(이하 COVID−19)로 인해 전 세계가 과거에는 경험하지 못한 새로운 시대로 접어들고 있다. COVID−19 감염병 확산으로 인해 사람들 간 물리적 접촉이 줄어들면서 직업환경, 사회환경, 생활환경 등에서 많은 변화가 발생하고 있다. 온라인 교육 및 온라인 문화행사 활성화, 재택근무 확산, 대면회의 축소 및 비대면 화상회의 증가, 원격의료 증가 등 모든 분야에서 과거와는 완전 다른 세상으로 변화하고 있는 것이다. 이와 같이 COVID-19 이전과 이후의 세상이 완전히 달라진다는 의미로 '코로나 뉴노멀'이라는 용어가 사용되기도 한다(매일경제, 2020).[2]

　　더 나아가 일각에서는 COVID-19 이후의 세계를 '넥스트 노멀(Next Normal)'시대라고 표현한다. COVID-19 이후 사회는 기존 저성장의 뉴노멀 사회와도 구분이 되는 새로운 세계가 될 것이라는 것이다. COVID-19 이후 사회는 '정상상태'가 무엇인가를 계속해서 고민해야 하며, 아무도 위기가 얼마나 지속될 것인지를 알 수 없는 시대가 된다는 것이다.[3] 일례로 COVID-19 이후의 세계는 개인주의 성향이 더욱 강해지고, 디지털 기술을 바탕으로 한 비대면(untact) 커뮤니케이션이 가속화될 것이며, 이로 인해 사업의 중심이 오프라인에서 온라인 시장으로 옮겨갈 것이라고 예측한다. 특히 VR/AR 등의 신기술을 활용한 새로운 정보경제가 발생할 가능성이 높다고 한다(중앙일보, 2020a). 감염병 예방을 위한 사회적 거리두기(social distancing)로 비대면 서비스 선호가 확산되면서(예: 드라이브 스루), 자의든 타의든 온라인에 익숙하지 않았던 기성세대마저 디지털 환경에 의존하게 됨으로써 전 국민의 디지털화에 따른 디지털 리터러시(digital literacy)가 더욱 중요시 될 수 있다.[4] 또한 COVID-19로 인해 과거에 안전하다고 인식되었던 사회가 급속하게 변화하면서 더 이상 안전하지 못한 사회로 인식될 가능성도 존재한다. 이처럼 뉴노멀은 과거에 표준화되고 일상적인 것으로 간주되었던 세상의 질서를 완전히 바꾸어 놓으면서 새로운 질서 창출을 견인하고 있다.

---

2) COVID-19 감염병 사태 이후의 생활체계는 그 이전과는 완전히 달라질 것이라고 한다. COVID-19와 같은 감염병이 일상화되면서 일상생활과 감염병 예방·전파차단 활동을 동시에 시행하는 '생활방역'이 앞으로 주를 이룬다는 것이다. 정세균 국무총리는 "생활방역은 코로나 19 이전 삶으로의 복귀를 의미하는 것이 아니다. 예전과 같은 일상으로는 상당 기간, 어쩌면 영원히 돌아갈 수 없을지도 모른다"고 언급하였다(서울신문, 2020a).

3) https://www.mckinsey.com/featured-insights/the-next-normal

4) http://www.ciokorea.com/print/147452

읽 / 을 / 거 / 리 /

[디지털 세상 읽기] 줌폭탄

이번 코로나19 팬데믹으로 많은 기업이 고전하고 있지만 오히려 매출이 증가하는 기업들도 있다. 그중 하나가 전 세계적으로 인기를 끄는 화상회의 서비스 줌(Zoom)이다. 전 세계 직장인들이 재택근무를 하고, 학생들이 영상을 통해 수업을 들으면서 서비스 이용이 크게 증가하고 기업 주가가 지난 한 달 동안에만 50% 상승했다. 사용자들이 폭증하면서 이 서비스가 보안에 취약하다는 사실도 드러나고 있다. 화상통화 도중에 회의에 초대받지 않은 사람이 들이닥쳐 외설적인 이미지나 영상을 보여주거나 회의를 방해하는 일이 빈번하게 일어났다. 사람들이 이러한 행동에 줌폭탄(Zoombomb)이라는 이름까지 붙였을 정도다. 줌폭탄 사고의 원인 중 하나는 약속된 화상회의로 입장하는 링크만 있으면 회의 주최자가 별도의 허가를 하지 않아도 참여할 수 있는 게 기본설정으로 돼 있는데, 서비스에 익숙하지 않은 사람들이 이 설정을 바꾸지 않기 때문이다. 하지만 어린 학생들도 온라인 수업에 사용하고 있기 때문에 미국에서는 이 기업의 보안기준을 조사하기 시작했고, CEO가 직접 나서서 사과하고 보안 강화를 약속했다.

그런데 보안 문제 외에도 새로운 논쟁이 생겨났다. 사람들이 재택근무 중 화상으로 자신의 거처를 드러내게 되면서 같은 직장, 같은 학교에 다니는 사람들이 얼마나 다른 환경에서 살고 있는지가 보이게 된 것이다. 좋은 집에 사는 대표와 원룸에 사는 직원, 넓은 자기 방을 가진 아이와 좁은 거실에서 수업을 듣는 아이가 쉽게 드러났다. 그동안 감춰져 있던 거주지의 빈부 격차가 보이게 된 것이다. 비정규직과 소상공인들의 처지와 마찬가지로 팬데믹이 들춰내고 있는 사회의 민낯이다.

출처: 중앙일보, 2020c년 4월 7일자 기사 발췌.

2. 뉴노멀 시대의 특징

뉴노멀은 저성장이라는 경제 분야에서 나타난 현상에 대해 사용하기 시작한 용어이지만 교육, 질병, 노동, 경제, 기술, 복지, 환경 등 다양한 영역에서 나타날 수 있으며 활용될 수 있는 용어이다. 특히 뉴노멀은 다음과 같은 특징을 지닌다고 할 수 있다. 첫째, 뉴노멀 시대의 특징은 위험사회의 도래에 있다. 과거와는 달리 불확실하고, 예측불가능하며, 복잡하고 다양한 위험(risk)이 발생할 가능성이 높다는 것이다(최상옥, 2016). 뉴노멀 시대에는 과거와는 완전히 다른 새로운 패러다임이 등장할 수 있으며 과거와 비교할 수 없는 정도의 변화가 발생할 가능성이 높다. 위험의 범위와 크기를 고려할 때 과거와 같이 한정된 영역에서만 위험이 발생하는 것이 아니라 다양한 영역에서 광범위하고 연쇄적으로 위험이 발생할 수 있다. 뉴노멀 사회에서는 복잡하고 다양한 위험의 특징이 나타나는 것이다. 예를 들어 COVID-19는 급속하게 전 세계로 확산되어 인류 생존에 큰 위험요인이 되고 있다.

둘째, 뉴노멀 시대의 특징은 모든 영역에서 관련 이슈들이 연결되어 있는 초연결성(hyper-connectedness)이다. [그림 2-1]에서 보는 바와 같이 뉴노멀 시대에서는 경제이슈, 정치이슈, 사회이슈, 환경이슈들이 모두 연결되어 있다(미래준비위원회, 2016: 17). 저성장이 지속되면 고용불안이 야기될 수 있으며, 이로 인해 산업구조 양극화가 초래될 수 있다. 또한 산업구조 양극화와 청년실업의 증가는 소득과 부의 양극화, 부모의 경제력에 의한 교육기회의 양극화, 정규직과 비정규직의 고용의 질 양극화, 복지의 양극화 등과 같은 문제를 유발시킬 수 있다. 무엇보다도 청년실업 증가는 저출산 문제로 이어지고, 이로 인해 미래세대 삶이 불안정해 질 가능성이 높아진다. 또한 초고령화 사회로 진입하여 노인인구가 증가하면 노인 빈곤 및 고독사 등과 같은 새로운 사회문제가 등장할 것이며, 이로 인해 사회구조적인 불평등이 증대될 것이다(미래준비위원회, 2016). 불평등의 증가는 범죄율 증가를 야기 시킬 수 있다. 현대사회에서는 인터넷, SNS 등의 정보통신기술 발달로 사이버 범죄(예: 인터넷 불법도박 등)가 급증하고 있다. 하지만, 뉴노멀이 긍정적인 사회변화를 불러일으킬 수도 있다. 정보통신기술의 발달로 전자민주주의가 발달하여 시민들의 정책과정 참여가 확대될 수 있으며, 신약 개발 등을 통해 난치병이 극복되고, 자연재해도 예방할 수 있다. 이처럼 뉴노멀 시대에서의 저성장은 양극화, 청년실업, 고용불안, 질병 증가, 저출산, 전자민주주의, 난치병 해결, 다문화 확산 등 매우 다양한 사회문제와 연계되어 있어 삶의 방식을 근본적으로 바꾸는 것이다.

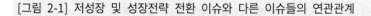

[그림 2-1] 저성장 및 성장전략 전환 이슈와 다른 이슈들의 연관관계

출처: 미래준비위원회(2016).

셋째, 뉴노멀 시대는 저성장 사회가 심화된다(미래준비위원회, 2016; 김선재, 2017). 과거 과잉소비와 위험투자 등에 의존한 결과 고성장 위기로 인한 저성장의 시대가 초래되었다. 과거에는 자산 가격 상승, 유동성 공급 확대 등으로 인해 고성장이 이루어질 수 있었으나, 세계 금융위기가 발생한 이후에는 이러한 성장이 사실상 불가능해졌다. 뉴노멀 시대에 저성장이 발생하는 원인은 다음과 같다(김찬호 외, 2016). 저임금 노동력에 의존한 성장의 한계가 발생하여 자본과 노동만으로는 더 이상 경제의 성장이 어려운 환경이

형성되었기 때문이다. 특히 개발도상국들은 저임금 노동력을 기반으로 경제성장을 이룩해 왔지만 인건비 상승 등으로 인해 성장이 정체되기 시작하였다. 특히 2008년 글로벌 금융위기 이후 중국은 인건비 상승으로 인해 활발한 경제성장을 이루지 못하고 있는 실정이다(김찬호 외, 2016).5) 이와 같이 저성장의 주요 원인은 소비 및 투자수요 부진, 주요 국가들 간의 통상갈등에 있다고 볼 수 있다(지식경제부, 2010). 과잉설비로 인해 신규 설비투자가 정체되고 고용악화에 따른 소득정체가 지속되면서 소비 및 투자가 부진해진 것이다. 또한 수요부족이 지속되는 가운데 국가들 간 통상갈등이 심화되면서 교역위축이 더욱 심각해졌다. 이러한 원인들로 인해 저성장이 지속될 수밖에 없었던 것이다(지식경제부, 2010).

넷째, 뉴노멀 사회의 특징은 정부의 개입 가능성 증가이다. 뉴노멀 시대의 주요 특징은 시장에 대한 신뢰저하와 시장의 자율적 조정능력 실패로 인해 정부의 개입 가능성이 더욱 높아졌다는 데 있다(김선재, 2017). 세계 금융위기와 같은 시장실패가 발생하면서 시장에 대한 불신이 더욱 증가함으로써 정부개입 정당성의 근거가 마련된 것이다. 특히 저성장으로 인한 민간투자 감축으로 인해 정부의 적극적인 역할이 강조되고 있다. 물론 뉴노멀 시대의 문제점을 극복하기 위하여 민간의 혁신을 통한 새로운 수요 창출과 생산성 향상을 위해 다양성(diversity)을 중시하고, 보다 많은 행위자들의 정책 참여를 유도할 필요가 있다(구교준·이용숙, 2016). 그럼에도 불구하고 현실적으로는 투자에 대한 불확실성이 증가하여, 이에 따른 민간의 역할 축소가 유발되고 있다. 저성장 시대에서의 인류 생존을 위해 민간의 투자보다는 오히려 정부의 재정확대 등이 요구될 가능성이 높아진다는 것이다. 양극화와 저성장을 극복하기 위한 대안으로 정부 재정확대 정책의 필요성도 이와 같은 맥락에서 논의되고 있는 것이다(OECD, 2018). 한국의 경우도 뉴노멀 사회에서의 정부 보장국가 역할이 강화되면서(최상옥, 2016), 정부의 재정확대 정책이 시행되고 있다. 최근 3년 간 예산 현황을 살펴보면, 2018년 예산 428.8조 원, 2019년 예산 469.6조 원, 2020년 예산 512.3조 원으로 급속도로

---

5) 뿐만 아니라 정보통신기술의 발달이 오히려 고용 없는 성장을 유발하기도 하였다. 하지만, 이러한 고용 없는 성장은 실업률 증대를 가져와 또 다시 경제, 사회 전반에 부정적인 영향을 초래하고 있는 실정이다.

정부 예산이 증가하고 있음을 알 수 있다(재정정보공개시스템, 2020). [그림 2-2]에서 보듯이 2020년 정부 예산분포를 살펴보면 사회복지 예산이 가장 많은 분포(167조, 32.6%)를 차지하고 있다는 사실을 고려해 볼 때 뉴노멀 시대의 저성장으로 발생할 수 있는 양극화와 같은 사회문제 해결을 위해 정부 역할의 중요성이 강조됨을 알 수 있다. 또한 COVID-19 발생으로 2020년 7월까지 추가경정예산(이하 추경)이 세 번 처리되었다. 3월 17일 1차 추경 11조 7,000억 원, 4월 30일 2차 추경 12조 2,000억 원, 7월 3일 3차 추경 35조 1,000억 원이 통과되었다(정부 24, 2020).

[그림 2-2] 2020년 우리나라 예산분포

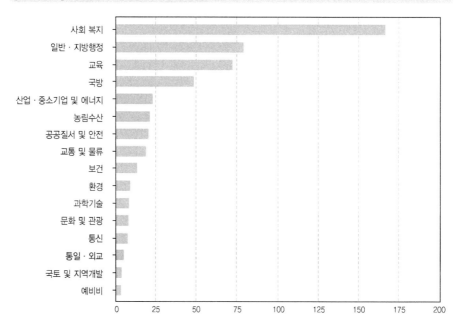

출처: 재정정보공개시스템(2020).

제2절 **뉴노멀 시대에 대한 이론적 논의: 단절적 균형이론을 중심으로**

1. 뉴노멀 시대와 단절적 균형이론

뉴노멀 시대는 과거 표준으로 여겨졌던 기준 및 사고관이 완전히 무너지고 새로운 표준 질서가 성립되는 시대라고 할 수 있다(McNamee & Diamond, 2003). 발생되는 변화 역시 점진적인 변화가 아니라 세계 금융위기나 COVID-19와 같이 외부사건(event) 혹은 예측불가능한 환경의 변이에 의해 발생되는 급진적인 변화라고 할 수 있다. 변화의 폭과 속도 등을 고려할 때 뉴노멀 시대를 설명할 수 있는 주요 이론으로는 단절적 균형이론(punctuated equilibrium theory)을 제시할 수 있을 것이다. 단절적 균형이론은 관련 제도와 규칙이 큰 변화 없이 미미한 점증적 변동만을 오랫동안 유지하다가 어느 순간 급진적인 외부사건에 의해 기존의 제도와 규칙이 대대적으로 변화하는 단절적 변동이 발생한다는 것이다(Baumgartner & Jones, 1991; 1993; True et al., 2007). 이는 정책의 지속적 유지, 점진적 변화, 급격한 변화 모두를 설명할 수 있는 이론적 논의인 것이다(True et al., 2007). 따라서 단절적 균형이론은 상당히 오랜 기간 동안 변화가 발생하지 않다가 급격한 사건과 맥락에 의해 발생되는 변화를 설명하는 데 적합한 이론이라고 할 수 있다. 즉 단절적 균형이론은 급격한 환경변화로 과거의 표준 기준이 새로운 환경변화에 의해 더 이상 적합하지 못한 측면을 설명한다는 점에서 뉴노멀 시대를 설명함에 있어 적절한 이론이 된다고 할 수 있는 것이다.[6]

---

6) 정책변동은 외부환경 변화와 동조해서 발생하는 경우가 많다. 이와 같이 시간이 지남에 따라 정책은 점진적으로 변동하거나 때로는 외부적 사건에 의해 급진적으로 변화한다. 전자는 점증주의(incrementalism)로, 후자는 다중흐름모형(multiple stream model) 등으로 정책변동을 설명할 수 있다. 이와 같이 정책변동은 점증적인 변화와 급격한 변화 등 변화의 폭에 따라 두 가지로 설명할 수 있는데(Baumgartner & Jones, 1993), 두 가지 정책변동 모형 중 하나의 모형만이 절대적인 것은 아니다. 현실에서의 정책변동은 점진적 변화만으로도, 혹은 급진적 변화만으로도 설명할 수 없다. 특히 역사적으로 오랜 전통을 지니고 있으며 사회적으로도 변화가 쉽게 발생하지 않는 국가에서도 정책변동은 점진적으로 유지되다가 특정 사건으로 인한 급격한 변화에 의해 발생하기도 한다. 이를 설명하는 대표적인 이론이 바로 단절적 균형이론이다(Baumgartner & Jones, 1991; 1993; True et al., 2007).

2. 단절적 균형이론의 기원

단절적 균형은 일정하고 안정적인 균형상태가 오랫동안 유지되다가 짧은 시간에 급진적인 변화로 인해 단절이 발생하고 이러한 단절이 다시 균형상태로 유지되는 것을 의미한다(Baumgartner & Jones, 1991). 균형상태(stasis), 단절(punctuation), 지배적 상대도수(dominant relative frequency) 등이 단절적 균형이론을 설명하는 데 있어 주요 핵심용어가 된다. 보다 구체적으로 균형상태는 변화하지 않는 기간이 상대적으로 오랫동안 지속되는 것을 의미하며, 단절은 짧은 기간 동안에의 급진적인 변화를 의미하고, 지배적 상대도수는 특정 상황에서 급진적 변화가 발생하는 빈도를 의미한다(Eldredge & Gould, 1972).

단절적 균형이론은 단절적 균형 패러다임(punctured equilibrium paradigm)에 기반을 두고 있다(Gersick, 1991). 단절적 균형 패러다임은 개인발달(individual adult development), 그룹발달(group development), 조직혁신(organizational evolution), 과학역사(history of science), 진화론적 생물학(evolutionary biology), 자기조직 시스템(self-organizing systems) 등 다양한 영역에서 활용되었다. 일반적으로 단절적 균형에 대한 기원은 생물학 영역인 종(species)의 진화로부터 시작되었다고 할 수 있다(Eldredge & Gould, 1972). 생물학 영역에서의 대표적인 단절적 균형 패러다임은 다윈의 진화론이라고 할 수 있다. 다윈의 진화론적 접근에 의하면 변화는 점증적이고 축적되어 발생하며, 점차적으로 발생하고, 환경에 의해 새롭게 바뀔 수 있을 때 형성된다(Gersick, 1991). 다윈의 진화론 주장과는 달리 엘드리지와 굴드 같은 학자들은 진화를 단절적 균형이라는 관점에서 설명한다(Eldredge & Gould, 1972). 이들에 의하면 새로운 종(species)의 발생은 오랜 기간 동안 정적으로 균형을 유지해 오다 예기치 않은 급진적 변화를 겪으면서 생겨나는 혁명적 단절에 의해 형성된다는 것이다.

생물학적 진화이론에서는 진화를 [그림 2-3]과 같이 계통적 점진주의(phyletic gradualism)와 단절적 균형 모형으로 설명한다. 계통적 점진주의에 의하면 새로운 종(species)의 탄생은 시간의 흐름에 따라 발생하며, 그 변화의 정도는 점차적이고, 단일적이며, 다소 느리게 이루어진다는 것이다. 이에 반해 단절적 균형에 따른 진화는 계통적 점진주의 주장에 대한 대안으로서 제기되었으며, 오랜 기간 동안 변화 없이 안정성을 유지하다가 갑작스러운 변화에 의하여 순간적이고 급진적으로 발생한다는 것이다. 진화론적 관점에서 단절적 균형에 의한 진화는 지속적이고 축적되는 종의 변화를 포함하는 것이다(Eldredge & Gould, 1972).

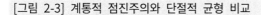

[그림 2-3] 계통적 점진주의와 단절적 균형 비교

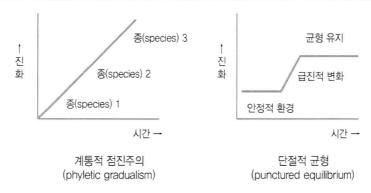

출처: http://anthro.palomar.edu/synthetic/synth_9.htm 재구성.

생물학적 진화이론들은 서로 다른 영역에서 단절적 균형 패러다임을 설명하고 있지만 이들 사이에는 공통적인 특징이 존재한다. 다시 말해 각 영역에서의 세부적인 단절적 균형 패러다임의 내용은 다르지만 다음과 같은 공통점을 지니는 것이다. 상대적으로 오랜 기간 동안 안정과 균형을 유지하다가 혁신적 변화에 의해 단절이 발생된다(Gersick, 1991). 즉 지속적이고 끊임없는 구조변화에 의해 처음에는 점진적 변화만이 존재하지만 혁명적 변화 시기 이후에는 근본적인 변화가 발생하는 단절점이 존재한다는 것이다. 기존 이론과 달리 단절적 균형 패러다임에 의하면 시스템의 진화는 한 단계에서 다음 단계로 점진적으로 이동하는 것이 아니며, 진화 역시 반드시 낮은 단계에서 높은 단계로만 발생하지는 않는다는 것이다(Gersick, 1991).

3. 단절적 균형이론의 적용

이상에서 살펴본 바와 같이 단절적 균형이론의 기원은 생물학의 진화이론에서 찾을 수 있다. 하지만 단절적 균형이론은 다양한 영역으로 확장되었다. 예를 들어 단절적 균형이론은 조직 분야에도 적용되어 조직 내에서 어떻게 변화가 발생하는지를 설명하는데 활용되었으며(Wischnevsky & Damanpour, 2005; Romanelli & Tushman, 1994), 정책변동을 설명하는 데 있어서도 유용하게 활용되었다. 특히 정책과 예산결정 과정에서 점증주의적 변화에 대한 대안으로서 단절적 균형이론이 제시되었다(Baumgartner & Jones, 1993).[7] 일반적으로 정책변동은 정책의 순환과정 또는 시간의 변화에 따라 정책내용이 변화하거나 정책집행 수단이 처음 의도했던 것과 달라지는 것을 의미한다. 정책변동에서 중요하게 고려되어야 할 것은 시간에 따른 정책변화라고 할 수 있다. 즉 정책변동은 정책환류와 정책학습에 따라 정책내용과 집행방법이 수정되는 것이다(남궁근, 2017). 정책변동은 점증적인 변화를 의미하는 점진적 정책변동과 순간적이고 급격한 변화를 의미하는 급진적 정책변동으로 구분될 수 있다. 점증주의에 바탕을 둔 점진적 정책변동은 의사결정자들이 자신들의 인지적 한계와 제한된 합리성으로 인해 점진적이고 계속적인 의사결정이 바람직하다고 판단하는 것을 의미한다(Lindblom, 1959; Wildavsky, 1964). 그러나 이러한 점진적 정책변동은 일반적으로 다양한 행위자들의 견제와 균형에 의해서 이루어지게 되며, 안정된 사회에서 주로 적용되기 때문에 점진주의 정책변동만으로 모든 정책변화를 설명할 수는 없다. 때로는 매우 중요한 정부 정책 역시 특정한 시점에서 급진적으로 변화할 수도 있기 때문이다(True et al., 2007).[8]

---

7) 예를 들어 단절적 균형이론은 대부분 예산결정에 있어 점증주의 접근 방법이 아닌 급진적 예산변동을 설명하는 데 활용되었다(True et al., 2007; 한선경, 2012). 점증주의 예산결정을 지지하는 학자들에 의하면(예: Wildavsky, 1964) 정부의 의사결정은 하위체제 행위자들의 제한된 합리성을 기반으로 하며, 예산결정도 같은 맥락에서 이루어진다고 본다. 반면 단절적 균형이론에 의하면 고차원적이고 거시적인 차원에서 근본적인 변화가 발생하여 급진적이고 단절적인 변화가 발생하면 새로운 예산결정이 이루어지게 되고, 변화된 예산은 다시 일정기간 유지 되는 특징을 나타낸다는 것이다(Jones et al., 1995). 정책변동과 관련하여 단절적 균형이론은 대부분 이와 같은 예산결정 영역에서 다루어졌다.

8) 이론상으로는 정책변동이 점진적인지 혹은 급진적인지를 구분할 수 있다. 하지만, 현실에서는

이론적 관점에서 뿐만 아니라 현실적 관점에서도 단절적 균형이론은 정책변동을 설명하는데 매우 유용하다. 일반적으로 정치적 과정은 오랫동안 안정적으로 유지되며, 점증주의에 입각해 점차적으로 변화하는 특징을 지닌다. 하지만, 그러한 경우에도 때로는 과거와 단절된 상당한 범위의 급진적 변화를 경험하게 된다(True et al., 2007). 이와 같이 단절적 균형이론은 오랫동안 안정적으로 유지되던 상황, 규칙, 제도 등이 어떤 조건에 의해 급격하게 변화하고, 이러한 변화에 의해 상황, 규칙, 제도 등은 과거로 회귀하지 않고 변화된 상태에서 다시 일정 기간 동안 균형 상태를 유지하는 것이다(Baumgartner & Jones, 1993). 즉 변화는 단절적 과정을 통해 발생하지만 급격한 변화는 근본적이고 근원적인 변화를 야기하여 다시 새로운 균형을 찾으면서 진화한다는 것이다. 정책변동 역시 같은 맥락에서 설명할 수 있다. 과거 오랫동안 유지되어 왔던 정책이 안정성을 유지하는 가운데 정책변동이 발생한다고 하더라도 큰 폭의 변화는 이루어지지 않는 점증주의 형태를 나타내다가, 특정 시점에서의 급격한 변화에 의해 과거의 상황과는 완전히 달라진, 즉 단절된 상태로의 새로운 정책변동이 발생하게 되는 것이다. 이러한 측면에서 단절적 균형이론의 정책변동은 정책의 점진적 변화와 급진적 변화, 그리고 다시 안정을 찾아가는 점진적 진화 등을 포함하는 포괄적인 모형이라고 할 수 있다. 이전의 정책변동에 관한 모형들이 안정과 변화 중 어느 하나만을 강조하였다면 단절적 균형이론은 두 가지 모두를 강조하였다는 점에서 특징적인 측면이 있는 것이다(True et al., 2007).

정책변동이 점진적으로 발생했는지 아니면 급진적으로 발생했는지를 평가할 수 있는 기준이 명확하지 않다. 점증적 변동과 비점증적인 급진적 변동을 구분할 수 있는 기준은 학자들에 따라 다르게 제시되었다. 예를 들어 Wildavsky(1964)에 의하면 이전에 비해 ±10% 이내의 변동을 점증적인 변동으로 간주하였으며, ±10%를 초과한 변동을 비점증적 변동인 급진적 변동으로 간주하였다. 점증적인 변동과 급진적 변동의 기준점으로 기존에 비해 ±25%를 초과한 변화가 있었는지를 판단하기도 하였다(Baumgartner & Jones, 1993). 즉 ±25% 이내의 변화를 점진적 변화로 간주하였으며, ±25%를 초과한 변화를 단절적 기준, 다시 말해 급진적 변화로 판단하였다. 이와 같이 학자마다 정책변동이 점진적인지 혹은 급진적인지를 판단하는 기준은 서로 다르게 제시되었으며, 기준점에 따라 정책변동의 변화 폭이 달라질 수 있어 이를 정확히 측정할 수가 없는 것이다. 또한 각 시점에 따라 정책변동의 정도가 달라질 수 있어 점진적 변동과 급진적 정책변동을 구분 짓는 절대적인 기준점을 설정할 수 없다. 정책변동은 점진적 변동과 비점진적 변동을 명확하게 구분할 수 없으며, 두 가지 속성 모두를 포함하는 것이다. 따라서 정책변동을 논의할 때에는 점진적 변동과 급진적 변동을 모두 고려할 수 있는 단절적 균형이론이 적절하게 적용될 수 있을 것이다.

4. 단절적 균형이론의 변동과정

단절적 균형은 세 단계를 통해서 형성된다(Eldredge & Gould, 1972; Gersick, 1991). 첫 번째 단계는 급진적인 변화가 발생하기 전 오랫동안 안정적인 균형을 유지하는 단계이며, 두 번째 단계는 균형기간이 파괴되는 급진적 변동기간으로 단절이 발생하는 단계이고, 마지막 단계는 급진적이고 혁명적인 변화가 발생한 후 다시 안정을 찾아가는 균형유지의 단계이다. 이들 각각의 단계에 대해 보다 구체적으로 살펴보면 아래와 같다.

첫 번째 단계는 깊은 구조(deep structure)와 균형기간(equilibrium periods)의 단계이다(Prigogine & Stengers, 1984; Gersick, 1991). 깊은 구조를 지닌 시스템은 지속적으로 유지되는 시스템으로서 안정성을 유지한다. 시스템 내의 하부 구성원들은 체계적으로 조직화되고, 상호 연계되어 있으며, 시스템은 환경과의 상호작용을 통해서 자원을 형성한다. 이러한 구조는 암묵적으로 형성되는 경우가 많다(Gersick, 1991). 물론 시스템 내 구성원들의 다양성을 인정한다고 하더라도 구성원들이 공유하며 받아들이는 공통적 선택(common choice)이 존재한다(Gersick, 1991). 시스템 내 깊은 구조가 형성되면서 안정적이고 쉽게 변화하지 않는 규율이 존재하게 되고, 시스템 내·외부에서 발생하는 혼란한 상황 속에서도 구성원들은 상호 간에 균형을 유지한다(Gersick, 1991). 시스템 내 뿌리박힌 깊은 구조와 관성에 따라 구성원들은 균형을 유지하고, 이에 따라 변화는 쉽게 발생하지 않으며 점진적으로 발생하게 된다. 이 단계에서 정책은 사회관습, 문화, 구조에 의해 쉽게 변화하지 않고 상당기간 동안 이전과 크게 다르지 않은 상태로 유지된다. 다시 말해 정책은 쉽게 변화하지 않고 변화가 발생한다고 하더라도 구조 속에서 부분적으로만 소폭 변화할 뿐이다. 이러한 가운데 정책의 기본 골격은 그대로 유지되는 것이다.

두 번째 단계는 단절이 발생하는 단계이다. 단절은 이전에 유지되어 오던 깊은 구조를 완전히 변화시키는 과정이며, 이러한 과정에서 하위체제 구성원들 간의 균형은 깨지게 된다(Gersick, 1991). 혁명적이고 급격한 변동은 매우 짧은 기간 동안 이루어진다. 미시적인 변화가 아닌 거시적이고 체계적인 변화가 발생하며, 이로 인해 새로운 질서가 창조된다. 단절 기간에 발생하는 결과는 쉽게 예측할 수 없으며, 그 결과가 긍정적이 될 수도, 혹은 부정적이 될 수도 있다(True et al., 2007). 근본적인 변화는 시스템 내 모든 구성원들의 관계 등이 짧은 시간 내에 단절적이고 동시적으로 발생한다는 데 있다(Wischnevsky & Damanpour, 2005). 단절은 시스템 내 구성원들의 관계를 변형시킬 수 있으며, 시스템을 유지할 수 있는 자원 획득 능력에 위협을 주기도 한다. 이 단계에서 정책은 급진적으로 변화한다. 즉 정책은 급격히 변화하여 궤도이탈을 할 수도 있으며, 이전에는 전혀 예상할 수 없었던 정책이 발생할 수도 있다. 이와 같이 단절은 오랫동안 유지되어 오던 정책의 패러다임을 변화시키고 기존 정책의 근본 자체를 바꿀 수 있는 변화를 의미하는 것이다.

　세 번째 단계는 단절적 균형이 형성되는 단계이다. 이는 단절이 발생한 이후 더 이상 단절, 즉 급진적인 변화가 발생하지 않고 안정을 찾아가는 시기를 의미한다(Robinson & Caver, 2006). 단절은 기존 질서를 근본적으로 변화시키는 급진적인 변화이기에 단절이 발생하면 더 이상 이전 질서가 유지될 수 없다. 단절에 의해서 생성된 이전과는 다른 새로운 질서, 즉 단절에 의해서 형성된 변화가 균형적으로 유지되는 단계이다. 이 단계에서 정책내용은 단절에 의해 근본적으로 변화한 것으로 안정을 찾아가고, 정책참여자들의 관계 역시 단절 이전과는 완전히 구분되는 새로운 관계로 형성·유지되기 시작한다. 혁명적 변화에 의해 완전히 '새로운 깊은 구조(new deep structure)'가 형성되는 것이다(Gersick, 1991). 단절적 균형 시기에는 혁명적인 단절이 발생하기 이전에 형성되어 온 기존의 구조는 완전히 사라지고 동시에 새로운 기본 가치(core values)가 정립되기 시작한다(Tushman & Romanelli, 1985).

5. 단절적 변동의 주요 요인

　단절적 균형의 세 단계 중에서 가장 중요하게 고려해야 할 단계는 바로 과거와의 단절이 발생하는 두 번째 단계이다. 근본적이고 혁신적인 단절이 발생할 때 근원적인 정책변동이 발생할 수 있으며, 이렇게 수정된 정책은 과거로 회귀하지 않고 새로운 정책으로 정착할 수 있는 것이다. 따라서 단절적 균형이론을 보다 심층적으로 이해하기 위해서는 단절적 변동을 발생시키는 요인들에 대해 살펴볼 필요가 있다.

첫째, 변동이 발생하기 위해서는 정책변동이 필요하다는 분위기가 형성되어야 한다. 특히 '위기인식'은 문제 해결방안을 모색하거나 변화를 요구하는 데 있어 필수적인 선행요인으로서 정책변동이 발생하는 데 영향을 미치는 중요한 요인 중 하나가 된다(Tushman & Romanelli, 1985). 기존의 정책대안으로는 정책문제를 해결할 수 없다는 위기인식이 높아질 때 정책문제에 대한 대중들의 관심 역시 높아지게 되고 이러한 경우 그 문제를 해결하기 위해 이전과는 완전히 다른 맥락에서 문제를 해결하려는 새로운 참여자들이 정책과정에 등장할 가능성이 있다는 것이다(Gersick, 1991). 이러한 현상은 쿤의 과학혁명 구조에서도 동일하게 나타난다(Kuhn, 1970). 이전 패러다임이 새로운 문제를 해결할 수 없다는 위기인식이 발생할 때 과거 문제해결의 패러다임은 도태되고 혁명적인 방안들이 새롭게 제시되는 것이다.

둘째, 단절적 균형이론에서 중요한 단절의 요인으로 제시되는 것은 '외부환경'적 변수이다. 그 중에서도 기술 혁신에 의해서 발생되는 환경적 변화 요인을 제시할 수 있다(Romanelli & Tushman, 1994). 기술적 발전에 의한 불연속성이 증대될 때 안정적인 사회가 변화하기 시작하며, 이 때 새로운 지배 패러다임이 생성될 가능성이 높다(Anderson & Tushman, 1990). 특히 최근 IT 기술의 급속한 발전으로 인해 파괴적이고 혁신적인 변화가 발생하고 있으며, 이로 인해 기존에 존재하던 안정된 체계 또는 깊은 구조가 완전히 파괴되어 단절이 발생하는 것이다(Lyytinen & Rose, 2003). 그러나 환경변화가 반드시 급진적인 기술 변화에 의해서만 발생하는 것은 아니다. 때로는 기존 질서에서 전혀 예상할 수 없었던 새로운 변화, 또는 예상 밖의 변화가 발생할 때 정책변동이 일어날 수 있다. 이와 관련된 대표적인 예가 바로 '초점 사건(focus event)'의 발생이다(예: 2018년 음주 운전자가 낸 교통사고로 사망한 윤창호 씨 사건). 초점 사건은 기존 질서를 변동시킬 수 있는 중요한 사건이 되는 것이다(Kingdon, 1994).

셋째, 행위자 관점에서 '새로운 참여자의 등장'도 중요한 단절의 요인으로 제시될 수 있다. 특히 위기상황에서 새로운 참여자의 등장은 기존의 균형 상태를 파괴시키는 주요 원인으로 작용할 수 있다(Gersick, 1991). 물론 행위자의 등장만으로 정책변동을 야기하기는 쉽지 않다. 기존의 정책은 그 정책을 지지하는 지배집단에 의해 '정책독점(policy monopoly)'될 가능성이 높기 때문에 대안적 정책들이 쉽게 제시되지 못하는 측면이 있다. 만약 정책에 대한 다양한 의견들이 정책 하위체제에서 충분히 수용될 수 있다면 점증적이고 균형적인 정책변화가 발생할 가능성이 높다(Baumgartner & Jones, 1993). 그런 경우에는 전체 사회가 안정적인 체제를 지속적으로 유지하며 깊은 구조(deep structure)를 존속시킬 가능성이 높다(Gersick, 1991). 그러나 정책변동에 상당한 영향을 미칠 수 있는 리더 등 새로운 참여자의 등장은 점증적 균형에 단절을 가져올 수 있다. 혁신을 주도하고 변화를 이끄는 리더는 변화 초기에 기존 세력의 반대를 무릅쓰고 적극적으로 변화를 이끌고자 노력하며, 자신들의 개혁을 뒷받침하기 위해 때로는 다른 외부세력을 활용하기도 한다(Tushman & Romanelli, 1985). 특히 중요한 환경변화와 함께 리더의 변화가 발생할 때 단절이 일어날 가능성이 높아진다(Gersick, 1991).

넷째, 새로운 정책참여자들의 '정책이미지(policy image)'에 따라 단절적 정책변동이 발생할 가능성이 높아진다. 새로운 정책참여자들은 정책과정에서 그들이 지닌 정책이미지를 적극적으로 활용하고자 한다. 정책이미지는 공중과 미디어 등이 정책을 어떻게 해석하느냐에 따라 달라지며 정책이 부정적 또는 긍정적으로 형성되는 데 중요한 역할을 한다. 정책참여자들은 정책이미지를 활용하여 상호 경쟁하거나 또는 협조하기도 한다(Baumgartner & Jones, 1993). 정책참여자들이 정책에 대한 이미지를 어떻게 형성시키는가에 따라 정책변동이 달라지는 것이다. 한 사회에서 오랫동안 정책이 유지될 수 있는 것은 그 정책이 다양한 참여자들에게 어느 정도 긍정적인 이미지를 형성했기 때문이다. 그러나 특정 시기와 맥락에서 사회 구성원들이 긍정적으로 인식하던 기존의 정책이미지가 부정적으로 변화한다면, 기존 정책들은 사라질 가능성이 높다. 뿐만 아니라 특정 정책이미지를 오랫동안 유지할 때 정책독점이 발생할 가능성이 높다(Baumgartner & Jones, 1993). 그러나 기존 정책독점이 새로운 정책이미지를 지닌 행위자에 의해 붕괴될 때 정책 단절이 발생할 가능성이 높아지고, 이 과정에서 새롭게 형성된 정책은 다시 안정된 또 다른 정책독점을 형성할 가능성이 높다.

다섯째, 참여자들이 선호하는 정책이미지가 변화하는 것만으로 정책변동이 발생하지는 않는다. 참여자들이 정책이미지가 변화할 수 있는 '정책의 장

(policy venue)'을 전략적으로 선택할 때 정책변동이 발생하는 것이다(Baumgartner & Jones, 1991). 여기서 정책의 장은 어떤 정책이슈에 관해 공식적인 의사결정이 이루어지는 제도적 장소를 의미한다(김향미·이삼열, 2015). 정책의 장 교체는 정책과정에 참여하는 정책행위자의 변화를 의미하며, 이 과정에서 오랫동안 권력을 유지해 왔던 지배계층이 소수자로 전락할 수 있고, 기존 질서에서 큰 힘을 발휘하지 못했던 새로운 계층이 지배계층으로 상승할 수 있는 등 권력이동이 발생하게 된다(Baumgartner & Jones, 1991).

<표 2-1> 정책변동과 단절 발생 요인

단절 발생 요인	정책변동 특징
정책문제 위기인식 증가	– 기존 문제해결 능력에 대한 위기감은 새로운 변화를 야기
급진적 외부환경 변화	– 외부 환경의 급진적 변화, 기술발전 등과 같은 예상치 못한 변화는 정책변동을 발생시킴
새로운 참여자 등장	– 기존 지배계층의 변화 – 새로운 참여자의 등장으로 지배구조가 바뀜 – 새로운 리더의 등장은 정책변동의 중요 요소가 됨
정책이미지 변화	– 정책이미지 경쟁과 정책이미지 변화로 정책변동이 발생
정책의 장 교체	– '정책의 장' 교체는 공식적 참여자의 교체를 의미

출처: 저자 작성.

> **제3절** **뉴노멀 시대에서의 안전사회 위기**
> **: COVID-19 사례를 중심으로**

1. 뉴노멀 시대와 안전사회의 관계

　　본 연구에서는 앞서 제시한 단절적 균형이론을 기반으로 COVID-19 이후의 뉴노멀 시대에 대해 분석하였다. 최근 전 세계적으로 발생하고 있는 COVID-19 팬데믹 현상이 기존의 표준 질서를 완전히 변화시켰다는 점에서 단절적 균형이론을 접목한 적절한 사례분석이 될 수 있을 것이다. 특히 COVID-19 감염병 확산은 국민들의 신체와 생명에 직접적으로 중대한 영향을 미칠 수 있어 기존 안전사회의 표준 질서가 COVID-19 이후에는 완전히 붕괴될 수 있을 것이다. 보다 구체적으로는 우리가 본서 제1장에서 논의한 네 가지 유형의 안전사회가 모두 보장되지 않을 수도 있다. COVID-19와 같은 감염병의 확산으로 인해 개인의 신체·생명 보호 등 기본권(안전권) 보장이 이루어질 수 없을 뿐만 아니라, 사회안전망 구축이 어려워져 사회 전체적으로 안전위기가 발생할 가능성이 높아진다. COVID-19로 인한 확진자/사망자 수 증가 등 객관적 안전지수 하락은 국민들의 질병에 대한 위험인식을 증가시키고, 동시에 그들이 사는 세상이 안전하지 못한 사회라고 인식할 가능성을 증대시킨다. 이처럼 COVID-19 이후의 뉴노멀 시대는 안전사회에 대한 위기인식과 패러다임의 변화를 동시에 가져오게 될 가능성이 높다.

　　COVID-19 이후의 뉴노멀 시대에 대해 분석하기 위하여 본 연구에서는 단절적 균형이론을 활용하였다. 특히 본서에서는 '교육환경'과 '노동·직업환경' 분야에서의 COVID-19 이전과 이후 변화를 분석하였다. 두 분야에서 COVID-19라는 급진적인 외부사건이 어떻게 기존의 질서를 바꾸어 뉴노멀 사회로 전환시키고 있는가를 살펴보았다.

[그림 2-4] COVID-19와 단절적 균형 모형

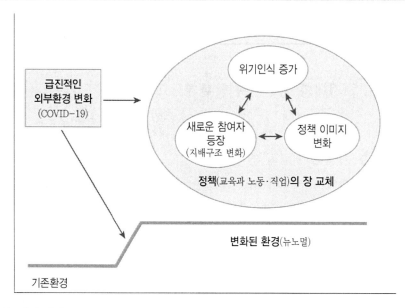

출처: 저자 작성.

특히 다섯 가지 기준 ① 정책문제에 대한 위기인식이 증가했는지, ② 외부환경의 변화가 발생했는지, ③ 새로운 참여자가 등장했는지, ④ 이전 정책이미지가 변화했는지, ⑤ 정책의 장 교체가 발생했는지의 여부를 중심으로 교육환경과 노동·직업환경의 변화에 대해 분석하였다. 이러한 분석을 위해 [그림 2－4]와 같은 연구모형을 활용하였다. 보다 구체적으로 COVID－19가 기존의 환경을 바꿀 수 있는 급진적인 환경변화인지에 대해 판단하였다. 그리고 교육환경과 노동·직업환경에서의 위기인식 증가, 새로운 참여자 등장과 변화, 정책이미지의 변화, 정책의 장 교체가 발생했는지의 여부를 분석하였다. 세부적인 분석을 위해 통계청을 비롯한 정부부처의 통계자료(예: 노동통계, 교육통계, 출산율, 사망률 등) 및 관련 언론자료 등을 활용하였다.

2. COVID-19의 급진적 외부환경 변화 요인

먼저 COVID-19가 기존의 교육환경 및 노동·직업환경을 바꾸는 급격한 변화인지에 대해 살펴보았다. 세부적인 분석에 앞서 COVID-19의 의미와 현황을 살펴보면 다음과 같다. COVID-19는 SARS-CoV-2 감염에 의한 호흡기 증후군이며, Coronaviridae에 속하는 RNA 바이러스로서, 법정감염병으로는 제1급감염병 신종감염병증후군이며, 질병 코드는 U07.1이다. 현재까지 전파경로는 비말(침방울), 접촉을 통한 전파로 알려지고 있으며, 잠복기는 1~14일(평균 4~7일)이고, 전 세계적인 치명률은 국가별, 연령별에 따라 매우 상이하지만 평균 약 3.4%(WHO, 3.5 기준)로 나타나고 있다.[9] 특히 고령, 면역기능이 저하된 환자, 기저질환을 가진 환자에게서 중증 및 사망이 초래될 가능성이 높다. 현재까지 COVID-19에 대한 백신이나 치료제는 개발되지 않은 상황이며, 한국에서는 2020년 1월 20일 처음으로 확진자가 발생한 이후 2020년 4월 14일 0시 현재 기준으로 확진자가 10,564명에 달하며, 사망자가 222명에 이르고 있다.

[그림 2-5]에서는 한국의 COVID-19 확진자 현황과 국민들의 COVID-19 위험인식 조사결과를 제시하고 있다. 우선 2020년 1월 20일 처음으로 확진자가 발생한 이후 초기에는 확진자 수가 크게 늘지 않다가, 2월 중순에 31번째·32번째 확진자가 발생한 이후 급속도로 증가하여 2월 말에서 3월 초 경에 확진자 수가 급속도로 증가하였다. 3월 10일 이후부터는 확진자 수가 점차 감소하여 3월 20일경에는 100명 이하의 확진자가 발생했으며, 4월 초부터 중순까지 50명 이하로 감소하였다. 객관적인 COVID-19 확진자 수와 함께 국민들이 COVID-19에 대해 느끼는 위험성에 대해 분석한 결과는 다음과 같다.

한국갤럽은 2월 초부터 3월 말까지 총 8주 동안 본인 감염여부에 대한 위험인식 조사를 실시하였다([그림 2-5] 참조). 조사결과 응답자들은 본인 감염 여부와 본인 감염 가능성 모두에 대해 높은 우려를 나타냈다. 본인 감염 여부 걱정에 대한 인식조사의 경우 2월 4주차일 때 약 77%로서 가장 높

---

9) http://ncov.mohw.go.kr/baroView.do?brdId=4&brdGubun=41

게 나타났다가 이후 점차 감소하는 추세를 보였다. 그럼에도 불구하고 COVID−19 감염병에 대한 두려움은 크게 줄어들지 않아 70%에 달하는 응답자들이 지속적으로 우려를 표했다. [그림 2−5]에서 살펴볼 수 있듯이 객관적 지표인 COVID−19 확진자 수와 이에 대한 인식 조사결과(주관적 지표)는 다소 차이를 나타내었다. 즉 3월 10일 이후 국내 COVID−19 확진자 수는 점차 줄어들고 있음에도 불구하고 여전히 국민들은 COVID−19에 대한 강한 두려움을 나타내고 있는 것이다. 이러한 측면을 고려해 볼 때 COVID−19는 개인적/사회적 기준, 객관적/주관적 기준 모두에서 안전사회를 저해하고 있는 위협요인이 되고 있었다.

[그림 2-5] 한국의 코로나 확진자 수와 코로나 19 감염 인식 조사 추이

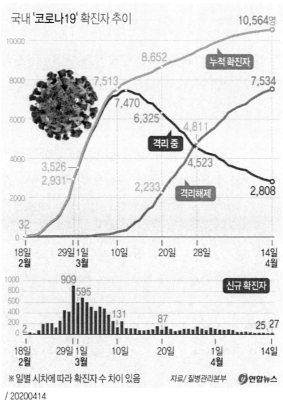

◎ 코로나19 본인 감염 우려감 & 본인 감염 가능성 인식 - 8주간 추이

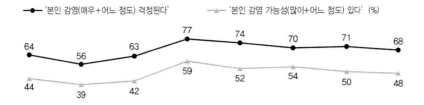

* 2020년 1월 20일 국내 첫 확진자 발생. 괄호 안은 조사 기간 마지막 날 오전 질병관리본부 발표 확진-사망인원
* 시점별 전국 성인 약 1,000명 전화조사. 한국갤럽 데일리 오피니언 제394호 www.gallup.co.kr

출처: 연합뉴스(2020)[10]; 한국갤럽(2020).[11]

COVID‒19의 발생은 한국사회 전반에 큰 변화를 가져왔다. 세계 금융 위기에 의해 고성장 → 성장정체, 고금리 → 고위험, 고소득 → 규제강화로 변화하였듯이, COVID‒19 발생으로 인해 오프라인과 개인중심의 사회가 온라인, 신기술, 초개인화 사회로 전환되고 있는 것이다([그림 2‒6] 참조). 이로 인해 기존의 표준 질서가 완전히 파괴되고 변화되는 뉴노멀 시대로 전환될 가능성이 매우 높다. 무엇보다도 COVID‒19 이후 뉴노멀 시대의 대표적인 특징인 '저성장' 시대로 접어들 가능성이 높다. COVID‒19로 인해 국내·외 경제활동·심리가 크게 위축되었다. 소비자심리지수는 2019년 10월 98.6, 2019년 11월 101, 2019년 12월 100.5, 2020년 1월 104.2에서, 2020년 2월 96.9, 2020년 3월 78.4로 대폭 감소하였다(기획재정부, 2020). 특히 여행 및 외출자제, 개학 연기, 외국인 관광객 급감으로 인한 서비스 산업의 피해는 매우 심각하였다. 외국인 관광객 수는 2019년 2월 120만 2천명, 2020년 1월 127만 3천명에서 2020년 2월 68만 5천명으로 대폭 감소하였으며, 2020년 2월 서비스업 생산은 2020년 1월 대비 서비스업 전체 3.5% 감소, 숙박·음식업 18.1% 감소, 항공 33.1% 감소, 예술·여가 27.2% 감소, 소매업

---

10) https://www.yna.co.kr/view/GYH20200414000600044?input=1364m

11) https://www.gallup.co.kr/gallupdb/reportContent.asp?seqNo=1094

6.8%가 감소하였다(기획재정부, 2020). 뿐만 아니라, 면세점·영화관·휴대폰 판매점 등의 업종에서도 고객과 매출이 크게 하락하였다. 예를 들어 면세점을 포함한 인천공항 상업시설의 경우 매출이 전년 동월 대비 2020년 3월 78%가 감소하였으며, 영화관객 수는 전년 동월 대비 2020년 3월 87.7%가 감소하였다(기획재정부, 2020). 이처럼 COVID－19 발생 이후 한국의 실물경제는 매우 심각한 위기상황을 맞고 있으며, 국제통화기금(IMF)에 의하면 이러한 추세가 지속될 경우 2020년 한국 국내총생산(GDP) 성장률은 －1.2%로 역성장 할 것으로 예측되고 있다(IMF, 2020).[12]

[그림 2-6] 뉴노멀로 인한 사회 표준 변화

출처: IBK(2020).

COVID－19는 국민들의 생활패턴을 완전히 바꾸어 놓았다. 고강도 사회적 거리두기로 인해 외출이 줄어들었으며 집안에서 지내는 시간이 이전보다 증가하였다. 예를 들어 COVID－19 발생 전후 서울시의 생활인구[13]를 비교해 본 결과 1월 1일 신년과 설명절을 제외하고는 생활인구가 대폭감소하였다. 2020년 1월 6~21일 기간 동안 내국인 평균 생활인구는 2019년과 비교하여 약 6,300명이 감소하였으며, 2020년 2월 7일 이후 약 15만 명의

---

12) 물론 이는 한국에만 나타나는 현상은 아니다. IMF에 의하면 2020년 세계 국내총생산(GDP) 성장률은 －3.0%로 역성장을 예측하였다(<표 2－2> 참조).

13) 이는 "특정 기간, 특정 시간에 특정 기지국에 있는 인구를 바탕으로 주민등록인구, 사업체근무인구 등의 자료를 활용하여 서울시 행정동 단위별 생활인구를 일별, 시간대별로 추정한 것"이다(지상훈, 2020: 81).

<표 2-2> IMF 세계 주요국 국내총생산(GDP) 전망치

국가	2019년 GDP(%)	2020년 GDP 예측(%)	2021년 GDP 예측(%)
독일	0.6	−7.0	5.2
프랑스	1.3	−7.2	4.5
이탈리아	0.3	−9.1	4.8
스페인	2.0	−8.0	4.3
네덜란드	1.8	−7.5	3.0
벨기에	1.4	−6.9	4.6
오스트리아	1.6	−7.0	4.5
아일랜드	5.5	−6.8	6.3
포르투갈	2.2	−8.0	5.0
그리스	1.9	−10.0	5.1
핀란드	1.0	−6.0	3.1
영국	1.4	−6.5	4.0
스위스	0.9	−6.0	3.8
스웨덴	1.2	−6.8	5.2
러시아	1.3	−5.5	3.5
일본	0.7	−5.2	3.0
한국	2.0	−1.2	3.4
호주	1.8	−6.7	6.1
대만	2.7	−4.0	3.5
싱가포르	0.7	−3.5	3.0
홍콩	−1.2	−4.8	3.9
중국	6.1	1.2	9.2
인도	4.2	1.9	7.4
미국	2.3	−5.9	4.7
캐나다	1.6	−6.2	4.2
브라질	1.1	−5.3	2.9
아르헨티나	−2.2	−5.7	4.4

출처: IMF(2020: 20−21). World Economic Outlook 재구성.

생활인구가 감소하였다. 특히 2020년 2월 7일 이후 직장인구 상위지역의 생활인구 저하가 두드러지게 나타났으며, COVID-19 확진자가 급증하면서 생활인구의 감소세가 더욱 강화되었다(지상훈, 2020). 이에 대한 구체적인 내용은 [그림 2-7]을 통해 확인할 수 있다.

[그림 2-7] 서울시 내국인과 장기 및 단기 체류 외국인 수 변화(2020년 1~3월)

(단위: 천 명, 전년 동기간 대비)

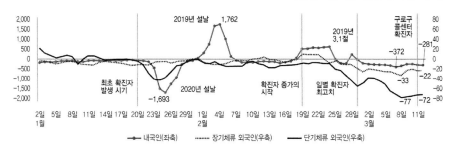

주: 1) 행정동별 0~23시 평균값을 각 동의 일별 값으로 사용함.
   2) 장기 외국인은 국내 휴대폰(KT)에 가입하고 외국인등록증이 있는 외국인을 뜻함. 단기 외국인은 국내 로밍서비스를 받는 외국인을 뜻함.
출처: 지상훈(2020: 82).

이처럼 한국사회 전반에 COVID-19가 미친 영향은 매우 크다고 할 수 있다. 국민들의 신체·생명에 직접적인 위협이 될 수 있는 중요한 안전위협 요인이 되고 있으며, 이로 인해 국민들은 자신들이 COVID-19에 감염될 수도 있다는 두려움에 사로잡혀 있는 것이다. 때문에 국민들의 위험인식도 매우 높게 나타나고 있다. 뿐만 아니라 경제적 관점에서도 COVID-19는 한국사회의 저성장을 야기하는 주요 원인이 되고 있다. 사회적 거리두기 등의 생활변화는 정치, 경제, 사회, 노동, 직업, 교육, 가정, 정보, 과학기술 등 모든 환경에 큰 영향을 주었다고 할 수 있다. 이러한 점을 고려해 볼 때 COVID-19는 한국사회의 급진적 외부환경 변화가 되고 있다고 평가할 수 있을 것이다.

3. 교육환경과 노동 · 직업환경 변화분석

1) 교육환경에 있어서의 뉴노멀

COVID−19의 발생은 한국사회에서의 교육환경에 급격한 변화를 야기하고 있다. 첫째, 국민들은 COVID−19 발생 이후 폐쇄된 공간(예: 교실, 강의실 등)에서 밀접 접촉한 가운데 이루어지는 기존의 교육 방식들이 더 이상 적합하지 않아 이를 개선해야 한다는 강한 위기인식을 가지게 되었다. 감염병의 위험 증가로 인하여 대면접촉을 중심으로 한 오프라인 교육 방식은 적절하지 못하다는 우려가 강하게 제기된 것이다. 대면접촉의 오프라인 교육은 교육효과에 있어서의 장점도 존재하지만 감염병에 취약한 측면이 있어 이에 대한 불안감과 위험인식을 증대시키고 있다. 이로 인해 오프라인 교육의 효용성이 감소하고 있는 것이다. COVID−19 확산 상황에서 오프라인 교육(등교개학)의 위험성에 관한 설문조사 결과에 의하면 응답자 대부분은 COVID−19 상황에서의 등교개학에 반대하고 있었다(연합뉴스, 2020).[14]·[15] 이러한 조사 결과에 따라 교육부도 2020년 1학기 수업방식을 대면교육 대신에 유치원의 경우 휴원을, 초·중·고등학교의 경우에는 단계적인 원격수업 시행을 결정하였다(교육부, 2020). 대학 역시 실험·실습 과목을 제외한 거의 대부분의 과목에서 비대면 온라인 교육을 실시하였다. 이와 같이 COVID−19 이후 뉴노멀 사회에서는 기존의 교육방식(예: 대면교육)이 급격하게 변화할 가능성이 높다(<표 2−3> 참조).

둘째, COVID−19로 교육환경에서의 참여자에 변화가 발생할 가능성이 제기되고 있다. COVID−19 이후 교육서비스 공급자와 수요자 모두가 변화할 가능성이 높다. 수요자 측면에서는 인구절벽 현상으로 수요자인 학령인구가 대폭 감소할 것이다. 특히 출산율 감소로 인한 학령인구 감소가 더욱 심각해질 것이다. <표 2−4>는 1999년 이후부터 2019년까지 전문대학교

---

14) COVID−19 상황에서의 등교개학과 관련하여 한국갤럽(2020년 3월 30일)과 리얼미터(2020년 3월 29일)에서 수행한 설문조사 결과에 따르면, 한국갤럽의 경우 등교개학이 적절하다고 응답한 사람은 23%이며, 반대로 적절하지 않다고 응답한 사람은 74%로 나타났다. 리얼미터 조사의 경우도 적절하다고 응답한 사람이 26%, 적절하지 않다고 응답한 사람이 72%에 이르렀다. 대부분의 응답자들은 위험을 무릅쓰고 등교개학을 하는 것에 반대하였다(연합뉴스, 2020).

15) 보다 자세한 결과는 https://www.yna.co.kr/view/GYH20200331002200044?input=1364m를 참조 바란다.

〈표 2-3〉원격수업 형태

구분	운영 형태
① 실시간 쌍방향 수업	– 실시간 원격교육 플랫폼을 활용하여 교사·학생 간 화상 수업을 실시하며, 실시간 토론 및 소통 등 즉각적 피드백 ※ (화상 수업 도구 예시) 네이버 라인 웍스, 구루미, 구글 행아웃, MS팀즈, ZOOM, 시스코 Webex 등 활용
② 콘텐츠 활용 중심 수업	– (강의형) 학생은 지정된 녹화강의 혹은 학습콘텐츠를 시청하고 교사는 학습내용 확인 및 피드백 – (강의＋활동형) 학습콘텐츠 시청 후 댓글 등 원격 토론 ※ (예시) EBS 강좌, 교사 자체 제작 자료 등
③ 과제 수행 중심 수업	– 교사가 온라인으로 교과별 성취기준에 따라 학생의 자기주도적 학습내용을 맥락적으로 확인 가능한 과제 제시 및 피드백 ※ (예시) 과제 제시 → 독서 감상문, 학습지, 학습자료 등 학생 활동 수행 → 학습결과 제출 → 교사 확인 및 피드백
④ 기타	– 교육청 및 학교 여건에 따라 별도로 정할 수 있음

출처: 교육부(2020).

와 일반대학교의 입학정원 수와 입학자 수 현황을 나타낸 것이다. 전문대학교 입학자 수는 점차 감소하여 1999년에는 306,802명이었으나, 2019년에는 197,897명으로 대폭 감소하였다. 일반대학교 입학자 수는 1999년 319,278명에서 2012년 372,941명으로 증가하였으나, 그 이후 지속적으로 감소하여 2019년 입학자 수는 343,248명으로 나타났다. 최근 들어 전문대학 및 일반대학의 입학자 수가 감소하고 있는 원인들은 다양하게 제시되고 있지만, 출산율 저하로 인한 학령인구 감소가 주원인이 되고 있다. 만약 COVID-19 이후 출산율이 보다 가파르게 감소한다면 앞으로 초등학교부터 대학교까지의 학령인구가 급속하게 감소할 가능성이 높아진다(〈부록 2-1〉참조). 초등학교 입학자 수 추이를 살펴보면 1999년에는 717,766명이었으나, 2019년에는 473,787명으로 대폭 감소하였다. 이러한 상황에서 COVID-19 이후 교육서비스 수요자층의 급속한 감소가 더욱 우려되는 것이다.

　같은 맥락에서 교육서비스 공급자인 교원 수를 살펴볼 수 있다. 〈표 2-5〉는 1999년부터 2019년까지의 초·중·고등학교 교원 수 추이를 나타

<표 2-4> 1999~2019년 일반대학·전문대학의 입학정원과 입학자 수 추이

연도	전문대학 입학자 수(명)	전문대학 입학정원(명)	일반대학 입학자 수(명)	일반대학 입학정원(명)
1999	306,802	294,250	319,278	311,240
2000	318,135	294,175	321,399	314,410
2001	322,687	292,035	327,031	316,780
2002	311,304	293,174	320,534	324,309
2003	275,318	285,922	321,116	327,040
2004	259,182	277,223	329,509	327,740
2005	251,283	266,090	326,284	323,537
2006	254,433	247,604	335,581	321,107
2007	255,395	238,069	342,250	319,882
2008	249,291	233,729	342,916	321,752
2009	242,525	231,707	347,750	325,408
2010	249,144	223,312	358,511	327,624
2011	249,693	221,116	361,686	329,541
2012	238,952	209,324	372,941	341,908
2013	227,707	199,969	365,515	340,980
2014	221,750	192,177	363,655	340,586
2015	214,466	183,314	355,772	331,067
2016	208,808	178,050	348,393	321,409
2017	200,021	172,692	343,076	316,525
2018	198,110	168,014	342,841	313,233
2019	197,897	166,442	343,248	313,123

출처: 교육통계서비스 통계자료 재구성.

낸 것이다. 정규직과 기간제 교사를 모두 합한 교원 수 추이를 살펴보면 초·중·고등학교 교원 수가 지속적으로 증가하고 있음을 알 수 있다(정규직 교원 인원은 <부록 2-2>, 기간제 교원 인원은 <부록 2-3> 참조). 특히 초등학교 교원의 정원은 중·고등학교 교원보다 더 가파른 증가세를 나타냈다. 초등학교 교원 수는 1999년에는 137,577명이었지만 지속적으로 증가하여 2019년에는 188,582명으로 증가하였다. 출산율 감소로 학령인구가 감소되는 추이와는 반대로 초·중·고등학교 교원 수는 오히려 증가하고 있었다. 특히 교원 1인당 학생 수를 나타낸 <표 2-6>을 살펴보면 이러한 추세가 더욱 분명하게 드러난다. 초등학교의 경우 1999년에는 초등학교 교원 1인당 학생 수가 28.6명이었지만, 이는 지속적으로 감소하여 2019년에는 14.5명으로 하락하였다. 이러한 현상은 중학교와 고등학교 모두에서 비슷하게 나타났다. 1999년 중학교 교원 1인당 학생 수 20.3명에서 2019년 중학교 교원 1인당 학생 수 11.7명으로, 1999년 고등학교 교원 1인당 학생 수 21.3명에서

<표 2-5> 1999~2019년 초·중·고등학교 교원 수 추이

연도	초등학교 교원 수(명)	중학교 교원 수(명)	고등학교 교원 수(명)
1999	137,577	93,244	105,304
2000	140,000	92,589	104,351
2001	142,715	93,385	104,314
2002	147,497	95,283	114,304
2003	154,075	99,717	115,829
2004	157,407	101,719	116,111
2005	160,143	103,835	116,411
2006	163,645	106,919	117,933
2007	167,182	107,986	120,211
2008	172,190	108,700	122,906
2009	175,068	109,075	125,074
2010	176,754	108,781	126,423
2011	180,623	110,658	131,083
2012	181,435	111,004	132,953
2013	181,585	112,690	133,414
2014	182,672	113,349	134,488
2015	182,658	111,247	134,999
2016	183,452	109,525	135,427
2017	184,358	109,130	134,754
2018	186,684	109,906	134,227
2019	188,582	110,556	133,127

출처: 교육통계서비스 통계자료 재구성.

2019년 고등학교 교원 1인당 학생 수 10.5명으로 감소한 것이다. 이러한 추이를 고려해 볼 때 COVID-19 이후 교육서비스 수요자(학령인구)가 더욱 가파른 속도로 감소할 것이고, 이로 인해 향후 교육환경의 수요·공급에 심각한 불일치 문제를 야기할 가능성이 높다.

같은 맥락에서 폐교 현황을 살펴볼 수 있다. 지방 농어촌을 중심으로 초·중등학교의 폐교가 지방 대도시로 확산되고 있으며, 이제는 서울에까지 확

<표 2-6> 1999~2019년 초·중·고등학교 교원 1인당 학생 수 추이

연도	교원 1인당 초등학교 학생 수(명)	교원 1인당 중학교 학생 수(명)	교원 1인당 고등학교 학생 수(명)
1999	28.60607	20.344	21.37754
2000	28.71422	20.0946	19.85096
2001	28.65451	19.60863	18.32135
2002	28.05729	19.3217	15.70819
2003	27.10126	18.59905	15.25118
2004	26.15001	19.00867	15.04216
2005	25.12006	19.36441	15.14372
2006	23.98511	19.41012	15.05819
2007	22.90915	19.1058	15.31785
2008	21.32648	18.75447	15.51574
2009	19.84597	18.39993	15.71703
2010	18.66489	18.15389	15.52214
2011	17.34263	17.26556	14.82876
2012	16.27026	16.6579	14.44185
2013	15.33166	16.0102	14.19119
2014	14.93666	15.15594	13.67685
2015	14.86171	14.25612	13.24651
2016	14.56971	13.30737	12.94023
2017	14.50562	12.65769	12.39072
2018	14.52393	12.14027	11.46249
2019	14.56777	11.70953	10.5991

출처: 교육통계서비스 통계자료 재구성.

대되었다(서울신문, 2020b). 2019년 서울 은평구에 위치한 은혜초등학교가 폐교되었으며, 2020년에는 염강초등학교까지 폐교될 예정이다. 또한 부산의 경우 2019년 초·중·고등학교 5곳이 폐교되었으며, 2020년 4곳이 폐교될 예정이고, 대구 및 울산 등의 대도시 역시 학교 통폐합이 일어나고 있다(서울신문, 2020b). 이는 학령인구의 감소 때문인데, 2020년 초등학교 입학생은 전국 43만 6,455명으로 2019년에 비해 10%가 감소되었기 때문이다. 이러한 교육서비스 수요자 수의 감소와 교육서비스 공급자 수의 증가는 교육환경 구조를 심각하게 변화시킬 것이다. 학령인구의 감소는 자연스레 교육서비스 공급자의 필요성을 감소시킬 것이며, 이는 장기적으로 공급자인 교원 수를 감소시키는 현상을 발생시킬 것이다. 특히 국·공립 초·중·고등학교 교원의 경우 교육공무원으로서 정년이 보장되기 때문에 학령인구 감소와 폐교의 증가는 노동시장 및 직업시장, 교육 생산성, 그리고 교원 신규채용시장에 심각한 악영향을 미치게 될 것이다. COVID-19 이후의 교육서비스 수요자와 공급자의 불균형은 교육환경을 완전히 변화시킬 가능성이 높아지는 것이다.

[그림 2-8] 시도별 폐교 현황

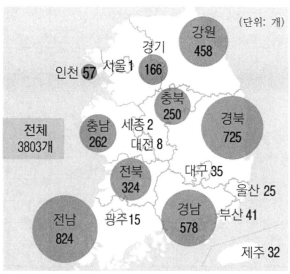

※ 2019년 3월 1일 기준.

출처: 서울신문(2020b).

셋째, COVID－19 이후 교육환경에서는 정책이미지와 정책의 장 교체가 발생할 가능성이 높다. 특히 공교육에서는 COVID－19 이후 기존 교육방법들이 부정적으로 간주될 가능성이 크다. 민간교육 보다 공교육이 상대적으로 온라인을 활용한 기술적 교육방법에 뒤처져 있는 것이 현실이다. 무엇보다도 교육서비스 공급자라고 할 수 있는 교원들의 정보통신기술에 대한 적응력 한계로 인해 원격수업과 같은 온라인 수업에 어려움이 유발되고 있다(중앙일보, 2020b). 특히 오프라인 교육에서 일방적인 '티칭'에만 관심을 기울이던 교원들은 디지털 리터러시 역량이 부족하여 온라인 교육에서의 '코칭'에 한계를 나타내고 있다. 또한 앞서 언급한 것처럼 교육서비스 공급자(교원)의 과잉공급으로 인해 교원에 대한 부정적 이미지가 강해질 우려가 있다. 교육서비스 공급자에 대한 부정적 이미지와 과잉공급, 온라인 교육의 기술 발달은 COVID－19 이후 교육환경을 완전히 바꾸어 놓을 것이다. 교육 수요자들은 온라인 교육에서 높은 경쟁력을 지닌 교육서비스 공급자를 원할 것이고, 이에 적응하지 못하는 교원에 대한 비판은 더욱 거세질 것이다. 특히 정규직 교원의 과잉 공급문제는 COVID－19 이후의 저출산 심화시대에서 교육정책의 장을 바꿀 가능성이 매우 높다.

2) 노동·직업환경에 있어서의 뉴노멀

COVID－19 발생 이후 노동·직업환경은 급진적으로 변화할 것이다. 이와 관련해 첫째, COVID－19 이후의 노동시장은 산업환경의 변화로 과거와 완전히 다르게 재편될 가능성이 높으며, 직업환경 역시 재택근무, 스마트워크 등 유연근무제 필요성이 증대되어 과거 근무형태 등이 더 이상 적합하지 않게 될 것이다. COVID－19와 같은 신종 질병 발생 및 확산 가능성이 증대되면서 노동시장과 직업환경이 근본적으로 변화해야 한다는 위기인식이 높아지고 있다. COVID－19 이후 경제 구조는 '디지털 경제'의 가속화로 인해 온라인과 스마트워크로의 급격한 변화가 발생할 것이다(삼일회계법인, 2020).[16]

---

16) 디지털 경제화는 "온라인 플랫폼 및 이를 기반으로 하는 활동이며 광의로는 디지털화된 데이터를 활용한 모든 활동"을 의미한다(삼일회계법인, 2020: 1).

[그림 2-9] COVID-19 이후 택배 산업 현황 분석

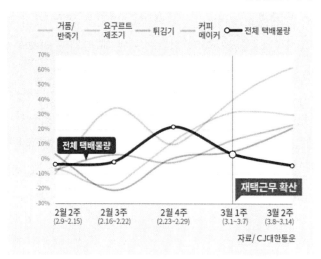

코로나19 재택근무 본격화 전후 택배 데이터 분석

증감률(전주대비)

자료/ CJ대한통운

출처: 동아일보(2020).

또한 COVID−19로 인해 산업의 양극화가 발생할 가능성이 높다. COVID−19로 사람들이 대면접촉에 대한 위험을 인식하면서 기존과 같은 대면접촉 중심의 산업들, 예를 들어 문화예술(영화, 연극, 스포츠 산업)과 관광·여행산업 등이 수축될 가능성이 높다. 하지만, 비대면 산업(예: 온라인 산업, 택배 산업, 전자결제 산업, 물류 산업 등)은 오히려 활성화 될 가능성이 높다(중앙일보, 2020b).[17] 특히 COVID−19 이후 소비자들이 오프라인 매장보다 온라인 쇼핑몰을 더욱 선호하여 '비대면(untact) 소비'가 급증하는 추세이다(조선일보, 2020). COVID−19 이후 산업구조와 노동시장은 개인주의 성향이 강화되고 IT 기술을 활용한 디지털 경제가 활성화 되면서 초개인화가 이루어질 가능성이 높다. 뿐만 아니라 채용시장에서도 화상면접을 비롯한 비대면 채용방법이 활성화 될 것이다(고용노동부, 2020a). 이처럼 정보화, 무인화, 자동화가 일

---

17) 특히 택배시장은 성장 가능성이 매우 높다. 비대면 사회에서 택배기사들이 국민들의 생필품 수급에 결정적인 역할을 했다는 점에서 그들을 '뉴 레드 크로스(새로운 적십자)'라고 일컫기도 한다(중앙일보, 2020b).

상화 되면서 더 이상 과거의 산업환경은 오늘날 현실에 적합하지 않은 것이 되며, 노동과 직업환경이 변화해야 한다는 위기인식은 더욱 강화될 것이다.

<표 2-7> 온라인쇼핑 거래액 동향

(단위: 억 원, %, %p)

	2019년		2020년		전월 대비		전년 동월 대비	
	연간	2월	1월p	2월p	증감액	증감률 (차)	증감액	증감률 (차)
총 거래액(A)	1,352,640	96,073	122,616	119,618	−2,998	−2.4	23,545	24.5
모바일 거래액(B)	872,736	62,095	82,090	81,436	−654	−0.8	19,341	31.1
비 중(B/A)	64.5	64.6	66.9	68.1	−	1.2	−	3.5

출처: 통계청(2020: 3).

　　COVID−19 이후 가장 큰 변화는 근무환경에서 나타날 것으로 예상된다. COVID−19 이후에는 재택근무, 시차출근제 및 스마트워크를 비롯한 유연근무제가 활성화되는 것을 넘어 필수적이 될 것이다. 실제 고용노동부 자료에서도 COVID−19 이후 기업의 재택근무가 크게 증가되고 있는 것으로 나타났다(이하 고용노동부, 2020b). 2020년 1월 1일부터 2월 24일까지 재택근무제의 도입으로 간접노무비를 신청한 근로자 수는 총 33명으로 나타나 전체 1.8%에 불과하였으나, 그 이후인 2월 넷째 주부터는 폭발적으로 증가하였다([그림 2−10] 참조).

　　특히 2020년 2월 25일부터 4월 7일까지 유연근무의 유형을 살펴보면, 재택근무가 16,023명으로 전체의 52.5%를 차지하여 가장 높은 비율을 나타냈으며, 다음으로 시차출퇴근제는 12,527명으로 전체 41.1%로서 다수를 차지하였다. 그 외에도 선택근무 1,570명(5.1%), 원격근무 394명(1.3%)으로 나타났다. 이처럼 COVID−19가 발생한 후 기업들에서는 재택근무와 시차출퇴근제 위주의 유연근무제가 자리를 잡아가고 있는 것이다.

　　COVID−19 발생 이후 기간(2020년 2월 25일~4월 7일간) 동안 유연근무

[그림 2-10] COVID-19 이후 유연근무제 및 재택근무 현황

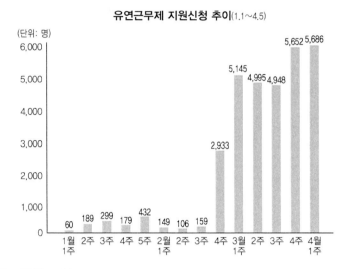

출처: 고용노동부(2020b).

제를 실시한 기업의 규모를 살펴보면 사업장 수는 10인 미만이 전체 43.4%를 차지하여 가장 많았으며, 근로자 수는 100∼299인 기업이 30.5%로서 가장 높은 분포를 차지하였다. 그리고 업종별로 살펴볼 때, 정보통신업이 25.4%로서 가장 많은 것으로 나타났으며, 다음으로 제조업이 24.4%를 차지하였다. 관련 직무는 IT 개발, 행정 및 전산 처리 등에서 재택근무 비율이 높게 나타났다(고용노동부, 2020b). 이처럼 COVID−19 이후 근무환경은 재택근무, 시차근무제, 스마트워크 등 유연근무제가 확대될 것이 자명해 보인다. 물론 재택근무 등의 유연근무제를 활성화는 조직문화 확산이 항상 긍정적인 결과만을 야기하는 것은 아니지만(예: 협업 문화 증진의 한계 발생)(삼일회계법인, 2020), COVID−19 이후의 사회에서는 유연근무제 등의 확산이 불가피할 것으로 예상된다.

둘째, COVID−19 이후 산업환경, 노동환경, 근무환경 등의 급격한 변화로 향후 노동시장에서는 새로운 참여자가 등장할 가능성이 높아진다. COVID−19 이후의 노동시장 뉴노멀은 인력 재개편의 발생이 될 것이다. 비대면 산업의 급성장, 정보화·기계화의 일상화, 재택근무 확대로 인해 노

<표 2-8> COVID-19 이후 유연근무제 규모별 신청현황 (2020. 2. 25.~4. 7.)

구분	합계	10인 미만	10~ 29인	30~ 99인	100~ 299인	300인 이상
사업장 수 (개)	2,602 (100%)	1,130 (43.4%)	676 (26%)	469 (18%)	237 (9.1%)	90 (3.5%)
근로자 수 (명)	30,514 (100%)	3,367 (11%)	4,305 (14.1%)	8,537 (28.1%)	9,303 (30.5%)	4,966 (16.3%]

출처: 고용노동부(2020b).

동 생산성 및 조직 효율화 개념이 달라질 것이다. 특히 COVID-19 이후에는 정보통신기술 중심의 조직 효율화가 더욱 강화되면서 핵심인력만 조직에 남고 나머지 인력에 대해서는 프로젝트 단위로 아웃소싱화 되는 현상이 오히려 증가할 가능성도 있다. 또한 재택근무 등 유연근무제가 활성화되면서 인력 재개편이 발생할 가능성이 높다(중앙일보, 2020b). COVID-19 이후의 재택근무 활성화는 역설적이게도 소규모 인력으로 조직 운영이 가능함을 입증하는 것이 되었다.

한국의 인구구조 변화를 고려하면 COVID-19 이후 노동시장에서의 인력 재개편은 불가피할 것으로 보인다. 저출산, 고령화, 그리고 생산가능인구 감소와 함께 정보통신기술의 급성장으로 인해 노동시장 구조가 변화할 것이다. [그림 2-11]에서 제시되듯이 한국의 인구는 향후 2025년을 기점으로 감소할 가능성이 크다. 2060년경에는 한국의 인구가 대폭 감소하여 4천만 명 이하로 될 가능성이 있다. 이는 한국의 낮은 출산율과 관련성이 있다. 통계청 자료에 의하며 1971년 합계출산율은 4.54명으로 매우 높았으나, 그 이후 점차 감소하여 1976년의 합계출산율은 3명, 1983년의 합계출산율은 2.06명, 1998년의 합계출산율은 1.44명으로 지속적으로 하락하였다. 특히 2018년에는 합계출산율이 0.977명, 2019년에는 이보다 더 낮아져 합계출산율이 0.920명이 되었다. COVID-19 이후의 출산율이 어떻게 변화할 것인가에 대한 의견이 분분하지만, 출산율 하락 추세를 고려할 때 저출산 문제는 인구구조 변화에 심각한 위협요인이 되고 있다.

뿐만 아니라 COVID-19 이후의 노동인력은 핵심인력 중심으로 재편될 가능성이 높다. 재택근무가 활성화되면 비핵심인력으로 분류되는 근로자들에게는 위기가 발생할 가능성이 높아진다. 특히 연령과 직급이 높은 중간관리자급 이상에서 이러한 위기는 증폭되고 있는 실정이다(국민일보, 2020).[18) 향후 고령화가 더욱 심화되고 정보통신기술이 발달하면 이러한 현상은 보다 심각해 질 것이다. 이로 인해 직위와 직무의 재개편, 보수제도의 변화 등 조직 내 다양한 영역에서 인력재편이 발생할 것이다. 이처럼 COVID−19 이후에는 전문성과 기술성을 기반으로 한 핵심인력이 새로운 권력계층으로 등장할 가능성이 높다.

[그림 2-11] 2017∼2067년 추계인구 동향

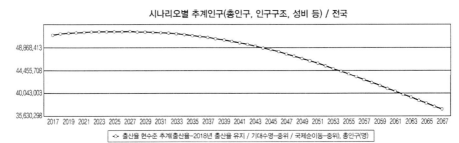

출처: 통계청 국가통계포털 재구성.

셋째, COVID−19 이후 변화의 필요성에 대한 위기인식 증가와 새로운 권력계층의 등장으로 인해 기존의 노동·직업환경 이미지는 더 이상 적절하지 않게 될 것이다. 즉 정책의 장이 바뀔 가능성이 크다는 것이다. 한국의 근로자들은 장시간의 노동으로 인해 일과 삶의 조화(work−life balance)를 효과적으로 이루지 못한 측면이 있다. OECD 국가들과 한국의 유연근무제 현황을 비교해볼 때 한국 근로자들의 일과 삶의 조화는 매우 미흡했다. 한국 근로자들은 OECD 국가들의 근로자들에 비해 노동시간이 많은 것으로 나타난다. 1주일 평균 50시간 이상 근무하는 근로자의 비율은 25.2%로서 OECD 40개 국가들 중에서 37위였다. 근무시간은 OECD 국가 평균보다 약 11%p

---

18) COVID−19 이후 재택근무가 활성화되었지만 이와는 반대로 조직의 눈치가 보여 '자발적 출근'을 하는 직장인들이 증가하고 있다. 특히 중간관리자 이상 간부급들은 재택근무가 비효율적이라고 생각하고 있어 재택근무 효과가 반감되기도 한다(국민일보, 2020).

가 높은 편이었다. 이에 반해 정규직 근로자의 경우 평균적으로 하루 61% 인 약 14.7 시간을 개인생활과 레저에 할애하여 OECD 40개국 중에서 27위를 기록하였다.[19] 그러나 COVID-19 이후 재택근무가 활성화되고 비대면 활동이 증가하면 한국에서도 생활 방식이 대대적으로 변화할 가능성 높다. 또한 COVID-19는 사람들 간 관계형성을 근본적으로 변화시킬 것이다. COVID-19와 같은 감염병은 사람들 간 대면접촉을 꺼리게 만들어 연대의식과 공동체 의식을 낮출 가능성도 있다. 또한 COVID-19 이후 사회문화와 조직문화도 변화할 것이다. COVID-19 이후 사회문화 및 조직문화가 권위주의화 혹은 집단주의화 될 지 아니면 개인주의화 될 지에 대한 논의는 명확하지 않겠지만 COVID-19 이후 사람들 간 네트워크 형성 방식이 변화할 가능성은 매우 높다.

[그림 2-12] COVID-19 이후의 구조적 변화 전망

구조적 변화

디지털 경제 가속화

코로나19로 인한 변화

- ● **인구구조 변화**
- • 저출산·고령화에 따른 생산가능인구 감소

- ● **4차 산업혁명**
- • IT 기술의 발달로 시공간의 제약 사라짐

- ● **비대면 선호**
- • '나홀로' 가속화: 사회적 거리두기
- • 개인위생 개념 강화
- • 비대면(Untact 서비스): 무인화·자동화
- • 탈종교화
- • 정치 불신, 정부 불신으로 인한 정쟁 격화 및 디지털 대의민주주의 확산

- ● **디지털화 강화**
- • 전체: 디지털 업무 환경에 대한 투자 강화
- • 금융: 핀테크, 비대면 고객서비스 강화
- • IT: 서버용 반도체 수요 증가 및 IT 서비스업 확산
- • 유통: 오프라인 → 온라인으로 채널 재편 가속화
- • 외식: 오프라인 식당 불황, 배달음식 확산, 공유주방 증가
- • 레저: 다중 밀집사업(찜질방, 영화관 등) 사양화
  → 생존을 위해 1인실, 분리공간 등으로 변신
- • 제조: 무인화에 대한 긍정적 시각 강화
  (기존: 인건비 절감 → 향후: 질병에 대한 안전망)

출처: 삼일회계법인(2020).

또한 COVID-19 이후에는 전문성을 중심으로 하는 새로운 핵심계층이 등장하면서 이에 따라 노동시장 취약계층의 소득감소 및 양극화 현상이 더욱 심각해 질 수 있다(이병희, 2020). 이러한 현상은 전 세계적으로 발생할 것이다. 예를 들어 COVID-19 이후 미국에서는 2020년 3월 셋째 주 실업급여의 신청 건수가 334만 건을 넘어설 정도로 직업을 잃은 근로자들의 수가 증가하고 있다. 더 나아가 국제노동 기구(ILO) 또한 COVID-19 발생으로 인해 2020년 실업자가 최대 2,470만 명 증가할 것이라고 예측하고 있으며, 전 세계 일자리 81%가 근로시간 감소 및 실직 등의 위험에 놓일 것이라고 예측하고 있다(이병희, 2020). 향후 이러한 문제들을 어떻게 관리할 것인가도 매우 중요하게 고민해 보아야 할 사항이다.

<표 2-9> COVID-19(급진적 외부환경 변화) 이후 뉴노멀 시대

단절 발생 요인	교육환경 뉴노멀 시대	노동 · 직업환경 뉴노멀 시대
정책문제 위기인식 증가	− 기존 대면교육의 부적합성 및 위기인식 증가 − 온라인 교육의 필요성 확산	− 산업구조 및 노동시장 변화 (온라인 쇼핑 등의 증가) − 근무환경 변화(유연근무제 증가)
새로운 참여자 등장	− 교육수요자의 지속적인 감소와 교육공급자 공급과잉 − 교육수요자 위주로의 권력 재편	− 산업재편과 재택근무 강화로 전문성을 기반으로 한 핵심인력 등장
정책이미지 변화	− 교육공급자의 원격교육 자격 미흡(부정적 이미지 증가)	− 일하는 방식의 개선(비대면 업무의 긍정적 이미지 증가)
정책의 장 교체	− 교육공급자 권력 하락으로 교육수요자 중심의 정책의 장 재편	− 문화 및 네트워크 변화 가능성

출처: 저자 작성.

4. COVID-19 이후 뉴노멀 시대와 안전사회

앞에서 살펴보았듯이 COVID-19 이후의 사회는 과거와는 단절된 새로운 뉴노멀 시대로의 전환이 이루어질 것이다. COVID-19 이후의 뉴노멀 사회에서는 기존의 표준 질서는 더 이상 적합성을 지닐 수 없을 것이기에 이에 대비한 새로운 질서를 확립할 필요가 있다. 특히 COVID-19 이후의 뉴노멀 시대에서는 기존 시대에서 예기치 못했던 새로운 문제가 발생할 가능성이 높아 안전사회가 위협받을 것이다. 예를 들어 COVID-19 이후 저성장 문제가 더욱 심각해져 안전복지 위험(예: 노동시장 및 교육시장의 양극화 문제)이 악화될 우려가 있다. 따라서 향후 뉴노멀 시대에는 새로운 안전사회 구축 방안을 모색할 필요가 있다.

〈부록 2-1〉 1999~2019년 초등학교 · 중학교 · 고등학교 입학자 수 추이

연도	초등학교 입학자 수(명)	중학교 입학자 수(명)	고등학교 입학자 수(명)
1999	717,766	608,145	709,940
2000	669,609	613,074	633,932
2001	687,047	609,314	620,794
2002	686,315	626,455	600,245
2003	663,100	623,842	593,922
2004	656,972	689,414	597,120
2005	624,511	703,800	611,396
2006	607,902	690,037	608,457
2007	610,769	679,762	669,850
2008	540,799	675,779	681,444
2009	469,592	652,115	670,486
2010	476,291	644,140	663,457
2011	457,957	622,095	665,423
2012	422,242	596,671	645,268
2013	436,621	610,898	634,699
2014	479,304	528,611	606,063
2015	455,679	466,948	586,983
2016	435,220	470,697	592,116
2017	459,105	452,216	522,510
2018	462,818	416,838	457,866
2019	473,787	431,079	464,265

출처: 교육통계서비스 통계자료 재구성.

⟨부록 2-2⟩ 1999~2019년 초등학교·중학교·고등학교 정규교원 수 추이

연도	초등학교 정규교원(명)	중학교 정규교원(명)	고등학교 정규교원(명)
1999	136,697	91,031	103,409
2000	131,666	89,420	101,406
2001	139,143	89,587	100,412
2002	142,904	90,823	105,508
2003	149,290	94,527	107,619
2004	154,298	97,085	109,345
2005	158,208	98,909	109,855
2006	162,160	101,491	111,051
2007	165,164	101,343	112,515
2008	169,246	101,305	114,298
2009	170,184	100,139	115,110
2010	171,582	99,678	115,817
2011	172,180	97,966	116,491
2012	173,518	96,832	116,812
2013	174,635	96,548	116,013
2014	176,128	97,117	116,231
2015	176,207	95,182	115,473
2016	177,421	93,784	115,732
2017	177,782	93,467	114,765
2018	179,241	93,772	113,708
2019	179,558	93,667	111,069

출처: 교육통계서비스 통계자료 재구성.

〈부록 2-3〉 1999~2019년 초등학교·중학교·고등학교 기간제 교원 수 추이

연도	초등학교 기간제 교원(명)	중학교 기간제 교원(명)	고등학교 기간제 교원(명)
1999	880	2,213	1,895
2000	8,334	3,169	2,945
2001	3,572	3,798	3,902
2002	4,593	4,460	8,796
2003	4,785	5,190	8,210
2004	3,109	4,634	6,766
2005	1,935	4,926	6,556
2006	1,485	5,428	6,882
2007	2,018	6,643	7,696
2008	2,944	7,395	8,608
2009	4,884	8,936	9,964
2010	5,172	9,103	10,606
2011	8,443	12,692	14,592
2012	7,917	14,172	16,141
2013	6,950	16,142	17,401
2014	6,544	16,232	18,257
2015	6,451	16,065	19,526
2016	6,031	15,741	19,695
2017	6,576	15,663	19,989
2018	7,443	16,134	20,519
2019	9,024	16,889	22,058

출처: 교육통계서비스 통계자료 재구성.

제 II 부

위험사회와
안전사회

위험사회에서의 국민 안전 위기

제1절 위험사회의 도래

1. 위험사회 등장

1) 현대사회와 위험사회

현대사회에는 어느 곳에서나 위험이 편재(偏在)되어 있다. 원전, 식품, 화학, 환경, 노동 등 모든 영역에서 위험이 발생할 가능성이 높아진 것이다. 본서 제1장에서 살펴보았듯이 안전을 위협하는 위험요인들은 언제·어디서든지 발생할 수 있다. 위험은 현대사회를 설명하는 데 있어 가장 중요한 특징이라 할 수 있기 때문에 현대사회를 위험사회(risk society)라고 명명함에 있어서 무색함이 없을 정도이다(정무권, 2012). 현대사회에서 위험이 중요 특징으로 등장한 것은 최근 들어 재해와 재난이 자주 발생하기 때문만은 아니다. 전통사회에서도 재해와 재난이 존재하였지만 현대사회가 위험사회로 고려되는 것은 재해와 재난에 따른 손실 또는 고통이 사회활동을 통해, 전반적으로 발생된다는 점이다(노진철, 2014: 11). 그렇다면 현대사회에서는 과거 전통사회보다 더 많은 위험이 발생하는 것인가? 현대사회에서 과학이 급진적으로 발달하고 있는 가운데 사람들이 위험에 지속적으로 노출되는 이유는 무엇인가? 이에 대한 답을 명확하게 제시할 수는 없지만 전통사회보다 현대사회에서 사람들이 위험을 더 많이 느끼고 있다는 점에 있어서는 현대사회와 전통사회가 차이를 나타낸다(김영욱, 2006).

위험사회라는 용어는 울리히 벡(Ulrich Beck)에 의해 처음으로 사용되었다(한상진, 2008). 1986년 벡의 저서 「위험사회: 새로운 근대(성)을 향하여」(Risikogesellschaft auf dem Weg in eine andere Moderne)를 통해 과거 산업혁명 이후 근대산업의 풍요에 대한 부작용으로 현대사회는 위험사회로 빠르게 이행되고 있다는 우려가 확산되었다. 위험사회는 자연재난과는 다르게 성공적인 근대화 과정에서 발생된 근대화의 산물이며, 정치적·경제적·사회적·기술적 변화에 따른 부작용이라는 것이다(안나현, 2016). 18세기 산업혁명 이후 근대 산업사회의 인류는 부(富)를 축적해 가는 과정에서 여러 가지 부작용을 초래했다. 다시 말해, 산업사회를 통해 부는 확대 재생산 되었으나 동시에 부작용도 발생하였는데 이것이 위험이라는 것이다(Beck, 1986). 이와 같이 성장을 우선시하고 안전문제는 도외시한 '선성장 후안전' 논리에 따라 산업화는 위험도 함께 생산하고 있었던 것이다(Beck, 1986).[1]

벡은 근대 산업사회에서 위험사회로의 전환이 발생하게 된 배경을 세 가지 측면에서 설명한다(이하 Beck, 1986). 첫째, 매슬로의 욕구계층론에 근거해 근대 산업사회로 접어들면서 인간의 물질적 욕구 즉 생리적 욕구는 해결할 수 있게 됨으로써, 인간은 물질적 욕구보다 한 단계 높은 욕구인 안전한 삶을 추구하는 욕구 즉 안전욕구를 중시하게 되었다는 것이다. 이로 인해 위험에 대한 감수성이 증가하게 된 것이다. 특히 근대 산업사회에서 포드주의(Fordism)의 대량생산체제를 통해 자원의 희소성 문제를 해결할 수 있게 되어 물질적 풍족이 이루어지자 노동자 계층을 포함한 모든 계층에서 위험에 대한 감수성이 증가하게 되었다. 둘째, 합리성을 기반으로 하는 (과학)기술 발달은 생산성을 증가시키는 데 도움을 주었지만 동시에 이로 인해 생산성 증가의 원천이 되는 요인들을 파괴시키게 됨으로써 위험사회로 접어들게 되었다. 현대사회에서는 모든 기술이 정상적으로 작동하는 상황에서도 기술의 위험성을 완전하게 통제할 수는 없기 때문에 위험은 항상 존재한다. 셋째, 현대사회에서는 복잡하고 다양한 위험을 측정하거나 계산할 수 없다. 예를 들어 현대사회에서는 기후변화와 원전사고 등 계산과 측정이 어려운 위험들이 끊임없이 존재하고 있는 것이다.[2]

특히 1960년대 후반부터 산업사회에서 위험사회로의 전환이 가속화되고 있다. 산업사회와는 달리 위험사회에서의 위험은 불확실한 상황들로부

---

1) 보다 자세한 내용은 http://www.snunews.com/news/articleView.html?idxno=14886을 참조 바란다.

2) 위험은 전 세계적으로 존재하는 보편성을 띤 재화이며, 과학기술 발달로 인하여 위험사회가 발생할 수 있어 위험사회 문제를 해결하기 위해서는 과학기술이 안전하고 원활하게 작동되어야 한다(Beck, 1986).

터 발생하게 되고, 환경문제처럼 기술적·경제적 발전에 따른 의도하지 않은 부작용들(예: 공업용수 무단 방류로 인한 수질 오염 등)에 의해 새롭게 나타나기도 한다(Beck, 1986: 12). 이러한 차원에서 위험사회는 '산업화로 인해 위험이 체계적으로 재생산되는 사회'이다. 즉 위험사회는 "역사상 유례없이 거대한 풍요를 이룩한 거대 산업사회의 원리와 구조가 바로 파멸적인 재앙의 사회적 근원으로 변모하는 것"을 의미하는 것이다(김병섭, 1998: 46-47).

읽/을/거/리/

울리히 벡(독일어: Ulrich Beck, 1944년 5월 15일~ 2015년 1월 1일)은 독일의 사회학자이다. 독일 슈톨프(Stolp, 현재의 폴란드 스웁스크)에서 태어났다. 프라이부르크 대학교, 뮌헨 대학교에서 사회학·철학·정치학을 수학하였으며 뮌헨 대학교에서 사회학 박사 학위를 받았다. 이후 뮌스터 대학교와 밤베르크 대학교 교수를 거쳐서 뮌헨 대학교의 사회학연구소장을 맡았다. 독일 바이에른 및 작센 자유주 미래위원회 위원을 역임하기도 한 그는 미래위원회 위원 활동을 통해 자신의 시민노동 모델을 발전시키기 시작하면서 정치적으로 큰 인기를 끌기도 했다. 1986년 '위험사회'라는 저서를 통해 서구를 중심으로 추구해온 산업화와 근대화 과정이 실제로는 가공스러운 '위험사회'를 낳는다고 주장하고, 현대사회의 위기화 경향을 비판하는 학설을 내놓아 학계의 주목을 받았다. 1990년대에 들어와서도 '성찰적 근대화'(1995), '정치의 재발견'(1996), '적이 사라진 민주주의'(1998) 등의 저작을 통해서 벡이 일관되게 추구해 온 작업은 근대성의 한계를 극복하고 새로운 근대 혹은 그가 말하는 '제2의 근대'로 나아가는 돌파구를 모색하는 것이었다. 그는 또한 최근 국가와 정치가 경제적 합리성을 주장하는 시장의 논리에 의해 무력화되고 있다면서 지구촌의 신자유주의 경향을 질타해왔다. 2015년 1월 1일 심근 경색으로 인해 향년 만 70세의 나이로 사망하였다.

출처: 위키피디아[3]

---

3) https://ko.wikipedia.org/wiki/%EC%9A%B8%EB%A6%AC%ED%9E%88_%EB%B2%A0%ED%81%AC

2) 한국의 위험사회 특성

위험사회는 근대 산업사회를 경험한 서양 국가들에서만 나타나는 현상이 아니다. 최근 한국사회에서도 위험사회가 등장하였다. 한국사회는 1960년대 이후 시장보다는 국가 중심의 경제발전을 최우선적으로 고려하여 압축성장을 이룩해 왔다. 이로 인해 GDP 등 경제 지표들은 급성장 하였으나, 그러한 고속성장의 이면에는 환경문제, 인권문제, 사회갈등 증폭 등 다양한 사회문제들이 파생되어 발생하였다. 대표적인 예로 1990년대 이후 지금까지 삼풍백화점 붕괴, 성수대교 붕괴, 대구지하철 화재사고, 세월호 참사, 제천 스포츠센터 화재, 강원산불 등 대규모의 안전사고들이 끊임없이 발생하고 있다. 한국사회에서 이처럼 지속적으로 위험 상황들이 발생하는 이유는 서구의 근대화와 같은 산업화에 따른 한계 뿐만 아니라 한국만의 고유한 역사와 문화적 전통, 관료주의, 압축성장 등이 주요 원인들로 작용하여 한국사회가 위험사회로 급격히 전환되고 있기 때문이다.

무엇보다도 한국사회는 서구적 근대성을 기반으로 한 위험사회의 특징과 한국의 압축적 성장으로 인한 한국적 근대화가 동시에 발생하는 '이중적 위험사회'를 겪고 있는 것이다(이재열 외, 2005; 이주하, 2011: 4). 더 나아가 한국에서는 다양한 영역에서 사고와 재난 사태가 끊임없이 발생하는 '복합위기사회(complex risk society)' 현상이 나타나고 있다(장경섭, 1998). 즉 한국사회는 합리성의 급진화로 인해 발생하는 '위험사회의 위험'과 합리성 부족에 의해서 발생하는 '위험사회 이전의 위험' 모두가 동시에 존재하고 있다(김대환, 1998). 이처럼 한국은 압축성장[4]이라는 특유의 산업화 현상을 경험하면서 정치적 민주화와 사회적 합리화가 결여된 상태로 성장이 이루어지는 '이중적 위험사회' 상황에 처해 있다고 할 수 있다(김대환, 1998).[5]

---

4) 이를 '압축적 근대화'(장경섭, 1998), '돌진적 근대화'(한상진, 1998), '폭압적 근대화'(홍성태, 1998)로 명명할 수 있다.

5) 한국의 현대사회는 점차 위험사회로 접어들고 있다. 대표적인 예로 2003년 2월 18일 대구광역시 중구 중앙로역에서 일어난 대구지하철 화재사고를 제시할 수 있다. 과거 한국의 재난이 대부분 단순·증폭형이었다면 대구지하철 화재사고는 한국사회의 전통적 재난과 복잡·돌발형 사고라는 현대적 재난 특징을 동시에 지니고 있다는 점에서 한국사회가 점차 이중적 위험사회로 진입하고 있음을 보여준다(이재열·김동우, 2004; 두산백과, 2020).

2. 위험의 의미와 특징

1) 위험의 개념

위험사회를 이해하기 위해서는 우선 위험(risk)이 무엇인지에 대해 살펴볼 필요가 있다. 먼저 사전적 의미를 살펴보자면 우리나라 표준국어대사전에 위험(危險)은 '해로움이나 손실이 생길 우려가 있음. 또는 그런 상태'로 정의된다. 뿐만 아니라, '신체나 생명 따위가 위태롭고 안전하지 못함'을 위험이라 정의하기도 한다.[6] 영어 사전에 따르면 위험은 'risk'로 표현할 수 있으며, 이와 유사한 단어로 danger, hazard, peril 등이 있다.[7] 특히 벡은 21세기 위험은 자연재난 및 재해 또는 전쟁과 같이 사람의 힘으로는 피할 수 없는 불가항력적 재난이 아니라, 정치·경제·사회·문화 모든 환경들과 상호작용하며 결합되어 나타나는 사회적 재난의 의미가 강조된다고 주장하며, 'danger'보다는 'risk'의미로 '위험'이라는 용어를 사용하였다(Beck, 1986). 'Risk'와 'danger'는 모두 첨단 기술로부터 불가피하게 발생하는 불확실성을 지니는 위험이라는 측면에서 공통점을 지니나, 그 책임의 귀속이 다르게 나타난다는 측면에서 차이점이 있다. 즉 'risk'는 사회적 잠재력 즉 당사자의 통제 범위 내에 있다면, 'danger'는 외부환경에서 발생한 손실로서 당사자의 통제 범위 밖에 있다는 점에서 차이가 있는 것이다(Luhmann, 1990).

위험은 인간에 의해 인위적으로 만들어지는 측면이 있기에 '생산된 위험(manufactured risk)', '생산된 불확실성(manufactured uncertainty)'을 포함한다. 또한 위험은 '손실 또는 피해가능성(possibility of loss or injury)', 혹은 '손실의 발생 가능성 정도(degree of probability of such loss)'로 해석될 수 있다(Kaplan & Garrick, 1981: 12). 윌다브스키는 위험을 바람직하지 못한 상황에 처할 수 있는 불확실한 확률의 의미로 정의하며(Wildavsky, 1988), 정진성 외(2010: 2-3)는 위험을 '일정기간 내에 혹은 어떤 자극에 의해 어떤 사건이 발생할 확률'의 의미로 정의하기도 한다. 그 외에도 위험은 '피해, 손실 등 부정적

---

6) 다음 국어사전(2020) 참조.

7) 'danger'의 의미는 사람의 힘으로는 회피할 수 없는 위험이라는 뜻으로, 'hazard'는 생명에 관계되는 위험이라는 뜻으로, 'peril'은 모험·도박에 따르는 위험이라는 뜻으로 사용된다. 보다 구체적인 내용은 https://dic.daum.net/word/view.do?wordid=kew000055758를 참조 바란다.

<표 3-1> 위험의 개념 정의

출처	위험의 개념
표준국어대사전	해로움이나 손실이 생길 우려가 있음. 또는 그런 상태
다음 국어사전	신체나 생명 따위가 위태롭고 안전하지 못함
Kaplan & Garrick (1981)	손실 또는 피해가능성(possibility of loss or injury), 손실이 발생할 가능성 정도(degree of probability of such loss)
Wildavsky(1988)	바람직하지 못한 상황에 처할 수 있는 불확실한 확률
Rowe & Wright (2001)	− 피해, 손실 등 부정적 사건이 발생할 가능성(chance of adverse events) − 잠재적 상황이나 사건에서 위협받는 정도
Kungwani(2014)	손해의 가능성, 또는 가치를 잃거나 얻을 수 있는 잠재성
Hohenemser et al. (1986)	위해 가능 물질로부터 육체적, 정신적, 경제적, 환경적 해를 입을 가능성
정진성 외(2010)	일정기간 내에 혹은 어떤 자극에 의해 어떤 사건이 발생할 확률

출처: '위험' 정의에 관한 기존 문헌을 기반으로 저자 정리.

사건 발생할 가능성(chance of adverse events)'이며, 잠재적 상황이나 사건에 의해 위협받는 정도라고도 할 수 있다(Rowe & Wright, 2001). 뿐만 아니라 위험은 손해의 가능성, 또는 가치를 잃거나 얻을 수 있는 잠재성을 의미하기도 한다(Kungwani, 2014).

이와 같이 위험은 다양하게 정의될 수 있으나 위험에는 다음과 같은 공통적인 특징이 존재한다. 첫째, 위험은 'risk(리스크)'로서 해로움이나 손실 가능성, 또는 확률을 포함한다. 위험은 신체상 혹은 재산상 위해를 가할 수 있는 가능성을 내포하는 것이다. 이처럼 위험은 피해가 발생할 가능성을 의미하기에 과거보다는 미래를 중시한다. 둘째, 위험은 확실성 보다는 불확실성(uncertainty)을 강조한다. 위험은 현재 보다는 미래에 발생하여 "어떤 행동이 어떤 종류의 상황(결과)을 초래할 것인지는 알지만 실제로 그러한 상황이 일어날 확률은 알지 못하는 상태"를 의미하는 불확실성을 가지는 것이다(최병선, 1994: 29). 그럼에도 불구하고 위험과 불확실성은 동일어로 보기는 어렵다. 위험은 불확실성과 실질적인 피해(damage) 두 가지 개념 모두를 포함(risk=uncertainty+damage)하는 의미인 것이다(Kaplan & Garrick, 1981: 12). 셋째, 위험은 계획하고 의도한 것이 아니라 의도하지 않은 상호작용이다(김병섭·김정인, 2016: 384). 넷째, 위험은 피해의 자기귀속성을 가지지만, 위험의 원천은 타인으로부터 발생되는 경우가 많다(노진철, 2004: 108-109). 이로 인해 위험에 대한 자기통제는 사실상 불가능한 것이다.[8]

이러한 특징들을 종합해 보면 무엇보다도 위험은 객관적인 손실 및 피해가능성 뿐만 아니라 이에 대한 주관적인 인식도 포함하게 된다. 위험은 사실 그대로인 객관적 기준에 따라 평가될 수 있지만(위험객관주의), 위험 대상자들의 주관적인 판단과 그들의 위험인식(risk perception)에 따라 위험강도 및 정도가 달라질 수 있는 것이다(Slovic et al., 2000; 정진성 외, 2010). 위험을 판단할 때 객관적으로 존재하는 위험요인을 살펴보는 것도 중요하지만 위험 당사자가 주관적으로 인식하는 위험인지에 대해 살펴보는 것도 매우 중요하다. 즉 위험은 주관적이며 관찰자에 따라 달리 인식되는 상대적인 특성을 지닌다고 할 수 있다(Kaplan & Garrick, 1981: 12). 이러한 특징은 벡이 주장한 위험의 두 가지 개념 'gefahr'와 'risiko'를 통해서도 나타난다. 첫 번째 'gefahr'은 '실재하는 위험'의 의미이며, 두 번째 'risiko'는 '계산이나 예상을 통해 사회적으로 인식된 위험'의 의미이다.[9] 즉 전자가 객관적으로 존재하는 실재위험이라면 후자는 주관적으로 인식되는 위험으로서 위험에 대한 감수성이라고 할 수 있다. 이와 같이 위험의 중요한 특징은 객관적이고 실재하는 위험과 위험에 대한 주관적 위험인지 모두를 포함한다는 것이다. 특히 주관적인 위험인지가 강조되는데, '두려움'과 '미지의 위험'이라는 두 가지 요인에 의해 위험인지가 나타나는 사례들을 살펴보면 [그림 3-1]과 같이 나타날 수 있다(Slovic et al., 1980).

---

8) 이외에 Giddens(1990; 1991: 132)에 의하면 위험은 ① 강도 측면에서 위험의 지구촌화, ② 위험에 영향을 받는 사람 측면에서 위험의 지구촌화, ③ 파생되는 위험의 증가, ④ 제도화된 위험 환경의 발달, ⑤ 위험을 인식하는 능력 발달, ⑥ 위험에 대한 인식 확산, ⑦ 전문 지식의 한계성에 대한 인식 증가 등의 특징을 지닌다.

9) http://www.snunews.com/news/articleView.html?idxno=14886

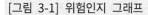

[그림 3-1] 위험인지 그래프

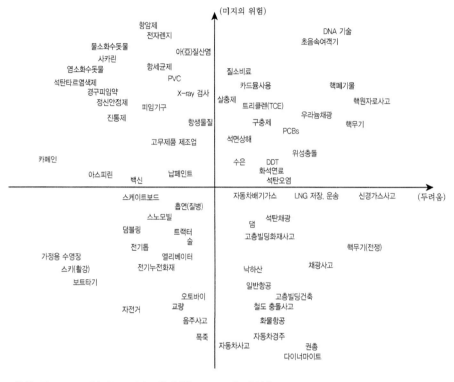

출처: Slovic et al.(1980: 142); 최진식(2008: 153) 재인용.

위험을 어떻게 측정할 것인가도 유사한 맥락으로 살펴볼 수 있다. 객관적인 위험에 대한 측정방법으로는 전통적·기술적 위험측정 방법이 있다. 이는 사망률, 상해율, 환경피해율과 같이 위험의 빈도 수나 심각성을 계량적으로 측정하는 것이다(Fischhoff et al., 1981). 이러한 전통적·기술적 위험측정은 위험을 계량적으로 측정하여 위험에 대한 처방적인 방안을 제시하고자 했다는 점에서 의의가 있으나, 위험에 대한 인식을 분석하지 못하여 위험의 비용을 과소평가했다는 점에서 한계를 지닌다. 따라서 전통적·기술적 위험측정 방법의 한계를 극복하기 위해 사람들이 주관적으로 인식하는 위험을 분석한 심리측정접근(psychometric approach) 방법이 제시되었다(Fischhoff et al., 1981).

벡의 위험에 대한 논의에서와 같이 'gefahr(객관적·실재적 위험)'도 중요하지만 'risiko(주관적·위험인식)'도 중요하게 고려될 필요가 있다. Gefahr이 존재한다고 하더라도 구성원들의 위험인식인 risiko가 존재할 때에만 위험이 존재한다고 할 수 있다. 이와 같이 gefahr과 risiko에는 간극이 발생할 수밖에 없다. 시민들의 위험인식(risk perception)은 객관적 위험과 불일치하는 경향이 있는 것이다. 그렇다면 왜 이러한 불일치(간극)가 발생하는 것일까? 객관적 위험성과 주관적 위험인식의 차이는 다양한 요인들에 의해서 설명될 수 있다.

첫 번째는 개인적 요인들을 포함한다. 즉 개인적 요인으로 인간의 인지능력 한계를 설명하는 것이다. 인간은 위험 평가와 위험인지에 대한 제한된 양의 정보만을 획득할 수 있기 때문에 객관적 위험과 주관적 위험인지가 차이가 날 가능성이 높다는 것이다(김영평 외, 1995: 939-940; Miller, 1956). 그 외에도 ① 확률적 사고, ② 과신(overconfidence)에 대한 인지, ③ 확실성에 대한 열망, ④ 휴리스틱에 의한 인지 등이 중요한 개인적 요인들로 제시된다(Slovic, 1987). 두 번째는 집단적 요인들을 제시할 수 있다. ① 조직의 운영목표, ② 상벌체계, ③ 정보 및 의사전달 체계 등의 집단 및 조직적 요인들에 의해 위험 관련 정보를 습득하는 데 지연, 차단, 왜곡 등의 오류가 발생할 수 있어 위험인지가 영향을 받는다는 것이다(김영평 외, 1995).

세 번째는 사회·문화적 요인들을 포함한다. 특히 ① 지역적 특수성, ② 전통 및 문화, ③ 가치체계 등이 주요 요인들이 된다(Morecroft, 1988). 무엇보다도 지역의 문화적 특성이 위험인식에 중대한 영향을 미칠 수 있다. 특히 사회·문화적 요인 중에서 신뢰는 위험인식에 중요한 영향을 미친다(Hurley, 2011; 이대웅 외, 2018). 아래 <표 3-2>와 같이 신뢰를 형성하는 주요 구성요소가 사회·문화적으로 어떻게 구축되는 가에 따라서 위험인식이 달라질 수 있는 것이다.

<표 3-2> 신뢰와 위험인식의 관계

구성요소	세부 내용
공유가치의 유사성 (similarities)	신뢰자와 피신뢰자 간 공유가치의 유무 및 이의 수준, 특정 집단의 소속감, 공유된 성격적 특성 등의 수준
이해관계의 일치 (alignment of interests)	어떤 주체(agent)와 다른 제3의 주체 간 이해관계의 방향성과 일치의 수준
호의적인 배려의 정도 (benevolent concern)	피신뢰자가 신뢰자의 이익을 자신(피신뢰자)의 이익 이상으로 고려하고 있다는 믿음의 수준
예측가능성과 정직성 (predictability and integrity)	과거의 언행을 바탕으로 행동함으로써 타인으로 하여금 상대의 행위를 예측할 수 있는 수준
역량(capability)	직면한 문제에 관한 피신뢰자의 대응 역량 수준
커뮤니케이션의 수준 (level of communication)	경청하고 질문하며 지지하는 일련의 개방된 상호 작용의 수준
안전성(security)	잠재적으로 손실을 유발할 수 있는 상황에 배태된 위험성의 정도

출처: 이대웅 외(2018: 234).

<표 3-3> 위험문제의 유형과 특징

불확실성 요인(uncertainty factor) 열두 가지 위험 특징	두려움(dread factor) 여섯 가지 위험 특징
① 통제할 수 없는 심각성 　(severity not controllable) ② 두려움(dread) ③ 전 세계적 재난(globally catastrophic) ④ 예방할 수 없는 통제 　(little preventive control) ⑤ 치명성(certain to be fatal) ⑥ 위험과 편익의 양립불가능성 　(risks & benefits inequitable) ⑦ 참사(catastrophic) ⑧ 미래세대위협(threatens future generations) ⑨ 쉽게 줄일 수 없음(not easily reduced) ⑩ 위험 증가(risk increasing) ⑪ 비자발성(involuntary) ⑫ 개인적 영향(affects me personally)	① 관찰할 수 없음(not observable) ② 알 수 없는 노출 　(unknown to those exposed) ③ 즉각적 영향(effects immediate) ④ 새로움(new, unfamiliar) ⑤ 과학에 대해 알지 못함 　(unknown to science) ⑥ 많은 사람들이 노출됨 　(many people exposed)

출처: Slovic et al.(2000: 143) 재구성; 김병섭·김정인(2016: 383) 재인용.

네 번째는 위험 자체 요인 즉 위험에 내재하는 위험 특성 및 그 자체가 위험인지에 영향을 미칠 수 있다(김영평 외, 1995). <표 3-3>에서 제시되듯이 위험문제의 특징(예: 불확실성과 두려움)에 따라 개인의 위험인지가 달라질 수 있다(Tversky & Kahneman, 1974). 불확실성과 두려움이 높은 위험문제일수록 사람들이 더 높은 위험성을 인지한다고 할 수 있다.

2) 위험의 특징

앞서 위험의 개념 정의에 있어서 특징을 간략히 살펴보았다. 그렇다면, 보다 구체적으로 위험은 어떤 특징을 지닐까?(이하 김영평 외, 1995). 첫째, 위험에 대한 노출은 자발성과 비자발성을 모두 지닌다. 개인이나 집단은 스스로가 위험한 행동을 하거나 위험한 상황에 노출될 수 있다는 점에서 자발성을 지니지만, 타의에 의해서 위험에 노출될 수도 있다는 점에서 비자발성을 지닌다(Slovic et al., 2000). 둘째, 위험의 피해는 일상적인 위험과 재앙적인 위험으로 구분할 수 있으나, 위험이 사회 전반에 미치는 피해의 심각성은 매우 크다고 할 수 있다. 예를 들어 원전사고와 같은 재난의 위험도는 공간적 관점에서 한 개인의 피해를 넘어 지역사회, 더 나아가 국가 및 타 국가에도 영향을 미칠 수 있을 뿐만 아니라 시간적 관점에 있어서도 현재 뿐만 아니라 미래세대에까지 피해를 미칠 수 있다.

셋째, 위험의 통제수준에 따라 조금씩 달라질 수는 있겠지만, 기본적으로 대부분의 위험은 높은 불확실성으로 인해 쉽게 통제하기 어렵다. 넷째, 위험은 위험에 대한 친숙도(familiarity)에 따라서 위험대상자들이 인지하는 위험인식이 달라진다. 과거부터 발생하여 사람들에게 충분한 경험이 쌓인 친숙한 경험도를 지닌 위험(예: 교통사고 등)이 존재하지만, 그렇지 않고 처음으로 접하는 낯선 위험(예: 메르스, COVID-19)도 있다. 사람들은 위험의 불확실성, 예측불가능성, 통제불가능성에 의해 친숙한 위험보다는 자신들이 잘 알지 못하는 '알려지지 않은(unknown)' 위험에 더 큰 공포감을 느낀다(예: COVID-19)(Slovic et al., 2000: 140-143).

같은 맥락에서 위험대상 및 시설물에 상당히 오랫동안 노출되다 보면 위험에 대한 친숙도가 높아져 이들을 위험으로 인식하지 못할 수도 있다. 객관적인 위험도가 높은 대상물도 일상적인 것으로 받아들이는 과정, 즉

<표 3-4> 위험의 특성

위험의 특성	내용
위험에 대한 노출의 자발성 (voluntariness)	개인이나 집단의 자의에 의해서 위험한 상황이나 행동을 선택하거나 또는 타의에 의해서 위험에 노출된다는 점에서 위험을 자발적 위험(voluntary risk)과 비자발적 위험(involuntary risk)로 구분할 수 있다.
위험에 대한 피해의 심각성 (severity)	위험에 따른 결과(피해)가 개인이나 집단에 미치는 영향력의 정도(심각성)와 범위에 따라 일상적 위험(ordinary risk)과 재앙적인 위험(catastrophic risk)로 대별할 수 있다.
위험 효과의 발현시기 (effect manifestation)	위험한 행위를 했거나 위험한 상황에 노출된 후 이에 따른 효과가 현실화되는 데 소요되는 시간에 따라 즉각적인 위험(immediate risk)과 지연되는 위험(delayed risk)으로 구분된다.
위험에 대한 노출유형 (exposure pattern)	개인이나 집단이 위험에 노출되는 유형에 따라 지속적인 위험(continuous risk)과 간헐적 위험(occasional risk)으로 구분된다.
위험의 통제가능성 (controllability)	위험이 개인이나 집단에 의해 인위적으로 통제가능한(controllable) 경우와 통제불가능한(uncontrollable) 경우로 구별 된다.
위험에 대한 친숙도 (familiarity)	위험은 과거에 발생되었거나 사람들에 의해 경험되었던 친숙한 위험(old risk)과 처음 발생하거나 경험되어지지 않았던 낯선 위험(new risk)으로 구분 된다.
위험에 따른 이익 (benefit)	위험한 행위를 선택하거나 위험한 상황에 노출되는 데 반대급부로 주어지는 이익(보수, 상금, 물질적 보상, 생활의 편의)이 명확한 위험(clear risk)과 불분명한 위험(unclear risk)이 있다.
위험행위의 필요성 (necessity)	위험하다는 사실을 알고 있지만 개인이 생활하는데 필요하기 때문에 위험을 감수하는 경우(necessary risk)와 위험을 어느 정도 인지하면서도 개인의 기호, 취향, 취미에 의해서 위험을 즐기는 경우(luxurious risk)가 있다.

출처: 김영평 외(1995: 941).

'위험의 친숙화(familiarization of risk)' 과정이 일어나는 것이다. 즉 위험상태를 '정상적인 상태(normalization of risk)'로 고려하는 경향이 있다(양기용 외, 2018: 291). 예를 들어 우리나라 고리원전에 관한 실증분석에 의하면 공동체 구성원들은 고리원전이 자신들의 삶에 기반을 마련해 주었다는 점에서 고마운 마음을 지니고 있는데 반해, 고리원전이 불행한 삶을 가져왔다는 부정적인 마음도 동시에 지니고 있었다. 이와 같이 고리원전 인근 지역 주민들은 고리원전과 같이 위험한 시설과 함께 공존하면서 고리원전을 위험한 시설로 인식하기보다는 오히려 일상적이고, 애정과 미움의 감정을 가지게 되는 친숙하고, 정상적인 것으로 인식하는 성향이 더 크게 나타났다(양기용 외, 2018). 이처럼 위험인식은 위험에 대한 친숙도에 따라서 다르게 인식되기도 한다.

위험은 시대에 따라 다르게 해석될 수도 있다. 과거 전통산업의 위험과 현대 위험사회의 위험에는 차이가 있다. 과거 산업사회에서의 위험은 예측하고 예방할 수 있는 위험이었다면, 현대 위험사회에서의 위험은 복잡 다양한 원인에 의해서 발생하며 쉽게 예측하거나 예방할 수 없다. 또한 사회가 정상적으로 운영된다고 하더라도 고도의 위험이 발생할 수밖에 없으며, 사고가능성을 피할 수 없는 '정상사고(normal accident)'가 발생할 가능성이 높다는 것이다(Perrow, 1984; Beck, 1986).[10] 또한 위험의 범위는 확대되고 변화한다. 이에 대한 대표적인 예로 복지국가 및 사회정책 분야에서 활발히 논의되는 '사회적 위험'의 강조가 있다(정무권, 2012).[11] 전통사회의 '전통적 사회 위험(old social risk)'이 현대사회의 '새로운 사회 위험(new social risk)'으로 전환하였다. 전자인 전통적 사회 위험이 고전적 복지국가들에서 다루고자 했던 위험을 의미한다면, 후자인 새로운 사회 위험은 탈산업화에 따른 새로운 사회적 위험인 것이다(이주하, 2011: 4). 특히 1970년대 중반 이후 세계화와 탈산업화로 인해 새로운 사회적 위험이 대두되었다. 새로운 사회적 위험의 대표적인 예로, 여성들의 노동시장 참여 확대로 인한 저숙련 여성층의

---

10) 특히 Perrow(1984)는 현대사회가 고도의 위험기술사회(high-risk technology society)이기 때문에, 안전장치가 존재한다고 하더라도 고도의 위험기술은 사고를 유발시킬 수밖에 없음을 강조하였다.
11) 사회적 위험에 관한 상세한 내용은 본서 제7장에서 설명한다.

복지 위험확대, 노인들의 돌봄 문제 확대, 탈산업화 시대의 노동유연화에 따른 저임금직과 비정규직 확대 위험 등이 존재한다(Bonoli, 2005; Taylor−Gooby, 2004).

<표 3-5> 전통적 사회적 위험과 새로운 사회적 위험의 비교

	전통적 사회적 위험 (old social risk)	새로운 사회적 위험 (new social risk)
사회적 토대	제조업 중심의 완전고용	지식 정보 중심의 단절적 고용
	핵가족에 기초한 남성부양자 (male−breadwinner) 모델	양소득자(dual−earner) 모델, 한 부모가족의 증가
형태	산재, 실업, 질병, 노령 등으로 인한 소득의 중단이나 상실	아동 및 노인에 대한 케어, 단절적이고 불안정한 고용, 비정형적인 직업경력
위험의 담지자	남성 산업노동자	여성노동자, 저숙련·비숙련 노동인구, 청년실업자, 아동, 노인, 편모

출처: 이주하(2011: 19) 재인용.

제2절 위험사회에 대한 이론적 논의

1. 위험사회의 이론적 접근 분류 기준과 위험 커뮤니케이션

이상에서 살펴 본 위험의 특징들을 기반으로 하여 위험에 관한 이론들을 다음과 같은 기준에 따라 분류할 수 있다(<표 3-6> 참조). 첫째, 위험의 대상집단이 개인이냐, 집단이냐에 따라 위험 관련 이론들을 분류할 수 있다. 물론 위험은 불특정 다수에게 적용될 수 있고, 예측불가능성을 지니며, 불확실성 등의 특징을 지니기 때문에(Slovic et al., 2000; Wildavsky, 1988; 이재열·김동우, 2004), 위험이 개인에게만 적용되는지 혹은 집단에게만 적용되는지를 쉽게 구분할 수는 없다. 그럼에도 불구하고 위험이 개인에게 직접적으로 영향을 미치는지, 혹은 조직 및 사회 전체에 영향을 미치는지에 대한 차이를 둘 수는 있다. 둘째, 위험인식의 차이에 따라 위험 관련 이론들을 분류할 수 있다. 위험인식에 따라 객관적 위험과 주관적 위험으로 구분할 수 있는 것이다. 위험은 표면적으로 드러나는 객관적 위험과 개인의 주관적 위험인식을 의미하는 주관적 위험의 성격을 모두 지닌다(Beck, 1986; Kaplan & Garrick, 1981; Slovic et al., 2000). 그럼에도 불구하고 객관적이고 표면적으로 드러나는 위험을 분석하는지, 또는 주관적인 위험인식을 분석하는지에 따

<표 3-6> 위험에 관한 이론적 접근

		위험 대상	
		개인	집단
위험 인식	객관적 위험	**법적 접근 방법** — 위험으로부터 개인 보호 — 위험의 범위 확대	**체제이론** — 폐쇄체제: 위험관리 중요성 — 개방체제: 위험의 상호의존성
	주관적 위험	**행동 경제학**(전망이론) — 위험회피	**문화이론** — 네 가지 문화유형에 따른 위험 수용성 차이

출처: 저자 작성.

라 위험 관련 이론들을 분류할 수 있다. 이와 같은 두 가지 기준에 따라 <표 3-6>과 같이 이론적 접근 방법들을 제시할 수 있는 것이다.

이밖에도 <표 3-6>의 네 가지 위험이론 유형에 속하는 것은 아니지만 위험에 관한 중요 이론으로 위험 커뮤니케이션(위험소통) 이론이 있다. 위험 커뮤니케이션은 소통모형을 기반으로 하고 있으며, "학자, 국제기관, 참여자, 이익집단, 그리고 일반 공중 사이에 위험을 어떻게 관리하고 평가할 수 있느냐에 관한 의견과 정보의 교환과정"이라고 정의할 수 있다(Powell & Leiss, 1997; 박천희·홍은영, 2017: 298 재인용). 이는 개인과 집단 모두에게 적용될 수 있으며, 객관적 위험과 주관적 위험 모두에 적용될 수 있는 이론이다. 위험 커뮤니케이션은 위험사회의 문제해결을 위해 가장 중요하게 고려되어야 한다. 위험 커뮤니케이션의 목적은 과학적 성찰을 통해서 위험문제 해결을 위한 '사회적 합의를 탐색할 기회를 제공'하는 데 있다(김영욱, 2006: 215). 벡에 의하면 위험의 발생 원인은 위험에 대한 판단오류로 인한 것 보다는 전문가들이 오만과 아집에 빠져 위험에 대한 적극적인 커뮤니케이션을 하지 않기 때문에 있다는 것이다(Beck, 1986). 특히 전문가와 일반인 사이에는 위험에 대한 인식의 차이가 존재하여(Slovic et al., 2000), 전문가의 적극적인 위험 커뮤니케이션 노력이 필요하다고 할 수 있다. 다시 말해 전문가와 일반인은 위험에 대한 주관적 인식이 서로 달라서 인식되는 위험의 분산 정도도 달라질 수 있다는 것이다(Beck, 1986). 특히 두려움이 크고 불확실성이 높은 위험문제일수록 전문가와 일반대중은 서로 다른 위험인식을 가지게 되는데, 전문가들보다 일반대중이 위험을 과대평가하고 두려워하는 경향이 있다(Kraus et al., 2015). 따라서 사람들 간 이러한 위험인식 차이를 해소하기 위해서는 적극적인 위험 커뮤니케이션 전략이 마련될 필요가 있다. 이를 통해서 전문가와 일반인들이 적극적으로 위험에 대해 상호 교류할 수 있도록 해야 한다.

위험 커뮤니케이션의 단계는 정보 제공과 소통 수준에 따라 <표 3-7>과 같이 일곱 가지 단계로 구분할 수 있다(이하 Fischhoff, 1995). 가장 낮은 수준의 위험 커뮤니케이션 단계는 단지 정확한 정보를 보유하는 수준에서 위험소통이 이루어지는 단계이다. 두 번째 단계는 단순 정보제공이 아니라 위험에 관한 정보 수취자인 대중의 시각에 맞추어 정보가 제공되는 단계이며,

세 번째 단계는 대중에게 위험정보를 상세히 설명하는 수준의 단계이다. 네 번째 단계는 전문가 등이 대중에게 위험의 수용가능성을 충분하게 이해시키는 단계이며, 다섯 번째 단계는 위험의 비용과 편익에 대한 충분한 설명을 제공하는 단계이다. 여섯 번째 단계는 위험의 대상자인 대중의 신뢰를 확보하는 단계이며, 마지막 일곱 번째 단계는 정보를 제공하는 전문가 등의 그룹이 일반대중을 포함하여 위험 커뮤니케이션 대상자들을 파트너로 인식하는 단계이다. 특히 마지막 단계에서는 다음 [그림 3-2]와 같이 전문가영역과 공공영역의 상호협력적인 위험 커뮤니케이션이 이루어지게 된다.

<표 3-7> 위험 커뮤니케이션의 단계

개념	수준	내용
알 권리의 확보	저 ↕ 고	정확한 정보를 보유하는 수준
정보의 전달 방법		단순 정보제공이 아닌 대중시각에 맞추어 제공
주관적 정보의 전달		대중에게 정보를 설명하는 수준
비교의 위험성		대중에게 수용 가능성을 이해시키는 수준
비용과 편익 분석		비용과 편익에 대한 설명의 제공
신뢰의 확보		대중의 신뢰 확보
동반자적 시각		공공 분야 구성원들을 파트너로 인식

출처: Fischhoff(1995); 박천희·홍은영(2017: 299) 재인용.

효과적인 위험 커뮤니케이션을 위해서는 무엇보다도 전문가와 일반대중이 위험에 대한 서로의 인식이 다를 수 있음을 상호 인정해야 하며, 이러한 인식의 차이를 줄이려고 노력해야 한다. 이를 위해서는 목적 지향적이고 계산적인 도구적 이성이 아닌 자신의 실수를 인정하고 자신을 비판 대상으로 하는 광범위하게 성찰된 커뮤니케이션 노력을 기울일 필요가 있는 것이다(김영욱, 2006: 217).

[그림 3-2] 위험문제 해결을 위한 커뮤니케이션 과정 모델

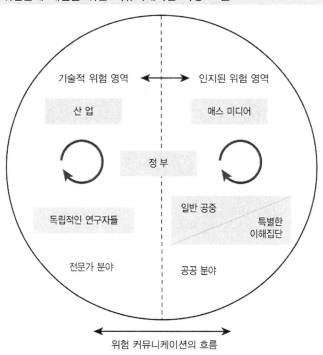

출처: Leiss & Chociolko(1994: 36); 김영욱(2006: 216) 재인용.

2. 위험에 대한 구체적인 이론적 논의

1) 법적 접근 방법[12]: 개인에 대한 위험보상과 위험 범위의 확대

위험과 관련된 첫 번째 이론적 논의에는 법적 접근 방법이 있다. 법적 접근 방법은 객관적으로 드러난 개인의 위험을 보장하는 방안에 대해 논의한다는 측면에서 적절한 위험 관련 이론적 논의라 할 수 있다(권오걸, 2013). 19세기까지 전통적 의미에서의 법학은 개인의 권리와 의무, 특히 기본권 보장 및 확립에 관심을 두었다(손형섭, 2013). 이 시기에는 개인의 신체·생명을 보장하는 기본권을 마련함으로써 외부로부터의 위험에서 개인을 보호하는 데 관심을 두었다. 따라서 개인의 신체·생명에 직접적으로 위해를 가하는

---

12) 사실상 법적 접근 방법은 이론으로 명명하기에는 다소 미흡한 측면이 있다.

행위를 처벌하거나, 위험 발생에 대한 보상규정을 둠으로써 외부의 위험으로부터 개인을 보호하고자 하였다. 특히 형법(刑法)에서는 개인차원의 객관적 위험관리에 대한 논의가 명확하게 나타난다. 전통적인 형법에서는 "형법적으로 보호되는 법익을 침해하거나 침해할 위험이 있는 행위로부터 개인의 신체와 재산을 보호"하는 것에 관심을 두었다(박미숙·김일수, 2012: 22). 또한 전통적 의미의 형법에서는 범죄를 침해범(侵害犯) 위주로 다루고 있었다.

그러나 개인차원의 객관적 위험에 대한 법적 접근 관점은 현대사회가 위험사회로 확대되면서 변화하고 있다(유전철, 1998; 권오걸, 2013). 위험의 범위가 광범위해지면서 직접적 위해나 가해에 대한 처벌에만 머무르지 않고, 발생할 가능성(위험가능성)이 높은 범죄를 처벌하고자 하는 논의가 대두되었다. 특히 위험에 대한 사전예방 차원에서 손해발생 이전단계에서도 위험가능성 근거 요인들을 배제하기 위한 국가 개입가능성을 강조하기 시작한 것이다(권오걸, 2013). 즉 개인의 실제적인 법익침해여부를 규명하기 어렵다고 하더라도 위험사회에서의 위험이 초래될 가능성이 높은 행위들을 법·제도적 장치를 통해 제약할 수 있다는 것이다(박미숙·김일수, 2012). 이러한 논의와 관련된 대표적인 법적 접근이 바로 '위험형법(危險刑法)'이다. 위험형법은 장래에 인간 안전생활을 위협하는 행위에 있어서도 형법에서 처벌해야 한다는 점을 주장하는 것으로서, 직접적인 위해가 없어도 처벌이 가능하다는 측면에서 '법익의 추상화' 관점을 포함한다고 할 수 있다(손형섭, 2013: 8).

위험형법이 주장되면서 위험의 시간적·공간적 확대가 강조된다. 과거에는 부분적인 영역에서 이루어지던 처벌이 보다 넓은 공간으로 확대되고, 과거와 현재의 위험에서 미래의 위험까지로 시간적 범위가 확장되고 있다(박미숙·김일수, 2012). 물론 위험형법의 등장이 전통적인 법치국가 원리인 명확성 원칙, 비례의 원칙, 형법의 보충성 원칙을 침해할 가능성이 높다(유전철, 1998). 그러나 이러한 한계점에도 불구하고 위험사회에서 위험형법의 적절성에 대한 논의를 보다 적극적으로 확대할 필요성이 있다. 위험의 침해가능성과 침해정도의 입증 문제는 향후 끊임없이 논의해야 될 이슈인 것이다.

2) 체제이론: 위험의 연계성

위험이 객관적으로 존재하고 주로 집단에 적용될 수 있다는 이론적 근거로는 체제이론(system theory)을 제시할 수 있다. 시스템에 대한 학제 간 연구를 의미하는 체제이론은 다음과 같은 특징을 지닌다. 체제는 자연적으로 형성되거나 또는 사람에 의해 인위적으로 형성되기도 한다. 하지만 체제는 서로 연관되어 있으며 상호의존성이 매우 높은 특징을 지닌다. 체제는 공간과 시간에 의해 제약을 받으며 외부환경과 구분되고 외부환경에 의해 영향을 받는다.[13] 특히 스콧에 의하면 체제의 개방성과 관리 폐쇄성 정도에 따라 체제를 합리체제(rational system), 자연체제(natural system), 개방체제(open system)로 분류할 수 있다(Scott, 1992). 전통적 조직이론에서 체제는 외부환경과 단절된 폐쇄형 체제를 유지해 왔다(예: 관료제). 폐쇄형 체제에서는 체제가 합리적이고 과학적으로 관리되지 못할 때 위험이 발생하며, 또한 예측가능성과 안정성이라는 체제의 환경이 갖추어지지 못할 때 위험이 발생한다는 것이다(Scott, 1992).

그러나 닫힌 체제 또는 폐쇄형 체제에서만 위험이 발생하는 것은 아니다. 최근 들어 외부환경과의 상호작용을 강조하는 개방체제에서 위험이 발생할 가능성은 더욱 증가하였다. 외부환경과의 상호의존성이 강화되고 복잡성이 증가하면서 체제 내에서 계획하고 의도했던 것과는 다르게 위험이 발생할 가능성이 증가한 것이다(이재열·김동우, 2004). 체제의 경계, 즉 체제 외부의 환경적 요인들에 의해 체제 내에서 예상하지 못했던 위험이 생성될 가능성이 더욱 높아진 것이다. 특히 체제가 개방체제로 운영되는 경우 체제 내 관리자들이 예상하지 못하는 외부요인이 큰 영향을 미쳐 위험이 발생하는 경우가 많다. 특히 체제의 복잡성이 의사결정의 혼란 또는 지연을 초래할 가능성이 증가하여 위험의 강도가 더욱 커지게 되는 경우도 발생한다. 또한 위험의 원인이 개인에게 있는지 혹은 조직에게 있는지가 명확하게 설정되어 있는 경우에는 위험에 대한 책임부과 및 처벌도 가능하지만, 개방체제에서는 다양한 원인들이 복잡하게 얽혀있어 위험요인을 명확하게 밝혀내는 데에도 큰 어려움이 있다(노진철, 2014).[14]

---

13) https://en.wikipedia.org/wiki/Systems_theory
14) 이와 같은 맥락에서 위험의 상호의존성을 네트워크 이론을 활용하여 설명할 수 있다.

3) 행동경제학과 전망이론: 위험회피

개인의 위험에 대한 인식과 주관적 위험에 초점을 맞추는 대표적인 이론으로는 행동경제학(行動經濟學, behavioral economics)이 있다.[15] 행동경제학 중에서 카네만과 트벌스키가 주장한 전망이론(prospect theory)이 인간의 위험회피 성향을 설명하는 대표적인 위험 관련 이론이 될 수 있다(Kahneman & Tversky, 1979). 행동경제학자들의 논의에서처럼 인간은 전통적 경제학자들이 주장하는 경제적 합리성에 따라서 판단하고 행동하는 것이 불가능하며, 특히 자신이 손해를 입은 위기상황에서는 합리적인 판단을 하지 못하고 과거의 경험과 선입견을 바탕으로 한 휴리스틱(heuristic)에 의해 의사결정을 내린다는 것이다(Kahneman & Tversky, 1979). 특히 그들은 실험을 통해서 개인이 어떻게 잠재적 이득과 손해를 평가하는지에 대해 설명하였다.

이와 관련해 다음과 같은 실험의 예가 있다(이하 Kahneman & Tversky, 1979). 두 가지 대안 즉 1안(400만 원을 받을 확률 0.8)과 2안(300만 원을 다 받음) 중에서 실험 참여자들 중 80%가 2안을 선택했다는 것이다. 기대효용이론에 의하면 1안이 더 높은 기대효용[16]을 얻을 수 있음에도 불구하고 실제 사람들은 안정적인 2안을 선택하는 성향을 나타낸다는 것이다. 다시 말해 사람들은 이득을 얻는 의사결정을 할 때 오히려 위험을 회피하려는 성향이 있다는 것이다. 1안과 같이 기대효용이 높은 대안보다는 2안과 같이 위험이 적은, 안전한 대안을 선택하는 경향이 강하다는 것이다. 이러한 측면에서 안전한 선택과 위험한 선택의 경우에 있어 인간의 의사결정은 비록 기대효용가치가 낮더라도 안전한 선택을 선호하는 위험회피(risk-aversion) 경향을 나타낸다는 것이다.

[그림 3-3]에 의하면 사람들의 가치효용곡선은 S곡선 형태를 취하여 이익영역보다 손실영역에서 기울기 크기가 더 크게 나타난다. 이익영역에서 한계효용은 체감하지만 손실영역에서는 한계효용이 체증하는 가치함수

---

15) 행동경제학은 "이성적이며 이상적인 경제적 인간(homo economicus)을 전제로 한 경제학이 아닌 실제적인 인간의 행동을 연구하여 어떻게 행동하고 어떤 결과가 발생하는지를 규명하기 위한 경제학"을 의미한다(위키피디아, 2020).

16) 기대효용은 위험편익분석의 대표적인 방법이다. 이는 위험에 따른 경제적 이익과 위험성에 따른 경제적 비용을 고려한 의사결정 방안이다(Frey et al., 1996).

를 지닌다는 것이다(Kahneman & Tversky, 1984). 예를 들어 아래 <그림 b>
에서 X₁과 −X₁의 절댓값은 같지만 가치 Y₁보다 −Y₂의 절댓값이 더 크다.
이러한 측면을 고려할 때 사람들에게 이익보다는 손실의 영향력이 더 크다
고 할 수 있다. 사람들은 이익영역보다 손실영역(위험)에 더 민감하게 반응
하는 것이다. 이처럼 보상에 대한 편익가치보다 손해에 대한 위험이 더 크
기 때문에 보상의 효과는 크게 나타나지 않는다. 사람들이 위험에 있어 편익
보다 손실에 더 민감하게 반응하는 경향으로 님비현상이 발생할 수 있다
(Kahneman & Tversky, 1984). 이처럼 전망이론은 개인의 위험에 대한 인식과
행동이 달라질 수 있음을 보여준다는 측면에서 중요한 함의점을 지닌다.

[그림 3-3] 가설적 가치함수

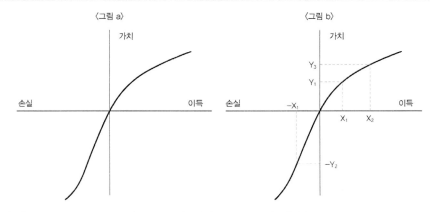

출처: Kahneman & Tversky(1979: 278); 김태은(2013: 408) 재인용.

4) 문화이론: 위험의 수용성 차이

위험과 관련된 대표적인 이론적 논의에는 문화이론(culture theory)이 있다.
위험에 있어서 문화이론은 더글라스와 윌다브스키의 저서 "Risk and culture"
에서 강조되어 나타난다(Douglas & Wildavsky, 1982). 사람들은 그들이 살아가
는 문화적 맥락에 따라 다른 위험 인지도를 나타내기 때문에 위험에 대한
정의, 위험에 대한 수용성 등이 다르게 제시되어야 한다는 것이다. 이는 다
시 말해 문화가 사람들의 위험인식에 중대한 영향을 미친다는 것이다. 물론
위험 수용성이 문화요인에 의해서만 결정되는 것은 아니지만, 문화가 위험

을 형성하고 인식시키는 데 중요한 영향을 미친다는 것을 강조했다는 점에서 의미가 있다. 특히 현대사회에서의 다양한 문화형태에 따라서 사람들의 위험 수용성 차이를 강조했다는 점에서 중요한 의미를 지닌다(김영평, 1996). 이러한 측면을 고려해 볼 때 문화이론에서는 위험대상이 개인이라기보다는 사회·문화적 맥락 속 조직이나 집단 등에 더 잘 적용될 수 있을 것이며, 객관적인 위험보다는 사회 구성원들이 인식하고 구성하는 주관적 위험에 더 잘 적용될 수 있을 것이다.

더글라스와 윌다브스키에 의하면 사람들의 신념과 가치를 포함하는 세계관인 문화는 특정 사회적 맥락 속에서 사람들 간 관계 및 상호작용에 의해 조성되는데, 이는 망(grid)과 집단성(group)의 두 가지 기준에 따라 다르게 형성될 수 있다(Douglas & Wildavsky, 1982). 첫 번째 기준인 망은 분화(differentiation)의 차원으로서, 역할 배분, 자원 배분, 전문화, 법적 책임성 등을 구분 짓는 중요한 기준이다(Rayner, 1992). 이러한 망은 사람들의 행위와 행동을 제약시키는 동시에 행동선택의 범위를 한정하는 역할을 한다. 망의 수준이 높은 사회에서는 사람들이 강한 제약을 받으며, 반면에 망의 수준이 낮은 사회에서는 교환과 타협이 쉽게 발생할 수 있는 자유가 중시된다(Douglas & Wildavsky, 1982). 따라서 강력한 망이 존재하는 사회에서 사람들은 규칙과 규율에 의해 강한 규제를 받는다. 두 번째 기준은 집단성(group) 수준으로서 개인이 결속된 단위에 어느 정도 편입되어 있는가를 판단한다. 즉 공동활동, 집단경계, 상호작용, 네트워크 등에 집단성이 영향을 준다는 것이다(Rayner, 1992). 높은 집단성을 지닌 사회는 사회 구성원 간 배타성이 강하게 작용하며, 집단 가입 조건이 엄격하게 요구된다. 반면에 낮은 집단성을 지닌 사회는 개인의 자유를 최우선으로 하여 개인의 선택권과 행동 등을 자유롭게 인정해 준다. 이 두 가지 기준에 따라 더글라스와 윌다브스키는 문화유형을 <표 3-8>과 같이 네 가지로 분류하였다(Douglas & Wildavsky, 1982).

이에 따른 사회 구성원들의 위험 수용성은 다음과 같다. 첫 번째 문화유형은 집단성(group) 수준이 낮으며 망(grid) 수준이 약한 '개인주의(individualism)' 문화유형이다. 개인주의 문화유형에서는 사회 구성원들 간 자유로운 경쟁이 허용되고 활발한 상호작용이 이루어진다. 이때 다른 사람들의 자유를 침해하지 않는 한 사회규칙으로부터 제약을 받지 않는 특징을 지닌다(Douglas

〈표 3-8〉 망(grid)과 집단성(group) 기준에 따른 네 가지 문화유형

		망(grid) 수준	
		약함	강함
집단성(group) 수준	낮음	개인주의(individualism)	운명주의(fatalism)
	높음	평등주의(egalitarianism)	위계주의(hierarchy)

출처: Douglas & Wildavsky(1982).

& Wildavsky, 1982). 이에 해당하는 대표적인 문화유형의 예로는 시장주의가 있으며, 이러한 문화 속에서는 개인의 개혁과 모험에 보상이 주어진다. 개인은 이익극대화를 선호하고, 개인의 이익극대화를 위한 위험감수에 대해 충분한 자율성과 보상이 보장되는 사회인 것이다. 따라서 개인주의 문화유형 하의 사회 구성원들 즉 개인주의자들에게 위험은 곧 기회로 인식된다(김영평, 1996). 위험이 존재하기 때문에 그러한 위험에 따른 보상이 개인에게 제공된다는 것이다. 특히 개인주의자들은 사회적 규칙과 규율에 민감하게 반응하고 자신들은 규칙과 규율 없이도 위험을 스스로 통제할 수 있다고 가정한다(Rayner, 1987). 따라서 개인주의자들이 위험을 효과적으로 관리할 수 있는 위험관리전략은 가능한 규율을 완화하는 규제완화 방안이 된다고 가정한다(Douglas & Wildavsky, 1982).

두 번째 문화유형은 집단성(group) 수준이 낮으며 망(grid) 수준이 강한 '운명주의(fatalism)' 문화유형이다. 운명주의는 개인을 강력하게 연결해 주는 집단이 존재하지 않으며 동시에 소속감을 지닐 수 있는 집단으로부터 배제되는 특성을 지닌다. 이와 더불어 사람들의 행동은 사회적 환경에 의해 많은 영향을 받는다(Douglas & Wildavsky, 1982). 따라서 운명주의는 기존 사회집단에서 배제된 집단(예: 시장에서 경쟁능력이 낮은 사람)에게 적용될 가능성이 높다(김영평, 1996). 특히 운명주의자들은 위험을 감수하지 않으려는 특성을 지녀 위험에 대한 수용성이 매우 높다. 다시 말해 불확실한 위험이 자신들에게 피해를 줄 수 있다는 사고가 강해 운명주의자들은 위험에 순응하는 행동을 보이기도 한다. 그들은 위험을 적극적으로 관리하거나 해결하려고 하지 않으며, 위험에 순응하는 성향을 나타낸다. 그리고 위험에 대한 걱정

없이 이를 있는 그대로 받아들이는 특성을 지닌다(Thompson, 1990).

세 번째 문화유형은 집단성(group) 수준이 높으며 망(grid) 수준이 약한 '평등주의(egalitarianism)' 문화유형이다. 평등주의에 있어서는 집단 간 경계가 분명히 설정되어 있지만, 집단 내에서는 구성원 간 지위 구분이 모호한 측면이 있다(Douglas & Wildavsky, 1982). 집단 내에서는 구성원들에게 차별 또는 특별한 역할이 주어지지 않고 구성원들 간 평등이 강조되는 것이다(김영평, 1996). 다시 말해 집단 내에서는 구성원들의 지위와 권력이 평등하게 유지되고, 집단 간 차이만 존재하기 때문에 개인들의 역할과 권리는 명확하지 않으며 암묵적으로만 제시될 뿐이다. 이로 인해 개인들은 불만을 대외적으로 표명하지 않으며 은밀하게 세력화 하려는 특징을 지닌다. 따라서 집단 간 차이가 강할 때 집단 분열이 발생할 가능성이 높아 종파주의가 나타날 수 있다. 평등주의는 자발적으로 형성된 조직에서 주로 나타나고, 평등주의자들은 경쟁보다는 협동을 강조하며, 주로 소규모 집단에서 발생할 가능성이 높기 때문에 구성원들 간 합의, 즉 연대성(solidarity)을 중요하게 고려하는 성향이 있다(Rayner, 1987). 평등주의자들은 기술 자체가 불평등을 조장할 수 있고 계층제를 강화시킬 수 있다고 보며, 기술에 의해 발생하는 위험에 반대하는 성향을 지닌다(Douglas & Wildavsky, 1982). 그들은 기술발전이 경제 성장을 달성했는지는 몰라도 환경을 비롯한 사회 전반에 위협이 될 수 있다고 본다. 따라서 그들은 환경에 대한 적극적 보호를 강조한다(Rayner, 1987).

마지막 문화유형은 집단성(group) 수준이 높고 망(grid) 수준이 강한 '위계주의(hierarchy)' 문화유형이다. 이러한 문화는 조직화되고 전문화된 집단(예: 관료제)에서 주로 나타난다. 때로는 개인의 희생이 따르더라도 집단(조직)의 지속성을 중요하게 고려한다(김영평, 1996). 강력한 규율과 규칙을 통해 개인을 통제하며 사회 전체의 안정성을 우선시한다. 이러한 위계주의 문화에서는 전문가에 의한 결정, 특히 기술적 위험을 감수하는 경향이 있다. 기술 발달이 더 나은 사회를 구축하는데 기여한다고 가정하며, 따라서 기술위험을 감수해야 한다고 본다(Wildavsky & Dake, 1990). 이처럼 문화이론은 사람들의 위험 수용성을 설명하는 데 적절하게 활용될 수 있다. 특히 현대사회와 같이 복잡하고 이질적인 문화로 구성된 사회에서는 문화적 다원성과 위험 수용성의 역동적 차원에서 문화이론을 적용할 수 있을 것이다(김영평, 1996).

제3절 위험사회에서의 국민 안전 위기

현대사회는 예측하기 어렵고, 불확실하며, 사회 전체에 미치는 영향이 매우 높은 위험이 언제, 어디서든지 발생할 수 있는 위험사회라고 해도 과언이 아니다. 이러한 위험사회에서 재난은 언제든지 발생할 수 있다. 재난의 유형을 다양하게 제시할 수 있지만, 위험사회에서는 <표 3-9>와 같이 네 가지 유형의 위험이 발생할 수 있다(이재열·김동우, 2004). 첫 번째 재난유형은 '복합·증폭형' 재난으로, 재난이 발생하는 시간이 매우 길고, 사건은 다양한 원인들의 복잡한 상호작용에 의해 발생한다. 대표적인 예로 환경오염 관련 재난들이 이러한 유형에 해당된다고 할 수 있다. 이는 시스템을 디자인 했을 때의 처음 의도와는 달리 예상치 않은 방향으로 위험이 작동하는 경우를 말한다. 즉 의도한 기술에 의해서 의도치 않은 결과가 발생하는 경우이다.

<표 3-9> 위험사회와 재난유형의 분류

		사건의 소요시간	
		長(장)	短(단)
사건의 상호작용	복잡	복합·증폭형 (환경오염 재난유형) 유형 1	복합·돌발형 (고도기술 재난유형) 유형 2
	단순	단순·증폭형 (단순기술·부실유형) 유형 3	단순·돌발형 (단순사고·범죄유형) 유형 4

출처: 이재열·김동우(2004: 164).

두 번째 재난유형은 짧은 시간 동안 재난이 복잡한 상호작용에 의해 발생하는 '복합·돌발형' 재난유형이다. 이는 고도의 기술에 의해 발생하는 재난유형이다. 이러한 재난사고는 피할 수 없는 필연적 사고의 요소들을 포함한다(이재열·김동우, 2004). 복합·돌발형 재난유형의 대표적인 예로 대구지하철 화재사고가 있으며, 이는 전통적인 한국형 재난과는 구별되는 것이다.

세 번째 재난유형은 사건의 상호작용이 단순하지만 오랜 기간에 걸쳐 형성되는 '단순·증폭형' 재난유형이다. 이는 피할 수 있는 사고의 성격을 지닌다. 이러한 재난유형의 대표적인 예로 단순기술·부실에 의해 발생하는 재난이 있다(이재열·김동우, 2004). 이는 한국의 전통적 재난사고 유형으로서 성수대교나 삼풍백화점 붕괴사고 등의 예가 있다. 마지막 재난유형은 사건의 상호작용이 단순하고 짧은 시간에 발생하는 '단순·돌발형' 재난유형이다. 단순사고와 범죄 등이 이에 해당한다고 할 수 있다. 이러한 기준에 따라 재난사례를 유형화 하면 [그림 3−4]와 같다.

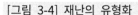

[그림 3-4] 재난의 유형화

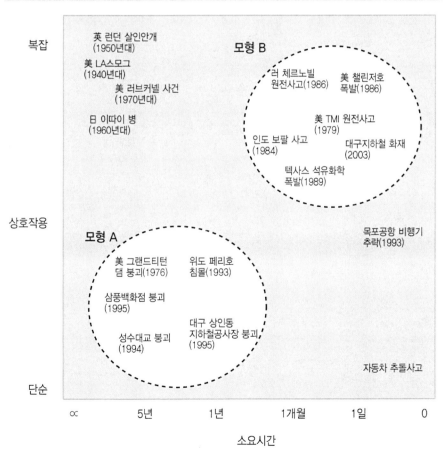

출처: 이재열·김동우(2004: 164).

　이와 같이 현대 위험사회는 재난과 재해가 발생할 가능성이 높아 국민 안전보장이 쉽게 이루어지지 못하는 측면이 있다. 예측하기 어렵고 불확실한 위험요인에 의해 언제, 어디서든지 재난이 발생할 가능성이 높다는 것이다. 다음 장에서는 구체적인 위험사회의 사례들을 상세히 분석하고자 한다.

CHAPTER

04

위험사례 Ⅰ
: 환경·에너지 위험사례

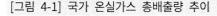

제1절 환경·에너지 분야의 위험

1. 환경·에너지 분야 위험문제의 특징

최근 들어 환경·에너지 분야에서 여러 재난사고가 발생하는 등 위험이 증가하고 있다. 특히 압축성장을 경험한 한국사회에서 환경오염 및 에너지 고갈 등의 위험요인들은 더욱 심각해지고 있는 상황이다. 예를 들어 지구온 난화의 주요 원인으로 제기되고 있는 온실가스(GHGs: Greenhouse Gases) 증가는 환경적 차원 뿐만 아니라 경제적·사회적으로 큰 문제가 되고 있다. [그림 4-1]에서 제시하는 바와 같이 한국의 온실가스 총배출량 추이를 살펴보면

[그림 4-1] 국가 온실가스 총배출량 추이

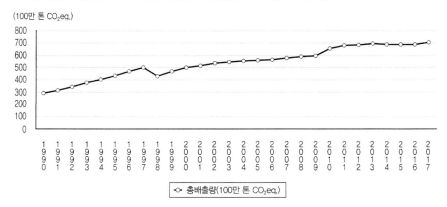

주: $CO_2eq.$: Carbon dioxide equivalent(이산화탄소 환산톤). 온실가스 종류별 지구온난화 기여도를 수치로 표현한 지구온난화지수(GWP: Global Warming Potential)에 따라 주요 직접온실가스 배출량을 이산화탄소로 환산한 단위.

출처: 온실가스종합정보센터(2019). 2019년 국가 온실가스 인벤토리.

2011년 이후 온실가스 배출량의 증가폭은 줄어들었지만 1990년대 이후 지속
적으로 증가하고 있음을 알 수 있다(온실가스종합정보센터, 2019).

　　본 장에서는 '환경·에너지 분야의 위험사례'에 대해 분석하기로 한다.
지구온난화, 원자력 에너지, 자연재해 등 환경·에너지 분야의 위험요인들
은 사회에 미치는 부정적 영향을 정확하게 평가하기가 어려울 뿐만 아니라,
피해 또한 쉽게 예측할 수 없다. 특히 이러한 요인들이 미치는 영향은 단기
적으로 발생하기 보다는 장기적으로 발생한다고 할 수 있다. 또한 환경·에
너지 분야의 위험문제는 대외적 요인들에 의해 상당한 영향을 받기 때문에
위험의 원인과 해결방안을 찾기가 매우 어렵다. 위험의 원인 역시 단순하고
기계적인, 명확한 원인이라기보다는 다양하고 복잡한, 불명확한 원인들에
의해 발생하여 위험의 원인과 결과, 즉 위험의 인과관계를 분석하기도 예측
하기도 어려운 상황이다.

　　특히 환경·에너지 분야의 위험은 환경적 측면 뿐만 아니라 경제적 측면
에도 매우 중요한 영향을 미친다. 예를 들어 온실가스 감축은 '저탄소－녹색
성장'이라는 차원에서 반드시 달성해야 할 중요한 과제이다. OECD(2020) 자
료에 의하면 환경오염 지표들은 경제 지표와 탈동조화(decoupling) 되고 있
다. [그림 4-2]에서 살펴볼 수 있듯이 1999년도를 100으로 간주하였을 때
OECD 국가들의 국내총생산(GDP)은 증가하는 추세이지만, 환경오염 지표들
(CO: 일산화탄소, SOx: 황산화물, NMVOC: 비(非)메탄휘발성 유기물질, NOx: 질소산
화물)은 점차 감소하고 있는 추세이다(OECD, 2020).

[그림 4-2] OECD 국가들의 경제지표와 환경지표와의 관계

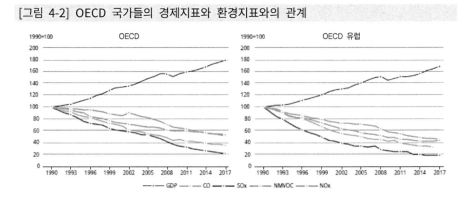

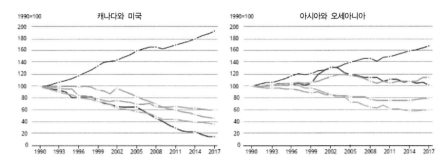

주: GDP: 국내총생산, CO: 일산화탄소, SOx: 황산화물, NMVOC: 비(非)메탄휘발성 유기물질,
   NOx: 질소산화물.
출처: OECD(2020: 29). Environment at a Glance 2020.

　　물론 아시아와 오세아니아 국가들에서는 이러한 현상이 뚜렷하게 나타
나지는 않지만, 유럽, 미국 및 캐나다에서는 경제성장과 환경오염 지표의
탈동조화 현상이 가속화되고 있음을 보여준다. OECD 국가들을 비롯한 선
진국에서는 환경오염을 줄이기 위해 더욱 노력하고 있으며, 이러한 노력을
바탕으로 경제성장도 달성되고 있음을 알 수 있다. 이러한 사실을 기반으로
추론해 볼 때 이제 환경·에너지 분야의 위험관리는 지속가능한 경제성장을
위해서라도 반드시 고려되어야 할 핵심과제라고 할 수 있을 것이다.
　　환경·에너지 분야의 위험은 우리가 제3장에서 살펴본 위험의 특징, 즉
불확실성, 예측불가능성, 미래 발생가능성, 객관적 위험 뿐만 아니라 주관
적 위험인식 역시 중요하게 적용된다고 할 수 있다. 따라서 위험사례를 보
다 효과적으로 분석하기 위해서는 위험유형을 고려하여 살펴볼 필요가 있
다. 위험유형을 위험문제 특성(불확실성과 예측가능성의 낮음 vs. 높음)과 위험
대상집단의 특징(제한된 대상 vs. 불특정 다수)에 따라 <표 4-1>과 같이 네
가지로 분류할 수 있다(이하 김병섭·김정인, 2016). 첫 번째 위험유형은 불확
실성과 예측불가능성이 낮으며 적용대상이 제한적인 집단에 한정되는 영역
이다. 이러한 영역에 해당하는 위험은 대부분 예측가능하기 때문에 위험관
리가 가능한 영역이다. 대표적인 예로 세월호 참사와 구의역 스크린도어 사
망사고 등이 제시될 수 있다. 두 번째 위험유형은 위험의 적용대상은 제한
적이나 위험문제가 불확실하고 예측불가능한 위험이라 할 수 있다. 이는 대

상집단이 제한적이라는 측면에서 상대적으로 위험의 피해가 한정될 수 있으나, 위험을 쉽게 예측할 수 없다는 특징이 있다. 대표적인 예로 후쿠시마 원전사고와 광우병 사태를 들 수 있다. 세 번째 위험유형은 위험의 대상집단이 불특정 다수로서 누구나 위험에 노출될 수 있지만, 위험의 예측가능성이 높고 불확실성이 상대적으로 낮은 위험유형이다. 대표적인 예로 교통사고를 들 수 있다. 마지막 유형은 현대 위험사회의 특징이 전형적으로 나타나는 위험유형으로서 예측불가능성과 불확실성이 매우 높으며, 동시에 위험의 대상 역시 불특정 다수에게 해당하는 위험유형이다. 대표적인 예로 메르스 확산사태와 미세먼지 사태 등이 있으며, 최근 발생한 COVID-19도 이 유형의 대표적인 예라고 할 수 있다. 우리가 제4장에서 다루어야 할 환경·에너지 분야의 위험사례들은 불확실성과 예측불가능성이 매우 높은 사례라고 할 수 있으며, 위험 대상집단이 제한적이거나 불특정 다수 모두에게 적용될 수 있다.

위험의 유형에 따라 정부의 위험문제 인식과 이에 따른 정부의 위험대처 방안 역시 달라질 수 있다. 예를 들어 위험문제의 성격이 충분히 예측가능하고 명확하게 드러나는 경우에 정부는 모셔가 주장한 객관적 책임성을 더욱 강화할 필요가 있으며(Mosher, 1968), 위험문제가 언제, 어디서 발생할지가 명확하지 않고, 발생 확률도 예측할 수 없는 불확실한 상황에서는 주관적 책임성을 더욱 강화할 필요가 있다(김병섭·김정인, 2016). 이와 같이 위험 유형에 따라 정부의 대응방안이 달라질 수 있는바, 일방적인 정부의 위험 대응방안 주장은 오히려 국민의 안전위기를 초래할 수도 있다.

<표 4-1> 위험문제 특성과 위험 대상집단 특성에 따른 위험유형 비교

위험 대상집단 \ 관련된 위험문제 특성		불확실성과 예측불가능	
		낮음	높음
대상집단의 제한성	제한적 대상	【위험 I 유형】	【위험 II 유형】
	불특정 다수	【위험 III 유형】	【위험 IV 유형】

출처: 김병섭·김정인(2016: 145).

2. 환경 · 에너지 분야 위험문제 분석방법

환경·에너지 분야의 위험문제는 불확실성과 예측불가능성의 특징을 지니기에 객관적 위험분석도 중요하지만 위험대상자들이 인식하는 주관적 위험인식에 대한 분석도 함께 이루어져야 한다. 이와 관련해 적용할 수 있는 몇 가지 분석방법들을 제시하면 다음과 같다. 첫째, 위험정보 탐색처리 (RISP: Risk Information Seeking and Processing) 모형이 있다. 이는 위험과 관련해 건강한 정보를 찾고 처리하는 과정이 개인의 성격 요인, 위험인식, 위험에 따른 감정반응, 정보탐색의 동기요인 등에 의해서 영향을 받는다는 것이다(Griffin et al., 1999). [그림 4-3]과 같이 과거 개인의 위험경험, 정치철학, 인구통계학적 요인 등 개인특성에 의해 위험인식이 달라질 수 있음을 의미한다. 또한 주관적인 위험인식은 부정적 감정반응을 일으킬 가능성이 높아 이를 해결하기 위해서는 커뮤니케이션을 적극 활용하는 방안을 통해 정보를 탐색하고 처리 한다는 것이다(Yang et al., 2014).

[그림 4-3] 위험정보 탐색처리(RISP: Risk Information Seeking and Processing) 모형

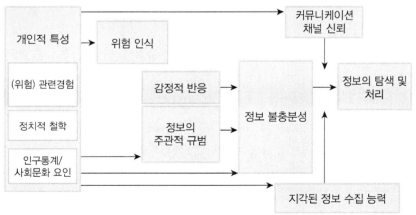

출처: Griffin et al.(1999); 구윤희 외(2020: 10) 재인용.

특히 이러한 모형은 질병에 대한 위험인식 연구에서 주로 활용되었으며, 더 나아가 환경위험 인식을 연구하는 데에도 적극 활용(예: 지구온난화 및

원자력 관련 위험정보 처리과정) 되고 있다(Kahlor, 2007; 김효정, 2019). 최근 이 모형은 환경·에너지 분야에서 위험인식에 따른 개인의 예방행동의도 영향 분석과 효과적인 정보처리 과정을 설명할 수 있다는 점에서 의의가 있다고 할 수 있다(구윤희 외, 2020).

둘째, 위험인식과 정보처리 과정에 관한 인지적 노력을 분석한 RISP 모형과는 달리 간단한 경험법칙과 어림법인 (감정) 휴리스틱(heuristic)을 활용한 위험인식 분석도 있다(Chaiken & Maheswaran, 1994).[1] 휴리스틱 접근은 개인의 위험인식에 있어 체계적인 정보처리 노력 없이 상대적으로 직선적이고 단순한 반응과 자동과정을 통해 위험을 인식한다는 것이다. 개인이 위험을 인식할 때 위험문제 자체(중심문제)에 대한 합리적인 분석을 한다기보다는 자신의 주변(peripheral) 영역에 있어서의 단서들(예: 타인의 의견, 최근 발생한 경험 등)을 통해 어림짐작하여 정보를 처리하는 등 휴리스틱 위험인식이 나타난다는 것이다(Petty & Cacioppo, 1986; Hine et al., 2007). 대기오염 예방을 위한 위험 커뮤니케이션 전략에도 이러한 휴리스틱을 활용할 수 있다. 특히 개인은 불확실한 상황에서 정보를 탐색하기에 충분한 정보가 없는 위험에 대해, 즉 위험정보가 부족한 위험문제에 있어서는 객관적이고 전문적인 정보를 확보하기보다 휴리스틱 과정을 통해 위험을 인식하고 이에 대응할 가능성이 높다는 것이다(Hine et al., 2007).

셋째, 환경·에너지 분야의 위험인식 처리과정에 관한 이론으로 퍼지흔적이론(FTT: Fuzzy Trace Theory)이 있다(Brainerd & Reyna, 1990; Reyna & Brainerd, 1995). 이는 "사람의 기억과 고차원적인 추론 간의 관계에 초점을 맞춘 이론으로, 이론의 주요 가정은 정밀함의 수준이 다른 두 가지 유형의 정보, 즉 세부적인 표면정보(verbatim)와 개괄적인 핵심정보(gist)의 처리과정이 각각 분석과 직관으로 구분된다는 것"이다(Reyna & Adam, 2003; 강윤지·심민선, 2019: 8 재인용). FTT는 휴리스틱과 같은 맥락에서 인간의 합리적·논리적 사고만을 우선시하는 것이 아니라 직관적·유동적인 사고를 강조한다. 즉 위험정보와 관련해서는 중요 사실에 대해 충분한 정보전달이 이루어지는 것

---

1) 이러한 측면에서 제3장에서 설명한 행동경제학과 전망이론의 위험접근 방법과 유사하다고 할 수 있다. 그리고 사회적 자극 차원에서 중요하고 파급력 있는 정보요인을 분석한다는 점에서 사회인지이론이라고도 할 수 있다(차유리·조재희, 2019).

이 아니라 일반적으로는 단편적인 내용들을 전달하는 경우가 많아 일반대중들은 위험을 정확하게 인지하지 못하고 과대평가하거나 과소평가한다는 것이다(Reyna & Brainerd, 1995). 이러한 메시지 분석방법은 환경·에너지 분야 위험과 관련해서도 메시지를 구성하고 이에 대한 효과를 분석하는 데 주로 활용된다. 즉 환경위험의 문제와 관련해서 개인은 복잡·다양한 여러 가지 정보보다는 핵심정보를 중심으로 직관적인 판단에 의해 위험인식을 한다는 것이다(이준영 외, 2019).

넷째, 환경·에너지 분야의 위험 모형으로 위험의 '사회적 확산(증폭)(social amplification of risk)' 모형을 제시할 수 있다(Kasperson et al., 1988). 해당 모형에 의하면 위험은 개인에게 직접적인 위협 또는 위해를 가하는 일차적 위험과 사회·문화적 경험이 결합되어 형성(구성)되는 이차적 위험으로 분류될 수 있다(김영욱 외, 2015: 126). 직접적이고 일차적인 위험도 중요하지만 위험을 경험하지 않은 집단들도 위험에 관한 정보를 수집하여 미디어, 지역사회, 전문가, 정부 등을 통해 정보를 재가공하는 과정에서 간접적이고 이차적인 위험을 경험할 수 있다는 것이다. 또한 이로 인해 위험이 사회적으로 확산된다는 것이다(Kasperson et al., 1988). 이러한 과정에서 위험은 조직 또는 사회 구성원들에게 확대되거나 축소되어 인식되는 경우가 발생한다. 위험의 사회적 확산 모형에 의하면 사람들의 위험에 대한 인식은 사회·문화적 특성에 따라 다르게 형성될 수 있다. 즉 사회적 환경 조건에 따라 위험이 확산 또는 축소되는 등 재생산과정을 거치게 되며, 이를 통해 구성원들에게 인식된다는 것이다(Kasperson et al., 1988; 김영욱 외, 2015). 특히 환경·에너지 분야의 위험인식과 관련하여 위험의 사회적 확산 모형은 위험을 확산시키는 데 있어 미디어의 영향(언론보도 프레임 영향)을 강조하고 있다(김영욱 외, 2015).

이상에서 살펴본 환경·에너지 분야의 위험 관련 이론모형들은 주로 주관적인 위험인식에 초점을 맞춘다는 점에서 공통점을 지닌다. 보다 구체적으로 첫째, 대부분의 환경·에너지 분야 위험 관련 모형들은 주관적 위험인식이 어떻게 형성되는가에 관심을 지니고 있다. RISP, 휴리스틱, FTT 등이 이와 관련된 대표적인 이론적 모형들이다. 이러한 모형들이 주관적 위험인식 분석과 그 영향에 대해 설명하고 있다는 점에서는 의의를 지니지만, 주관적 위험인식과 처리과정에 대해서는 차이를 나타낸다. RISP가 보다 합리적이고 체계적인 위험 처리과정에 대해 설명하고 있다면, 휴리스틱과 FTT는 상대적으로 직관적인 위험인식을 강조하였다. 둘째, 환경·에너지 분야에 있어서의 위험인식 모형은 이차적이고 간접적인 위험인식의 사회적 확산 과정을 설명하고 있다. 그러나 RISP, 휴리스틱, FTT 이론에서 일차적이고 직접적인 위험인식 형성을 중점적으로 다루고 있다면, 사회적 확산모형에서는 미디어의 역할을 비롯한 이차적이고 간접적인 위험을 중점적으로 다루고 있다는 점에서 차이를 지닌다고 할 수 있다.

제2절 미세먼지 사례[2]

1. 미세먼지 사례 개요

　　미세먼지[微細－, Particulate Matter, PM 또는 분진(粉塵)]는 "아황산가스, 질소 산화물, 납, 오존, 일산화탄소 등과 함께 수많은 대기오염 물질을 포함하는 대기오염 물질로 자동차, 공장 등에서 발생하여 대기 중 장기간 떠다니는 입경 10㎛ 이하의 미세한 먼지이며, PM10이라 한다. 입자가 2.5㎛ 이하인 경우는 PM2.5라고 쓰며 '초미세먼지' 또는 '극미세먼지'"를 의미한다 (위키백과, 2020a). 한국의 미세먼지 분포는 [그림 4-4]와 [그림 4-5]에서 제시된다. 이에 의하면 계절에 따라 미세먼지 분포가 달라지는데, 여름에는 미세먼지 분포가 낮아지다가 겨울과 봄이 되면 다시 증가하는 주기성을 지닌다고 할 수 있다. 그럼에도 불구하고 미세먼지 문제는 더 이상 한국에서 봄철에만 나타나는 계절적 현상이 아닌, 언제든지 나타날 수 있는 상시적 위험문제로 대두되고 있다(구윤희 외, 2020).

　　미세먼지는 체내에 유입되어 각종 질병을 유발할 수 있으며, 국민들의 건강에 부정적인 영향을 미칠 수 있다는 점에서 사회적으로 매우 위험한 문제라고 할 수 있다. 세계보건기구(WHO)도 하루 평균 미세먼지(PM10)가 50㎍/㎥, 초미세먼지(PM2.5)는 25㎍/㎥를 넘으면 위험하다고 평가한다(차유리·조재희, 2019). [그림 4-4]와 [그림 4-5]에서 볼 수 있듯이 한국에서는 미세먼지(PM10)가 50㎍/㎥을 넘는 경우와 초미세먼지(PM2.5)가 25㎍/㎥를 넘는 경우가 빈번하게 나타나고 있다. 따라서 미세먼지는 더 이상 간과할 수 없는 위험문제가 된 것이다. 2018년 기준으로 서울의 초미세먼지 농도는 23㎍/㎥으로서 이는 로스앤젤레스 13.3㎍/㎥, 런던 10㎍/㎥에 비해 약 73~130% 정도 높게 나타났다(환경부, 2019).

---

2) 미세먼지는 크기에 따라 미세먼지와 초미세먼지로 구분할 수 있으나 본서의 목차에서는 이를 구분하지 않고 일반적인 용어인 '미세먼지'로 통칭하였다.

[그림 4-4] 초미세먼지(PM2.5) 월별 도시별 대기오염도

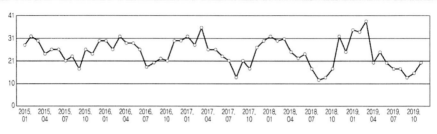

출처: 통계청(2020). 국가통계포털 재구성.

[그림 4-5] 미세먼지(PM10) 월별 도시별 대기오염도

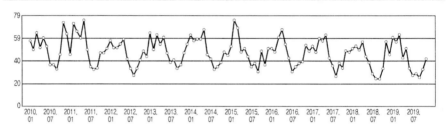

출처: 통계청(2020). 국가통계포털 재구성.

　　과거에는 한국사회에서 미세먼지 문제가 그다지 큰 환경이슈로 등장하지 않았지만, 최근 들어 미세먼지는 국민들의 건강을 직접적으로 침해하는 부정적인 위험요인으로 대두되었다. 2013년 국내에서 미세먼지 관련 일기예보를 시작한 이후 일반대중들은 자신과 가족의 건강을 위해 더욱 더 미세먼지에 대해 관심을 가지게 된 것이다(최승혜, 2018).

　　미세먼지 위험은 근원적인 위험요인을 찾기가 쉽지 않다는 점에서 위험의 책임소재를 명확히 하기 어렵다는 특징을 지닌다. 미세먼지는 발생원에서 고체 상태 미세먼지로 유발되는 1차 발생과 발생원에서 가스 상태로 유발된 물질이 공기 중 다른 물질과 화학반응을 일으켜서 미세먼지로 변화하는 2차 발생이 있다. 1차 발생은 주로 경유자동차의 배기관, 공장 굴뚝의 매연 형태로 배출되는 것이며, 2차 발생은 자동차 또는 발전소에서 배출되는 아황산가스, 질소산화물이 배출 후 대기 중 수증기, 암모니아 등과 결합하여 발생하는 경우를 의미한다(환경부, 2019: 56). <표 4-2>에서 보듯이 수도권

의 1차 발생·2차 발생 초미세먼지(PM2.5) 생성 비율은 직접적인 원인인 1차 발생(28%)보다 화학반응에 의해 발생하는 2차 발생(72%)이 매우 높게 나타났다. 1차 발생원인은 비산먼지, 건설기계, 경유차, 생물성연소 등으로 나타났으며, 2차 발생원인은 경유차, 건설기계, 냉난방, 사업장 등으로 나타났다. 미세먼지는 주로 1차 보다는 2차 발생으로 생성되며, 특히 그 중에서 경유차, 건설기계, 냉난방, 사업장, 발전소 등이 주요 원인이라고 할 수 있다.

<표 4-2> 수도권 초미세먼지(PM2.5) 생성 1차와 2차 비율

(단위: 톤/년)

구분	합계	경유차	건설기계	냉난방	발전소	비산먼지	사업장	생물성연소	휘발유차 등	에너지수송·저장/유기용제 등
1차	16,146 (28%)	2,888 (22%)	3,773 (32%)	364 (5%)	674 (13%)	5,685 (100%)	710 (11%)	1,934 (88%)	8 (0%)	110 (2%)
2차	42,316 (72%)	10,048 (78%)	8,088 (68%)	6,311 (95%)	4,497 (87%)	0 (0%)	5,937 (89%)	261 (12%)	1,836 (100%)	5,338 (98%)

출처: 환경부(2019: 57).

미세먼지는 국내원인 뿐만 아니라 국외원인에 의해서도 발생한다. 국내 미세먼지의 약 30~50%가 국외영향을 받으며, 고농도 미세먼지의 경우 약 60~80%까지 주변국의 영향을 받는 것으로 나타났다. 주변국 중에서도 중국의 영향이 매우 크다고 할 수 있다(환경부, 2019: 57). 2013년 이후 미세먼지는 한국에 매우 부정적인 영향을 미치는 위험문제로 고려되고 있다. 그럼에도 불구하고 미세먼지의 발생 원인으로 국내요인 뿐만 아니라 국제요인까지 중요하게 고려해야 하며, 발생물질 역시 1차와 2차 발생물질 모두를 고려해야 한다는 점에서 복잡·다양한 성격을 지니는 위험문제라 할 수 있다. 미세먼지 사례는 위험 대상집단이 불특정하고 인지가 쉽지 않은 위험문제이기 때문에 발생 초기에 책임의 분산 및 공동화(空洞化) 현상 등이 나타나는 대표적인 사례라고 할 수 있다(김병섭·김정인, 2016).

2. 미세먼지 위험 분석

1) 미세먼지에 대한 객관적 위험 분석

객관적인 미세먼지의 위험도를 분석하면 다음과 같은 특징이 나타난다. 특히 [그림 4-6]과 [그림 4-7]에서 보듯이 미세먼지(PM10)와 초미세먼지(PM2.5)의 특징은 다음과 같이 제시될 수 있다. 첫째, 미세먼지 보다 초미세먼지 나쁨3) 일수가 더 많은 것으로 나타났다. 즉 전국적으로 미세먼지(PM10) 나쁨 일수는 2015년 25일, 2016년 13일, 2017년 14일, 2018년 21일이었지만, 초미세먼지(PM2.5) 나쁨 일수는 2015년 62일, 2016년 62일, 2017년 58일, 2018년 58일이었다. 최근 들어 초미세먼지가 더욱 심각한 위험문제로 부각되고 있는 것이다. 둘째, 미세먼지(PM10) 나쁨 일수는 서울의 경우 매년 비슷한 수준으로 나타났으나, 전국의 경우 2013년부터 2016년까지 하락세를 보이다가 2016년부터 다시 상승하고 있었다. 이에 반해 초미세먼지(PM2.5) 나쁨 일수는 서울의 경우 2016년 이후 전반적으로 하락하고 있었으며, 전국은 거의 비슷한 분포를 지니는 것으로 나타났다. 매우 나쁨 일수는 나쁨 일수보다 빈도가 낮게 나타났으며 일관된 경향이 나타나지는 않았다.

[그림 4-6] 전국과 서울의 미세먼지/초미세먼지 나쁨 일수(2013~2018년)

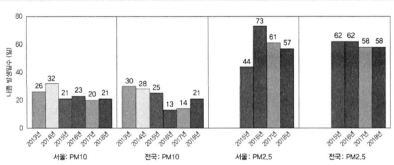

출처: 환경관리공단(2019: 22). 2018 대기환경연보.

---

3) 미세먼지와 초미세먼지의 나쁨과 매우 나쁨의 기준은 '환경부 고시 제 298-46호, 대기오염 예측 발표의 대상지역 및 기준과 내용 등에 관한 고시'를 따른다. 이에 의하면 초미세먼지의 경우 나쁨의 기준은 36~75μg/㎥이며, 매우 나쁨의 기준은 76μg/㎥ 이상이다. 이에 반해 미세먼지의 경우 나쁨의 기준은 81~150μg/㎥이며, 매우 나쁨의 기준은 151μg/㎥ 이상이다(환경관리공단, 2019).

[그림 4-7] 전국과 서울의 미세먼지/초미세먼지 매우 나쁨 일수(2013~2018년)

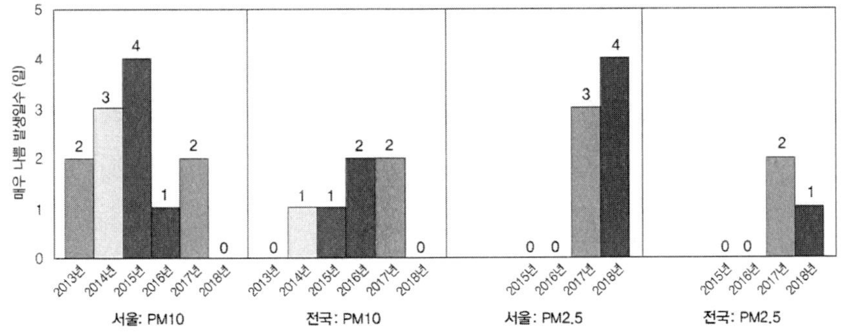

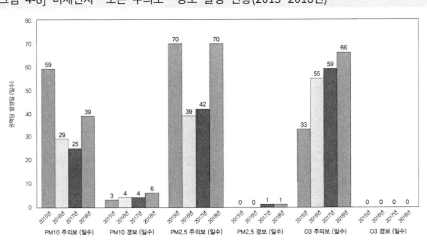

출처: 환경관리공단(2019: 22). 2018 대기환경연보.

　　미세먼지·오존 주의보와 경보 발령 현황을 살펴보면 2018년 들어 미세먼지(PM10)와 초미세먼지(PM2.5) 주의보 일수가 가장 높게 나타났다. 미세먼지(PM10) 주의보는 39일로 나타났으며, 초미세먼지(PM2.5) 주의보는 70일로 나타났다([그림 4-8] 참조). 미세먼지(PM10)와 초미세먼지(PM2.5)의 나쁨 일수, 매우 나쁨 일수, 주의보 일수, 경보 일수 등이 점차 심각해지거나 적어도 과거 보다는 높아진 점을 고려해볼 때 한국사회에서 미세먼지는 객관적으로 심각한 위험문제가 되었다.

[그림 4-8] 미세먼지·오존 주의보·경보 발령 현황(2015~2018년)

출처: 환경관리공단(2019: 23). 2018 대기환경연보.

미세먼지의 주요 원인이 해외에서도 발생하기 때문에 전 세계 국가들의 미세먼지 현황을 살펴볼 필요가 있다. 한국의 미세먼지 농도는 OECD 국가들과 같은 선진국에 비해 높은 편으로 나타났다(김용표, 2018: 72). 또한 [그림 4-9]에 의하면 초미세먼지(PM2.5) 농도는 전 세계적으로 2000년도 대비 2017년도에는 감소한 것으로 나타났다. 특히 대부분 OECD 국가들의 초미세먼지 농도는 감소하였는데, 이는 석탄 에너지 사용 감소, 교통 및 농업 분야에서의 낮은 초미세먼지 분출량 때문인 것으로 보인다. 그럼에도 불구하고 초미세먼지의 세계적 현황을 고려해 볼 때 한국은 2000년도 보다 오히려 더 심각한 상황에 놓여 있다. 한국의 초미세먼지(PM2.5) 농도는 2000년에 비해 증가하였으며, 특히 주변국인 중국의 초미세먼지(PM2.5) 농도가 매우 심각한 수준으로 악화되었다. 한국에서 봄철에 황사와 함께 미세먼지 농도가 심각해지는 현황을 고려해 볼 때 한국의 미세먼지 위험도는 한국만의 문제가 아님을 알 수 있다. 이와 같이 해외국가들과 비교해 보았을 때 한국은 중국과 같은 국가들에 비해서는 미세먼지가 심각한 정도는 아니지만, 인접국인 중국의 미세먼지 농도가 매우 심각하다는 점을 고려해 볼 때 결코 미세먼지로부터 안전한 국가라고 할 수는 없을 것이다(바람을 타고 중국으로부터 미세먼지 유입).

2) 미세먼지에 대한 주관적 위험인식 분석[4]

본 연구에서는 미세먼지에 대한 주관적 위험인식 분석차원에서 미세먼지에 대한 국민의 위험인식 수준을 두 가지 자료, 즉 ① 통계청에서 실시한 사회조사 연구와 ② 한국갤럽에서 실시한 여론조사 자료를 활용하여 살펴보았다. 우선 통계청 사회조사는 2018년 시행된 사회조사 결과를 바탕으로 분석하였으며, 2014년과 2016년의 사회조사 자료 비교를 통해서 미세먼지 위험인식에 대한 추이를 살펴보았다. 다음은 2019년 1월 22일부터 24일까지 시행된 한국갤럽의 미세먼지 관련 인식조사 결과를 활용하였다. 물론 두 조사가 미세먼지 위험성에 관한 동일한 설문문항을 바탕으로 한 것은 아니지만, 통계청의 사회조사는 2014년, 2016년, 2018년까지 조사되었고, 한국

[그림 4-9] 전 세계 초미세먼지(PM2.5) 현황(2000년도와 2017년도 비교)

초미세먼지 노출도(2017년)

1.38 ▬▬▬ ▬▬ ▬▬ ▬▬ ▬▬ ▬▬ ▬▬ 99.89

초미세먼지 노출도(2000년)

2.13 ▬▬ ▬▬ ▬▬ ▬▬ ▬▬ ▬▬ ▬▬ 94.63

출처: OECD(2020: 31). Environment at a Glance 2020 재구성.

갤럽의 조사는 2019년에 시행되었기에 이를 통해 국민의 미세먼지에 대한 위험인식 변화를 판단해 볼 수 있을 것이다. 미세먼지에 대한 위험인식에 관한 기존 연구들에서도 설문조사 등의 경험적 연구를 통해 미세먼지의 위험성을 측정한 바가 있다. 예를 들어 2018년 12월 27일부터 2019년 1월 3일까지 설문조사를 통해 미세먼지 위험성을 측정한 연구도 있다(구윤희 외, 2020). 미세먼지 위험성은 인지된 미세먼지 위험 심각성(perceived risk severity)과 인지된 위험 민감성(perceived risk susceptibility)을 곱한 값으로 측정하였다(평균=15.39, 표준편차=5.12).[5] 그 결과에 의하면 응답자들은 미세먼지 위험성을 상당히 높게 인지하고 있는 것으로 나타났다.

한국사회의 미세먼지 위험성에 대해 살펴보기 위해 통계청에서 실시한 '사회조사' 결과를 살펴보았다. 2018년 통계청의 사회조사 결과[6]는 <표 4-3>에서 제시하고 있다. 사회조사 응답자들은 전반적으로 미세먼지에 대해 불안함을 느끼고 있었다. 미세먼지가 매우 불안하다고 인식하는 응답자는 전체의 45.3%로서 매우 높게 나타났으며, 불안하다고 인식하는 응답자도 37.2%로 나타났다. 이와 같이 미세먼지가 불안하다고 응답한 응답자는 총 82.5%였다. 이에 반해 미세먼지 불안감이 보통이라고 응답한 응답자는 총 13%였으며, 불안하지 않다고 응답한 응답자는 3.9%였다. 전혀 불안하지 않다고 응답한 응답자는 0.6%로 나타났다. 이러한 점을 고려해 볼 때 대부분 국민들은 미세먼지에 대해 불안감을 느끼고 있었다.

보다 구체적으로 도시(동)와 농촌(읍·면) 주민들의 미세먼지에 대한 위험 인지도를 비교해 보았다. 그 결과 도시 주민들은 응답자 중 5.3%(전혀 불안하지 않음+불안하지 않음)가 불안하지 않다고 응답하였으나, 농촌 주민들은 응답자 중 6.4%(전혀 불안하지 않음+불안하지 않음)가 불안하지 않다고 응답하

5) 설문조사에서 응답자는 할당표집으로 추출하였다. 서울, 경기/강원권, 충청권, 호남권, 경북권, 경남권역에 따른 군의 비율로 표본 추출하였다. 응답자 수는 1,500명으로서, 성별은 남성 51.2%, 여성 48.8%이며, 연령은 20대 23.3%, 30대 22.9%, 40대 27.1%, 50대 26.7% 분포로 나타났다. 인지된 미세먼지 위험 심각성은 미세먼지가 나와 나의 가족, 내가 살고 있는 지역사회에 얼마나 심각하게 영향을 미친다고 인지하는지를 평가하였다. 반면에 인지된 위험 민감성은 미세먼지가 나와 나의 가족, 지역사회에 영향을 미칠 가능성에 대해 평가하였다(구윤희 외, 2020).

6) 2018년 통계청의 사회조사 결과는 전국 25,843 표본 가구 내 상주하는 만 13세 이상 가구원 약 39,000명을 대상으로 2018.5.16.~5.31. 동안 조사한 것이다(통계청, 2018).

였다. 또한 도시 주민들 중 불안하다고 응답한 응답자는 83.5%(약간 불안함
+매우 불안함)로 나타나, 농촌 주민들 중 불안하다고 응답한 응답자 77.5%
(약간 불안함+매우 불안함) 보다 높게 나타났다. 다음으로 성별에 따른 미세
먼지 위험인식 정도를 조사한 결과 남성보다 여성이 미세먼지에 대해 불안
감을 더 크게 느끼고 있었다. 미세먼지가 불안(약간 불안함+매우 불안함)하다
고 인식한 남성은 80.1%이지만, 여성은 84.8%(약간 불안함+매우 불안함)가 불
안하다고 인식하고 있었다. 뿐만 아니라 연령에 따른 미세먼지 불안감을 조
사한 결과 30~39세가 86.9%로 불안감(약간 불안함+매우 불안함)이 가장 높았
으며, 다음으로 40~49세가 86%로 불안감이 높게 나타났다.

<표 4-3> 2018년 미세먼지에 대한 인식조사

(단위: %)

			미세먼지 불안감 정도				
			전혀 불안하지 않음	별로 불안하지 않음	보통	약간 불안함	매우 불안함
합계		100.0	0.6	3.9	13.0	37.2	45.3
도시 여부	도시(동)	100.0	0.6	3.5	12.3	36.7	46.8
	농어촌(읍·면)	100.0	0.9	5.5	16.0	39.4	38.1
성별	남자	100.0	0.9	4.4	14.6	39.3	40.8
	여자	100.0	0.4	3.4	11.4	35.1	49.7
연령	13~19세	100.0	1.3	4.6	15.8	36.8	41.5
	20~29세	100.0	0.7	3.1	13.3	34.8	48.0
	30~39세	100.0	0.4	2.8	9.9	32.7	54.2
	40~49세	100.0	0.6	3.1	11.3	35.9	49.1
	50~59세	100.0	0.5	3.7	12.8	40.5	42.5
	60세 이상	100.0	0.7	5.6	15.4	40.4	37.8
	65세 이상	100.0	0.7	6.3	16.1	41.1	35.7

출처: 통계청(2018). 2018년 사회조사 결과 재구성.

2014년과 2016년에 시행된 통계청 사회조사는 미세먼지 뿐만 아니라 황사·미세먼지 유입에 대한 불안감에 대해 조사했다는 점7)에서 2018년 시행된 사회조사와의 직접적인 비교는 다소 어려운 측면이 있다. 그럼에도 불구하고 황사·미세먼지에 대한 불안감(약간 불안함+매우 불안함)을 인식한 응답자는 2014년 77.9%, 2016년 79.4%로 나타났다(<부록 4-1> 참조). 아래 [그림 4-10]과 같이 2014년, 2016년, 2018년(82.5%)으로 해를 거듭할수록 미세먼지에 대한 국민의 불안감은 더욱 증가하고 있었다. 물론 2014년과 2016년 조사 자료가 황사와 미세먼지를 함께 조사하였고, 2018년은 미세먼지만을 조사하여 이들을 직접 비교하는 데에는 한계가 있지만, 미세먼지에 대한 위험인식이 점차 증가하고 있음은 알 수 있는 것이다.

[그림 4-10] 2014년, 2016년, 2018년 미세먼지 위험인식 비교

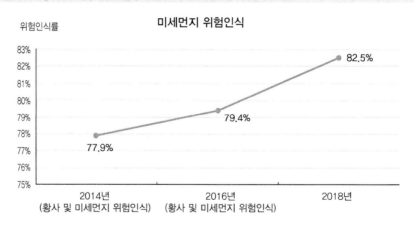

출처: 통계청 사회조사를 바탕으로 저자 작성.

다음 분석에서는 한국갤럽에서 2019년 1월 22일부터 24일까지 실시한 미세먼지 관련 인식조사를 활용하였다.8) 그리고 2019년 조사 연구의 타당

---

7) 2014년부터 이 항목에 대한 통계청 사회조사가 시작되었다.

8) 표본추출은 휴대전화 RDD 표본 프레임에서 무작위 추출(집전화 RDD 15% 포함)을 시행하였으며, 응답방식은 전화조사원 인터뷰를 활용하였다. 조사대상은 전국 만 19세 이상 남녀 1,002명이었다. 표본오차는 ±3.1%p(95% 신뢰수준)였으며, 응답률은 17%(총 통화 6,057명 중 1,002명 응답 완료)였다.

성을 높이기 위해서 2014년과 2017년에 한국갤럽에서 시행한 미세먼지 관련 인식조사도 함께 비교하였다. 미세먼지로 인한 불편함을 조사한 결과에서 응답자의 57%가 매우 불편하다고 응답하였으며, 약간 불편하다고 응답한 응답자는 24%로서 응답자의 81%가 미세먼지 때문에 불편함을 느낀다고 응답하였다(한국갤럽, 2019). 2014년 조사에서 미세먼지가 매우 불편하다고 응답한 응답자는 45%, 2017년 조사에서 미세먼지가 매우 불편하다고 응답한 응답자는 57%로 나타났다.[9] 또한 2019년 조사에서 여성의 경우 85%가 불편(매우 불편: 61%, 불편: 24%)하다고 응답한 반면, 남성의 경우 88%가 불편(매우 불편: 54%, 불편: 34%)하다고 응답하였다. 또한 직업에 따른 불편함 인식 정도에 있어서 가정주부가 85%(매우 불편: 64%, 불편: 21%)로 가장 높게 나타났으며, 다음으로 화이트칼라 계층이 84%(매우 불편: 59%, 불편: 25%)로 두 번째로 높게 나타났다.

한국갤럽의 조사에서 미세먼지로 인해 외출을 자제하는지 여부(미세먼지 나쁨 예보일 때 외출 여부)를 묻는 질문에서는 응답자 중 47%가 외출을 자제하는 편이라고 응답하였으며, 반면에 응답자 중 53%가 상관없이 외출하는 편이라고 응답하였다. 성별과 직업에 따라 그 결과는 달리 나타났다. 여성의 경우 54%가 외출을 자제한다고 응답 하였지만, 남성의 경우 39%만 외출을 자제한다고 응답하였다. 또한 가정주부는 67%가 외출을 자제한다고 응답하였지만, 블루칼라 계층은 단지 30%만 외출을 자제한다고 응답하였다. 이러한 결과는 2014년과 2017년의 조사결과와 크게 다르지 않았다(한국갤럽, 2019). 이밖에도 미세먼지 나쁨 예보 시 마스크를 착용하는지의 여부에 대한 질문에 있어서 응답자의 53%가 착용한다고 응답하였으며, 45%는 착용하지 않는다고 응답하였다. 이 질문에 대해서도 역시 여성(61%)이 남성(45%)보다 미세먼지 나쁨 예보 시 마스크를 착용한다고 응답한 비율이 높았으며, 학생(63%)과 가정주부(60%)가 마스크 착용에 대해 높은 응답률을 나타냈다. 특히 2014년 29%, 2017년 37%에 비해 2019년에는 53%가 미세먼지 나쁨 예보 시 마스크를 착용한다고 응답하여 해당 질문에 대한 응답률이 큰 폭으로 증가하였다(<부록 4-2> 참조).

---

9) https://www.gallup.co.kr/gallupdb/reportContent.asp?seqNo=982

3. 미세먼지에 대한 위험 평가

미세먼지는 과거에도 존재하였다. 하지만 최근 들어 미세먼지 문제에 대한 국민의 관심이 급증한 이유에는 보다 쾌적하고 안전한 삶에 대한 국민의 욕구가 증가하였으며, 미세먼지 위험이 개인의 통제가 불가능한 영역에 속해 있어 위험에 대한 불안감이 더욱 커진 데 있다. 또한 전문가와 언론이 미세먼지 전문지식에 관해 일반국민과 소통하는 위험 커뮤니케이션이 부족한 측면이 있으며, 정부의 효과적인 미세먼지 관리정책이 부족한 측면이 있다(김용표, 2018: 73−74). 한국사회의 미세먼지에 대한 위험성 평가를 다음과 같이 논의할 수 있을 것이다. 첫째, 객관적 기준과 주관적 기준 모두를 살펴볼 때 한국사회에서는 점차 미세먼지 위험요인이 강화되고 있음을 알 수 있다. 미세먼지 나쁨 일수 또는 매우 나쁨 일수는 점차 증가하고 있으며, 미세먼지 주의·경보 발행이 빈번해지고 있다는 점에서 미세먼지는 표면적이고 객관적으로 높은 위험성을 가지는 환경문제라고 할 수 있다. 같은 맥락에서 국민들은 주관적으로도 미세먼지가 매우 위험한 환경문제라고 인식하고 있었다. 통계청의 사회조사와 한국갤럽의 설문조사 결과 모두 국민의 미세먼지 위험인식이 매우 높다는 것을 보여준다. 이러한 결과로 비추어 볼 때 미세먼지는 객관적 차원에서 뿐만 아니라 주관적 차원에서도 위험성이 높은 환경문제라고 할 수 있다. 따라서 향후에도 미세먼지 문제가 더욱 심각해져 환경·에너지 분야의 중요한 위험사회 요인으로 제시될 가능성이 매우 높다고 할 수 있다.

둘째, 한국사회에서 미세먼지에 대한 심각성과 위험성이 중요하게 고려되면서 미세먼지 방지에 대한 효과적인 관리방안이 절실히 필요해 질 것이다. 2018년에 「미세먼지 저감 및 관리에 관한 특별법」이 제정된 이후 중앙정부와 지방자치단체에서는 미세먼지를 관리하기 위한 다양한 방안들을 제시하고 있다(<부록 4−3> 참조).[10] 특히 미세먼지가 일상화되면서 국민들은 스스로가 마스크 착용 등을 통해 자가예방 관리전략을 마련하고 있으며, 나아가 미세먼지 예방 및 개선에 대한 효과적인 대응방안을 정부에 요구하고 있다.

---

10) 상세한 내용은 제10장에서 제시하기로 한다.

| 제3절 | **경주·포항지진 사례** |

1. 경주·포항지진 사례 개요

경주지진은 2016년 9월 12일 대한민국 경상북도 경주시 남남서쪽 8km 지역에서 발생한 리히터 규모 5.8 지진이며, 포항지진은 2017년 11월 15일 대한민국 경상북도 포항시에서 발생한 지진으로, 본진의 지진 규모는 Mw 5.4로, 경주지진에 이어 지진 관측 이래 두 번째로 규모가 큰 지진이다(위키백과, 2020b). 두 지진의 사례 모두 1978년 한국에서 지진을 관측하기 시작한 이래로 가장 규모가 큰 지진이라고 할 수 있으며(피해 규모가 큼), 불확실성과 예측불가능성이 높은 위험사례이다.

경주지진은 남부지역 전역에서 지진 발생이 감지되었으며, 1978년 기상청에서 지진관측을 시작한 이래로 가장 큰 규모의 지진이었다. 경주지진의 가장 큰 특징은 한반도에서 발생했던 기존의 지진과는 달리 한반도 전 지역에 영향을 주었다는 점이다(기상청, 2016). 본진의 경우 진원 시간은 2016년 9월 12일 20시 32분이며, 진앙은 경북 경주시 남남서쪽 8km 지역(35.77°N, 129.18°E)이었다. 진앙깊이는 15km 내외이며, 부산, 울산, 창원지역 대부분의 사람들이 지진동을 느꼈고, 그릇이나 물건이 깨지기도 하였다. 경주와 대구의 경우 더 큰 진도가 나타나 무거운 가구가 흔들리기도 하였다. 이로 인해 시민 다수가 놀라 대피하는 상황이 발생하였다(기상청, 2016).

포항지진은 2016년 발생한 경주지진의 여파에 의한 것으로 볼 수 있다. 경주지진이 발생한 이후 한반도 전역에서 지진활동이 활발해져 특정지역에 국한되지 않은 소규모 지진들이 발생하기 시작하였다. 2017년 하반기부터 이러한 지진활동이 잠시 주춤해지는 듯 하였으나, 2017년 11월 15일 다시 대규모의 지진(규모 5.4)이 발생했는데 이것이 바로 포항지진이었다(기상청, 2018). 진원은 경북 포항시 북구 북쪽 7.5km 지역(36.11°N, 129.37°E)에서 발생하였으며, 진원 깊이가 약 7km이었으나 경주지진 15km보다는 상대적으로 얕았다. 포항지진으로 인해 경북지역 전역에서 무거운 가구가 움직이는 등의 최대 진도가 나타났다. 이로 인해 많은 사람들이 놀라 대피하기도 하

[그림 4-11] 경주지진 시간대별 여진 발생 현황

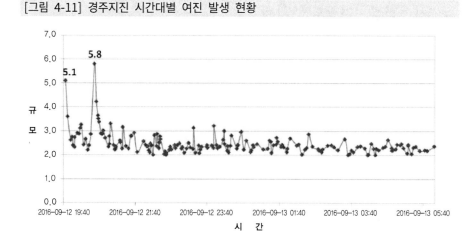

주: 규모 2.0 이상(2016년 9월 13일 06시 기준).
출처: 기상청(2016). 보도자료 참조.

였다(기상청, 2018). 경북지역 이 외에도 강원, 대구, 부산, 경남, 울산, 충북 지역에서 진도 Ⅳ(건물 실내에 서 있는 많은 사람들이 느낌)의 진동이 있었다. 그 후에도 여진이 계속 발생하여 2018년 5월 31일까지 규모 2.0 이상의 여진이 총 100회, 진도 1~3의 약한 지진인 미소지진 까지 포함하면 615회의 여진이 관측되었다(기상청, 2018: 8).

2. 경주·포항지진 위험 분석

1) 경주·포항지진에 대한 객관적 위험 분석

경주·포항지진의 객관적 위험도는 경주지진과 포항지진의 피해규모를 통해 판단할 수 있을 것이다. 먼저 경주지진의 피해를 살펴본 결과 총 6개 광역시·도 및 17개 시·군·구가 지진피해를 입었으며, 인명피해로는 이재민 총 54세대 111명이 발생하였다(부상자 23명). 재산피해(총 5,368건)를 살펴보면 총 피해액은 11,020백만 원이었으며, 공공시설의 피해는 경북지역이 6,723백만 원으로 가장 큰 피해가 발생하였다. 또한 사유시설은 경북, 부산, 울산 등 기타 지역에서 4,297백만 원의 피해가 발생하였다(국민안전처, 2017:

11). 무엇보다도 경주지역에서는 문화재 피해가 나타났는데 한옥과 문화재 피해가 크게 발생하였다. 구체적으로 불국사 대웅전(보물 1744호) 기와 3장이 낙하하였으며, 불국사 서회랑 흙벽 일부가 파손되었고, 오릉(사적 172호) 담장 기와 일부가 파괴되었으며, 산사태로 인해 석굴암 진입로 수목이 붕괴되는 피해가 발생하였다(국민안전처, 2017: 11). 진도 규모에 따른 피해로는 경주와 대구의 경우 최대진도 Ⅵ, 부산, 울산, 창원의 경우 진도Ⅴ가 나타났으며, 수도권을 비롯한 전국 대부분 지역에서는 진동이 감지되었다.11)

경주지진에 비해 포항지진은 규모가 작기는 하였지만, 지진피해는 더욱 크게 나타났다. 재산피해 건수는 5만 7여건으로 나타났으며, 피해건수는 주택 5만 5,181채 파손, 시설물 피해는 2만 7,317건, 인명피해는 135명, 이재민은 1,945명으로 피해가 나타났다. 한국은행 추산 피해액은 3,000억 원 가까이로 나타났다.12) 이와 같이 경주지진보다 포항지진이 규모는 작지만 오히려 더 큰 피해를 발생시켰는데, 그러한 원인으로는 경주지진에 비해 포항지진이 인구 밀집 지역에서 발생하였으며, 역단층 지진이 발생하면서 수직성분의 강한 운동이 발생함으로서 건물 등의 피해가 커진 데 있다. 또한 진원의 깊이가 얕은 곳에서 발생하여 직접적인 피해가 더 컸으며, 중저파수 진동에 의해 단층 운동이 상대적으로 느렸기 때문에 피해가 오랫동안 지속되었고, 연약한 퇴적암층에서 지진이 발생하였기 때문에 피해가 더 커진 측면이 있다(한겨레신문, 2017).13)

이처럼 경주지진은 지진관측이래 가장 큰 규모의 지진이었으며 피해범위 역시 전국에서 인식할 정도로 강력한 지진이었다. 반면 포항지진은 지진의 규모는 경주지진보다는 작았지만 도심에서 발생하였으며, 오랫동안 피해를 주었다는 점에서 두 지진 모두 객관적으로 큰 위험요소를 지녔다고 할 수 있다.

---

11) 진도 Ⅵ: 많은 사람들이 놀라서 밖으로 나가거나 무거운 가구가 움직이기도 함, 진도 Ⅴ: 거의 모든 사람들이 지진동을 느끼며 그릇이나 물건이 깨지기도 함, 진도 Ⅳ: 건물 실내에 서 있는 많은 사람들이 느낌, 진도 Ⅲ: 건물 실내에서 현저히 느끼며, 건물 위층에 있는 소수의 사람만이 느낌(기상청, 2016: 1).
12) http://www.hgupress.com/news/articleView.html?idxno=6517
13) http://www.hani.co.kr/arti/society/society_general/819533.html

<표 4-4> 경주지진과 포항지진의 비교

구분	경주지진	포항지진
주요 지진 규모	전진('16.09.12.19:44)　ML5.1, Mw5.0 본진('16.09.12.20:32)　ML5.8, Mw5.5 여진('16.09.19.20:33)　ML4.5, Mw4.4	본진('17.11.15.14:29)　ML5.4, Mw5.4 여진('17.11.15.16:49)　ML4.3, Mw4.3 여진('18.02.11.05:03)　ML4.6, Mw4.6
본진 진앙	35.77°N, 129.18°E 경주 남남서쪽 8.7km 지역	36.11°N, 129.37°E 포항 북구 북쪽 7.5km 지역
본진 진원깊이[1]	15km	7km
주요 지진 단층운동	대부분 주향이동단층	역단층, 주향이동단층 혼재
본진 발생 후 1개월 간 여진 횟수 (규모 2.0 이상)	142회	70회
일별 여진횟수 (규모 1.0 이상)	약 6개월 후 1회 이하로 감소	약 45일 이후 1회 이하로 감소
본진 최대 지반가속도[2]	0.6092g 울산관측소(USN2)	0.3739g 포항관측소(PHA2)
본진 최대 계기진도[3]	Ⅵ (경북)	Ⅵ (경북)
피해범위 (진도 Ⅴ 이상 범위)	약 30km 이내 주로 분포	약 15km 이내 주로 분포
지진파 특성	고주파(5~10Hz) 에너지가 강함	상대적으로 저주파(0.1~5Hz) 에너지가 강함
지표변위	지표변위 없음	최대 4cm의 지표변위 발생

1) 진원깊이는 분석에 사용된 관측소 분포, 분석 방법, 속도구조 등에 따라서 달라질 수 있음.
2) 기상청 관측소 중 가장 가까운 곳에서 관측된 가속도 값으로 수평성분의 백터합.
3) 속도/가속도 관측 값을 지반 기준으로 보정한 후 가중치를 적용하여 결정된 계기진도.
출처: 기상청(2018: 48).

2) 경주 · 포항지진에 대한 주관적 위험인식 분석

경주·포항지진으로 인해 국민들이 인식하는 지진의 주관적 위험인식은 매우 높다고 할 수 있다. [그림 4-12]에서도 알 수 있듯이 2016년 9월 12일에 발생한 경주지진 이전과 이후로 지진발생 횟수가 단절적으로 나타났다. 경주지진 발생 이전까지는 일부 지진이 발생하기는 했지만 지진규모나 강도가 크지 않았다. 그러나 전국 각지에서 경주의 지진발생을 인지할 정도로 큰 규모의 경주지진이 발생하자 국민들이 지진에 대해 느끼는 두려움과 공포가 증대되었다. 경주지진 발생 이후 국민안전처에서 경주시 주민들을 대상으로 2016년 9월 26~27일, 2016년 10월 26일 실시한 설문조사에 의하면, 응답자의 62%가 여진에 있어 작은 흔들림에도 매우 두려움을 느낀다고 응답하였으며, 13%는 작은 흔들림에도 약간의 두려움을 느낀다고 응답하였다(작은 흔들림은 두렵지 않음: 19%, 큰 흔들림도 두렵지 않음: 6%)(국민안전처, 2017). 전체 응답자 중 약 75%가 경주지진을 겪고 난 후 작은 흔들림에도 불안감과 두려움을 느낀다고 인식한 점을 고려해 볼 때 경주지진 발생

[그림 4-12] 규모 2 이상 지진의 (a) 진앙 분포(1978~2018.1.31.) 및 (b) 누적 지진 발생 횟수

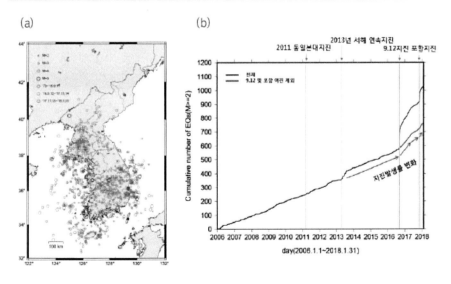

출처: 기상청(2018: 9).

이후 지진발생 지역 뿐만 아니라 많은 주민들이 지진에 대한 높은 위험인식을 지니게 되었음을 알 수 있다. 그럼에도 불구하고 대부분의 주민들은 지진에 대한 대비방안을 잘 알지 못하거나, 지진 대비를 위해 할 수 있는 게 별로 없다고 응답하였다(국민안전처, 2017: 26).

포항지진의 경우, 포항지진이 개인 및 사회에 미친 가장 큰 영향은 바로 대학수학능력시험의 연기를 초래했다는 점이다. 2017년 11월 16일 한국에서는 대학수학능력시험이 치러 질 예정이었지만, 11월 15일에 포항지진이 발생함으로서 지진의 추가 피해 우려 등을 고려해 시험을 11월 23일로 일주일 연기하였다. 2017년 11월 15일 포항지역에 지진이 발생하자 당일 저녁 8시 20분경 사회부총리 겸 교육부 장관이 긴급기자회견을 열어 포항지역 시험장 14곳에 균열이 발생하여 수험생의 공정성과 안전성 등을 고려해 대학수학능력시험을 연기하는 것으로 발표하였다(한겨레신문, 2017).[14]

포항지진에 대한 위험성 인식은 설문조사 결과에서도 잘 나타나고 있다. 국립재난안전연구원(2018)은 포항시에 거주하는 19세 이상 성인 남녀 507명을 대상으로 2018년 10월 22일부터 11월 19일까지 대면설문조사를 통해 지진을 겪은 주민들의 위험인식에 대해 분석하였다. 그 결과 대부분 주민들은 두려움과 놀라움의 감정을 가장 크게 느끼는 것으로 나타났다. 5점 척도로 조사된 설문조사 결과에 따르면 놀라움의 감정이 평균 4.69, 두려움(공포)의 감정이 평균 4.50으로 나타났다. 이해 비해 슬픔의 감정은 평균 2.71, 화남(분노)의 감정은 2.46으로 나타났다. 이러한 측면을 고려해 볼 때 지진을 직접 경험한 주민들이 인식하는 감정은 대부분 놀람과 두려움이었다. 특히 두려움에 대한 감정은 연령이 높을수록, 그리고 여성일수록 높게 나타났다. 또한 포항지역의 지진 재발 가능성을 묻는 질문에 응답자의 약 65.7%가 지진이 재발할 가능성이 높다고 응답하였다. 이에 비해 포항지역의 지진 재발 가능성이 전혀 없다고 응답한 응답자는 1.2%, 재발할 가능성이 낮다고 응답한 응답자는 4.7%로 나타났다.

포항지진이 발생한 지역의 주민 뿐만 아니라 전 국민을 대상으로 한 여론조사에서도 대부분의 응답자들이 자신의 거주지역이 지진에 안전하지

---

14) http://www.hani.co.kr/arti/society/society_general/819252.html

않다고 느끼는 것으로 응답하였다. 포항지진 발생 후인 2017년 11월 21일부터 23일까지 전국 만 19세 이상 남녀 1,001명을 대상으로 실시된 여론조사 결과에 의하면,[15] 현재 살고 있는 지역이 지진에 안전하다고 응답한 응답자는 37%였으며, 반대로 안전하지 않다고 응답한 응답자는 56%로 나타났다. 특히 포항지진이 발생한 영남지역 주민들의 경우 본인의 거주지역이 지진에 안전하지 않은 것으로 응답한 비율이 높게 나타났다. 대구·경북지역 응답자의 약 74%, 부산·경남·울산지역 응답자의 69%가 안전하지 않다고 응답한 것이다. 뿐만 아니라 서울지역 주민 역시 응답자 중 52%가 지진에 안전하지 않다고 응답하는 등 대부분의 응답자들이 자신의 거주지역이 지진에 안전하지 않다고 응답함으로써 지진에 대한 높은 두려움과 불안감을 나타냈다. 특히 성별에 있어서 남성과 여성의 지진 안전도에 대한 인식 차이는 분명하게 나타났다. 남성은 응답자 중 47%가 안전하지 않다고 응답하였지만, 여성은 응답자 중 64%가 지진으로부터 안전하지 않다고 응답하여 여성이 남성에 비해 지진에 대한 높은 불안감을 나타냈다. 연령과 관련해서는 대부분의 연령층에서 지진에 대한 높은 위험성을 인지하는 것으로 나타났다. 특히 연령층이 낮을수록 위험인지도는 더욱 높은 것으로 나타났다. 19~29세는 응답자 중 약 68%가 지진이 위험하다고 응답한 반면, 60대 이상에서는 응답자 중 약 45%만 지진이 위험하다고 인식하고 있었다. 또한 직업에 있어서도 대부분의 경우 지진에 대한 높은 위험인지도를 나타냈는데, 그 중 특히 학생(71%)과 가정주부(61%)가 지진에 대한 높은 위험성을 인식하고 있었다(<표 4-5> 참조).

---

15) 휴대전화 RDD 표본 프레임에서 무작위 추출을 시행하였으며, 전화조사원 인터뷰를 통해 조사를 시행하다. 응답률은 18%였으며, 표본오차는 ±3.1%p(95% 신뢰수준)였다(한국갤럽, 2017).

<표 4-5> 거주지역의 지진 안전성 여부 인식조사 결과

		매우 안전하다	어느 정도 안전하다	별로 안전하지 않다	전혀 안전하지 않다	모름/ 응답거절
	전체	9%	28%	46%	10%	7%
지역	서울	10%	27%	43%	9%	11%
	인천/경기	12%	38%	36%	8%	6%
	강원	—	—	—	—	—
	대전/세종/충청	11%	25%	48%	4%	12%
	광주/전라	10%	25%	54%	7%	3%
	대구/경북	4%	16%	54%	19%	6%
	부산/울산/경남	5%	21%	50%	19%	4%
성별	남성	14%	33%	38%	9%	6%
	여성	5%	23%	52%	12%	8%
연령	19~29세	6%	23%	54%	14%	3%
	30대	9%	32%	47%	9%	3%
	40대	8%	31%	46%	11%	4%
	50대	12%	24%	44%	12%	7%
	60대	10%	29%	38%	7%	16%
직업	농/임/어업	—	—	—	—	—
	자영업	11%	28%	46%	7%	8%
	블루칼라	12%	27%	42%	11%	8%
	화이트칼라	7%	33%	46%	11%	3%
	가정주부	5%	23%	48%	13%	10%
	학생	8%	21%	58%	13%	—
	기타	12%	31%	29%	8%	21%

출처: 한국갤럽(2017). 한국갤럽 데일리 오피니언.

3. 경주·포항지진 사례에 대한 위험 평가

　경주·포항지진이 발생하기 이전까지 한국은 상대적으로 지진 안전국으로 인식되어 왔다. 그러나 2016년 9월 발생한 경주지진과 2017년 11월 발생한 포항지진은 이러한 인식을 바꾸어 놓았다. 이제 더 이상 한국은 지진 안전국이 아니게 된 것이다. 앞서 [그림 4-12]에서도 살펴보았듯이 규모 2.0 이상의 지진 분포가 경주지진 이후 급속도로 증가하고 있다. 특히 과거에는 한국사회의 주요 위험요소로 고려되지 않던 지진이 경주지진 발생 이후로는 중요 위험요소로 고려되기 시작하였다. 지진의 빈도증가, 인명피해, 재산피해 규모 등을 고려할 때 지진은 한국사회에서 매우 중요한 객관적 위험요인이 되었다. 뿐만 아니라 경주·포항지진 발생 이후에 영남권 주민들 뿐만 아니라 국민 대다수가 자신들이 거주하는 지역이 지진에 취약하다는 불안감을 느끼고 있는 것으로 나타났다. 즉 지진에 대한 주관적인 위험인식도 증가한 것이다. 이러한 위험인식의 증가는 국민 생활에도 중요한 영향을 미쳤다. 경주·포항지진 발생 후 이를 보도한 뉴스기사를 네트워크 분석한 결과에 의하면 지진은 직접피해(인명 피해, 시설물 붕괴, 교통정체 및 운영지연, 통신 장애 및 정전, 위험물 유출)와 간접(2차)피해(생산시설 파괴, 공급선 파괴, 물류마비, 에너지수급 문제, 학업중단, 불안감 상승, 트라우마 증가, 사회구조 안정성 하락) 모두를 야기하였다(윤소연·윤동근, 2018: 189). 한국사회에서 지진은 새로운 위험요인으로 등장했다고 할 수 있는 것이다.

　향후 지진이라는 위험이 한국사회에 미치는 영향을 보다 다양한 차원에서 논의할 필요가 있다. 일부 연구, 즉 미디어 등에서 지진의 위험인식에 미치는 영향요인을 분석한 연구(예: 백혜진·이혜규, 2019), 빅데이터를 활용하여 지진 위험정보의 사회적 확산을 분석한 연구(예: 최충익·김철민, 2017) 등이 제시되기는 하였지만 여전히 지진에 대한 위험을 실증적으로 분석한 연구는 부족한 상황이다. 따라서 앞으로 위험인식을 비롯한 다양한 차원에서의 지진 위험에 대한 심도 있는 논의가 지속될 필요가 있을 것이다.[16)]

---

16) 2019년 12월 31일 「포항지진의 진상조사 및 피해구제 등을 위한 특별법」이 제정되어 2020년 4월 1일부터 시행되었다. 이 법의 목적은 "지열발전사업으로 촉발되어 2017년 11월 15일과 2018년 2월 11일 경상북도 포항시에서 발생한 지진의 구체적인 발생원인과 책임소재의 진상

제4절 후쿠시마 원전 사례

1. 후쿠시마 원전 사례 개요

후쿠시마 원전 사례는 2011년 3월 11일 일본 도호쿠[東北] 지방 앞바다의 대지진과 지진해일(쓰나미)의 영향으로 후쿠시마 제1원자력발전소에서 발생한 사고와 관련되어 있다. 후쿠시마 원전사고는 발전소가 침수되어 전원 및 냉각 시스템이 파손되면서 핵연료 용융과 수소 폭발로 이어졌고 다량의 방사성 물질이 누출되면서 발생한 사고이다(두산백과, 2016). 이는 동일본 대지진(진도 9.0)의 영향으로 발생한 사고로서, 동일본 대지진이 발생한 지역에 위치해 있었던 후쿠시마 제1원전, 제2원전, 오나가와 원전, 토카이 원전 중에서 후쿠시마 제1발전소 6기 중 1~4기에서 발생한 사고이다(이정윤, 2020: 51). 2011년 3월 11일에 발생한 지진과 14m 초대형 해일로 인해 후쿠시마 비상디젤발전기 등을 비롯한 주요 시설들이 침수되면서 원자로를 냉각시킬 수 없게 된 것이다. 그 결과 원자력발전소 1~3호기 핵연료가 용융되었으며, 일부 용융된 핵연료들이 원자로용기 바닥을 통과하면서 유출이 일어났다. 그 과정에서 수소폭발이 발생하기도 하였다(전지은, 2019: 83－84).[17] 한국원자력학회 후쿠시마위원회(2013)에서는 후쿠시마 원전사고 원인으로 일본 정부가 일본 고유의 자연환경적 특성을 고려하지 못했으며, 안일한 판단으로 최상의 원자력 관련 지식에 기반을 두지 않은 채 의사결정을 시행하였고, 원자력 관련 제도/조직 및 규제에도 실패가 발생하였으며, 안전문화가 도쿄전력 내 정착이 되지 못했기 때문이라고 분석하였다.

후쿠시마 원전사고는 1986년 체르노빌 원전사고 이후 최악의 원전사고로 평가받는다. 무엇보다도 체르노빌 원전사고가 주로 원전 내부적 결함과 인적 요인 등 내부요인에 의해 발생한 사고라면, 후쿠시마 원전사고는 동일본 대지진과 지진해일이라는 자연재해에 의해 원전의 냉각기능이 상실되는

을 밝히고 지진으로 인하여 피해를 입은 사람 등에 대한 피해구제를 통하여 포항시의 경제 활성화와 공동체 회복을 도모하는 것"이다(국가법령정보센터, 2020).

17) 보다 자세한 내용은 <부록 4－4> 후쿠시마 제1발전소 날짜별 상황을 참고하기 바란다.

외부적 요인에 의한 원전사고라는 점에서 차이가 있다고 할 수 있다(조공장 외, 2016: 1). 이러한 점에서 후쿠시마 원전사고는 기존의 사고와는 달리 예측 불가능하며 매우 복잡·다양한 원인들에 의해서 발생된 환경·에너지 분야의 재난사고라 할 수 있다. 즉 후쿠시마 원전사고는 기존의 원전사고에 대한 사전 예방관리의 중요성 뿐만 아니라 불가항력적이고 예측하지 못한 상황에서 발생한 재난에 대해 피해를 최소화하는 사후 대책방안도 중요하게 고려되어야 한다는 점을 시사했다는 측면에서 의의가 있다(조공장 외, 2016: 1).

[그림 4-13] 일본 원전 위치와 동일본 대지진/쓰나미의 영향

출처: 한국원자력학회 후쿠시마위원회(2012: 1).

2. 후쿠시마 원전 사례 위험 분석

1) 후쿠시마 원전 사례에 대한 객관적 위험 분석

후쿠시마 원전사고의 객관적인 위험도는 후쿠시마 원전사고 핵물질 배출량을 통해 살펴볼 수 있다. <표 4-6>에 의하면 후쿠시마 원전사고에서 수소폭발에 따른 방사성물질 유출량이 제시되어 있다. 물론 각 조사 기관마다 결과는 다르게 제시되지만 유출 방사능 총량은 약 37만~63만TBq 정도로서 체르노빌 사고의 약 10분의 1 수준에 이른다(조공장 외, 2016: 60). 후쿠

시마 원전사고는 핵연료가 원자로 압력용기와 급속 격납용기에 쌓여 있어 체르노빌 원전사고에 비해 상대적으로 방사성물질 유출은 적었다고 할 수 있다. 유출된 방사성 물질은 대부분 후쿠시마 원전사고 2호기 수소폭발에 의한 것이었다(조공장 외, 2016). 그럼에도 불구하고 해양으로 방출된 방사성 물질량은 심각한 문제가 될 수 있다. 2011년 3월 11일부터 4월 7일까지 방사성 물질량은 하루 100조Bq 정도가 유출되었고 빗물과 함께 바다로 유출되는 상황이 발생하였으며, 지하수를 통해서도 오염수가 배출되었다(조공장 외, 2016). 이처럼 공기 중에 배출된 방사성물질 약 70%는 바다로 흘러갔으

<표 4-6> 후쿠시마 사고에 대해 추정된 방사성물질 방출량

기관	발표일	비활성 기체	I-131	Cs-134	Cs-137	INES 환산
JAEA 원자력안전위원회	2011.4.12.	–	130	–	6.1	370
JAEA 원자력안전위원회	2011.4.12.	–	150	–	12	630
JAEA 원자력안전위원회	2011.5.12.	–	150	–	13	670
일본 원자력 안전 보안원	2011.6.6.	–	160	18	15	770
JAEA 원자력안전위원회	2011.8.22.	–	130	–	11	570
일본 원자력 안전 보안원	2012.2.16.	–	150	–	8.2	480
JAEA 원자력안전위원회	2012.3.6.	–	120	–	9	480
도쿄전력	2012.5.24.	–	150	–	13	670
방사능보호핵안전협회 IRSN(프랑스)		2,000	200	30		
(참고) 체르노빌 사고 시 방출량		6,500	1,800	–	85	5,200

단위: PBq= 10^{15}
출처: 조공장 외(2016: 61) 재인용.

며, 약 30%는 국토의 50~70%를 오염시켰다는 점에서 후쿠시마 원전사고로 인한 방사성물질 배출은 심각한 수준이라고 할 수 있다(이정윤, 2020). 후쿠시마 원전사고의 방사성 배출 뿐만 아니라 2, 3호기의 핵연료에 대한 행방을 아직까지 찾지 못하고 있다는 점에서 이 역시 중요한 위험요인 중 하나로 제시될 수 있다. 특히 2호기의 경우 원자로가 손상되어 핵연료가 어디에 있는지 여전히 파악되지 않고 있는 실정이다(조공장 외, 2016: 61).

또한 후쿠시마 원전사고가 한국사회에 미친 영향을 살펴볼 필요가 있다. 후쿠시마 원전사고 직후 방사성물질은 2011년 4월 26일 전후로 대기에서 검출되지 않다가 5월 29~31일 극미량의 방사성 세슘이 일부 검출되어 나타나기 시작했다. 해류에 의한 방사성 물질은 2011년 8월까지 검출되지 않았다(한국보건사회연구원, 2011: 30). 이처럼 후쿠시마 원전사고 방사성물질이 대기나 해류를 통해 한국에 직접적인 영향을 미칠 가능성은 낮지만, 후쿠시마 주위에서 생산되는 농수산물을 한국에 수입하는 과정에서 영향을 미칠 수 있다. 이와 관련해 한국은 2013년 일본 내 후쿠시마, 미야기, 이바라키, 아오모리, 지바, 군마, 도치기 등 8개 현에서 수출되는 수산물의 수입을 금지하는 조치를 취하였다(한겨레신문, 2019).[18]

2) 후쿠시마 원전 사례에 대한 주관적 위험인식 분석

한국사회에서 일본 후쿠시마 원전사고에 대한 주관적 인식은 어떻게 나타나는가? 이에 관해 한국보건사회연구원은 2011년 5월 설문조사를 실시하였다. 조사한 설문결과에 의하면 응답자들 중 약 83.1%가 후쿠시마 원전사고로 인해 방사성물질이 한국에 유입될 가능성을 우려한다고 응답하였다(매우 우려: 26%, 우려: 57%). 이러한 인식은 지역과 관계없이 나타났다. 남·동해 지역 거주자 중 응답자의 80.9%, 그 외 지역 거주자 중 응답자의 84%가 후쿠시마 원전사고에 대해 두려움 또는 우려를 나타낸 것이다. 이러한 결과로 비추어 볼 때 지역과 관계없이 많은 국민들은 후쿠시마 원전사고에 대해 강한 우려를 나타내고 있었다(한국보건사회연구원, 2011). 특히 후쿠시마

---

18) 이와 관련해 일본은 한국 정부를 상대로 WTO에 2015년 제소를 해 분쟁을 벌였다. 그 결과, 1심[분쟁해결기구(DSB)]에서는 한국의 수입금지 조치가 차별성과 무역제한성을 위반했다고 판단했지만, 상소기구는 반대로 1심의 결정을 파기하였다.

원전사고로 '방사능 비와 대기 부유진 노출'(26.5%), 그리고 '수돗물, 식수, 토양 및 농·임산물 오염'(25.9%)에 대해 가장 위험하게 인식하는 것으로 나타났다. 이와 같이 한국의 국민들은 후쿠시마 원전사고 등에 의해 이차적으로 영향을 받을 수 있다고 인식하고 있으며, 통제할 수 없는 영역에서의 위험에 대해 큰 두려움을 느끼고 있는 것으로 나타난 것이다.

뿐만 아니라 일본의 후쿠시마 원전사고로 인해 한국에서도 원전사고가 발생할 수 있다는 데 대한 두려움이 증가하였다. 한국보건사회연구원의 설문조사 결과로 응답자들은 원전사고로 인한 방사능 노출 위험 30.2%, 남북관계 악화로 인한 전쟁발발 가능성 25.2%, 식품안전 사고, 조류독감·신종플루 발생·확산 17.8%, 구제역발생 및 확산 위험 16.3%, 대중교통 사고 10.5%로 위험발생 가능성을 인식하고 있는 것으로 나났다. 즉 응답자들은 원전사고를 가장 위험한 요인으로 간주하고 있음을 알 수 있다(한국보건사회연구원, 2011). 이처럼 인접국인 일본의 후쿠시마 원전사고는 한국인들이 원전에 대해 불안감이나 위험인식을 가지도록 하는데 중요한 요인으로 작용하였다.

<표 4-7> 가장 위험도가 높다고 생각하는 사건·사고

구분	원전사고로 인한 방사능 위험 노출	남북관계 악화로 인한 전쟁발발 가능성	식품안전 사고, 조류독감·신종플루 발생·확산	구제역 발생 및 확산 위험	대중 교통 사고	전체
전 체	30.2%	25.2%	17.8%	16.3%	10.5%	100%
남·동해 인접지역 거주자	31.6%	24.0%	18.3%	15.3%	10.8%	100%
이외지역 거주자	29.6%	25.7%	17.6%	16.7%	10.4%	100%

출처: 한국보건사회연구원(2011: 69).

3. 후쿠시마 원전 사례에 대한 위험 평가

　후쿠시마 원전 사례는 한국사회에 일차적·직접적으로는 부정적인 영향을 미치지 않았다. 특히 현재까지 한국사회에 후쿠시마 원전사고 피해가 명확고 객관적으로 드러나는 바는 없다고 할 수 있다. 그러나 일본 내 후쿠시마 현을 비롯한 일부 지역에서 생산된 농수산물은 수입과정에서 한국에 간접적인 영향을 미칠 수 있을 것이다. 그럼에도 불구하고 한국은 후쿠시마 원전사고에 적극적이고 능동적으로 대응할 수 없었다. 후쿠시마 원전사고에 대한 우리나라 국민들의 불안감에 대응하는 과정에서 우리나라 정부는 전문가적 책임성 부족 현상을 나타냈으며, 일본의 후쿠시마 원전사고를 언론보도 등을 통해 간접적으로 전해들은 우리 국민들, 특히 우리나라 원자력 발전소 인근지역 주민들(예: 월성지역의 주민들)은 더 큰 불안감에 휩싸일 수밖에 없었다(배용진, 2016). 이처럼 해외에서 발생한 위험사례도 오늘날과 같은 국제화 시대에서는 한국사회에 중요한 위험요인으로 작용할 수 있다. 특히 해당 위험은 관련 정책(예: 원자력 정책) 시행에 중요한 영향을 미칠 수 있기 때문에 향후 해외 발생 위험이 국내사회에 미칠 영향에 대해서도 지속적으로 논의할 필요가 있다.

<부록 4-1> 2014년 황사·미세먼지에 대한 인식조사

(단위: %)

			미세먼지 불안감 정도				
			전혀 불안하지 않음	별로 불안하지 않음	보통	약간 불안함	매우 불안함
합계		100.0	0.5	3.5	18.2	48.6	29.3
도시 여부	도시(동)	100.0	0.5	3.1	17.4	48.8	30.3
	농어촌(읍·면)	100.0	0.7	5.2	21.9	47.7	24.4
성별	남자	100.0	0.7	3.8	20.1	48.9	26.6
	여자	100.0	0.3	3.2	16.3	48.4	31.8
연령	13~19세	100.0	1.3	5.6	27.5	46.2	19.5
	20~29세	100.0	0.6	3.4	20.4	46.7	28.8
	30~39세	100.0	0.3	2.3	14.6	45.6	37.3
	40~49세	100.0	0.3	2.4	15.3	48.5	33.4
	50~59세	100.0	0.4	3.2	16.1	51.1	29.2
	60세 이상	100.0	0.4	4.7	19.5	51.8	23.6
	65세 이상	100.0	0.5	5.3	20.7	51.6	21.9

출처: 통계청(2018). 2018년 사회조사 결과 재구성.

<부록 4-2> 2016년 황사 · 미세먼지에 대한 인식조사

(단위: %)

			미세먼지 불안감 정도				
			전혀 불안하지 않음	별로 불안하지 않음	보통	약간 불안함	매우 불안함
합계		100.0	0.8	3.7	16.2	44.7	34.6
도시 여부	도시(동)	100.0	0.8	3.5	15.6	44.1	36.0
	농어촌(읍 · 면)	100.0	0.7	4.9	18.8	47.8	27.8
성별	남자	100.0	0.9	4.2	17.6	44.9	32.4
	여자	100.0	0.6	3.3	14.7	44.6	36.8
연령	13~19세	100.0	1.4	5.5	22.4	44.9	25.9
	20~29세	100.0	1.0	3.4	18.6	41.0	36.0
	30~39세	100.0	0.5	2.5	12.4	39.7	44.9
	40~49세	100.0	0.5	3.1	14.5	43.6	38.2
	50~59세	100.0	0.7	3.3	15.3	47.3	33.5
	60세 이상	100.0	0.9	4.9	17.0	49.9	27.3
	65세 이상	100.0	0.9	5.3	17.7	50.0	26.1

출처: 통계청(2018). 2018년 사회조사 결과 재구성.

<부록 4-3> 「미세먼지 저감 및 관리에 관한 특별법」(약칭: 미세먼지법) 전문

제1조(목적) 이 법은 미세먼지 및 미세먼지 생성물질의 배출을 저감하고 그 발생을 지속적으로 관리함으로써 미세먼지가 국민건강에 미치는 위해를 예방하고 대기환경을 적정하게 관리·보전하여 쾌적한 생활환경을 조성하는 것을 목적으로 한다.

제2조(정의) 이 법에서 사용하는 용어의 뜻은 다음과 같다.

1. "미세먼지"란 「대기환경보전법」 제2조 제6호에 따른 먼지 중 다음 각 목의 흡입성먼지를 말한다.

   가. 입자의 지름이 10마이크로미터 이하인 먼지(PM-10: 미세먼지)

   나. 입자의 지름이 2.5마이크로미터 이하인 먼지(PM-2.5: 초미세먼지)

2. "미세먼지 생성물질"이란 대기 중에서 미세먼지로 전환되는 다음 각 목의 물질을 말한다.

   가. 질소산화물

   나. 황산화물

   다. 휘발성유기화합물

   라. 그 밖에 환경부령으로 정하는 물질

3. "미세먼지 배출원"이란 미세먼지와 미세먼지 생성물질을 대기에 배출하는 시설물·기계·기구 및 그 밖의 물체로서 「대기환경보전법」 제2조 제11호에 따른 대기오염물질배출시설과 환경부령으로 정하는 것을 말한다.

제3조(국가와 지방자치단체의 책무) ① 국가와 지방자치단체는 미세먼지가 국민에게 미치는 영향을 파악하고, 미세먼지로부터 국민의 건강과 생명을 보호하기 위하여 필요한 시책을 수립·시행하여야 한다.

② 국가와 지방자치단체는 국민이 일상생활에서 미세먼지와 미세먼지 생성물질(이하 "미세먼지등"이라 한다)의 배출 저감 및 관리에 참여할 수 있도록 대국민 교육·홍보 등을 강화하여야 한다.

③ 국가와 지방자치단체는 미세먼지등의 배출 저감 및 관리를 위하여 국제적인 노력에 적극적으로 참여하고 주변국과 협력하여야 한다.

제4조(사업자의 책무) 사업활동(해당 사업활동을 위하여 소유하고 있는 「대기환경보전법」 제2조 제13호에 따른 자동차의 운행을 포함한다. 이하 같다)을 하는 자는 그 사업활동으로 인하여 발생하는 미세먼지등의 배출을 저감 및 관리하기 위하여 필요한 조치를 하여야 하며, 국가 및 지방자치단체가 시행하는 미세먼지등의 배출 저감 및 관리 시책에 적극 협조하여야 한다.

제5조(국민의 책무) 국민은 일상생활에서 발생하는 미세먼지등의 배출을 저감 및

관리하기 위하여 노력하여야 하며, 국가와 지방자치단체가 시행하는 미세먼지 배출 저감 및 관리 시책에 협조하여야 한다.

제6조(다른 법률과의 관계) 이 법은 미세먼지의 저감 및 관리에 관하여 다른 법률에 우선하여 적용하며, 이 법에서 규정하지 아니한 사항은 「대기환경보전법」, 「대기관리권역의 대기환경개선에 관한 특별법」에서 정하는 바에 따른다.

제7조(미세먼지관리종합계획의 수립 등) ① 정부는 「대기환경보전법」 제11조에 따른 대기환경개선 종합계획을 고려하여 5년마다 미세먼지 저감 및 관리를 위한 종합계획(이하 "종합계획"이라 한다)을 수립·시행하여야 한다.

② 종합계획에는 다음 각 호의 사항이 포함되어야 한다.

1. 미세먼지 농도 개선 목표 및 기본방향
2. 미세먼지 농도 현황 및 전망
3. 미세먼지등의 배출량 현황 및 전망
4. 미세먼지등의 배출 저감 목표와 이를 달성하기 위한 분야별·단계별 대책
5. 미세먼지가 국민건강에 미치는 영향에 관한 조사·연구
6. 미세먼지 취약계층 보호에 관한 사항
7. 종합계획 시행에 필요한 재원의 규모와 재원조달계획에 관한 사항
8. 그 밖에 미세먼지등의 배출 저감 및 관리를 위하여 필요하다고 인정하여 대통령령으로 정하는 사항

③ 정부는 종합계획을 수립할 때에는 미리 특별시장·광역시장·특별자치시장·도지사 또는 특별자치도지사(이하 "시·도지사"라 한다)의 의견을 들은 후 제10조에 따른 미세먼지특별대책위원회의 심의를 거쳐 확정한다. 종합계획을 변경(대통령령으로 정하는 경미한 사항의 변경은 제외한다. 이하 같다)할 때에도 또한 같다.

④ 정부는 종합계획을 수립하거나 변경하기 위하여 필요한 경우 시·도지사에게 종합계획의 수립·변경에 필요한 자료의 제출을 요구할 수 있다. 이 경우 자료의 제출을 요구받은 시·도지사는 정당한 사유가 없으면 이에 따라야 한다.

⑤ 정부는 종합계획을 수립하거나 변경하였을 때에는 이를 관보에 고시하고, 시·도지사에게 통보하여야 한다.

⑥ 그 밖에 종합계획의 수립·변경 등에 필요한 사항은 대통령령으로 정한다.

제8조(시행계획의 수립 등) ① 시·도지사는 해당 관할구역에서 종합계획을 시행하기 위한 세부 시행계획(이하 "시행계획"이라 한다)을 수립하여 환경부장관에게 보고하여야 하며, 이를 변경하는 경우에도 또한 같다. 다만, 「대기관리권역의 대기환경개선에 관한 특별법」 제10조에 따른 시행계획에 이 법에 따른 종합계획이 반영된 경우에는 이 법에 따른 시행계획을 수립한 것으로 본다.

② 시·도지사는 매년 시행계획의 추진실적을 환경부장관에게 보고하여야 한다.

③ 환경부장관은 제2항에 따라 보고받은 시행계획의 추진실적을 종합하여 제10조에 따른 미세먼지특별대책위원회에 보고하여야 한다.

④ 그 밖에 시행계획의 수립·시행과 그 추진실적의 보고 등에 필요한 사항은 환경부령으로 정한다.

제9조(추진실적보고서의 제출) 환경부장관은 제8조 제2항에 따라 보고받은 시행계획의 추진실적을 종합한 추진실적보고서를 작성하여 국회에 제출하여야 한다.

제10조(미세먼지특별대책위원회의 설치) ① 미세먼지의 저감 및 관리를 효율적으로 추진하기 위하여 국무총리 소속으로 미세먼지특별대책위원회(이하 "위원회"라 한다)를 둔다.

② 위원회는 다음 각 호의 사항을 심의한다.

1. 종합계획의 수립·변경
2. 시행계획 추진실적의 점검·평가
3. 미세먼지등의 배출 저감 및 관리
4. 미세먼지로 인한 국민의 건강 관리
5. 미세먼지 저감을 위한 대응요령 등 국민제안 및 실천사항
6. 미세먼지 저감 및 관리를 위한 국제협력
7. 미세먼지등의 저감 및 관리를 위하여 필요한 사항으로 대통령령으로 정하는 사항
8. 그 밖에 위원장이 필요하다고 인정하여 부의하는 사항

제11조(위원회의 구성) ① 위원회는 위원장을 포함한 40명 이내의 위원으로 구성하고, 위원은 당연직 위원과 위촉위원으로 한다.

② 위원회의 위원장은 국무총리와 제4항에 따른 위원 중에서 대통령이 지명하는 사람이 된다.

③ 당연직 위원은 대통령령으로 정하는 관계 중앙행정기관의 장으로 한다.

④ 위촉위원은 미세먼지에 관한 지식과 경험이 풍부한 사람 중에서 위원장이 위촉하는 사람으로 한다.

⑤ 그 밖에 위원회의 구성 및 운영 등에 필요한 사항은 대통령령으로 정한다.

제12조(미세먼지개선기획단의 설치) ① 미세먼지 저감 및 관리의 원활한 추진과 위원회의 사무 및 운영의 효율적인 지원을 위하여 국무총리 소속으로 미세먼지개선기획단을 설치한다.

② 제1항에 따른 미세먼지개선기획단의 구성 및 운영에 필요한 사항은 대통령령으로 정한다.

제13조(실태조사의 실시 등) ① 환경부장관은 미세먼지 정책 수립에 필요한 미세먼지 배출 실태 등을 파악하기 위하여 대통령령으로 정하는 바에 따라 실태조사를 할 수 있다.

② 환경부장관은 제1항에 따른 실태조사와 관련하여 관계 중앙행정기관의 장 및 지방자치단체의 장에게 필요한 자료의 제출 등을 요청할 수 있다.

③ 제2항에 따라 요청을 받은 관계 중앙행정기관의 장 및 지방자치단체의 장은 정당한 사유가 없으면 그 요청에 따라야 한다.

제14조(미세먼지 관련 국제협력) 정부는 미세먼지등의 저감 및 관리를 위하여 다음 각 호의 사항을 관련 국가와 협력하여 추진하도록 노력하여야 한다.

1. 국제적 차원의 미세먼지등의 조사·연구 및 연구결과의 보급
2. 국가 간 또는 국제기구와 미세먼지 관련 분야 기술·인력 및 정보의 국제교류
3. 국가 간 미세먼지등의 감시체계 구축
4. 국가 간 미세먼지로 인한 피해 방지를 위한 재원의 조성
5. 국제사회에서 미세먼지 피해방지를 위한 교육·홍보 활동
6. 국제회의·학술회의 등 각종 행사의 개최 및 참가
7. 그 밖에 국제협력을 위하여 필요한 사항

제15조(장거리 이동 미세먼지 배출원 현황 파악) 환경부장관은 장거리 이동 미세먼지의 경로·농도 등을 파악하기 위하여 관련 행정기관의 장에게 협조를 요청할 수 있고, 항공기·선박 등에 미세먼지 측정 장비를 설치할 수 있도록 관련 사업자 등에게 요청할 수 있다.

제16조(미세먼지 관련 연구개발) 정부는 미세먼지의 측정 및 예보, 미세먼지의 효율적 저감 및 관리, 국민건강 보호 등을 위하여 필요한 연구개발을 직접 수행하거나 지원할 수 있다.

제17조(국가미세먼지정보센터의 설치 및 운영) ① 환경부장관은 미세먼지등의 발생원인, 정책영향 분석, 배출량 관련 정보의 수집·분석 및 체계적인 관리를 위하여 국가미세먼지정보센터(이하 "정보센터"라 한다)를 설치·운영하여야 한다.

② 정보센터는 다음 각 호의 사업을 수행한다.

1. 미세먼지등의 배출량 산정을 위한 정보 및 자료의 수집·분석
2. 미세먼지등의 배출량 산정과 이와 관련한 통계관리
3. 그 밖에 미세먼지등의 발생원인, 배출량 산정, 정책영향 등의 분석을 위하여 환경부령으로 정하는 사항

③ 제2항에 따른 미세먼지등의 배출량 정보와 관련된 관계기관 및 배출시설의 관리자 등은 정확한 미세먼지등의 배출량 산정을 위한 통계자료 작성 및 정보

제공 등에 적극 협력하여야 한다.

④ 그 밖에 정보센터의 통계자료·정보의 관리방법 등에 필요한 사항은 환경부령으로 정한다.

제18조(고농도 미세먼지 비상저감조치) ① 시·도지사는 환경부장관이 정하는 기간 동안 초미세먼지 예측 농도가 환경부령으로 정하는 기준에 해당하는 경우 미세먼지를 줄이기 위한 다음 각 호의 비상저감조치를 시행할 수 있다. 다만, 환경부장관은 2개 이상의 시·도에 광역적으로 비상저감조치가 필요한 경우에는 해당 시·도지사에게 비상저감조치 시행을 요청할 수 있고, 요청받은 시·도지사는 정당한 사유가 없으면 이에 따라야 한다.

1. 대통령령으로 정하는 영업용 등 자동차를 제외한 자동차의 운행 제한
2. 「대기환경보전법」 제2조 제11호에 따른 대기오염물질배출시설 중 환경부령으로 정하는 시설의 가동시간 변경, 가동률 조정 또는 같은 법 제2조 제12호에 따른 대기오염방지시설의 효율 개선
3. 비산먼지 발생사업 중 건설공사장의 공사시간 변경·조정
4. 그 밖에 비상저감조치와 관련하여 대통령령으로 정하는 사항

② 시·도지사는 제1항에 따른 비상저감조치를 시행할 때 관련 기관의 장 또는 사업자에게 대통령령으로 정하는 바에 따라 휴업, 탄력적 근무제도 등을 권고할 수 있다.

③ 제1항에 따라 비상저감조치를 요구받은 자는 정당한 사유가 없으면 이에 따라야 한다.

④ 제1항에 따른 비상저감조치의 대상지역, 발령의 기준·기간·절차 등에 필요한 사항은 대통령령으로 정한다. 다만, 제1항 제1호에 해당하는 자동차 운행 제한의 방법·대상지역·대상차량·발령시간·발령절차 등에 필요한 사항은 시·도의 조례로 정한다.

제19조(비상저감조치의 해제) ① 시·도지사는 비상저감조치의 발령 사유가 없어진 경우에는 비상저감조치를 즉시 해제하여야 한다.

② 그 밖에 비상저감조치의 해제 요건 및 절차 등에 필요한 사항은 환경부령으로 정한다.

제20조(비상저감조치 결과의 보고 등) ① 시·도지사가 비상저감조치를 발령한 때에는 그 발령일부터 30일 이내에 환경부령으로 정하는 바에 따라 조치결과를 환경부장관에게 보고하여야 한다.

② 환경부장관은 제1항에 따라 보고받은 조치결과에 대하여 종합평가를 실시하고, 그 결과를 해당 시·도지사에게 통보하여야 한다.

③ 제2항에 따른 종합평가의 방법 및 절차 등에 필요한 사항은 환경부령으로

정한다.

제21조(계절적 요인 등으로 인한 집중관리 등) ① 환경부장관은 계절적인 요인 등으로 초미세먼지 월평균 농도가 특히 심화되는 기간(12월 1일부터 다음 해 3월 31일까지를 말한다. 이하 "미세먼지 계절관리기간"이라 한다)과 대규모 화재 등 비상시적 요인으로 미세먼지등의 배출 저감 및 관리를 효율적으로 수행하기 위하여 필요하다고 인정하는 경우에는 관계 중앙행정기관의 장, 지방자치단체의 장 또는 「공공기관의 운영에 관한 법률」 제4조에 따른 공공기관이 운영하는 시설의 운영자에게 다음 각 호의 조치를 요청할 수 있다.

1. 「대기환경보전법」 제2조 제11호에 따른 대기오염물질배출시설의 가동률 조정 및 가동시간 변경
2. 「대기환경보전법」 제2조 제12호에 따른 대기오염방지시설의 효율 개선
3. 사업장(「대기환경보전법」 제23조 제1항 또는 제38조의2 제1항에 따라 허가를 받거나 신고하여야 하는 사업장을 말한다)에서 비산배출되는 먼지 저감 등 미세먼지등의 배출 저감 및 관리를 위한 조치
4. 「해양환경관리법」 제2조 제16호에 따른 선박에 대한 연료 전환, 속도 제한 또는 운행 제한
5. 그 밖에 미세먼지등의 배출 저감 및 관리를 위하여 대통령령으로 정하는 사항

② 제1항에 따른 요청을 받은 중앙행정기관의 장, 지방자치단체의 장 또는 시설운영자는 정당한 사유가 없으면 환경부장관의 요청에 따라야 한다.

③ 제1항에 따른 조치 요청의 방법 및 절차 등에 관하여 필요한 사항은 환경부령으로 정한다.

④ 제1항에도 불구하고 시·도지사는 해당 지역의 미세먼지등의 배출 저감 및 관리를 위하여 필요하다고 인정하는 경우에는 미세먼지 계절관리기간에 다음 각 호의 조치를 시행할 수 있다.

1. 제18조 제1항 제1호·제3호 및 제4호의 조치
2. 농업을 영위하는 과정에서 발생하는 볏짚 등 잔재물(殘滓物)의 수거, 보관, 운반, 처리 등의 조치
3. 그 밖에 미세먼지등의 배출 저감 및 관리를 위하여 시·도의 조례로 정하는 조치

⑤ 시·도지사는 제4항 제2호에 따른 조치를 효율적으로 수행하기 위하여 전문기관 또는 단체로 하여금 그 업무를 수행하게 할 수 있다. 이 경우 예산의 범위에서 그 조치에 필요한 비용의 전부 또는 일부를 지원할 수 있다.

⑥ 제4항에 따른 조치의 방법 및 절차 등에 관하여 필요한 사항은 시·도의 조례로 정한다.

제22조(미세먼지 집중관리구역의 지정 등) ① 시·도지사, 시장·군수·구청장은 미세먼지 오염이 심각하다고 인정되는 지역 중 어린이·노인 등이 이용하는 시설이 집중된 지역을 미세먼지 집중관리구역(이하 "집중관리구역"이라 한다)으로 지정할 수 있다.

② 시·도지사, 시장·군수·구청장은 집중관리구역에서 환경부령으로 정하는 바에 따라 다음 각 호의 사항을 우선적으로 지원할 수 있다.

1. 「대기환경보전법」 제3조에 따른 대기오염도의 상시 측정
2. 살수차·진공청소차의 집중 운영
3. 어린이 등 통학차량의 친환경차 전환
4. 학교 등에 공기 정화시설 설치
5. 수목 식재 및 공원 조성
6. 그 밖에 환경부령으로 정하는 사항

③ 집중관리구역의 지정·해제 요건, 절차, 지원방법 등에 필요한 사항은 환경부령으로 정한다.

제23조(취약계층의 보호) ① 정부는 어린이·노인 등 미세먼지로부터 취약한 계층(이하 "취약계층"이라 한다)의 건강을 보호하기 위하여 일정 농도 이상 시 야외 단체활동 제한, 취약계층 활동공간 종사자에 대한 교육 등 취약계층 보호대책을 마련하여야 한다. 다만, 종합계획에 이 법에 따른 취약계층 보호대책이 반영된 경우에는 이 법에 따른 보호대책을 수립한 것으로 본다.

② 제1항에 따른 취약계층의 범위, 보호대책 마련 등에 필요한 사항은 대통령령으로 정한다.

제24조(미세먼지 간이측정기 성능인증 등) ① 환경부장관은 「환경분야 시험·검사 등에 관한 법률」에 따른 형식승인이나 예비형식승인을 받지 아니한 미세먼지 측정기기(이하 "미세먼지 간이측정기"라 한다)에 대하여 성능인증제를 시행하여야 한다.

② 누구든지 제1항에 따른 성능인증을 받지 아니한 미세먼지 간이측정기를 제작·수입하여서는 아니 된다.

③ 환경부장관은 제1항에 따른 성능인증을 위하여 성능평가 등에 필요한 인력과 시설을 갖춘 법인이나 단체 중에서 성능인증업무를 수행하는 기관(이하 "성능인증기관"이라 한다)을 지정할 수 있다.

④ 미세먼지 간이측정기를 사용하는 자가 그 측정 결과를 일반에 공개하는 경우에는 환경부령으로 정하는 방법을 따라야 한다.

⑤ 그 밖에 성능인증제의 대상·등급·규격·표시·절차 및 성능인증기관의 지정 기준·절차 등에 필요한 사항은 환경부령으로 정한다.

제25조(성능인증의 취소 등) ① 환경부장관 또는 성능인증기관은 제24조 제1항에 따라 성능인증을 받은 미세먼지 간이측정기가 다음 각 호의 어느 하나에 해당하는 경우에는 그 성능인증을 취소하거나 성능인증표시의 변경을 명할 수 있다. 다만, 제1호에 해당할 때에는 성능인증을 취소하여야 한다.

1. 거짓이나 그 밖의 부정한 방법으로 성능인증을 받은 경우
2. 환경부령에 따른 성능인증기준에 맞지 아니한 경우
3. 전업(轉業), 폐업 등의 사유로 성능인증을 받은 미세먼지 간이측정기를 생산하기 어렵다고 인정하는 경우
4. 제24조 제5항에 따른 사항에 맞지 아니한 경우

② 환경부장관 또는 성능인증기관은 제1항에 따라 성능인증을 취소한 경우 지체 없이 미세먼지 간이측정기 제작·수입업자에게 그 사실을 알려야 한다. 다만, 성능인증기관이 성능인증을 취소하는 경우에는 환경부장관에게도 그 사실을 알려야 한다.

③ 환경부장관은 성능인증기관이 다음 각 호의 어느 하나에 해당하는 경우에는 그 지정을 취소하거나 6개월 이내의 기간을 정하여 업무의 전부 또는 일부의 정지를 명할 수 있다. 다만, 제1호 또는 제2호에 해당할 때에는 지정을 취소하여야 한다.

1. 거짓이나 그 밖의 부정한 방법으로 성능인증기관으로 지정을 받은 경우
2. 업무정지 기간 중에 인증업무를 수행한 경우
3. 제24조 제5항에 따른 성능인증기관의 지정 기준에 맞지 아니한 경우

④ 그 밖에 성능인증의 취소, 성능인증표시의 변경, 성능인증기관의 지정 취소 및 업무 정지의 세부기준 등은 환경부령으로 정한다.

제25조의2(미세먼지연구·관리센터 지정 등) ① 환경부장관은 미세먼지로 인한 건강피해의 예방·관리 등을 위한 조사·연구·교육 및 기술개발 등의 업무를 수행하기 위하여 다음 각 호의 어느 하나에 해당하는 기관 또는 법인·단체 중에서 대통령령으로 정하는 요건을 갖춘 자를 미세먼지연구·관리센터로 지정할 수 있다.

1. 국공립연구기관 또는 「정부출연연구기관 등의 설립·운영 및 육성에 관한 법률」에 따른 정부출연연구기관
2. 「고등교육법」 제2조에 따른 학교
3. 「민법」 또는 그 밖의 법률에 따라 설립된 환경 관련 비영리 법인 또는 단체

② 환경부장관은 미세먼지연구·관리센터에 대하여 예산의 범위에서 그 업무 수행에 필요한 비용의 전부 또는 일부를 지원할 수 있다.

③ 환경부장관은 미세먼지연구·관리센터가 다음 각 호의 어느 하나에 해당하

는 경우에는 환경부령으로 정하는 바에 따라 그 지정을 취소하거나 6개월의 범위에서 그 업무의 정지를 명할 수 있다. 다만, 제1호에 해당하는 경우에는 그 지정을 취소하여야 한다.

1. 거짓이나 그 밖의 부정한 방법으로 지정을 받은 경우

2. 제1항에 따른 지정 요건에 적합하지 아니하게 된 경우

3. 제2항에 따라 지원받은 비용을 그 목적 외의 용도로 사용한 경우

4. 그 밖에 대통령령으로 정하는 사유에 해당하는 경우

④ 제1항부터 제3항까지에서 규정한 사항 외에 미세먼지연구·관리센터의 지정 및 운영 등에 필요한 사항은 대통령령으로 정한다.

제26조(자료제출·검사 등) ① 환경부장관 또는 시·도지사는 이 법의 시행에 필요하다고 인정하는 경우 대통령령으로 정하는 사업자 등에게 자료를 제출하게 하거나, 관계 공무원에게 사업장 등을 출입하여 관계 서류나 시설·장비 등을 검사하게 할 수 있다.

② 제1항에 따른 검사를 하려는 공무원은 검사 3일 전까지 검사의 일시·목적 및 내용 등을 포함한 검사계획을 검사대상 사업자에게 통지하여야 한다. 다만, 긴급히 검사하여야 하거나 사전에 알리면 검사목적을 달성할 수 없다고 인정하는 경우에는 그러하지 아니하다.

③ 제1항에 따라 출입·검사를 하는 공무원은 그 권한을 표시하는 증표를 지니고 이를 관계인에게 내보여야 한다.

제27조(수수료) 제24조에 따라 미세먼지 간이측정기의 성능인증을 받으려는 자는 환경부령으로 정하는 바에 따라 수수료를 내야 한다.

제28조(청문) 환경부장관은 다음 각 호의 어느 하나에 해당하는 처분을 하려면 청문을 하여야 한다.

1. 제25조 제1항에 따른 성능인증의 취소

2. 제25조 제3항에 따른 성능인증기관의 지정 취소

3. 제25조의2 제3항에 따른 미세먼지연구·관리센터의 지정 취소

제29조(권한의 위임과 위탁) ① 이 법에 따른 환경부장관의 권한은 대통령령으로 정하는 바에 따라 그 일부를 시·도지사, 시장·군수·구청장, 국립환경과학원의 장이나 지방환경관서의 장에게 위임할 수 있다.

② 환경부장관은 대통령령으로 정하는 바에 따라 이 법에 따른 업무의 일부를 「한국환경공단법」에 따른 한국환경공단 등 관계 전문기관에 위탁할 수 있다.

제30조(벌칙 적용에서 공무원 의제) 다음 각 호의 어느 하나에 해당하는 사람은 「형법」 제129조부터 제132조까지의 규정을 적용할 때에는 공무원으로 본다.

1. 위원회의 위원 중 공무원이 아닌 사람
2. 제29조 제2항에 따라 위탁받은 업무에 종사하는 법인이나 단체의 임직원

제31조(과태료) ① 다음 각 호의 어느 하나에 해당하는 자에게는 200만원 이하의 과태료를 부과한다.

1. 제18조 제1항 제2호에 따른 대기오염물질배출시설의 가동시간 변경 등의 조치를 정당한 사유 없이 위반한 자
2. 제18조 제1항 제3호에 따른 건설공사장의 공사시간 변경·조정 조치를 정당한 사유 없이 위반한 자
3. 제21조 제1항에 따른 요청을 정당한 사유 없이 따르지 아니한 자
4. 제21조 제4항 제1호(제18조 제1항 제3호의 조치만 해당한다) 및 제2호에 따른 시·도지사의 조치 명령을 정당한 사유 없이 위반한 자
5. 제24조 제2항을 위반하여 성능인증을 받지 아니한 미세먼지 간이측정기를 제작·수입한 자
6. 제26조 제1항에 따른 자료의 제출을 하지 아니하거나 거짓 자료를 제출한 자와 관계 공무원의 출입·검사를 기피·방해 또는 거부한 자

② 다음 각 호의 어느 하나에 해당하는 자에게는 10만원 이하의 과태료를 부과한다.

1. 제18조 제1항 제1호에 따른 자동차의 운행 제한 조치를 정당한 사유 없이 위반한 자
2. 제21조 제4항 제1호에 따른 조치 중 자동차의 운행 제한 조치를 정당한 사유 없이 위반한 자

③ 제1항 및 제2항에 따른 과태료는 대통령령으로 정하는 바에 따라 환경부장관 또는 시·도지사, 시장·군수·구청장이 부과·징수한다.

부 칙

이 법은 공포한 날부터 시행한다. 다만, 제6조 및 제8조 제1항 단서의 개정규정은 2020년 4월 3일부터 시행한다.

<부록 4-4> 후쿠시마 제1발전소 날짜별 상황

날짜	사고 후	주요 상황
2011.3.11.	사고 1일	− 2011년 3월 11일 14시 46분에 일본 동북(東北, 도호쿠) 지방의 미야기 현 동쪽 해저에서 발생한 규모 9.0의 지진이 발생함 − 1, 2, 3호기는 자동 정지되었고 4, 5, 6호기는 정기유지보수를 위해 정지 중이었음 − 4호기는 2010년 11월 원자로의 모든 연료를 사용후핵연료 저장조로 이동시킨 상태였으며, 외부 전원이 상실됨 − 쓰나미가 발전소 부지를 침수시킴. 비상디젤발전기 가동이 중지됨 − 1, 2, 3호기에서 증기터빈으로 구동되는 원자로격리냉각시스템(RCIC: Reactor Core Isolation Cooling System)과 3호기의 고압냉각수주입시스템(HPCI: High−Pressure Coolant Injection System)이 1, 2, 3호기의 노심으로 냉각수를 주입함 − 발전소 주변 3km 이내의 주민에게 소개령 내려짐
2011.3.12.	사고 2일	− 1, 2, 3호기의 냉각기능이 상실되거나 심각하게 손상됨 − 1호기의 격납용기를 배기하였으며, 해수주입이 시작됨 − 10km 이내 주민의 소개령 발동됨 − 1호기의 수소폭발로 사용후핵연료 저장조 대기로 노출됨 − 소개범위 20km로 확대함
2011.3.13.	사고 3일	− 3호기 격납용기 배기함 − 3호기 해수주입 시작함
2011.3.14.	사고 4일	− 3호기 수소폭발 발생하여, 원자로건물 상부 심각하게 파손 − 1, 2, 3호기의 원자로용기 내부 수위가 핵연료 아래로 보고되었으며, 손상 예상됨 − 2호기 해수주입 시작함
2011.3.15.	사고 5일	− 4호기에 화재가 발생하여, 원자로 건물 최상층 손상 확인함 − 2호기 격납용기 배기 시작함 − 2호기 원자로 건물 내부에서 수소폭발 발생. 압력조절응축수조의 파손이 의심되나, 원자로 건물은 손상 없음 − 4호기 추가 폭발로 원자로 건물 상부 파손 확대됨 − 6호기 비상디젤발전기 1기가 5호기와 6호기 사용후핵연료 저장조 냉각장치에 전원공급 시작

날짜	사고 후	주요 상황
2011.3.16.	사고 6일	− 4호기 사용후핵연료 저장조 부근에서 다시 화재 발생함 − 20km 이내 소개 조치 완료
2011.3.17.	사고 7일	− 헬리콥터를 사용해 해수를 3호기 사용후핵연료 저장조에 살수함
2011.3.18.	사고 8일	− 3호기 해수 살포를 지속함

2011.3.19.	사고
	9일
		− 3호기 해수 살포를 지속함
		− 5, 6호기는 6호기의 비상디젤발전기 2기를 이용한 사용후
		  핵연료 저장조 냉각 시작됨
		− 발전소 주변에서 생산된 우유와 시금치가 일본방사능 기준을
		  초과함
		− 도쿄 등지에서도 평소 이상의 방사능이 계측됨
		− 후쿠시마의 수돗물에서 기준치 이상의 방사성 아이오딘이
		  검출됨

2011.3.20.	사고 10일	− 3호기 해수 살포 지속함. 2호기 사용후핵연료 저장조로 40 톤의 해수 주입함 − 2호기 임시 전원센터에 외부전원 연결함 − 5, 6호기 냉온정지(Cold Shutdown) 상태 도달

2011.3.21.	사고
	11일
		− 1, 2, 5, 6호기 외부전원 연결함
		− 1, 2호기 전원이 임시배전반에 연결
		− 1, 2호기에서 지진과 쓰나미 영향을 받은 기기의 점점 시작됨
		− 5호기 전원이 6호기 비상디젤발전기에서 외부전원으로
		  전환됨
		− 일본 정부가 시금치와 우유의 유통을 잠정 중단하도록
		  조치함

2011.3.22.	사고 12일	− 3, 4호기 외부전원 연결로 6개 호기 모두 외부전원 연결됨 − 1, 2, 3, 4호기 배수구에서 방사성 아이오딘(I−131) 및 세슘(Cs−134, 137)의 농도가 규제 제한치를 초과함
2011.3.23.	사고 13일	− 3, 4호기 해수 살포 지속함 − 5, 6호기 외부전원이 비상디젤발전기 1기로 전환됨

날짜	사고 후	주요 상황
2011.3.24.	사고 14일	− 1호기 원자로용기 온도가 400°C에 근접하여 설계온도 302°C를 초과함 − 3호기에서 검은색 연기가 발생하여 모든 작업을 일시 중지 하였으나, 방사선 준위의 변화는 없음 − 1, 2, 3, 4호기에서 증기배출이 관찰됨 − 3호기 터빈건물에서 배선 작업 중이던 작업자 3명이 고준위 방사선에 피폭됨
2011.3.25.	사고 15일	− 2호기 주제어실 전원 공급 − 1호기 원자로 용기 온도가 400°C에서 204.5°C로 하강함
2011.3.26.	사고 16일	− 2, 3호기 해수주입에서 붕산을 첨가한 담수주입으로 전환하고 엔진펌프에서 전동펌프로 전환함
2011.3.27.	사고 17일	− 4호기 사용후핵연료 저장조에 콘크리트 펌프를 사용한 냉각수를 간헐적으로 주입함 − 방사성 오염수 누출을 줄이기 위해 2호기로 주입하는 냉각수의 양을 줄임
2011.3.28.	사고 18일	− 후쿠시마 제1발전소 부지 내에서 플루토늄이 검출되었으나, 평상시와는 큰 차이 없는, 건강에 영향 없는 수준임 − 1, 2, 3호기 터빈빌딩의 물에서 방사성물질이 검출되어 방사성물질의 누출을 줄이면서 노심을 냉각해야 함
2011.3.29.	사고 19일	− 1호기 해수주입에서 붕산을 함유한 담수주입으로 전환하고 엔진펌프에서 전동펌프로 전환함
2011.3.30.	사고 20일	− 2, 3호기 해수주입에서 담수주입으로 전환. 1, 2, 3, 4호기에서 흰색 연기 발견. 4호기 사용후핵연료 저장조 담수 살포 시작
2011.3.31.	사고 21일	− 바지선을 통해 추가적인 담수 공급. 1, 3호기 사용후핵연료 저장수조로 민물 살포
2011.4.1.	사고 22일	− 2호기 사용후핵연료 저장조로 담수 공급 − 4호기 사용후핵연료 저장조로 콘크리트 펌프를 통한 담수 공급
2011.4.2.	사고 23일	− 1, 3호기 사용후핵연료 저장수조로 콘크리트 펌프를 이용한 살수. 바지선을 통한 2차 담수 공급 − 2호기 냉각해수 유입구 근처의 케이블 저장조에 1.000mSv/h를 초과하는 고방사능을 검지하였으며, 방사성물질이 유출되는 약 20cm 크기의 균열을 발견함. 균열을 막기 위한 작업을 개시함

날짜	사고 후	주요 상황
2011.4.3.	사고 24일	− 1, 2, 3호기에 외부전원을 사용하는 전동펌프를 이용한 원자로 냉각수주입 지속. 4호기 사용후핵연료 저장조에 콘크리트 펌프를 사용한 냉각수 살포 지속
2011.4.4.	사고 25일	− 1만 1,500톤의 저준위 방사성 냉각수의 해수 방출을 TEPCO가 결정함 − 터빈 건물에 고인 고준위 방사성 냉각수 등을 수집 처리하기 위해 저장되어 있던 저준위 냉각수의 방출을 결정함. 근해의 어류와 해초류를 섭취할 경우 연간 약 0.6mSv의 추가적인 피폭이 예상되는 수준(이 수준은 자연방사선 피폭의 1/4 수준)임
2011.4.5.	사고 26일	− 4호기 사용후핵연료 저장조로 콘크리트 펌프를 이용한 냉각수 살포 지속
2011.4.6.	사고 27일	− 2호기 콘크리트 균열 부위 막음 작업 완료로 누출 멈춤. 1호기 격납용기 내부에서의 수소폭발을 방지하기 위한 질소주입 준비
2011.4.7.	사고 28일	− 7.1 규모의 여진이 후쿠시마 제1발전소 근해에서 발생함 − 2, 4호기의 사용후핵연료 저장조로 냉각수 공급함
2011.4.8.	사고 29일	− 3호기에 담수 75톤 살수
2011.4.9.	사고 30일	− 1호기 격납용기 압력이 질소주입에 의해 4월 7일 1시 20분 1.5기압에서 4월 9일 12시 00분 1.9기압으로 증가됨 − 5, 6호기 수집조(Sub Drain)의 1,320톤 방류 완료 (4월 8~9일)함
2011.4.10.	사고 31일	− 1~4호기 중앙폐기물처리설비의 물 9,070톤 방류 완료 (4월 4~10일)
2011.4.11.	사고 32일	− 오후 5시 16분 하마도리(후쿠시마 제2발전소 인근) 리히터 규모 7.1의 여진이 발생함. 모든 작업자 TSC 건물로 대피. 1, 2, 3호기 외부전원이 일시 중단됨. 오후 6시경 전원이 복구됨 − 방사성 오염수 방출과 질소주입작업이 중단/연기됨. 격납 건물의 미세 누출이 있는 것으로 추정 − 에다노 관방장관이 비상대피구역을 현재 20km 영역에서 확대하고, 30km 영역 내의 주민에게 옥내대피 혹은 자발적 외곽 대피를 권고함

날짜	사고 후	주요 상황
2011.4.12.	사고 33일	− NISA의 방사성물질 누출량 추정결과, 아이오딘−311 1.5× 1017Bq, 세슘−137 1.2×1016Bq로 아이오딘−131 환산 6.3 ×1017Bq의 방출량이 평가됨(이는 체르노빌의 5.2×1018 대비 10% 수준) − 일본원자력 안전위원회가 후쿠시마 제1발전소 사고를 INES 7등급으로 평가함 − 2호기 해수 스크린 부근에 방사성 오염수 확산 방지용 철제 차단막을 설치함
2011.4.13.	사고 34일	− 새벽 0시 30분 콘크리트 펌프를 이용해서 4호기 사용후핵 연료 저장조에 195톤의 물 살수 − 3, 4호기 해수 스크린 부근에 방사성 오염수 확산 방지용 모래 차단막 설치
2011.4.14.	사고 35일	− 1호기 질소 주입 지속. 1, 2, 3호기 담수 노내 주입 지속
2011.4.15.	사고 36일	− 1호기 질소 주입 지속. 1, 2, 3호기 담수 노내 주입 지속
2011.4.16.	사고 37일	− 1호기 질소 주입 지속. 1, 2, 3호기 담수 노내 주입 지속
2011.4.17.	사고 38일	− 1호기 질소 주입 지속. 1, 2, 3호기 담수 노내 주입 지속 − 도쿄전력 사고회복을 위한 로드맵 발표. 냉각, 사고완화, 제염 등의 단계
2011.4.18.	사고 39일	− 1호기 질소 주입 지속. 1, 2, 3호기 담수 노내 주입 지속 − 도쿄전력 사고회복을 위한 로드맵 발표. 냉각, 사고완화, 제염 등의 단계로 진행할 예정 − 1, 2, 3호기 원자로 건물 내부로 로봇 투입 관찰함 − 후쿠시마 시에서 야외 재배된 표고버섯의 출하가 금지됨
2011.4.19.	사고 40일	− 일본 원자력보안원에서 원전 핵연료봉이 녹은 것으로 추정함

출처: 조공장 외(2016: 57−60).

위험사례 II
: 생활안전 위험사례

제1절 생활안전 분야의 위험

1. 생활안전의 의미와 생활안전 분야의 위험

1) 생활안전의 범위와 정의

최근 들어 생활안전에 대한 중요성이 강조되고 있다. 생활안전은 일반적으로 재난관리와 대비되는 의미로 사용되며, 그 범위와 내용이 상당히 광범위하다는 점에서 특이성을 지닌다(강병준, 2016: 3). 생활안전 분야는 청소년범죄, 직장, 가정, 성범죄(성폭력), 금융범죄, 화재, 식품안전 등의 분야로 다양하게 논의될 수 있어 사실상 그 범위를 한정하여 설명하기는 어렵다(성기환·최일문, 2015). 일례로 생활안전과 관련된 해외사례에서는 일본의 경우 성범죄, 미국·영국·일본의 경우 교통안전, 미국·영국의 경우 학교폭력 등이 주요 생활안전 사례로 제시된다(김명엽, 2016: 331). 이처럼 생활안전 분야의 범위는 매우 다양한 것이다.

하지만 본 장에서는 생활안전을 세 가지 차원에서 논의하고자 한다. 첫째, 생활안전을 '소비자안전' 차원에서 설명할 수 있다. 음식, 공산품, 사료 등과 관련된 소비자안전을 생활안전이라고 논의할 수 있는 것이다(OECD, 2015). 여기서 소비자안전은 소비자생활과 관련된 재화의 위험 수준을 바탕으로 논의한다. 소비자안전과 관련해서는 「소비자기본법」을 통해 보다 상세히 설명할 수 있다. 「소비자기본법」 제2조에 의하면 소비자는 "사업자가 제공하는 물품 또는 용역을 소비생활을 위하여 사용하는 자 또는 생산활동을 위하여 사용하는 자"이다. 소비자안전은 이러한 소비자의 권리를 통해 제시된다. 동법 제4조(소비자의 기본적 권리)에 의하면 소비자 권리는 "① 물품 또는 용역으로 인한 생명·신체 또는 재산에 대한 위해로부터 보호받을 권리, ② 물품 등을 선택함에 있어서 필요한 지식 및 정보를 제공받을 권리, ③ 물품 등을 사용함에 있어서 거래상대방·구입장소·가격 및 거래조건 등을 자유로이 선택할 권리, ④ 소비생활에 영향을 주는 국가 및 지방자치단체의 정책과 사업자의 사업활동 등에 대하여 의견을 반영시킬 권리, ⑤ 물품 등의 사용으로 인하여 입은 피해에 대하여 신속·공정한 절차에 따라 적절한 보상을 받을 권리, ⑥ 합리적인 소비생활을 위하여 필요한 교육을 받을 권리, ⑦ 소비자 스스로의 권익을 증진하기 위하여 단체를 조직하고 이를 통하여 활동할 수 있는 권리, ⑧ 안전하고 쾌적한 소비생활 환경에서 소비할 권리"이다. 특히 이 중에서 "물품 또는 용역으로 인한 생명·신체 또는 재산에 대한 위해로부터 보호받을 권리"와 "안전하고 쾌적한 소비생활 환경에서 소비할 권리"는 소비자의 안전과 관련된 중요한 권리라고 할 수 있다.

둘째, 생활안전을 '국민생활안전' 측면에서 살펴볼 수 있다. 이러한 관점에서 생활안전은 국민생활 영역에서 고려되는 모든 안전위협들로부터 국민의 생명·재산·건강이 위해를 받지 않는 상태를 의미한다(이재은·유현정, 2007). 보다 구체적인 국민생활안전 영역으로는 ① 식품안전 영역, ② 보건/의·약품 안전 영역, ③ 생활경제 안전 영역, ④ 생활환경 안전 영역 등이 있다(이하 이재은·유현정, 2007: 4). 식품안전 영역은 인체 유해물질 또는 안전 검증이 이루어지지 않은 물질의 식품 첨가여부나 전염병 감염 가축 유통 여부와 관련된 것이며, 보건/의·약품 안전 영역은 국민건강에 유해한 보건 및 의·약품 무허가 제조 또는 불법 수입·유통, 마약 및 향정신성 의·약품 유통 여부와 관련된 것이다. 생활경제 안전 영역은 일상적인 경제활동과 경제행위의 주체에 관한 것이며, 생활환경 안전 영역은 국민생활을 둘러싼 환경오염 또는 산업 및 경제활동 결과로 인한 위해한 환경 조성 여부에 관한 것이다. <표 5-1>의 내용을 참고하여 보다 구체적인 국민생활안전 내용을 설명할 수 있다. 즉 국민생활안전은 취약소비자 안전, 생활경제 안전, 교통생활 안전, 직업생활 안전, 학교생활 안전, 생활식품 안전, 생활건강 안전, 생활시설 안전, 생활환경 안전, 생활기반 안전 등으로 분류될 수 있는 것이다.

<표 5-1> 국민생활안전 주요 내용

분류	내용
취약소비자 안전 위기	아동이나 노인, 장애인, 저소득층 등 신체적 기능이 완전하지 못하거나 경제적 능력이 떨어지며 안전사고 노출 빈도가 높고 안전사고 대처능력이 일반 성인보다 현저히 떨어지는 취약소비자에게 발생하는 생활안전 위기
생활경제 안전 위기	실업, 파산 등 국민의 일상적인 경제활동이 마비되어 경제행위 주체로서의 실질적인 활동이 중단되는 생활안전 위기
교통생활 안전 위기	국민의 일상적인 활동이 이루어지는 법정·비법정 도로에서의 자동차, 자전거, 보행자 등의 사고로 인한 생활안전 위기
직업생활 안전 위기	국민의 일상적·경제적인 직업 활동 수행을 위한 사업장·비사업장에서의 안전사고로 인한 생활안전 위기
학교생활 안전 위기	학교 시설 설비 환경에 의한 사고, 급식사고, 교통사고, 교육과정 수행에 따른 사고 등 학교 교육활동 중에 발생하는 모든 형태의 안전 위협요소로 인한 생활안전 위기
생활식품 안전 위기	일상생활 속에서 사용하는 모든 공산품의 사용과정에서 발생하는 안전 사고로 인한 생활안전 위기
생활건강 안전 위기	국민 건강에 유해한 건강기능식품, 보건 및 의·약품의 무허가 제조 혹은 불법 수입·유통, 그리고 마약 및 향정신성 의·약품의 유통 등으로 인한 생활안전 위기
생활시설 안전 위기	국민의 일상생활에 이용되는 공공 및 민간 시설에서 발생하는 안전 관련 사고에 의해 신체적·정신적·경제적 측면의 치료와 대책을 요하는 생활 안전 위기
생활환경 안전 위기	국민 생활을 둘러싼 환경의 오염이나 산업 및 경제활동의 결과로 인한 유해 환경 조성으로 인한 생활안전 위기
생활기반 안전 위기	금융사고, 전력사고, 공중보건사고, 에너지 부족 등 국민들이 일상생활을 영위하는 기반의 마비를 가져오는 위협 요소로 인한 생활안전 위기

출처: 이재은·유현정(2007: 6) 재구성.

셋째, 생활안전을 재난 포함 여부 기준에 따라 다음과 같이 구분할 수 있다. 즉 ① 생활안전을 재난과 분리된 일상적 안전사고와 ② 범죄, 재난, 안전사고, 기후변화 적응 등 일상생활 속의 모든 위험으로부터의 안전으로 구분하는 것이다(김성근, 2017: 17). 이와 관련해 '재난'의 개념을 살펴봄으로써 생활안전 범위를 보다 명확히 파악할 수 있을 것이다. 특히 「재난 및 안전관리 기본법」에 제시된 '재난'의 개념을 살펴볼 수 있다. 「재난 및 안전관리 기본법」 제3조에 의하면 재난은 "국민의 생명·신체·재산과 국가에 피해를 주거나 줄 수 있는 것"으로 정의된다. 이러한 정의에서 알 수 있듯이 재난의 의미에 이미 국민의 생명·신체·재산이 침해받는 내용이 포함되어 있기 때문에 재난을 기준으로 생활안전을 구분하는 것은 사실상 무의미하다고 할 수 있다.

이상에서 제시한 생활안전의 세 가지 차원을 통해 알 수 있는 것은 생활안전 범위는 한정되고 제한되는 것이 아니라 매우 광범위하게 고려될 수 있다는 것이다. 정부부처의 생활안전 분야에 대한 이창길(2011)의 연구 결과를 정리한 <표 5-2>에서도 알 수 있듯이, 특정한 부서에서만 생활안전을 전담하여 다루는 것이 아니라 다양한 부서에서 생활안전을 다루고 있는 것이다. 범죄, 학교폭력, 여성폭력, 성폭력, 치안, 화재, 복지 등 생활과 관련된 모든 분야를 경찰청, 여성부 등 다양한 정부부처에서 관리하고 있다는 점을 고려할 때 생활안전 범위는 광범위하며, 개념역시 포괄적이라고 할 수 있다.

이러한 측면에서 연구자들은 국민생활안전에 대한 다양한 개념정의를 제시하고 있다. 이창길(2011: 24)의 경우 "국민의 삶의 질에 직·간접적으로 영향을 미치는 위험요소를 모두 포함하는 개념"으로 국민생활안전을 정의하고 있다. 다른 연구에서 제시되는 생활안전에 대한 개념 정의도 이와 비슷하다. 국민생활안전을 "국민들의 일상생활과정에서 국민 각자의 건강과 안녕(well-being)이 유지될 수 있도록 육체적, 심리적 또는 물질적 위해의 원인이 되는 위험요인과 상황, 환경의 변화에 대응할 수 있는 상태"라고 정의하기도 하며(배대식, 2009: 6), "가정, 학교, 사회생활 등 일상적으로 접하는 생활환경에서의 위험으로부터 안전에 대한 지식, 태도, 행동을 신장시키는 것"(두경자·윤용희, 2006: 76), 혹은 "일상생활에서 발생하는 신체적 손상이나 사고 위험을 줄여나가는 것"(신현정·신동주, 2007: 277) 등으로 정의하기도 한다. 이러한 다양한 개념 정의를 바탕으로 본서에서는 생활안전을 '개인의 일상생활과 관련되며 생명·건강·재산상 위험으로부터 탈피된 상태'라고 정의하고자 한다.

<표 5-2> 주요 기관의 생활안전 분야 연구

연구수행 기관	연구의 내용	연구성과의 활용 현황
법무연수원	성폭력범죄의 양형분석 및 재범방지를 위한 성폭력 범죄자 사후 관리방안 ─ 성폭력범죄의 공식통계, 특성과 처리실태 제시 ─ 한국의 성폭력 관련법과 정책 분석 ─ 미국, 영국의 성폭력범죄 정책사례 제시 ─ 성폭력범죄 재범방지를 위한 형사정책 분석 ─ 성폭력범죄자, 성범죄자 등록 및 신상공개제도의 　 현황과 실효성 분석 ─ 전자감시제도의 실효성 제시	정책참조
청소년폭력 예방재단	학교폭력 실태조사 보고서 ─ 학교폭력, 사이버폭력, 성폭력, 집단구타 및 집단 　 따돌림 실태에 대한 현황 제시	현황자료로 활용
한국형사 정책연구원	범죄예방을 위한 일상생활의 지혜 ─ 범죄예방, 가정폭력, 학교폭력, 성폭력에 대한 　 대처방안 제시	생활안전 지침으로 활용
여성부	여성 폭력 종식: 담론에서 행동으로 ─ 여성폭력, 가정폭력, 성폭력에 대한 행동요령 제시	여성폭력 근절행동 요령으로 활용
소방방재청	행동변화 모델 및 안전의식 지수 개발 ─ 국민안전과 안전의식 개념제시 ─ 행동변화모형 제안 ─ 국민안전의식 지수개발 및 지수산정 ─ 국민안전의식 지수 활용방안 제시	국민 행동변화에 대한 정책적 대안 제시
경찰청	도로교통 안전백서 ─ 교통안전 시책의 방향과 동향 제시 ─ 교통사고의 전망과 안전대책 제시 ─ 교통안전 시책의 추진 현황 제시 ─ 교통사고 현황 분석	교통안전의 현황 및 정책 참고자료로 활용

연구수행 기관	연구의 내용	연구성과의 활용 현황
보건복지부	아동 안전사고 효과적 대응을 위한 네트워크 구축 및 관리체계 개발 – 아동안전사고 실태조사 및 결과분석 – 아동안전 네트워크 모형 구축 및 운영전략 제시 – 아동안전에 관한 입법 방안 제시	아동안전에 관한 실태와 입법필요성 제시자료

출처: 이창길(2011: 27).

2) 생활안전의 위험성

우리 삶의 터전이 되는 생활환경에는 언제나 위험요소가 존재하지만 생활안전과 관련하여 우리는 위험을 인식하지 못하는 경우가 많다. 일반적으로 사람들은 자신이 잘 알지 못하는 위험에 대해 두려움과 공포를 느끼지만 자신들이 잘 아는 위험요인들에 대해서는 위험인식이 낮은 측면이 있다(Slovic et al., 2000). 대부분의 생활안전 위해요인들 즉 교통사고, 범죄, 치안, 화재요인 등은 생활안전을 크게 저해하는 요인임에도 불구하고 사람들은 이러한 요인들에 친숙하기 때문에 이들을 심각한 위험요소로 고려하지 않는 경향이 있다.

예를 들어 [그림 5-1]에서 제시되어 있듯이 화재에 대한 재산피해는 매년 끊임없이 증가하고 있다. 그럼에도 불구하고 국민들은 화재사고 발생 위험에 대해 다소 부주의한 측면이 있다. 2018년 12월 20일부터 2019년 1월 20일까지 시민 3,485명을 대상으로 서울시가 실시한 '안전인식에 대한 온라인 설문조사'에 따르면, 응답자의 90% 정도가 한국사회의 안전 불감증이 매우 심각하다고 응답하였다(문화일보, 2019). 보다 구체적으로 '매우 심각하다'고 응답한 사람이 43.6%, '조금 심각하다'고 응답한 사람이 48.7%로 약 92.3%가 한국사회는 안전 불감증이 심각하다고 응답하였다. 또한 화재예방을 위한 안전점검에 대해서도 응답자의 약 38.5%가 '아주 가끔 한다'라고 응답하였다. 다음으로 '거의 안 한다'라고 응답한 비율이 28.9%에 이르렀다. 이와 같이 화재의 객관적 위험도는 지속적으로 증가([그림 5-1] 참조)하고 있음에도 불구하고, 국민들이 인식하는 화재 위험성은 상대적으로 낮게 나

타난 것이다. 이처럼 생활안전 위험요인들에 대해 개인들은 높은 친숙도를
유지하기 때문에 생활안전에 대한 위험성을 심각하게 인지하지 못하는 특
성이 있다.

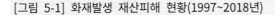

[그림 5-1] 화재발생 재산피해 현황(1997~2018년)

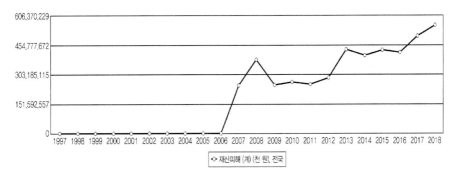

출처: 통계청(2020a). 자료 재구성.

　　교통사고의 경우, 한국사회에서는 OECD 국가들에 비해 사고 사망자
비율이 높은 편인 것으로 나타났다. 2016년 기준으로 한국에서는 인구 10만
명당 교통사고 사망자 수가 8.4명으로 나타나, 다른 OECD 국가들에 비해
매우 많은 편이었다. 인구 10만 명당 교통사고 사망자 수는 칠레 12명, 미
국 11.6명, 터키 9.2명, 다음으로 한국이 네 번째로 높은 수치였다. 뿐만 아
니라 자동차 1만 대당 사망자 수 역시 1.7명으로서 칠레(4.5명)와 터키(4.1명)
를 제외하고 세 번째로 높게 나타났다. <표 5-3>과 같이 OECD 국가들
과 비교했을 때 한국의 교통사고 사망자 비율은 높게 나타난다고 할 수 있
다. 이러한 차원에서 교통사고 역시 우리의 삶에 큰 위협을 주는 생활안전
위험요인이라고 할 수 있다.[1]

---

1) 이를 해결하기 위해 행정안전부에서는 생활안전지도를 제공하고 있다. 생활안전지도는 "국민
  개개인이 생활주변 위험에 관심을 가지고 스스로 대처할 수 있도록 안전정보들을 통합하여 지도
  위에 표현한 서비스"이다. 보다 자세한 내용은 http://www.safemap.go.kr/gdnc/sftyinfo.do를
  참조 바란다.

<표 5-3> OECD 국가 교통사고 현황 비교(2016년)

국가	교통사고 건수(건)	교통사고 사망자(명)	자동차1만 대당 사망자	인구10만 명당 사망자
그리스	11,318	824	0.9	7.6
네덜란드	–	629	0.6	3.7
노르웨이	4,374	135	0.3	2.6
뉴질랜드	9,968	328	0.9	7
대한민국	220,917	4,292	1.7	8.4
덴마크	2,882	211	0.7	3.7
독일	308,145	3,206	0.6	3.9
라트비아	3,792	158	1.9	8
룩셈부르크	–	32	0.7	5.6
멕시코	12,553	3,371	1	2.6
미국	–	37,461	1.3	11.6
벨기에	40,123	670	0.9	5.9
스웨덴	14,051	270	0.4	2.7
스위스	17,577	216	0.4	2.6
스페인	102,362	1,810	0.5	3.9
슬로바키아	5,602	275	1	5.1
슬로베니아	6,495	130	0.9	6.3
아이슬란드	986	18	0.6	5.4
아일랜드	–	186	0.7	3.9
에스토니아	1,468	71	0.9	5.4
영국	142,846	1,860	0.5	2.8
오스트리아	38,466	432	0.7	5
이스라엘	12,015	335	1	3.9
이탈리아	175,791	3,283	0.6	5.4
일본	499,201	4,698	0.5	3.7
체코	21,386	611	0.9	5.8

국가	교통사고 건수(건)	교통사고 사망자(명)	자동차1만 대당 사망자	인구10만 명당 사망자
칠레	–	2,178	4.5	12
캐나다	117,673	1,898	0.8	5.2
터키	185,128	7,300	4.1	9.2
포르투갈	32,299	563	1	5.4
폴란드	33,664	3,026	1.1	8
프랑스	57,522	3,477	0.8	5.4
핀란드	4,730	256	0.6	4.7
헝가리	16,627	607	1.5	6.2
호주	–	1,295	0.7	5.3

출처: 도로교통공단(2020). 교통사고분석시스템 자료 활용.

[참고]

교통 및 식중독, 안전통계 관련 정보

• 기상전망: 기상청 날씨누리
• 사회재난 및 자연재난 자료: 국민재난안전포털
• 항공철도 사고: 항공철도사고조사위원회
• 도로교통사고정보, 자전거사고, 농기계사고: 도로교통공단
• 항공사고정보: 국토교통부 통계누리
• 열차사고 정보: 통계청 국가통계포털(kosis)
• 식중독 통계: 식품안전나라
• 소비자안전주의보, 소비자정책동향, 교육자료: 소비자보호원

출처: 생활안전지도 사이트.

2. 생활안전과 안전취약계층 및 안전복지

1) 안전취약계층의 의미

생활안전 위험요인들이 일반인들에게는 큰 위험이 되지 않을 수 있음에도 불구하고 장애인, 아동, 노인 등과 같은 취약계층들에게는 심각한 위험요인으로 작용할 수 있다(김명엽, 2016). 취약계층은 인적속성에 따라 여성, 여성가구주, 고령층, 저학력층, 장애인, 소수인종, 이민자 등으로 분류할 수 있다(이준섭, 2012). 이를 바탕으로 안전취약계층의 개념은 "신체적 기능이 완전하지 못하거나 경제적 능력이 떨어지는 계층으로서 스스로 안전장치를 구입하거나 안전조치를 할 수 있는 능력이 떨어져 위험에 노출되는 빈도가 높으며, 신체적 안전취약계층의 경우 불의의 재난이나 사고 대처 능력이 일반인 보다 현저히 떨어지는 계층"으로 정의할 수 있다(김명엽, 2016: 334).

안전취약계층에 관한 정의는 법령에서 명확하게 제시되고 있다. 「재난 및 안전관리 기본법」 제3조(9의 3)에서는 안전취약계층을 "어린이, 노인, 장애인 등 재난에 취약한 사람"으로 정의한다. 「재난 및 안전관리 기본법」에 의하면 안전취약계층은 '재난'에 취약한 계층으로 정의되고 있는 것이다. 이 때 재난의 의미가 다양하게 해석될 수 있다는 점을 고려한다면 안전취약계층에 대한 개념 정의가 다소 추상적이라 할 수 있다. 이러한 가운데 보다 구체적인 안전취약계층에 대한 개념 정의는 경기도 조례에서 제시되고 있다. 예를 들어 2017년 9월 29일에 제정된 「경기도 안전취약계층 지원 조례」 (경기도조례 제5696호)에서 안전취약계층은 "각종 재난 및 사고예방 또는 사고발생시 반드시 필요한 물품 또는 시설을 스스로 구입하여 비치 또는 설치하기 어려운 저소득자, 장애인, 소년소녀가장 등으로서 경기도에 주소를 두거나 거주하는 자"라고 정의한다. 즉 안전취약계층 대상을 저소득자, 장애인, 소년소녀가장 등이라고 규정하고 있으며, 이들은 재난 및 사고예방 또는 사고발생 시 원활하게 대응을 할 수 없는 자를 일컫는다. 무엇보다도 안전취약계층은 신체적 혹은 경제적인 측면에서 일반인에 비해 위험 대처 능력이 떨어져 이들 스스로 안전조치를 취할 수 있는 능력이 부족한 사람들을 의미한다고 볼 수 있다(박소손 외, 2014).

2) 생활안전취약계층 범위: 어린이, 노인, 장애인의 생활안전

본 장에서는 생활안전취약계층에 대해 논의하기 위해 교통사고 영역에서 어린이, 노인, 장애인 현황이 어떻게 나타나고 있는지를 간략히 살펴보았다. 먼저 노인 교통사고 현황을 살펴보면 <표 5-4>와 같다. <표 5-4>에 의하면 2018년 기준 각 연령대별 교통사고 사망자 수 가운데 가장 높은 비중을 차지하는 연령대는 65세 이상의 연령층이었다. 총 사망자 3,781명 중 1,682명으로서 약 44.8%를 차지하고 있었다. 사상자의 경우는 50대가 62,407명으로 가장 많지만, 사망자 수만 살펴보았을 때에는 65세 이상 연령이 가장 많은 것으로 나타났다. 이러한 측면을 고려할 때 노인 계층은 교통안전에 있어서의 취약계층이라고 할 수 있다.

<표 5-4> 연령별 교통사고 현황(2018년)

연령층	사상자 수(명)	사망자 수(명)	부상자 수(명)
계	326,818	3,781	323,037
12세 이하	12,577	34	12,543
13~20세	19,528	120	19,408
21~30세	53,816	267	53,549
31~40세	56,012	277	55,735
41~50세	58,805	406	58,399
51~60세	62,407	695	61,712
61~64세	20,055	300	19,755
65세 이상	43,618	1,682	41,936

출처: 도로교통공단(2020). 교통사고분석시스템 자료 활용.

특히 노인보행자 교통사고 현황을 살펴보면 이는 더욱 명확해진다. <표 5-5>의 노인보행자 교통사고 현황(2014~2018년)을 살펴보면 사고 건수 등이 점차 증가하는 추세를 보였다. 이처럼 노인 보행자 교통사고 건수와 부상자 수가 증가하는 추세를 고려해 볼 때 노인을 교통안전취약계층으로 분류할 수 있을 것이다.

<표 5-5> 노인보행자 교통사고 현황

연도	사고 건수(건)	사망자 수(명)	부상자 수(명)
2014	10,825	919	10,031
2015	11,532	909	10,772
2016	11,425	866	10,693
2017	11,977	906	11,224
2018	11,815	842	11,124

출처: 도로교통공단(2020). 교통사고분석시스템 자료 활용.

아동 또는 어린이 역시 교통사고취약계층으로 고려될 수 있다. [그림 5－2]에서 보듯이 다른 OECD 국가에 비해 한국의 어린이(만 14세 이하) 교통사고 사망자 수의 분포가 높게 나타나고 있다.[2]

[그림 5-2] OECD 가입국 어린이(14세 이하) 인구 10만 명당 교통사고 사망자 수 비교

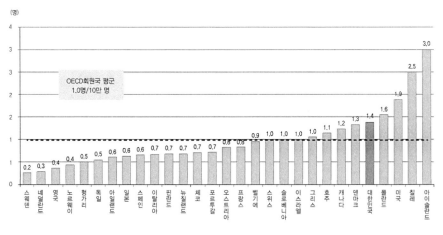

출처: 도로교통공단(2015). OECD 회원국 교통사고비교.

특히 어린이보호구역(스쿨존)에서의 어린이 교통사고가 끊임없이 발생

---

2) 이처럼 어린이 안전사고가 급증하고 있음을 고려할 때 이들에 대한 교통안전사고 예방관리가 반드시 마련될 필요가 있다(최현주·최관, 2017).

하고 있다. 2013~2017년 기간 동안 초등학생 교통사고 건수는 총 1만 5,440 건이 발생하였다. 월별로 교통사고 발생 건수는 다소 상이하게 나타났다. 1월 825명, 2월 897명, 3월 1,384명으로 점차 증가하다, 6월 1,614명, 7월 1,502명, 8월 1,238명으로 감소하였다. 그리고 9월에 다시 1,355명으로 증가하여, 10월 1,348명, 11월 1,265명, 12월 1,142명을 유지하고 있었다(경향신문, 2019).[3]

[그림 5-3] 월별 어린이 교통사고 현황

(단위: 명)

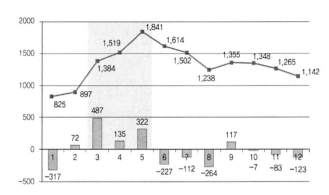

출처: 경향신문(2019).

<표 5-6>에서 제시되는 2014~2018년 어린이보호구역(스쿨존) 내 어린이 교통사고 현황을 살펴보면 2015년 이후 어린이 교통사고 건수는 점차 줄어들고 있는 추세이지만, 사망자 수가 지속되었으며, 부상자 수 역시 많은 편이었다. 최근까지도 스쿨존 내 어린이 교통사고가 끊임없이 발생하고 있어 아동(어린이)을 안전취약계층으로 고려하고, 보호해야 할 필요성이 있음이 강조된다.[4] 이와 같이 노인과 아동의 교통사고 현황을 살펴본 결과 타

---

3) 하루 시간대에 있어서는 하교 시간인 오후(정오~6시)가 어린이 교통사고 건수가 가장 많은 것으로 나타났으며, 이는 등교시간 보다 5배 이상 많은 수치였다(경향신문, 2019).

4) 최근 이와 관련하여 「도로교통법」과 「특정범죄가중처벌 등에 관한 법률」 일부개정이 이루어졌다. 2019년 9월 11일 충남 아산 어린이 보호구역 건널목에서 김민식 어린이가 교통사고로 숨지자 어린이를 보호하기 위하여 이들 법률을 개정하여, 스쿨존 내 신호등 및 과속단속 카메라 설치 의무화와 구역 내 교통사고 사망 발생 시 형을 가중 처벌하는 조항을 포함하였다(다음 백과, 2020).

연령에 비해 사망자 수 또는 사망률 등이 높게 나타난다는 점을 고려해 볼 때 이들이 생활안전취약계층임을 알 수 있다.

<표 5-6> 스쿨존 내 어린이 교통사고 현황

연도	사고 건수(건)	사망자 수(명)	부상자 수(명)
2014	523	4	553
2015	541	8	558
2016	480	8	510
2017	479	8	487
2018	435	3	473

출처: 도로교통공단(2020). 교통사고분석시스템 자료 활용.

「재난 및 안전관리 기본법」에 의하면 아동과 노인 뿐만 아니라 장애인 역시 안전취약계층으로 포함되어 있다. 장애인은 신체 등에 불편함을 지니고 있어 이들에게 안전사고가 발생할 가능성이 높다. 일반인에 비해 장애인의 안전사고 발생률은 약 10배 이상인 것으로 나타났으며, 운수, 추락, 익사 사망률이 일반적으로 높은 편이었다(통계청, 2019: 306). 보다 구체적으로, <표 5-7>에 의하면 2012년 기준 장애인의 사고발생률은 7.7%로서 전체인구 0.7%보다 약 10배 정도 높게 나타난다고 할 수 있다(보험연구원, 2018). 특히 장애인의 사망원인 중 운수사고와 관련된 사망사건이 가장 많은 것으로 집계되었다. 2016년 통계청 자료에 의하면 운수사고에 의한 일반인의 사망률은 인구 10만 명당 10.1명인데 반해, 장애인 사망률은 10만 명당 32.5명으로 운수사고로 인한 장애인의 사망률은 일반인의 약 3배 이상 높게 나타났다(통계청, 2019).

이와 같이 한국에서는 기본적인 생활안전 분야로 꼽히는 교통사고와 관련해 아동(어린이), 노인, 장애인들의 위험노출 정도가 높은 것으로 나타났다. 이러한 차원에서 이들은 안전취약계층이라 할 수 있을 것이며, 이들에 대한 특별한 보호가 필요한 상황이다.

<표 5-7> 장애인과 전체 인구의 사고 발생률(2012년 기준)

	장애인	전체 인구
인구(1,000명)	2,646	50,747
사고자 수(1,000명)	205	360
사고발생률(%)[1]	7.7	0.7

주: 1) 사고 발생률=(해당 사고자 수÷해당 인구)×100.
출처: 보험연구원(2018). 장애인의 위험보장 강화 방안.

3) 생활안전취약계층에 대한 안전복지

생활안전취약계층과 관련하여 우리는 '안전복지'라는 개념을 중요하게 고려할 필요가 있다. 최근 들어 안전과 복지를 통합적으로 논의하는 추세가 강화되고 있으며, 복지를 달성하기 위해서는 안전이 우선 전제되어야 함을 강조하는 목소리가 높아지고 있다(예: 양기근 외, 2017). 이는 안전 없이 복지가 달성될 수 없으며, 복지추구를 위해서는 안전이 우선적으로 보장되어야 한다는 점을 강조하고 있다(양기근 외, 2017). 이러한 차원에서 안전과 복지를 함께 고려하는 '안전복지' 개념이 등장하게 되었다. 이처럼 안전복지는 "사람들의 필요를 맞추어가기 위해 노력하는 서비스들의 범주 또는 사회적 노력, 사회적 서비스, 노력과 관련된 일체의 체계 및 실천 활동"이라고 정의할 수 있다(Jeon, 2008; 성기환·최일문, 2015: 44 재인용).

안전과 복지는 유사한 점이 있음에도 불구하고, 두 개념을 단순히 동일 개념으로 보기는 어렵다(양기근 외, 2017: 41). 때문에 안전을 복지의 근본이자 출발점으로 바라보는 것이 바람직하다는 것이다. 안전과 안전복지는 비경합성과 비배제성을 지닌 공공재적 성격을 지닌다. <표 5-8>과 같이 소비의 비경합성과 비배제성을 지닌 공공재적 성격을 지닌 안전과 안전복지의 공급은 정부에 의해 이루어질 수밖에 없다(양기근 외, 2017: 40). 따라서 정부는 공공재인 안전과 안전복지를 안전취약계층에게 제공하기 위해 적극적으로 개입하거나 혹은 직접 활동할 필요가 있다.

그러나 안전취약계층에게 공공재적 성격을 지닌 안전복지가 원활하게 제공되지 않을 가능성도 있다. 안전취약계층은 사회적 약자들을 대부분 포

함하고 있기 때문에 위험사회에서 이들 스스로가 생명·신체·재산과 관련
된 안전을 보장할 가능성은 높지 않다고 할 수 있다. 만약 정부가 이들에게
충분한 정도의 안전을 보장해 주지 못할 경우 안전과 관련된 사회복지 역시
불안해질 가능성이 있다(성기환·최일문, 2015). 따라서 공공재적 성격을 지니
는 생활안전복지가 안전취약계층에게 제대로 보장되고 있는지를 세심하게
살펴볼 필요가 있다. 이를 위해 본 장에서는 생활안전 분야에서 안전취약계
층이 보호받지 못한 몇 가지 주요 사례들을 중심으로 생활안전취약계층에
대한 현황을 분석하고자 한다. 보다 구체적으로 해양사고와 관련해서는 세
월호 참사 사례, 비정규직의 작업안전과 관련해서는 서울지하철 스크린 도
어사고 사례, 화재안전과 관련해서는 제천 스포츠센터·밀양 병원 화재 사
례를 중심으로 논의할 것이다. 제시된 사례들에 대해 다양한 해석과 분석적
접근 방법들이 존재할 수 있으나 본 장에서는 안전취약계층의 안전복지 측
면에 초점을 맞추어 분석하고자 한다. 이를 위해 통계청을 비롯한 정부통계
자료들과 설문조사 자료들을 주로 활용하였다.

<표 5-8> 경합성과 배제가능성에 따른 재화의 종류

		소비에 있어서의 경합성 여부	
		소비에 있어서 경합성	소비에 있어서 비경합성
배제가능성 여부	배제 가능성	사적재 (private goods) 예: 신발, 의류 등	요금재 (toll goods) 예: 극장, 유료다리 등
	배제 불가능성	공유자원 (common-pool resources) 예: 공공낚시터, 목초지 등	공공재 (public goods) 예: 국방

출처: 하연섭(2018: 26).

제2절 세월호 참사 사례

1. 세월호 참사 사례 개요

'세월호 참사'는 2014년 4월 16일 오전 8시 50분경 발생한 초대형 인재 참사로, 인천에서 제주도로 향하던 청해진 해운 소속 세월호가 전남 진도군 해상에서 침몰된 사고이다. 당시 세월호에 탑승하고 있던 승객 476명 가운데 172명만이 생존하였다(시사상식사전, 2016). 페로우에 의하면 세월호 참사는 예측가능하거나 통제가 가능한 사고로서 '정상사고(normal accident) 혹은 시스템사고(system accident)'로 간주할 수 있다(Perrow, 1984). 위험에 대한 예측가능성과 확실성이 높으며, 위험이 특정 대상집단에게 한정되고, 위험의 원인과 결과가 명확한 위험사례라고 할 수 있는 것이다(김병섭 · 김정인, 2016). 사고 발생 이후 6년여가 지난 오늘날에도 세월호 참사가 여전히 국가 · 사회적인 이슈로 남아있는 이유는 바로 해당 사고가 관료책임과도 관련되어 있기 때문이다. 특히 세월호 사고 원인 규명을 위한 수사 과정에서 밝혀지기 시작한 '해피아(해양수산부＋마피아)' 논란은 해양수산부 산하 기관에서 벌어진 부정 · 부패의 문제를 중심으로 국민 안전 이슈에 있어서의 관료책임성을 강화하는 방안을 모색하는 계기가 되었다(김병섭 · 김정인, 2014).

2. 세월호 참사에서의 안전취약계층

[그림 5-4]에 의하면 1998년부터 2019년까지 해양사고로 인해 발생된 사망자 수는 일정 수준을 유지하는 듯 보인다. 그러나 세월호 참사가 발생한 2014년에는 사망자 수가 유독 많아졌다. 보다 구체적으로 <표 5-9>의 연도별 해양사고 현황을 살펴보면 전체 해양사고 건수는 2011년부터 2013년까지 감소하다가 2014년부터 2019년까지 다시금 지속적으로 증가하고 있음을 알 수 있다. 인명피해 현황도 비슷한 경향을 나타냈다. 2011년 324명, 2012년 285명, 2013년 307명이다가 2014년에는 710명으로 매우 많은 인명피해가 발생하였다. 이를 제외하고도 2015년에는 395명, 2016년에

는 411명, 2017년에는 523명, 2018년에는 455명, 2019년에는 547명 등으로 인명피해자 수가 지속적으로 증가하고 있는 추세이다. 특히 2014년은 세월호 참사가 발생한 해로서 인명피해가 유난히 컸다. 2014년의 10대 사망원인으로 운수사고가 가장 높게 나타난 이유도 바로 여기에 있다(26.2%). 2013년에 비해 2014년의 10대 사망인원은 1,109명으로 2.3%가 증가하였다(중앙일보, 2015).

[그림 5-4] 해양사고 사망자 수 추이(1998~2019년)

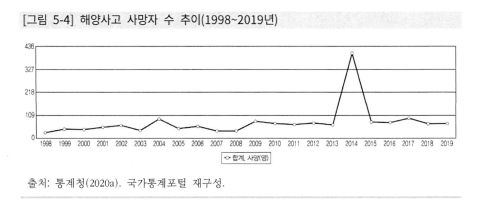

출처: 통계청(2020a). 국가통계포털 재구성.

세월호 참사가 국내 뿐 아니라 외국에서도 여전히 안타까운 재난사고로 일컬어지는 이유는 10대 학생들 가운데 사망자가 많이 발생한 데 있다. 물론 10대 고등학생들 모두를 안전취약계층이라고 보기는 어렵겠지만, 여전히 이들은 성인이 아니기 때문에 국가가 이들의 안전복지를 책임져 줄 필요가 있는 안전취약계층이라고 할 수 있다. 세월호 참사는 탑승인원 476명 중에서 총 299명이 사망하고, 5명이 실종되었으며, 생존자 172명도 사고의 트라우마 등으로 여전히 고통 받고 있는 초대형 재난사고이다(위키피디아, 2020a). 대부분 탑승객은 단원고등학교 학생들로서 325명이 탑승했는데,5) 그 중에서 세월호 침몰로 인해 250명이 희생되었다.6)

---

5) https://www.bbc.com/korean/news-47944075

6) https://www.mk.co.kr/news/society/view/2019/02/85730/

<표 5-9> 연도별 해양사고 발생 현황

연도	해양사고 건수(건)	해양사고 발생 척수(척)	인명피해(명)
2011	1,809	2,139	324
2012	1,573	1,854	285
2013	1,093	1,306	307
2014	1,330	1,565	710
2015	2,101	2,362	395
2016	2,307	2,549	411
2017	2,582	2,882	523
2018	2,671	2,968	455
2019	2,971	3,274	547

출처: e-나라지표(2020). 연도별 해양사고 발생 현황 재구성.

3. 해양사고 안전취약계층 보호

세월호 사고 후 구조과정에서 정부의 책임성 한계 논란이 끊임없이 제기되었다(김병섭·김정인, 2014). 해양사고에 대한 책임이 누구에게 있는가에 대한 논의는 다양하게 제시될 수 있지만, 안전취약계층을 보호해야 할 책임과 의무는 정부에게 있다고 할 수 있다. 특히 세월호 참사 사례에서는 희생자 대부분이 10대 학생들이었다는 점을 고려해 볼 때 정부가 안전취약계층에게 안전복지를 제공해야 하는 것은 당연한 책임이자 의무라고 할 수 있다.

제3절 서울지하철 스크린 도어사고 사례

1. 서울지하철 스크린 도어사고 개요

'서울지하철 스크린 도어사고'는 일명 구의역 스크린 도어 사망사고로 일컬어지며, 2016년 5월 28일에 발생하였다. 서울메트로(현 서울교통공사)가 운영하는 구의역(서울지하철 2호선)에서 외주업체 은성 PSD의 직원 김 모(1997년생, 향년 19세)씨가 고장난 스크린 도어(승강장 안전문)를 홀로 수리하던 중 열차에 치어 사망한 사고이다(위키피디아, 2020b). 이 안전사고가 단순히 외주업체 직원인 김 모씨의 개인과실에 의한 사망사고가 아니라 외주업체에 대한 열악한 작업환경과 서울교통공사의 감독 부실에 따른 인재였다는 점에서 많은 안타까움을 자아냈다(위키피디아, 2020b). 이 사고는 서울메트로의 역무실관리 및 외주업체 감독 부실로 더 큰 주목을 받고 있으며, '메피아(서울메트로＋마피아)' 논란을 불러일으키고 있다. 즉 해당 사고와 관련해 관료의 책임이 여전히 중요한 이슈가 되고 있는 것이다. 세월호 참사의 사례와 마찬가지로 정부는 예측이 가능한 위험의 발생 방지를 위해 위험요인을 규제하고 통제할 책임이 있다. 그러나 서울메트로는 자신들의 업무를 민간기업에 위탁할 때 서울메트로의 퇴직자들을 채용할 것을 요구하면서도, 민간위탁기업에 대한 관리·감독 업무를 철저히 하지는 않았던 것이다. 뿐만 아니라, 위험 발생의 책임까지도 민간기업에 전가시키고자 하였던 것이다(김병섭·김정인, 2016).[7]

2. 서울지하철 스크린 도어사고에서의 안전취약계층

구의역 스크린 도어사고는 하청업체 직원이 사고를 당한 생활안전사고이다. 물론 사고 대상자는 건장한 20대 청년으로서 일반적으로는 안전취약

---

7) 사망자는 당시 오후 5시 54분 구의역 9−4번 승강장 스크린 도어 검수를 마치고 오후 6시 20분까지 지하철 2호선 을지로4가역에 도착해야 하는 무리한 작업일정을 맡고 있었다(위키피디아, 2020b).

계층으로 보기 어렵지만, 서울메트로(현 서울교통공사)의 외주업체에 근무한다는 이유로 충분한 작업안전성을 보장받지 못한 측면에서 안전취약계층으로 고려할 수 있다. 이는 안전사각지대에 있는 비정규직 청년들과 하청근로자에게 발생한 생활안전사고인 것이다(연합뉴스, 2016). 서울지하철 점검은 2인 1조 작업을 원칙으로 하지만, 외주업체들은 비용절감을 이유로 인력부족을 호소하며 단독으로 스크린 도어 점검 작업을 하도록 한 것이다. 당시 김모씨도 스크린 도어 오작동 신고를 받고 플랫폼에 들어가 홀로 작업을 하다가 사고를 당한 것이었다. 해당 사건은 '청년 비정규직'의 열악한 노동환경을 보여주는 대표적 사례로서 비정규직의 안전이 보장되지 않는, 즉 생활안전취약계층에게 나타난 대표적 위험사례라고 할 수 있는 것이다. 특히 구의역 스크린 도어사고 피해자는 사내하청근로자이면서 동시에 저임금 사회초년생이었다(국가인권위원회, 2019).[8] 비용절감을 위해 하청, 재하청으로 이어지는 노동 및 작업조건으로 인해 고용의 최하위층으로 위험업무가 전가되면서 가장 큰 위험을 떠안게 된 대상이 바로 초보 기술을 지닌 저임금 근로자가 된 것이다. 이들은 위험에 노출될 가능성이 높은 안전취약계층이 된 것이다.

비정규직을 대상으로 한 경험적 연구(예: 이상휘 외, 2018)에 의하면 불안정한 고용의 형태가 안전에도 중요한 영향을 미칠 수 있다고 분석하고 있다. 예를 들어 구의역 사건이 발생한 이후 서울메트로 PSD 유지보수 종사자 190명을 대상으로 2017년 10월 10일부터 10월 20일까지 시행한 설문조사에 의하면 고용불안이 안전행동(특히 규정준수)에 유의미한 영향을 미친다는 것이다(이상휘 외, 2018). 고용이 안정될수록 서울메트로 PSD 유지보수 종사자들은 안전행동을 준수하게 되어 안전사고 예방 및 관리에 효과성을 나타낸다는 것이었다. 해당 연구는 근로자가 고용불안을 인식할수록 안전행동이 나타날 가능성은 낮아진다는 것을 보여주는 실증연구이다. 비정규직 근로자들은 정규직 근로자들에 비해 더 큰 위험요인을 지니게 되는 것이다.

---

8) 2018년 12월 11일 발생한 태안화력발전소 사망사고도 이와 유사한 사례라고 할 수 있다. 한국서부발전의 9호기와 10호기 연료운전 업무를 담당한 외주업체 소속 김용균 씨(당시 24세)는 혼자 컨베이어벨트 순찰 작업을 하던 중 기계에 몸이 끼어 사망하였다. 2인 1조로 작업을 해야 했지만 외주업체의 비용절감 문제로 혼자 작업을 하다 이러한 사고를 당했다. 사망당시 바로 발견되지 못하고 사망 뒤 4시간여가 지나 발견되었다(전주희, 2019). 이로 인해 위험의 외주화를 예방하고 효과적인 산업안전관리를 위해 「산업안전보건법」(일명 김용균법)이 개정되었다.

아래 <표 5-10>에 제시되어 있듯이 비정규직 근로자들은 경제적인 어려움, 고용 불안정성, 잦은 이직, 기대와 보상의 불일치, 고용관계의 모호성, 위험성이 높은 직무 수행, 근로자 자체의 미숙련, 근로자 자질과 과업 성격의 불일치, 작업장 의사대표기제와 의사소통기제의 실패, 안전과 관련한 법제도적인 준수 실패 등과 같은 위험요인을 지니고 있다. 이로 인해 비정규직의 작업환경은 안전을 충분히 보장받지 못하게 되어 산업재해가 발생할 가능성이 높다는 것이다(권순식, 2016: 176).

<표 5-10> 비정규직 근로자와 관련된 위험요인

위험요인	설명	비고
경제적인 어려움	– 낮은 임금, 재무적인 수입의 불안정성, 미래 채용에 대한 불안감 등 – 휴대전화에 의존하는 대기 근로 – 과업과부담, 인원수 부족 등을 받아들임	
고용 불안정성, 잦은 이직	– 지속적인 이직은 작업규칙 준수의 지속성과 안정성을 저해 – 낯선 작업환경	
기대와 보상의 불일치	– 심리적 실망감, 소진, 조직에 대한 신뢰 감소	
고용관계의 모호성	– 산업안전관리에 대한 책임 주체가 모호해짐으로 인해 작업장 통제 실패 – 안전에 대한 통제 및 관리 책임에 대한 상호 회피	간접고용에 해당
위험성 높은 직무 수행	– 정규직이 기피하는 위험성 높은 직무를 대부분 영세한 아웃소싱업체에 전가함	간접고용
근로자 자체의 미숙련	– 주로 노동시장 진입 초기 단계에 있는 근로자이거나 숙련이나 경험이 부족한 근로자로 실무적 안전에 대한 지식이나 경험이 부족한 상태로 진입	
근로자 자질과 과업 성격의 불일치	– 임기응변적인 인력 선발로 인해 근로자 자질과 과업 성격 및 요건의 불일치	

위험요인	설명	비고
작업장 의사대표기제와 의사소통기제의 실패	− 노동조합과 같은 근로자 대표기제의 부재 − 작업장에서의 의사소통 왜곡	
안전과 관련한 법제도적인 준수의 실패	− 산업안전법과 규제 등에 대한 지식 부족 − 고용관계 복잡성으로 인한 파편화된 법적 의무의 혼란	간접고용

출처: 권순식(2016: 176).

비정규직의 높은 산업재해 비율은 실제 통계상으로도 나타났다. 한국의 산업재해 사망률은 OECD 국가 중에서 높은 수준이며, 산업재해 사망근로자 중 하청 근로자의 비중은 약 40%에 이르고 있다. 특히 업종별로 고려해 볼 때 사망한 하청근로자 대부분(약 90%)은 건설·조선 업종에 종사하고 있었던 것으로 나타났다(국가인권위원회, 2019). 뿐만 아니라 국가인권위원회(2018)의 '간접고용근로자 노동인권 실태조사' 결과에 의하면 정규직(21%)보다 비정규직(38%) 근로자 중 산업재해를 경험했다고 응답한 응답률이 더욱 높게 나타났다(<표 5-11> 참조). 정규직보다 비정규직 근로자의 산업재해 비율이 거의 2배 정도 높은 것으로 나타난 것이다. 이러한 측면을 고려해 볼 때 많은 경우에 비정규직 근로자가 정규직 근로자보다 더욱 높은 위험에 노출되어 있음을 알 수 있다. 또한 비정규직의 산업재해를 업종별로

<표 5-11> 비정규직과 정규직의 산업재해 경험 차이

산업재해 경험		비정규직	정규직
		38%	21%
업종	자동차	38%	
	조선	36%	
	철강	34%	
	유통	34%	
	통신	44%	

출처: 국가인권위원회(2018: 64).

살펴보면 자동차에서 38%, 조선에서 36%, 철강에서 34%, 유통에서 34%, 통신에서 44% 정도로 나타났다(국가인권위원회, 2018).

국가인권위원회(2018)에서 조사한 결과에 따르면, <표 5-12>에 제시되듯이 비정규직에 대한 차별은 산업재해 발생시 처리방법에 있어서도 분명하게 나타났다. 업무수행 중 발생한 산업재해 처리 방법을 살펴볼 때 정규직의 경우 약 66%가 산업재해 보험처리를 통해 사고처리가 이루어졌지만, 비정규직은 그 비율이 약 34% 밖에 되지 않았다. 오히려 본인 부담률은 정규직(약 18.3%)보다 비정규직(약 38.2%)이 훨씬 높게 나타났다. 이러한 점을 고려해 볼 때 비정규직은 정규직보다 산업재해에 있어서 재해에 노출될 가능성이 높을 뿐만 아니라, 산업재해가 발생하였을 경우에도 이에 대한 보상 역시 제대로 받지 못하는 경우가 많아 산업재해에 더욱 취약한 상황에 놓여있음을 알 수 있다. 특히 비정규직 중에서도 사회초년생, 즉 경험이 부족한 비숙련공들이 산업재해에 노출될 가능성이 더욱 높다는 점을 고려해 볼 때 이들을 직업안전과 관련하여 안전취약계층으로 분류할 수 있을 것이다.

<표 5-12> 산업재해 처리 방식

	정규직	비정규직	전체
산재보험 처리	66.1%	34.4%	45.8%
회사 치료비 전담	14.6%	23.1%	20.0%
본인-회사 반분	1.0%	4.3%	3.2%
본인 부담	18.3%	38.2%	31.1%
합계	100.0%	100.0%	100.0%

출처: 국가인권위원회(2018: 65).

<표 5-13>에서는 2008~2019년 기간 동안 성별과 연령에 따른 비정규직 현황을 제시하고 있다. 2008년부터 2019년 사이 비정규직 비율은 전체 근로자의 약 30%를 웃돌고 있다. 2014년까지 비정규직의 분포는 점차 감소하다 2015년부터 다시 증가하였다. 특히 2019년에는 36.4%로서 비정규직 근로자의 비율이 가장 높게 나타났다. 또한 남성보다는 여성 비정규직

근로자의 분포가 더욱 높은 것으로 나타났다. 여성은 약 40%가 비정규직 근로자인 것으로 나타난 것이다. 무엇보다도 연령별 비정규직 현황을 살펴보면 다음과 같은 특징이 나타난다. 15~19세 사이 근로자들은 대부분이 비정규직 근로자인데, 그 비율이 지속적으로 증가하고 있었다. 20~29세 근로자의 비정규직 비율도 2008~2018년에는 31%정도였으나, 2019년에는 오히려 크게 증가하여 비정규직 근로자의 비율이 약 38.3%로 나타났다. 이러한 현상은 20대 사회초년생들이 대부분 정규직보다는 비정규직으로 입사하기 때문인 것으로 보인다. 청년들 중 정규직으로 한 번 이상 고용된 경험이 있는 근로자의 비율은 13.2%이었지만, 비정규직으로 한 번 이상 고용된 근로자의 비율은 51.3%로 약 4배가 많았다. 또한 5회 이상 비정규직으로 취업한

<표 5-13> 성별 및 연령 집단별 비정규직 근로자 비율

(단위: %)

연도		2008	2009	2010	2011	2012	2013	2014	2015	2016	2017	2018	2019
전체		33.8	34.8	33.2	34.2	33.2	32.5	32.2	32.4	32.8	32.9	33	36.4
성별	남성	28.8	28.1	26.9	27.7	27	26.4	26.4	26.4	26.3	26.3	26.3	29.4
	여성	40.7	44	41.7	42.9	41.4	40.6	39.9	40.2	41.1	41.2	41.4	45
연령 집단	15~19세	64.9	75	69.6	69.6	76.1	74.8	70	74.3	75.2	73.4	74	77.8
	20~29세	31	31.6	31.1	31.6	30.5	31.1	32	32.1	32.2	33.1	32.3	38.3
	30~39세	26.8	25.2	23.4	24.4	23.1	22.2	21.8	21.2	21.1	20.6	21	23.7
	40~49세	31.6	32.3	29.7	30.5	29.1	27.2	26.6	26	26.1	26	25.3	27
	50~59세	39.8	40.6	39.3	39.7	37.5	37.1	34.6	34.6	34.2	33.9	34	35.5
	60세 이상	65.7	72.6	69.7	70.6	70.4	67.3	68.5	67.2	67.9	67.3	67.9	71.6

출처: 통계청(2020b). 「경제활동인구조사」 재구성.

경험이 있는 청년들도 약 13.6%에 달한다는 점을 고려할 때 대부분 사회초
년생들의 비정규직 노동 비중은 매우 높다고 할 수 있다(서울경제, 2016).

사회초년생인 18~24세, 25~29세의 산업재해로 인한 사망자 수를 살펴
보면 [그림 5-5]와 같다. 무엇보다도 18~24세 사이 연령의 산업재해로 인
한 사망자 수는 2014년 35명, 2015년 35명, 2016년 21명, 2017년 15명으로
감소하다가 다시 2018년에는 31명으로 증가하였다. 이들 중 대부분은 사회
초년생으로 <표 5-13>에서 살펴본 바와 같이 비정규직 근로자로 입사하
여 고용 안정성을 보장받지 못한 채 근무를 하다 사고를 당한 경우가 많은
것으로 나타났다.

[그림 5-5] 연령별 산업재해 사망자 현황

(단위: 명)

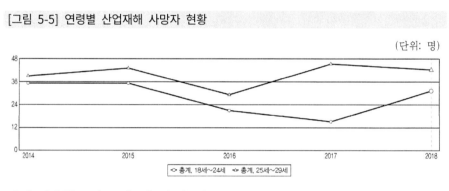

출처: 통계청(2020a). 국가통계포털 재구성.

3. 직업안전 취약계층 보호

이러한 상황을 고려할 때 정규직에서 비정규직으로 위험을 전가하는
'위험의 외주화'가 발생하는 경향이 있음을 알 수 있다. 비정규직 근로자들
은 신분의 안정성이 낮기 때문에 열악한 작업환경에 대해서도 이의를 제기
하거나, 안전성 강화를 요구하지 못한 채 심각한 위험에도 무방비 상태로
노출될 가능성이 높았다. 예를 들어 임시직 고용 근로자들은 질병에 노출될
가능성이 높고 이로 인해 정신적 웰빙(well-being)에 부정적인 영향을 받게
된다는 연구도 제시되고 있다(Virtanen et al., 2005). 구의역 스크린 도어 사망
사고의 사례에서 볼 때 '비정규직 사회초년생'들은 직업안전에 있어서 안전

취약계층으로 내몰리는 경향이 있었으며, 정부가 이들을 위한 충분한 안전복지를 제공하지 못하는 측면이 있음을 알 수 있다. 따라서 향후 안전사고 예방강화를 위해서라도 고용불안요소를 극복할 수 있는 방안을 적극적으로 검토해 볼 필요가 있다. 예를 들어 정규직과 비정규직에 대한 공정한 처우 개선 및 임금 차별 개선 등은 반드시 고려될 필요가 있을 것이다(이상휘 외, 2018: 421).

제4절   제천 스포츠센터·밀양 병원 화재 사례

1. 제천 스포츠센터·밀양 병원 화재사고 개요

'제천 스포츠센터·밀양 병원 화재사고' 역시 세월호 참사와 서울지하철 스크린 도어사고 사례와 마찬가지로 위험에 대한 예측가능성과 확실성이 높으며 위험이 특정 대상집단에게 한정되어 위험의 원인과 결과가 명확한 위험사례라고 할 수 있다. 제천 스포츠센터 화재는 2017년 12월 21일 15시 53분 경 충청북도 제천시 하소동에 있는 스포츠센터 지상층 사우나헬스장에서 발생된 화재로서, 29명이 사망하고 36명이 부상을 입은 사고였다(위키피디아, 2020c). 반면, 밀양 세종병원 화재는 2018년 1월 26일 07시 32분 경 경상남도 밀양시에서 발생한 화재 사고로 의사 1명, 간호사 1명, 간호조무사 1명을 포함해 47명이 사망하고 112명이 부상당한 사고였다. 당시 세종병원(5층 건물)의 1층 응급실에서 화재가 발생하여 10시 26분경에 완진된 사고이다(중앙재난안전상황실, 2018). 이 두 가지 사례 모두 소방시설 유지 및 안전관리 시스템의 문제, 소방당국의 적극적인 대응 미흡으로 인해 골든타임을 놓치는 문제 등 정부 책임성의 한계가 드러난 화재 관련 생활안전 사고 사례라고 할 수 있다.

제천 스포츠센터와 밀양 세종병원 화재사고는 다음과 같은 공통점이 나타난다(이하 이의평, 2019: 152-157). 첫째, 두 화재사고 모두 전기적 원인에 의해 발화되었다고 추정된다. 제천 스포츠센터 화재사고는 필로티 주차장 배수배관 접속부에서 누수가 발생하여 이것이 얼면서, 얼음을 제거하는 과정에서 화재가 발생하였다. 화재발생의 직접 원인은 얼음 제거 작업을 하는 과정에서 전열선을 건드렸기 때문이다. 이에 반해 국립과학수사연구원에 의하면 밀양 세종병원 화재사고는 천장 내부 전기배선 절연파괴 과정에서 최초 발화된 것으로 추정된다. 둘째, 두 화재사고 모두 천장에서부터 발화가 시작되었다는 것이다. 천장 속 스티로폼 단열재가 불타면서 급격히 화재가 확산된 것이다. 셋째, 두 화재사고 모두 다수의 사상자를 발생시켰다는 점이다. 이처럼 다수의 사상자가 발생하게 된 원인에는 유사점이 있었

다. 소화기를 사용한 초기 소화 실패 후 119 신고가 이루어졌으며, 소방대
가 도착하였을 시 화재가 최성기에 있었다는 것이다. 건물 전체가 화재로
인한 연기에 휩싸여 있었으며, 주계단 1층에 방화문이 설치되어 있지 않았
고, 방화문을 닫지 않았거나 방화문 기능을 하지 못할 정도로 적재물이 쌓
여있었던 것이다. 또한 수직관통부의 방화구획 처리가 부실하였으며, 스티
로폼 단열재가 부착되어 급속한 연소로 진행된 것이다. 뿐만 아니라 두 건
물 모두에 불법증축이 이루어졌으며, 디젤엔진으로 작동하는 펌프가 제 기
능을 하지 못하였다.

2. 제천 스포츠센터 · 밀양 병원 화재사고에서의 안전취약계층

제천 스포츠센터 화재사고는 소방대의 대응 부실로 인하여 2층 여자
목욕탕에서만 19명이 사망한 생활안전사고였다(이의평, 2019). 이에 반해 밀
양 세종병원 화재사고의 경우 노인들의 사망피해가 컸다. 해당 병원은 요양
병원을 포함하고 있어 대다수 사망자들이 노인들이었던 것이다. 밀양 세종
병원 화재사고는 약 3시간 만에 완진 되었으나 병원의 환자 대다수가 노인
들이라 사망피해자가 많았다. 사망자 중 60대 4명, 70대 4명, 80대 17명, 90
대 9명으로서 대부분 사망자가 고령자들이었던 것이다(부산일보, 2018).

[그림 5-6] 화재사고에 따른 인명피해 현황

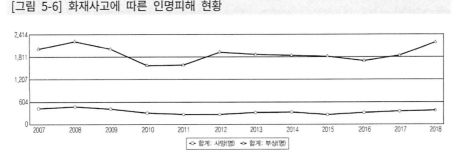

출처: 통계청(2020a). 국가통계포털 재구성.

화재사고에 따른 인명피해 추이 현황은 [그림 5-6]을 통해 살펴볼 수
있다. 2007년부터 2018년까지 화재사고로 인한 인명피해 현황은 크게 변화

하지 않았다. 화재사고와 관련해 보다 구체적으로 지역별 화재발생 현황을
살펴볼 수 있을 것이다. <표 5-14>에 의하면 2018년 기준 시도별 화재발
생 현황에서 경기도가 화재건수 9,632건으로 나타났으며, 사망인원은 62명
으로 가장 많았다. 다음으로 서울이 화재건수 6,368건으로 나타났으며, 사
망인원은 53명으로 나타났다. 밀양 세종병원 화재로 인해 경상남도에서도
2018년에는 사망인원이 56명으로 나타났다.

<표 5-14> 시도별 화재발생 현황(2018년)

행정구역별	2018년			
	건수(건)	사망(명)	부상(명)	재산피해(계) (천 원)
전국	42,338	369	2,225	559,735,728
서울특별시	6,368	53	307	21,239,984
부산광역시	2,471	14	129	11,026,700
대구광역시	1,440	18	66	11,224,702
인천광역시	1,620	21	98	39,995,418
광주광역시	860	7	22	3,654,244
대전광역시	1,094	12	73	6,026,625
울산광역시	887	5	27	7,354,639
세종특별자치시	236	3	50	10,321,601
경기도	9,632	62	537	270,480,468
강원도	2,228	14	132	27,379,587
충청북도	1,414	19	93	21,055,464
충청남도	2,605	21	52	25,638,551
전라북도	2,044	21	112	14,668,751
전라남도	2,635	17	81	28,312,162
경상북도	2,686	22	158	34,118,375
경상남도	3,482	56	265	23,281,562
제주도	636	4	23	3,956,895

출처: 통계청(2020a). 국가통계포털 재구성.

성별에 따른 화재 인명피해 현황을 지역별로 살펴볼 수 있다. 2015년 부터 2017년까지의 현황을 <표 5−15>에서 제시하고 있다. 수치상으로는 남성이 여성보다 화재 인명피해 비중이 높다고 할 수 있다. 그러나 이는 지역마다 다르게 나타났다.

<표 5-15> 지역 및 성별에 따른 화재 인명피해 현황

구분	2015년		2016년		2017년	
	남(명)	여(명)	남(명)	여(명)	남(명)	여(명)
서울	157	86	182	94	176	103
부산	63	35	95	50	82	39
대구	57	25	70	24	52	17
인천	64	40	65	39	55	41
광주	13	7	19	11	20	16
대전	28	19	30	17	32	23
울산	29	19	52	17	19	20
세종	4	2	9	5	8	2
경기	446	226	415	165	440	204
강원	83	34	91	28	92	43
충북	48	15	38	12	92	49
충남	41	22	44	14	29	18
전북	45	25	41	15	58	26
전남	75	39	70	40	70	48
경북	90	36	86	41	108	44
경남	101	51	90	40	72	38
제주	15	14	4	11	17	5

출처: 공공데이터포털 재구성.

3. 화재사고 취약계층 보호

사실상 화재사고는 언제, 어디에서든지 발생할 수 있기 때문에 우리의 생활안전을 저해하는 위협요인이 된다. 물론 제천 스포츠센터 화재사고나 밀양 병원 화재사고와 같은 두 가지 사례만으로 일반화하는 데에는 무리가 있겠지만, 이들 화재사고 사례를 통해 노인들이 화재사고에 취약한 안전취약계층임을 알 수 있었다. 특히 병원 등과 같은 의료·요양 시설에서 화재가 발생하는 경우 대부분 거동이 불편한 노인들의 안전복지가 위협될 가능성이 상당히 높다.

노인과 어린이뿐만 아니라 고용불안정성을 지닌 비정규직 노동자도 화재사고의 취약계층으로 포함될 수 있을 것이다. 최근 38명의 사망자를 낸 '이천물류센터 화재사고'(2020년 4월에 발생)와 5명의 사망자를 낸 '용인 SLC 물류센터 화재사고'의 희생자 대부분은 건설일용직·비정규직 노동자들이었으며 일부 이주노동자들도 포함되었다. 특히 이천물류센터 화재사고 사망자 38명 중에서 신원이 확인된 29명 중 상당수가 전기·도장·설비 업체 등에서 고용된 일용직 노동자였으며, 이주 노동자도 3명이 있었다(한국경제, 2020). 본서의 제3부에서는 이에 대해 보다 상세하게 논의하기로 한다.

CHAPTER 06

위험사례 III: 질병 위험사례

1. 질병 관련 위험의 특징

새로운 질병은 끊임없이 발생되어 우리의 신체와 재산 및 생활에 직접적·간접적인 위협이 되고 있다. 제2장에서 논의하였듯이 COVID−19는 전 세계적으로 많은 사람들의 생명을 빼앗아 갔을 뿐 아니라 인류의 삶 자체를 변화시키고 있다. 즉 COVID−19 발생 이전과 이후로 인류의 삶이 완전히 달라지는 단절상황을 초래한 것이다. 질병에 대한 위험은 앞서 본서 제4장과 제5장에서 논의한 위험들과는 그 성격이 다르다. 미세먼지 등의 환경오염 보다 질병의 위험은 훨씬 더 큰 두려움과 공포감을 야기할 뿐만 아니라, 생활안전의 위험처럼 사람들에게 익숙하거나 친밀감을 주지 못할 정도로 불안감을 야기한다. 특히 신종 질병은 누구도 발생 여부나 그 결과에 대해 예측하기 어려운 무서운 위험요인이 되고 있는 것이다.

질병 관련 위험은 다음과 같은 특징을 지닌다고 할 수 있다. 첫째, 질병위험과 관련한 정보에 있어서 질병 전문가와 일반대중들 사이에서 '정보비대칭성' 문제가 강하게 발생한다(전지영, 2017: 2). 질병, 특히 신종 질병에 대한 정보는 매우 높은 수준의 지식을 요구하기 때문에 관련 전문가(예: 의료진)와 일반대중들 사이에 정보비대칭성이 존재하게 되는 것이다. 일반대중들은 의료지식 등과 관련한 정보가 부족할 수밖에 없을 뿐만 아니라 정보접근성도 낮아 질병에 관한 의료정보에 있어서 의료진을 포함한 전문가들에게 의존할 수밖에 없다(김용, 2016).

둘째, 질병 관련 위험은 객관적 위험과 주관적 위험인식 모두를 중요하게 고려한다. 메르스 코로나바이러스(Middle East Respiratory Syndrome Coronavirus,

MERS-CoV: 이하 MERS-CoV), 에볼라 바이러스, COVID-19, SARS(중증 급성 호흡기 증후군, Severe Acute Respiratory Syndrom) 등과 같은 질병 관련 위험은 다른 위험과 달리 치사율, 감염률 등 개인의 신체·생명에 직접적인 영향을 미치므로 객관적 위험이 매우 높다고 할 수 있다. 뿐만 아니라 질병 관련 위험에 있어서 사람들은 질병에 대한 정보를 충분히 숙지하기가 어렵기 때문에 질병에 대한 두려움 등 주관적 위험인식이 매우 높다고 할 수 있다. 특히 현대사회의 질병 발생에 있어 자기애적 완벽주의와 신경증적 완벽주의도 주요 원인이 될 수 있음을 밝힌 연구들이 제시되고 있는 가운데(Sorotzkin, 1985; 박월미, 2014), 질병 관련 위험에 있어서 개인의 주관적 위험인식이 중요하게 영향을 준다고 할 수 있다.

셋째, 질병 관련 위험에 있어 일반대중들에게는 객관적 질병 관련 지식보다 주관적 인식이 강하게 작용하는 경향이 있다. 질병(또는 감염병) 관련 용어들은 전문적 의학지식을 필요로 하는 경우가 대부분이다. 그럼에도 불구하고 질병 관련 위험을 수용하는 수용자들, 즉 국민들은 질병에 관한 전문지식이 부족한 편이다. 이로 인해 막연한 공포와 두려움을 지니는 경우가 많다. 특히 감염병과 같은 바이러스로 인한 질병은 특정 지역에 제한적으로 발생하는 것이 아니라 전 지역, 나아가 세계적으로 확산되는 경향이 있어 인류 전체에게도 위협적인 존재가 된다(예: COVID-19)(김영욱, 2006). 이처럼 질병 관련 위험은 개인의 일상생활, 건강, 더 나아가서 생존 자체에 중대한 영향을 미칠 수 있기에 많은 사람들이 이러한 질병 관련 위험이 갑자기, 예기치 않게 발생하지는 않을까 두려움과 공포를 느끼게 된다. 이 때문에 질병 관련 위험에 있어서 일반대중들에게는 전문적인 질병 관련 지식 수준보다 오히려 주관적 위험인식이 더욱 강하게 나타나는 경향이 있다.

넷째, 질병 관련 위험에 관한 정보는 특정한 매체 또는 기관을 통해 확대(과장)되거나, 혹은 축소되는 특징을 지닌다. 일반적으로 질병 관련 언론보도 등의 특징은 질병과 관련된 정보를 객관적인 내용들을 바탕으로 제공하기 보다는 대부분 '세균' 또는 '병균' 등과 같은 부정적인 용어를 사용하여 질병이 수용자를 위협하는 악의적인 존재임을 부각시킨다. 이 때문에 질병에 관한 정보수용자들은 걱정과 두려움의 감정과 함께 질병에 관한 정보를 입수하게 되는 경우가 많다(송해룡·조항민, 2015: 47).[1] 특히 언론에서는 신종 질병에 대한 보도를 할 때 객관적이고 중립적인 용어를 사용하기보다 국민들의 공포심과 두려움을 야기할 수 있는 자극적이고 감정적인 용어들을 사용하는 경향이 있다. 예를 들어 '지카 바이러스'라는 용어 대신에 '소두증 바이러스'라는 표현을 사용하였으며, 중증열성 혈소판감소증후군(SFTS)바이러스를 감염시키는 야생진드기를 '살인진드기'라고 지칭하는 경우가 많았다. '다제내성균'을 '슈퍼박테리아' 등으로 표현하기도 하였다(전지영, 2017: 2).[2] 이와 같이 질병 관련 위험은 언론(미디어) 등을 통해 객관적이고 중립적으로 전달되기보다 그 의미가 과장되거나 확대되어 전달되는 경향이 있었다.[3] 이와 관련해서는 질병 관련 위험을 대중에게 어떻게 전달하느냐에 따라 주관적 위험인식 형성이 달라질 수 있는 부분이라 상당히 중요한 의미가 있다.

　　이와 같이 질병에 관한 정보, 특히 새로운 질병(감염병) 등에 있어서의 정보는 전문가(예: 의료진을 포함한 질병 관련 종사자)들과 일반대중들 사이에 정보비대칭성이 존재하는 경향이 있으며, 일반대중들에게는 객관적 위험과 주관적 위험인식 모두가 중요하게 고려되나, 일반대중들은 질병에 관한 정보비대칭성으로 인하여 질병 관련 전문적 지식보다 주관적 위험인식을 더욱 중요하게 고려하는 경향이 있었다. 특히 이러한 경향은 언론(미디어)과 같은 중간 매개체를 통해서 확장되거나 축소되는 경향이 있었다. 이러한 특징들을 살펴볼 때, 질병 관련 위험에 있어서 위험 커뮤니케이션이 중요하게 고려될 필요가 있음을 알 수 있다. 아래에서는 질병 관련 위험과 위험 커뮤니케이션에 대한 보다 상세한 내용들에 대해 살펴보도록 한다.

2. 질병 관련 위험과 위험 커뮤니케이션

1) 위험 커뮤니케이션의 의미와 중요성

　　위험 커뮤니케이션은 광범위하게 논의할 수 있다. <표 6-1>에서 제시되는 것처럼 광의의 의미에서 위험 커뮤니케이션은 반드시 특정 목적을

---

1) 이해 관련 집단은 정부, 기업(산업집단), 노동조합, 미디어, 과학자, 전문적 직업단체, 시민단체, 일반시민 모두를 포함한다(송해룡·조항민, 2015).
2) 질병관리본부에서는 언론이 이러한 용어를 사용하지 못하도록 하였다.
3) 물론, 그 반대의 경우도 있다.

가질 필요는 없으며, 개인과 사회적 위험 등을 포함한 광범위한 주제를 다루고 있고, 특정한 집단이 아니라 불특정 다수에게 위험 관련 정보를 제공하는 것을 의미한다. 또한 모든 관련된 정보를 다수의 사람들에게 제공하는 것을 의미한다고 할 수 있다(Plough & Krimsky, 1987: 8). 이에 반해 협의의 의미에서 위험 커뮤니케이션은 보다 직접적이고 의도적이라고 할 수 있다. 위험 관련 주제를 광범위하게 다루고 있다기보다는 건강 또는 환경에 대한 위험 주제를 주로 다루며, 특정집단에게 정보를 제공한다. 이때 제공되는 정보는 전문가 또는 과학자와 같이 전문지식을 지닌 사람들의 견해이며, 무엇보다도 전문가의 견해를 비전문가에게 전달하는 기능에 초점을 맞춘다(Plough & Krimsky, 1987: 8).

이와 같이 위험 커뮤니케이션(risk communication: 위험소통)의 정의는 다양하게 제시될 수 있다. 위험 커뮤니케이션은 간략하게 "정보를 메시지의 형태로 주고받는 행위"라고 정의할 수 있다(송유진·유현정, 2016: 78). 또한 코벨로 외는 "이해 관련 집단들 간에 신체적·환경적 위험의 수준, 위험의 중요성이나 의미, 위험을 통제·관리하기 위한 결정·행동 또는 정책 등에 관한 정보를 주고받는 행위"라고 정의한다(Covello et al., 1986; 송해룡·조항민, 2015: 48 재인용).

<표 6-1> 위험 커뮤니케이션 개념 및 특징

구분	광의	협의
의도 및 목적	−위험 커뮤니케이션에 대한 목적이 반드시 필요한 것은 아님	−의도적이며, 직접적임 −리스크 메시지 전달 이후의 결과를 예측하고 주목
내용	−개인 또는 사회적 위험을 모두 포함	−건강 또는 환경에 대한 위험만 논의
정보 대상	−불특정 다수에게 제공	−특정집단에게 제공
정보의 원천	−모든 관련된 정보동원	−과학자, 기술자, 전문가의 견해를 제공
정보의 흐름	−모든 정보를 만인에게 제공	−전문가의 견해를 비전문가에게 특정 채널을 통해 제공

출처: Plough & Krimsky(1987: 8).

질병 관련 위험 커뮤니케이션의 목적과 필요성은 다음과 같다. 첫째, 위험 커뮤니케이션은 위험에 대한 교육 및 정보제공에 중요 목적이 있다 (Mileti & Fitzpatrick, 1991; 전지영, 2017). 협의의 관점에서도 살펴볼 수 있듯이 위험 커뮤니케이션에서 주요 정보를 지닌 사람들은 과학자, 기술자, 전문가 등이다. 특히 새로운 질병과 감염병 등에 관한 정보는 특별한 전문지식을 요하기 때문에 질병 관련 위험 커뮤니케이션의 목적은 의료전문가의 비전문가 즉 일반대중에 대한 질병 관련 교육 및 정보제공에 그 목적이 있다고 할 수 있다. 둘째, 위험 커뮤니케이션은 위험 수용자 개인의 의사결정에 영향을 주어 위험을 감소시키는 것을 목적으로 한다(Peters & Song, 2005). 다시 말해 질병과 관련해 위험 수용자들은 정보가 매우 부족한 편이기 때문에 질병에 관한 위험을 과장해 판단하고 의사결정을 내릴 가능성이 있다. 따라서 효과적인 위험 커뮤니케이션을 통해 위험 수용자들의 의사결정 판단에 도움을 줄 수 있다.

셋째, 위험 커뮤니케이션은 위험 수용자들에게 위험에 관한 적절한 정보를 제공하여 위험을 예방하는 역할을 한다(Mileti & Fitzpatrick, 1991; 전지영, 2017). 위험 커뮤니케이션은 위험 발생 후인 사후적 측면도 중요하게 고려하지만, 무엇보다도 정보제공을 통한 사전적·예방적 기능을 중시한다. 질병과 관련해 이러한 사전적 예방기능은 더욱 분명하게 나타난다. 질병은 사후적 관리 보다 예방이라는 사전적 관리가 매우 중요하다. 때문에 효과적인 위험 커뮤니케이션을 통해 적절한 질병 관련 정보를 제공함으로써 질병 예방에 큰 도움을 줄 수 있는 것이다. 넷째, 위험 커뮤니케이션은 일반대중이 인식하는 주관적(심리적) 위험인식과 실제로 초래되는 객관적 위험의 차이를 최소화시켜주는 역할을 한다(김용, 2016). 특히 일반대중들은 질병 위험에 대한 전문적 지식이 부족하기 때문에 질병에 대한 공포와 불안 요소가 가미되면 질병위험은 폭발적인 힘을 지닐 수 있어 효과적인 위험 커뮤니케이션 전략이 필요하다. 일례로 COVID-19에 대한 위험 커뮤니케이션이 효과적으로 나타나지 못하는 경우 일부 국가에서는 물품 사재기 등 질병에 대한 공포와 불안으로 인한 사회적 부작용들이 극심하게 나타났던 것이다. 이처럼 위험 커뮤니케이션은 '위험정보 제공자(전달자)와 위험정보 수용자의 위험인식 차이 해소를 위해 이루어지는 사전적·예방적 갈등관리'를 주요 목적으로 한다.

<표 6-2> 전문가와 일반인 간 위험인식 차이

집단	특성 및 장점	단점
전문가 · 과학자	- 양적 · 기술적 위험 평가에 대한 근거 - 과학적 방법(합리성, 객관성)에 의한 위험 인지 - 실제 위험에 대한 근거 - 양적 연구에 많이 의존 - 가치 배제를 위한 노력 - 위험 사실(fact)에 대해 상대적으로 명확한 평가 - 관리 가능성이 높음	- 일반대중에게 정보가 전달된다고 할지라도 일반대중이 이를 신뢰하지 않을 경우 위험 관리의 어려움에 직면 - 전문가 간에도 위험 사실에 대한 평정이 다름
일반 대중	- 위험인식에 근거 - 주관적 방법(가설적)에 의한 위험 인지 - 개인의 경험에 기초 - 가치 배제가 힘듦 - 위험에 대해 다수가 동의한다면 관리 가능성이 높으나 현실에서 그렇지는 않음	- 아무리 위험 사실에 대한 정보를 제공한다 할지라도 개인의 편견에 의해 위험을 과소 또는 과대평가함 - 경험과 직관에 주로 의존하기 때문에 위험을 관리하는 데 많은 애로에 직면

출처: 한국원자력안전기술원(2007: 8) 재인용.

2) 위험 커뮤니케이션 이론 발달과 모형

위험 커뮤니케이션에 대한 연구는 다음과 같은 3단계로 발전이 이루어
져왔다(한국원자력안전기술원, 2007: 10). 제1단계는 1980년대 중반까지의 연구
발전기로 볼 수 있으며, 이 시기에 위험 커뮤니케이션은 과학자 또는 전문
가의 역할을 강조하였다. 제1단계의 시기에는 기술적 위험의 제공자이기도
한 과학자들과 전문가들의 객관적이고 과학적인 평가방법을 통해 평가된
위험이 진짜 위험이며, 일반대중들(위험 수용자)이 인식하고 평가하는 위험
은 비합리적인 것으로 간주하였다. 이는 위험제공자 입장에서의 과학적 · 객
관적인 위험 평가에 초점을 맞추었으며 도구적 합리성을 기반으로 한 시기

였던 것이다. 이러한 맥락에서 해당 시기는 엄격한 기준을 적용했을 때 위험 커뮤니케이션 연구 발전 시대라고 언급하기 어려운 측면도 있다(한국원자력안전기술원, 2007: 10).

제2단계는 1980년대 중반에서 1990년대 중반까지의 시기를 포함하며, 실질적인 위험 커뮤니케이션의 필요성이 강조되던 시기였다. 특히 이 시기 동안의 위험 커뮤니케이션 연구에서는 전문가(과학자)와 일반대중 간 '위험 인식'에 차이가 존재한다는 점을 부각시켰다. 이 때문에 위험 커뮤니케이션을 통해 전문가는 일반대중을 설득하고 이해시킬 필요가 있음을 강조한 것이다(한국원자력안전기술원, 2007: 10). 즉 이 시기에는 '설득커뮤니케이션'에 초점을 두었다고 할 수 있다. 일반적으로 설득은 "말이나 글, 영상, 몸짓 등 다양한 커뮤니케이션 수단을 활용해 설득주체의 의도에 맞게 타인의 생각, 신념, 의지, 가치관 등에 변화를 주어 긍정적이며 호의적인 태도를 창출해 내는 태도 변용 과정"을 의미한다(이정헌, 2011: 313). 이와 관련해 대표적인 설득커뮤니케이션 모형으로 '설득지식모형(persuasion knowledge model)'이 있다. 이는 "메시지 수용자들이 메시지를 어떻게 처리하는 가에 중심을 두며, 설득을 하는 주체가 설득 대상자들을 어떻게 설득하고, 설득 대상자들은 이를 어떻게 수용하는 가를 설명"하는 모형이다(Friestad & Wright, 1994: 2).

제3단계 시기는 1990년대 중반 이후부터 현재까지에 해당한다. 제2단계 시기에서 강조되던 설득커뮤니케이션은 전문가의 전문성을 바탕으로 한 우월적 지위를 가정하고 있어 쌍방향 커뮤니케이션이 아닌 일방적이고 독단적인 커뮤니케이션 방안이 될 가능성이 높다는 한계를 지닌다. 이 때문에 제3단계 기간 동안 발달한 위험 커뮤니케이션 연구들은 위험 제공자(혹은 전달자)와 위험 수용자의 효과적인 위험 커뮤니케이션을 위해서는 위험상황의 사회적 맥락과 위험 제공자(혹은 전달자) 및 수용자의 상호작용, 즉 쌍방향 커뮤니케이션과 공감대 형성이 중요함을 강조하고 있다(한국원자력안전기술원, 2007: 10).

<표 6-3> 위험 커뮤니케이션 연구발달 과정

단계	시기	내용
1단계	1980년대 중반까지	− 과학자(전문가)들의 객관적/과학적 위험 평가에 초점 − 도구적 합리성 가정
2단계	1980년대 중반 ~ 1990년대 중반	− 전문가와 일반대중 간 위험인식 차이 강조 − 설득커뮤니케이션 강조
3단계	1990년대 중반 이후 ~ 현재	− 설득커뮤니케이션 한계 강조 − 사회적 맥락, 그리고 위험 제공자(혹은 전달자)와 수용자 간 상호작용 강조

출처: 한국원자력안전기술원(2007) 내용 재구성.

기존의 위험 커뮤니케이션 모형들은 다음과 같이 제시될 수 있다.

[그림 6-1] 렌의 위험 커뮤니케이션 모형

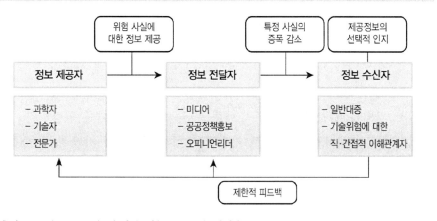

출처: Renn(1991: 291); 송해룡 외(2005: 111) 재인용.

첫 번째 위험 커뮤니케이션 연구모형으로 렌의 위험 커뮤니케이션 확장 모형을 제시할 수 있다(Renn, 1991). 이에 의하면 정보 제공자인 과학자, 기술자, 전문가 등이 사실에 기반하여 위험을 판단하고 관련 위험정보를 전달자에게 제공한다. 이에 정보 전달자[예: 미디어(언론), 공공정책홍보, 오피니언 리더 등]는 특정 위험사실을 증폭 또는 감소시키고 이를 정보 수신자인 일반대중들과 기술위험에 대한 직·간접적 이해관계자들에게 전달한다. 이때 정보 수신자들은 제공된 정보를 선택적으로 인지한다([그림 6-1] 참조). 해당 모형은 미디어(언론)와 같은 위험정보 전달자(송신자)를 통한 정보 전달의 중요성을 강조한다(송해룡 외, 2005: 111).

보다 복잡한 위험 커뮤니케이션 모형으로는 슬로빅의 모형을 제시할 수 있다([그림 6-2] 참조). 해당 모형에 의하면 특정 위험사건이 발생할 때 위험사건 특성에 대한 언론보도가 이어지며, 이때 강도 높은 언론보도는 일반대중들의 위험 인지도를 증가시키는 데 영향을 미친다(Slovic, 1987). 이를 통해 위험사안은 여러 이해관계자들에게 영향을 주는 사회집단 의제로 변화한다. 특히 이 과정에서 위험사안은 희생자들, 관련 기관(예: 회사, 산업체) 등을 통해 부정적인 영향으로 전파되며, 이로 인해 판매손실, 투자자 손실, 관리기관 압박 등과 같은 부정적 영향이 나타난다는 것이다(Slovic, 1987; 송해룡 외, 2005: 112).

[그림 6-2] 위험 커뮤니케이션 증폭에 관한 슬로빅의 모형

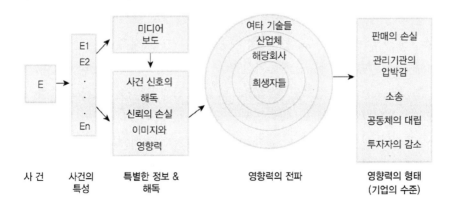

출처: Slovic(1987: 336); 송해룡 외(2005: 112) 재인용.

3) 질병 관련 위험 커뮤니케이션 선행연구

대부분의 위험 커뮤니케이션 관련 선행연구들은 미디어(언론)를 통한 위험 커뮤니케이션에 대해 연구해 왔다(예: 송해룡·조항민, 2015). 일반대중들은 언론을 통해 위험에 대한 정보를 접하는 경우가 많다. 특히 신종 질병(감염병)의 경우 일반대중들은 질병에 대한 과학적 지식과 경험이 부족하고 이에 대한 객관적인 정보가 부족하기 때문에 언론보도에 의존하기 쉽고, 언론보도 내용에 따라 질병을 다르게 이해하기도 한다(Glik, 2007; 전지영, 2017).[4] 따라서 언론보도의 공정성, 객관성, 정확성은 일반대중들이 질병에 관한 정확한 정보를 획득하고 이를 인식하는 데 중요한 역할을 한다고 할 수 있다.

질병에 관한 언론의 위험 커뮤니케이션에 대해 실증적으로 연구(헬스 저널리즘)한 선행연구들은 다음과 같다. 송해룡·조항민(2015)은 에볼라 바이러스 관련 방송 뉴스보도를 중심으로 질병 관련 위험보도의 특성에 대해 연구하였다. 에볼라 바이러스 관련 방송 뉴스에 있어서 지상파 3사(KBS, MBC, SBS), 종합편성채널 4사(TV조선, 채널A, MBN, JTBC), 보도전문채널(YTN) 등 총 96건의 방송 뉴스에 보도된 에볼라 바이러스 관련 보도 건수 빈도와 비율을 분석한 것이다. 보도의 심층성, 보도의 사실성, 보도 취재경로, 취재원 활용, 보도의 방향성(프레임 형식과 내용차원 분석)에 대해 분석한 결과, 보도의 사실성 측면에서는 사실에 기반한 보도가 많은 것으로 나타났으며, 보도의 취재경로는 외부정보를 간접적으로 활용하기 보다는 자체 취재를 통해 보도한 경우가 많다는 점에서 긍정적인 측면이 나타났다. 이에 반해 에볼라 바이러스와 관련된 특정 이슈(환자발생, 전파경로 등)에 중점을 두었으며, 단면적인 사건보도에 집중하는 경향이 있었고, 위험프레임을 강조하였으며, 전문성이 높은 의학/과학기자에 의한 보도가 낮은 비중을 차지하는 것으로 나타났다는 점에서는 한계를 지녔다.

다음으로 지카 바이러스, 야생진드기, 다제내성균과 관련된 감염병 보도에 사용된 어휘에 초점 맞추어 위험 커뮤니케이션의 중요 주체인 언론의 역할에 대해 분석한 연구가 있다(전지영, 2017). 해당 연구에서는 우리나라 3

---

4) 약 70%의 일반대중들은 건강에 대한 정보를 언론을 통해 얻는다는 연구가 제시된 바 있다(조홍준, 2001).

대 일간지(조선일보, 중앙일보, 동아일보)와 3대 지상파 방송(KBS, MBC, SBS)을 대상으로 코퍼스 언어학적 방법을 활용하여 어휘분석을 시행하였다. 특히 해당 연구에서는 언론사 의학전문기자와 보건복지부 출입 기자들을 대상으로 인터뷰도 시행하였다. 연구분석 결과 감염병과 관련된 기사 제목에는 부정적인 감성어휘가 주로 사용되었으며, 본문에 비해 자극적인 어휘를 많이 사용한 것으로 나타났다. 기자들과의 인터뷰 결과 위험 커뮤니케이션을 저해하는 요인으로는 언론사 간 보도경쟁과 이로 인한 자극적인 언어사용 남용 등이 제시되었다.

신종플루 관련 언론보도에 대해 조사한 연구도 있었다(김춘식, 2009). 해당 연구는 2009년 10월 26일부터 11월 10일까지의 분석기간을 중심으로 신종플루에 대한 뉴스 및 신문 기사를 검색해 분석하였다. 그 결과 신종 질병인 신종플루에 대한 언론의 기사 내용은 자극적인 용어를 사용한 경우가 많았다. 신종플루에 대한 과학적인 원인과 예방방법 등을 다루는 기사보다는 갈등, 불안, 인명 피해 등을 다루는 보도가 주를 이루었다. 또한 취재원 분석 내용을 살펴보면 신종플루에 관한 대부분의 취재원은 실명 또는 익명의 정부기관으로 나타났다. 특히 취재원에 대한 불명확한 정보는 오히려 질병에 대한 불안감을 조장할 수 있다는 우려를 초래하기도 하였다. 주영기·유명순(2010)은 만성질환(암, 당뇨, 고혈압, 결핵, 폐렴)과 신종출몰형 질환(사스, 조류독감, 신종플루)에 대한 뉴스보도의 패턴을 조사하였다. 1997년부터 2008년까지의 기간 동안 10대 일간지와 KBS, MBC 뉴스를 중심으로 만성질환과 신종출몰형 질환 보도를 비교한 것이다. 분석결과 암과 같은 만성질환으로 인한 사망자 수가 많음에도 불구하고 신문과 방송 뉴스에는 사스, 조류독감, 신종플루 등과 같은 신종출몰형 질병에 대한 보도(지면 및 시간 할애) 분량을 더욱 많이 할애하였다. 특히 이러한 현상은 신종질환이 처음으로 발생한 해에 더욱 심하게 나타났다.

또한 만 19세 이상의 일반대중 1,000명을 대상으로 감염병 관련 미디어 위험정보의 구성요소, 지식, 위험통제성에 대해 설문조사를 시행하여 분석한 연구도 있다(송해룡·김원제, 2017). 연구결과 미디어 위험정보의 구성요건은 대중들의 감염병 위험지식에 긍정적인 영향을 미쳤으며, 감염병 지식은 위험통제성에 통계적으로 유의미하게 긍정적인 영향을 미치는 것으로 나타났다. 즉 감염병과 관련한 주관적인 위험인식은 관련 지식에 유의미한 영향을 받는다는 것이다.

이밖에도 28개 언론사를 대상으로 2010년 6월 1일부터 2011년 12월 31일까지 다제내성균에 관한 보도내용을 네트워크 분석한 연구도 있다(박기수 외, 2014). 그 결과 가장 높은 빈도로 사용된 단어는 슈퍼박테리아였으며, 감염이라는 용어도 자주 사용되는 것으로 나타났다. 언어 네트워크 분석 결과 '국내, 다제내성균, 첫, 항생제, 슈퍼박테리아, 발생, 감염' 등과 같은 단어가 중심어로 사용되고 있음을 알 수 있었다.

이러한 선행연구에서 살펴볼 수 있는 미디어(언론)를 활용한 위험 커뮤니케이션의 주요 특징은 언론 프레임(frame)을 활용한다는 것이다. 언론 프레임은 다음과 같이 정의될 수 있다. 이옌가는 프레임을 "판단과 선택을 요구하

<표 6-4> 질병 관련 국내 위험 커뮤니케이션 선행연구

질병 관련 연구자	질병	내용
송해룡 · 조항민 (2015)	에볼라 바이러스	에볼라 바이러스 방송뉴스보도를 중심으로 질병 관련 위험보도의 특성을 분석
전지영 (2017)	지카 바이러스, 야생진드기, 다제내성균	감염병 보도에 사용되는 어휘에 초점을 맞추어 위험 커뮤니케이션의 중요 주체로서 언론의 역할을 분석
김춘식 (2009)	신종플루	의료 보건 이슈에 일반인의 익명 취재원 활용에 대한 분석
주영기 · 유명순 (2010)	만성질환(암, 당뇨, 고혈압, 결핵, 폐렴)과 신종출몰형 질환(사스, 조류독감, 신종플루)	신문 및 방송 뉴스의 만성질환과 신종출몰형 질환 언론보도 차이 분석
박기수 외 (2014)	다제내성균	다제내성균에 대한 언론보도 분석
송해룡 · 김원제 (2017)	일반 감염병	일반대중이 지각하는 감염병 관련 미디어 위험정보의 구성요건, 지식, 위험통제성 분석

출처: 선행연구들을 기반으로 하여 저자 작성.

는 문제를 진술하거나 제시할 때 발생하는 섬세한 변형들(subtle alterations)"이라고 정의하였으며(Iyengar, 1991: 11), 엔트맨은 언론 프레임을 "언론이 현실의 특정한 측면만을 인식해 언론 텍스트에 뚜렷하게 나타나도록 하는 것"이라고 주장하였다(Entman, 1993: 51). 이러한 언론 프레임을 통해 메시지는 재구성되고, 메시지 수용자들에게 전달되는 것이다. "언론에서 제시하는 텍스트를 구조화하는 프레임은 사실의 단순한 전달이 아니라 특정한 사회 현상을 재구성하는 구조적 재현"인 것이다(김원용·이동훈, 2005: 171). 즉 "언론 프레임을 통해 제시된 텍스트는 단순한 현상의 기술과 사실 전달이 아니라 사회·문화적 맥락과 배경이 반영된 결과물"로 볼 수 있는 것이다(김정인, 2016: 122 재인용).[5]

4) 정부의 위험 커뮤니케이션[6]

정부의 위험 커뮤니케이션을 논의하기 위해서는 먼저 공공 커뮤니케이션(public communication)에 대해 살펴볼 필요가 있다. "공공 커뮤니케이션은 다수의 사람들을 대상으로 정해진 일정 기간 내에 어떠한 특정결과를 만들어내기 위해 미디어를 이용해 메시지를 전달하는 일련의 조직화된 커뮤니케이션 활동"으로 정의될 수 있다(Rogers & Storey, 1987). "이는 사회적으로 바람직한 결과를 야기하고자 하는 시도라고도 할 수 있다. 뿐만 아니라 개인이나 사회 전체에 상업적 이익을 제공하는 것이 아니라 공적인 혜택을 생산하기 위한 커뮤니케이션 방안이라고 할 수 있다"(김정인, 2016: 120 재인용). 따라서 공공 커뮤니케이션은 "특정한 시기에 조직화된 커뮤니케이션 방법을 활용하여 대중들의 행동에 영향을 주기 위한 의도적인 시도"로 정의할 수 있을 것이다(Atkin & Rice, 2012: 3). 물론 공공 커뮤니케이션이 공공부문의 전유물은 아니지만 공공부문에서 보다 적극적으로 활용되는 측면이 있다(김정인, 2016: 120).

공공 커뮤니케이션은 두 가지 유형으로 분류할 수 있다. 첫 번째 유형

---

5) 언론 프레임은 주제 프레임, 일화 프레임, 흥미 프레임, 갈등 프레임, 개인 프레임 등으로 구성된다(Iyengar, 1991).

6) 공공 커뮤니케이션에 관한 설명은 '김정인(2016). 공공기관 노조 메시지의 언론 프레임과 국민 수용에 관한 연구: 한국철도공사 파업을 중심으로' 논문을 바탕으로 하였다.

은 개인의 행동 변화를 통해 개인과 사회의 안녕과 질서 유지를 유발하는 커뮤니케이션이다(Dungan-Seaver, 1999). 이와 관련된 대표적 예로는 흡연, 약물남용 예방에 관한 공공 커뮤니케이션이 있다. 두 번째 유형은 공공의지 (public will) 형성 캠페인이다(김정인, 2016: 121). 이는 정책변화를 유도하기 위하여 공중의 행동을 변화시키고, 사회 구성원들을 동원(mobilization)하는 유형이다. 공공의지 형성을 통해 구성원들의 인식을 변화시키고 정책에 찬성하거나 반대하도록 하여 정책변화를 유도하는 커뮤니케이션 행동양식인 것이다(Henry & Riviera, 1988; 김정인, 2016: 121 재인용). 이는 단순히 메시지 수용자 개개인의 행동 변화에 초점을 둔다기보다 메시지 수용자들의 행동변화 환경을 조성하여 공중(public)이 책임감 있게 행동하도록 유도하는 것을 주요 목적으로 한다. 공공의지 형성을 통한 공공 커뮤니케이션은 주로 사회 구성원의 조직화와 동원화를 달성하기 위하여 뉴스미디어, 신문, 잡지, 라디오, TV, 광고 등 미디어 채널을 활용한다(홍종필, 2006: 251-252; 김정인, 2016: 121 재인용).

따라서 본 장에서는 공공 커뮤니케이션의 일환으로 논의될 수 있는 정부의 위험 커뮤니케이션에 대한 역할을 제시하였다. 특히 정부가 질병 관련 위험에 대한 위험 커뮤니케이션 과정에서 어떠한 역할을 하는가에 대해 살펴보았다. 이를 위해 [그림 6-3]에 제시된 바와 같이 정부의 역할을 강조한 리이스와 초시올코의 위험 커뮤니케이션 양방향 모형을 살펴보았다(Leiss & Chociolko, 1994).

해당 모형에 의하면 위험 분야는 질병 관련 기술적 위험을 강조하는 위험 분야와 질병이 인지된 위험 분야로 구분할 수 있다. 질병 관련 기술적 위험 분야는 과학자와 기술자들에 의해 사실에 근거하여 판단이 내려지는 객관적·실증적·과학적 방법을 주로 활용한다. 하지만 질병이 인지된 위험 분야는 주요 행위자가 일반대중으로서 이들을 중심으로 주관적 가치나 의미, 형평성, 문화적 특성, 이해관계 등을 바탕으로 위험이 해석되는 것이다. 이 두 가지 영역은 서로 분리되는데 정보의 흐름 역시 각 영역별로 별도로 이루어지게 된다(송해룡 외, 2012: 86). 그리고 이들 상호 간을 연결시켜주는 중요 역할을 담당하는 행위자는 정부가 된다. 정부는 위험에 대한 정보를 공급하고 규제하는 역할을 강조하면서 전문가 영역과 대중 영역을 서로 연

[그림 6-3] 위험 커뮤니케이션의 양방향 모델을 활용한 질병 관련 모형

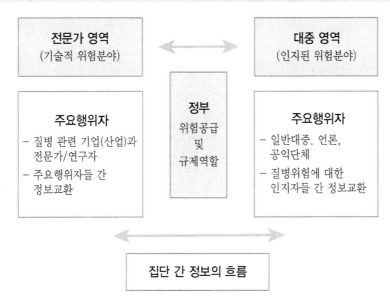

출처: Leiss & Chociolko(1994); 송해룡 외(2012: 86) 기반으로 저자 재구성.

결시켜주는 기능을 한다(Leiss & Chociolko, 1994; 소영진, 2000). 이 모형에 의하면 효과적인 위험 커뮤니케이션이 달성되기 위해서는 서로 다른 두 영역을 효과적으로 연결할 수 있도록 하는 정부의 역할이 매우 중요하다고 할 수 있다. 따라서 다음 메르스 사태와 가습기 살균제 사례들을 해당 모형을 중심으로 분석해 보고자 한다. 특히 해당 사례들에서 나타난 위험 커뮤니케이션에 있어서 정부의 역할이 제대로 수행되었는지를 분석해 보도록 한다.

제2절   **MERS-CoV 사례**

1. MERS-CoV 사례의 의의

1) MERS-CoV 특징

MERS－CoV는 일명 메르스 코로나바이러스(Middle East Respiratory Syndrome Coronavirus, MERS－CoV: 이하 MERS－CoV)에 의한 호흡기감염증으로서, 2012년 사우디아라비아에서 중증 폐렴과 신부전으로 사망한 60대 남성으로부터 최초 발견되었다. 이후 2013년 5월 국제바이러스 분류위원회(International Committee on Taxonomy of Viruses, ICTV)에서 이 신종 코로나바이러스를 메르스 코로나바이러스라 명명하였다(질병관리본부, 2018: 7). 국내에서는 2015년 5월 20일에 처음으로 MERS－CoV 확진자가 발생된 신종 질병이다. MERS－CoV는 베타코로나바이러스의 일종으로 인간 기관지 및 폐 조직에 왕성하게 번식하는 바이러스로서, 사람의 MERS－CoV 염기서열과 단봉낙타의 MERS－CoV 염기서열이 99.9% 일치하나 MERS－CoV의 정확한 병원소에 대한 정보는 아직까지도 명확하게 알려지지 않고 있다(질병관리본부, 2018: 7).

MERS－CoV의 잠복기는 최소 2일, 최대 14일이며 평균적으로는 5일로 나타났다. 치명률은 약 30%에 이른다. MERS－CoV의 주요 특징은 한국, 사우디아라비아, 아랍에미리트 등 의료기관을 중심으로 전파가 높게 나타났으며 전체 MERS－CoV 환자의 약 30%가 이에 해당된다는 점이다(질병관리본부, 2018: 8). 2012년 MERS－CoV가 전 세계적으로 처음으로 발생한 이후 2018년 8월 31일까지 총 환자수는 2,248명이며, 이 중 798명이 사망에 이르러 치사율은 약 35.4%로 매우 높게 나타났다(WHO, 2018). MERS－CoV에 감염된 국가는 27개국이며, 대부분 환자들은 사우디아라비아를 중심으로 한 중동국가들에 포진되어 있었다.

[그림 6-4] 중동국가들의 MERS-CoV 현황

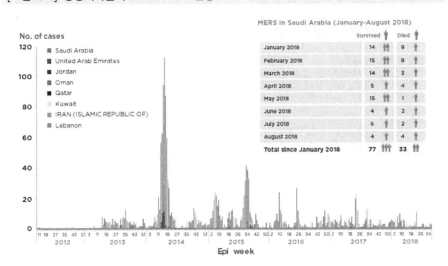

출처: WHO(2018).

2) 한국에서의 MERS-CoV 현황

한국에서 MERS-CoV는 2015년 중동지역을 방문한 경험이 있는 60대 남성으로부터 시작되었다. 한국에서의 MERS-CoV 확진자 수는 총 186명이었으며, 사망자 수는 38명이었다(사망률 20.4%). 그 이후 2018년 9월 중동(바레인)으로 출장 간 60대 남성이 MERS-CoV에 확진되었으나, 추가 감염자가 발생하지 않아 한국에서의 MERS-CoV는 2018년 10월 16일 0시로 상황종료 되었다(질병관리본부, 2018: 8). 2015년 8월 30일까지 총 확진자 수는 186명(사망자 36명, 퇴원자 141명, 치료 중인 환자는 안정적인 환자 6명과 불안정적인 환자 3명을 포함한 총 9명)으로 나타났다(김병섭·김정인, 2016). 따라서 본 장에서는 한국에서 MERS-CoV가 활성화된 2015년을 중심으로 논의를 제시하였다.

국내에서 발생한 MERS-CoV 사태의 원인은 다양하게 논의될 수 있다. 그러나 일반적으로 1차적인 원인을 평택성모 병원과 삼성병원 등의 초기대응 실패 및 우리나라의 환자 단체 병문안 문화와 관련해 설명하는 연구들이 많다(헤럴드경제, 2016). MERS-CoV는 불특정다수에게 영향을 주는 질병이면서, 동시에 질병에 대한 충분한 사전 정보가 갖추어져 있지 않은 신종 질

[그림 6-5] 국내 MERS-CoV 사태 일지

출처: 연합뉴스(2015).

병이다. 특히 MERS−CoV 확산 경로나 확산 규모 등이 예측불가능한 문제였으며, 존재는 하지만 인지가 어렵고 또 불특정 대상집단에 해당되는 위험이었기 때문에 해당 문제에 대한 책임소재가 분산되어 결국 누구도 책임지지 않으려 하는 책임의 공동화(空洞化)현상이 나타나는 위험이기도 하였다(김병섭·김정인, 2016). 당시 정부 또한 MERS−CoV 질병에 대한 충분한 사전 정보를 보유하고 있지 않았기 때문에 MERS−CoV 확진자가 처음 발생한 이후 초기에 적절하게 대응하지 못함으로써 MERS−CoV 확산에 대한 사회적인 공포가 더욱 커지게 되었다. 예를 들어 정부는 MERS−CoV 사태 발생 초기에 낙타가 MERS−CoV의 주요 감염원이라고 밝히고, 낙타와 접촉 피하기, 낙타고기 먹지 말기 등을 예방법으로 제시한 바가 있다(한국일보, 2016). 이는 정부의 신종 질병에 대한 정보부족을 여실히 드러낸 대응이었을 뿐만 아니라, MERS−CoV 사태 발생 이후 보고 체계 구축과 MERS−CoV 확산 방지를 위해 반드시 국민들이 알 필요가 있었던 정보에 대한 공개·공유에 있어서도 미숙한 모습을 나타낸 것이었다(김병섭·김정인, 2016). 아래 <표 6−5>에서는 MERS−CoV의 특징 및 현황에 대해 제시하고 있다.

<표 6-5> MERS-CoV의 특징 및 현황

항목	MERS-CoV의 특징
잠복기	2~14일, 평균 5일
최초 발생	2012년(사우디아라비아에서 발생)
치명률	약 30%
특징	의료기관에서 전파가 강함(전체 환자의 약 30%)
전 세계 총 환자 수	2,248명(최초 발생 후 2018년 8월 31일까지)
사망자 수 / 치사율	798명(35.4%)(최초 발생 후 2018년 8월 31일까지)
감염국	전 세계적으로 27개국
한국 최초 발생	2015년
한국 확진자 / 사망자	186명 / 38명

출처: 질병관리본부(2018) 내용 재구성.

3) MERS-CoV 사례 분석 방법

본 장에서는 2015년 한국 정부가 MERS-CoV 사태에 어떻게 대응했는가를 위험 커뮤니케이션 관점에서 분석해 보고자 한다. 이를 위해서 <표 6-6>에서 제시된 바와 같이 정부의 3단계 대응방안에 따라 각 상황을 분석하였다.

<표 6-6> 2015년 MERS-CoV의 정부 대응 3단계

초기 대응 단계 (5. 20. ~ 6. 8.)	적극 대응 단계 (6. 9. ~ 7. 27.)	후기 대응 및 복구단계 (7. 28. ~ 12. 23.)
• 첫 환자 발생(5. 20.) • 중앙방역본부 설치 • MERS-CoV 유행 급속히 확산 • 방역체계 확대개편 • 위기평가회의(6. 4.)	• 중앙메르스관리대책본부 중심 민관협력 대응 체계 구축 • 국무총리 주관 범부처 대응 및 전면적 대응 체계 가동 • 한국-WHO 메르스 합동평가단 활동 착수	• 사실상 종료 선언(7. 28.) • 메르스 후속조치 TF와 중앙방역대책본부로 재편 • 국가방역체계 개편방안 추진 • MERS-CoV 유행 종료 선언(12. 23.)

출처: 질병관리본부(2015: 29).

각 단계의 기준은 MERS-CoV 확진자 수 및 사망자 수의 변화이다. 첫 번째 단계는 초기 대응단계로서 첫 확진자가 발생한 이후부터 약 2주 간의 기간이며, 두 번째 적극 대응단계는 2015년 6월 9일부터 7월 27까지 중앙메르스관리대책본부 중심의 민관협력 대응 체계가 구축되어 국무총리 주관으로 범부처 대응 및 전면적 대응 체계를 가동한 단계이다. 세 번째 후기 대응 및 복구단계는 사실상 MERS-CoV 사태가 종료 선언된 7월 28일부터 12월 23일까지이며 이 단계에서는 메르스 후속조치 TF와 중앙방역대책본부로 MERS-CoV 대응 조직이 재편되었다(질병관리본부, 2015). 여기에서는 각 단계에서 나타난 정부의 위험 커뮤니케이션 방안을 분석하였다. 이를 위해 언론자료, 정부자료, 기존 관련 논문 등을 참조하였다.

2. MERS-CoV 사례에서 정부의 위기소통 대응전략

1) 제1단계: 초기 대응단계 실패

초기 대응단계는 MERS-CoV 첫 확진자가 발생한 이후 약 2주 동안 지속되었으며, 2015년 5월 20일 첫 환자가 나온 시기부터 2015년 6월 8일까지에 해당하는 단계이다. 2015년 5월 국내에서 MERS-CoV 첫 환자가 발생하자 정부는 감염병 위기 수준을 '관심'에서 '주의' 단계로 격상하였다. 이 시기에 중앙방역대책본부를 설치하였으며, 질병관리본부장이 지휘하는 단계로 격상되었다(질병관리본부, 2015: 53). [그림 6-6]과 같이 중앙방역대책본부를 설치하였고 질병관리본부장이 MERS-CoV 대응을 총괄한 것이다. 이 단계에서 질병관리본부장은 '1차 감염병 위기 평가회의'를 개최하였으며, 이를 통해서 감염병 전문가들로부터 대응 관련 조언을 받았다. 그리고 '중동호흡기증후군 예방 및 관리 지침'을 개정하기 위해 관련 전문가 자문회의를 유선으로 개최하였다(질병관리본부, 2015: 54). 또한 중앙방역대책본부는 MERS-CoV 첫 확진자 가족들과 평택성모 병원에 근무하는 의료진들을 접촉한 접촉자들을 대상으로 역학조사를 실시하였으며, 중동지역에서 입국하는 사람들을 대상으로 전수조사를 실시하였다. 그리고 MERS-CoV 전담 검사반을 국립보건연구원에 설치하였다.

[그림 6-6] 중앙방역대책본부 조직도

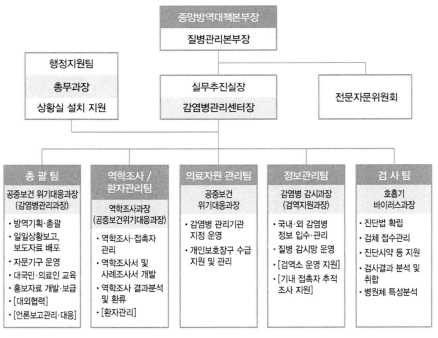

출처: 질병관리본부(2015: 53).

그러나 이러한 대응에도 불구하고 국내 MERS-CoV 확진자 수는 급속
도로 증가하였다. 앞서 [그림 6-5]에서 살펴보았듯이 첫 환자 발생 이후 7
일 만인 2015년 5월 28일 기준으로 확진자가 7명으로 증가하였으며 격리대
상자는 61명으로 급증하였고, 방역조치가 이루어진 의료기관은 5곳으로 증
가하였다(질병관리본부, 2015: 54). 이와 같이 정부가 예상한 것보다 빠른 속도
로 MERS-CoV가 유행함에 따라 방역조치에 대한 개선 요구가 제기되어 정
부는 MERS-CoV 대응 계획을 전면 수정하였다. 2015년 5월 28일 보건복지
부 차관 중심으로 '감염병위기관리대책전문위원회'를 개최하였다. 이를 통
해서 [그림 6-6]의 중앙방역대책본부를 [그림 6-7]의 중앙메르스관리대
책본부로 확대한 것이다. 처음에는 본부장을 보건복지부 차관이 담당하였
으나, 5일 뒤인 2015년 6월 4일부터는 보건복지부 장관이 본부장을 담당하
여 운영하였다(질병관리본부, 2015: 54).

[그림 6-7] 중앙메르스관리대책본부 조직도

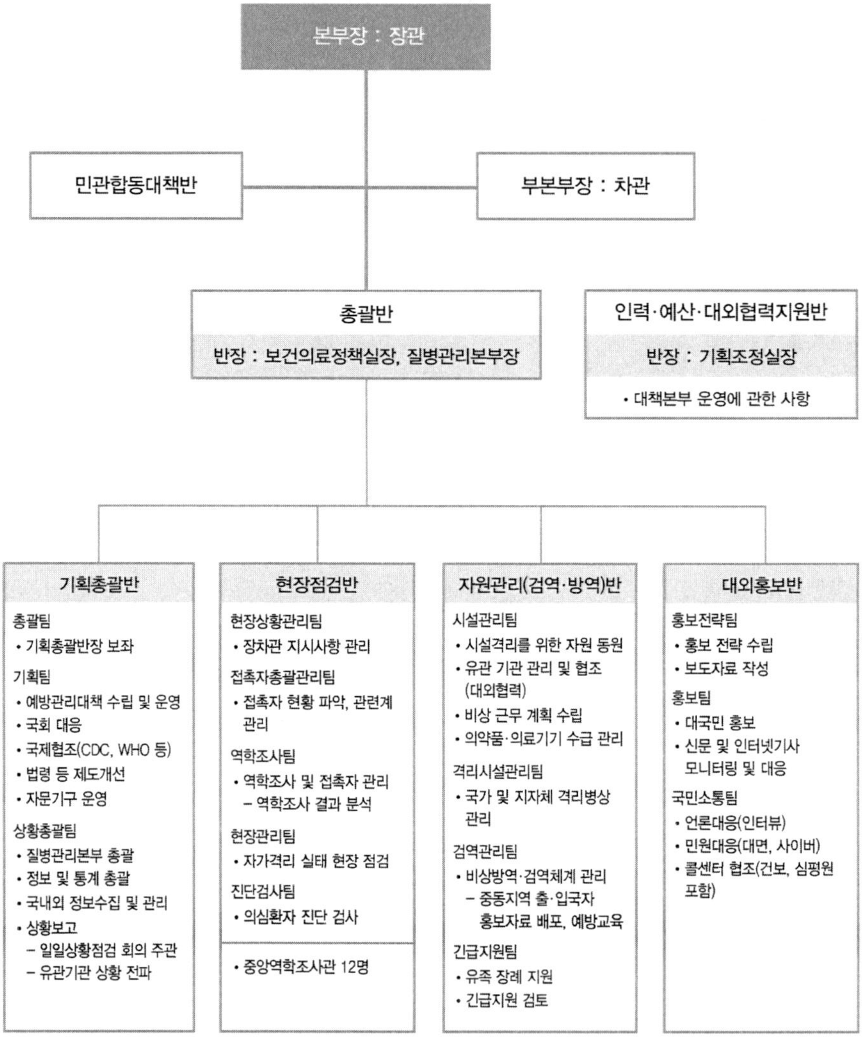

```
                        ┌─────────────────┐
                        │   본부장 : 장관   │
                        └─────────────────┘
        ┌──────────────┐                    ┌──────────────┐
        │ 민관합동대책반 │                    │ 부본부장 : 차관 │
        └──────────────┘                    └──────────────┘

        ┌──────────────────────────┐    ┌──────────────────────┐
        │          총괄반            │    │ 인력·예산·대외협력지원반 │
        │ 반장 : 보건의료정책실장,     │    │   반장 : 기획조정실장    │
        │       질병관리본부장        │    │ • 대책본부 운영에 관한 사항│
        └──────────────────────────┘    └──────────────────────┘
```

기획총괄반	현장점검반	자원관리(검역·방역)반	대외홍보반
총괄팀 • 기획총괄반장 보좌 기획팀 • 예방관리대책 수립 및 운영 • 국회 대응 • 국제협조(CDC, WHO 등) • 법령 등 제도개선 • 자문기구 운영 상황총괄팀 • 질병관리본부 총괄 • 정보 및 통계 총괄 • 국내외 정보수집 및 관리 • 상황보고 　- 일일상황점검 회의 주관 　- 유관기관 상황 전파	현장상황관리팀 • 장차관 지시사항 관리 접촉자총괄관리팀 • 접촉자 현황 파악, 관련계 　관리 역학조사팀 • 역학조사 및 접촉자 관리 　- 역학조사 결과 분석 현장관리팀 • 자가격리 실태 현장 점검 진단검사팀 • 의심환자 진단 검사 • 중앙역학조사관 12명	시설관리팀 • 시설격리를 위한 자원 동원 • 유관 기관 관리 및 협조 　(대외협력) • 비상 근무 계획 수립 • 의약품·의료기기 수급 관리 격리시설관리팀 • 국가 및 지자체 격리병상 　관리 검역관리팀 • 비상방역·검역체계 관리 　- 중동지역 출·입국자 　　홍보자료 배포, 예방교육 긴급지원팀 • 유족 장례 지원 • 긴급지원 검토	홍보전략팀 • 홍보 전략 수립 • 보도자료 작성 홍보팀 • 대국민 홍보 • 신문 및 인터넷기사 　모니터링 및 대응 국민소통팀 • 언론대응(인터뷰) • 민원대응(대면, 사이버) • 콜센터 협조(건보, 심평원 　포함)

주: 2015년 6월 2일 기준 조직도임.

출처: 질병관리본부(2015: 55).

2015년 6월 4일 중앙메르스관리대책본부는 보건복지부 장관, 질병관리본부장, 정부관계자, 감염병 전문가들과 함께 '2차 감염병 위기 평가회의'를 개최하였다. 이 회의에서 감염병 '위기 단계'로의 격상 논의가 이루어졌으나, 평택성모 병원 역학조사 결과 이후로 이에 대한 결정을 연기하는 것으로 하였다(질병관리본부, 2015: 54). 정부는 전문가의 의견을 적극 받아들여 감염병 위기 단계를 격상시켜야 하였음에도 불구하고 이에 대해 늑장대응을 한 것이다. MERS－CoV에 관한 실증 연구에서도 다음과 같이 분석되었다(김병섭·김정인, 2016: 397－398 재인용).

"MERS－CoV 확진자 첫 발생은 2015년 5월 20일에 있었지만, 이에 대한 정부의 대응은 즉각적으로 나타나지 않았다. 보건복지부 장관이 대통령에게 MERS－CoV 확진자 발생에 대한 대면보고를 한 것이 첫 환자 발생 후 6일이 지난 뒤 열린 국무회의에서였고, 6월 1일이 되어서야 대통령이 MERS－CoV 사태에 대한 첫 언급을 하게 된다. 그 후 긴급 장관회의, 청와대 비상근무체제 돌입, 민관합동 긴급 점검회의 등을 열었지만 정부의 대응은 급속하게 전파되는 MERS－CoV 사태에 효과적으로 대응하지 못했다."

또한 정부는 범정부 차원에서 MERS－CoV 확산저지를 지원하기 위해 범정부메르스대책지원본부를 조직하였다. 국민안전처 장관을 위주로 하여 그 외 관련 11개 부처와 지방자치단체로 구성된 이 조직은 중앙메르스관리대책본부를 지원하는 기능을 담당하였다([그림 6－8] 참조).

또한 초기 단계에서 정부는 신종 질병에 대한 정보가 부족함에도 불구하고 질병 전문가의 의견을 수용하는 데 미흡하였다. 이후 정부는 보건복지부 장관을 주축으로 한 중앙메르스관리대책본부 이외에 신종 감염병 전문성 부족을 보완하기 위해 2015년 5월 31일 민간 감염병 전문가들을 중심으로 하는 'MERS－CoV 민관합동대책반'을 구성하였다. 당시 대한감염학회를 포함한 7개 학회가 참여하였으며, 진단, 치료, 감염관리 등을 담당하였다. 뿐만 아니라 정부와 민간의 협력적 거버넌스를 구축하여 병원감염에 적극적으로 대응하기 위해 2015년 6월 4일 '민관종합대응 TF'를 구성하였다. 또한 대통령의 지시로 2015년 6월 8일 '즉각대응팀'[7]을 조직하였다. 즉각대응팀은 민간의 감염병 전문가(특히 감염내과 의사, 감염관리 간호사 중심) 총 17명

---

7) 즉각대응팀의 주요 역할은 "특정 병원의 감염 확산을 최우선으로 막기 위해 필요한 조치를 즉시 실시하는 것이며, 특히 주요 현장에 직접 투입되어 현장에서 지연되는 조치들에 대해 즉각적으로 문제를 해결"하는 것이었다(질병관리본부, 2015: 56).

[그림 6-8] 범정부메르스대책지원본부

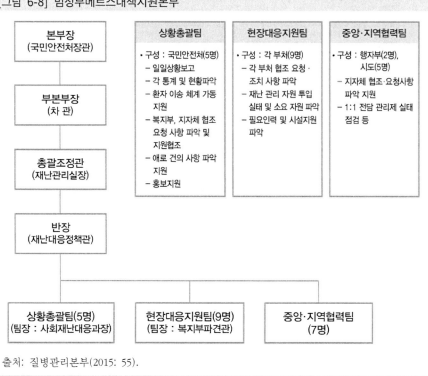

출처: 질병관리본부(2015: 55).

이 참여하여 운영되었다. 특히 이들은 병원 현장 방역조치에 있어서 중요한 컨트롤 타워 임무를 수행하였다. 또한 초기단계에서 MERS－CoV 유행이 여러 의료기관과 지역으로 퍼져나감에 따라 중앙 역학조사관의 역할을 보충하고 역학조사결과에 대해 의학적인 자문을 구하기 위해 '민간역학조사지원단'을 조직하였다. 중앙과 각 시도에 이를 조직하여 운영하였는데, 중앙 민간역학조사지원단 사업은 2015년 5월 29일 시행되었으며, 본격적인 활동은 6월에 이루어졌다.

초기단계에서 정부의 MERS－CoV 대응은 다소 소극적으로 나타났다. MERS－CoV와 같은 새로운 감염병에 대한 정보가 부족한 상태이다 보니, 정부는 정부관료 중심으로 문제를 해결하려고 하였다. 질병과 관련해 상당한 전문성을 지닌 관료집단인 질병관리본부가 있었음에도 불구하고, 이 기관을 중심으로 감염병에 접근하지 못한 것이다. 오히려 보건복지부 장관 중

<표 6-7> 메르스 확산 현황과 정부의 대응

일 자	내 용
2015년 5월 20일	- 첫 환자 발생 - 박 대통령이 고용복지수석을 통해 처음 메르스 관련 보고를 받음 - 보건당국 위기경보를 '주의' 단계로 격상
2015년 5월 26일	- 국무회의에서 대통령에게 보건복지부 장관 대면보고
2015년 6월 1일	- 대통령이 청와대 수석비서관회의에서 메르스 사태와 관련한 첫 언급
2015년 6월 2일	- 메르스 관련 긴급 관계 장관회의 개최 - 청와대에 긴급 대책반을 꾸리며 24시간 비상근무체제
2015년 6월 3일	- 메르스 대응 민관합동 긴급점검회의
2015년 6월 4일	- 서울시장 메르스 환자(삼성병원 의사) 관련 기자회견
2015년 6월 5일	- 박 대통령이 국립중앙의료원을 방문
2015년 6월 6일	- 중앙메르스관리대책본부(보건복지부 질병관리본부) 정례 브리핑 시작 - 국민안전처 긴급재난 문자발송
2015년 6월 7일	- 메르스 환자 발생·경유 병원 명 일반에 공개 - 지방자치단체의 메르스 확진 권한 위임
2015년 6월 8일	- 대통령이 범정부메르스대책지원본부를 방문, 방역전문가들로 구성된 '즉각대응팀(TF)'을 구성하고 병원 폐쇄명령권 등 전권을 부여
2015년 6월 9일	- 국무회의에서 메르스 사태와 관련한 대책을 집중 논의 - 경제부총리 겸 기획재정부 장관이 총리 직무대행 자격으로 범정부 메르스 일일점검회의를 소집하고 사태 해결을 위한 진두지휘
2015년 6월 10일	- 대통령 방미연기 발표
2015년 6월 14일	- 삼성병원 일부 폐쇄
2015년 6월 16일	- 메르스 관리를 위해 보건소 기능 개편
2015년 6월 25일	- 감염병 환자 및 질병정보 공개를 골자로 한 이른바 '메르스법 (감염병의 예방 및 관리에 관한 법률)' 국회 본회의 통과
2015년 7월 28일	- 정부의 메르스 사실상 종식 선언

출처: 김병섭·김정인(2016: 399) 재인용.

심의 컨트롤 타워인 '중앙방역대책본부' 운영, 그리고 '범정부메르스대책지원본부' 설치 등 관료조직 설치를 통해 새로운 감염병 문제를 해결하려고 하다 보니 적극적인 대응이 이루어지지 못했던 것이다. 민간 전문가들 중심의 'MERS−CoV 민관합동대책반', '민관종합대응 TF', '즉각대응팀'이 운영되었지만 초기에는 이들의 기능이 원활하게 이루어지지 못했다.

　이와 같이 정부의 대응이 전문가조직 중심이 아닌 관료조직을 중심으로 운영되다 보니 [그림 6−3]에서 제시되는 전문가 분야의 질병 관련 기술적 위험정보를 적극적으로 활용하지 못하게 된 것이다. 또한 정부는 신종 감염병 전문가 그룹의 위험정보를 일반대중을 비롯한 언론 및 시민단체들에게 원활하게 전달해 주지 못했다. 즉 정부는 전문가가 생성한 위험정보를 질병 관련 위험 수용자인 일반대중들에게 효과적으로 전달하지 못했던 것이다. 무엇보다 정부의 위기소통에 있어서 문제점이 나타났다. 2015년 5월 20일 첫 확진자 발생 이후 질병관리본부의 감염병관리과와 보건복지부 대변인실을 중심으로 위험소통을 시도하였다. 이를 위해 정부는 정부 출입 기자단에 브리핑 및 보도 자료 배포 시 감염병 보도 준칙 준수를 부탁하였으며, SNS 상의 유언비어 확산이 이루어지지 않도록 모니터링을 실시하였다 (질병관리본부, 2015: 114−115).

　하지만 정부는 위험소통에 대한 대응을 원활하게 수행하지 못했다. 무엇보다도 2015년 5월 21일자 KBS 9시 뉴스에서 "메르스 환자를 닷새 넘게 간병한 딸의 검사 요청에도 불구하고 검사 대상 기준에 맞지 않는다는 이유로 거절"했다는 방송 보도가 나가자 이후 국민들은 MERS−CoV에 대한 정부조치를 신뢰하지 않게 되었다(KBS 9시 뉴스, 2015). 또한 5월 29일 밀접접촉자임에도 불구하고 격리 대상자에서 누락되어 중국출장을 간 사람이 10번째 확진자로 판명되고 평택성모 병원의 첫 확진자와 같은 병실에 있지 않던 사람들까지 확진자로 판명됨에 따라 정부에 대한 국민의 신뢰가 더욱 낮아지게 되었다(질병관리본부, 2015: 115). 더욱이 정부는 SNS 등 온라인상에 유포되는 가짜 뉴스에 적극적이고 효과적으로 대응하지 못했다. 물론 정부에서는 트위터를 비롯하여 SNS 등에 유포된 괴담에 대응하고, '메르스 극복을 위해 꼭 알아야 할 10가지'와 같은 위험관리 지침을 대한감역학회 전문가 조언을 통해 공공장소에 배포하는 등 위험 커뮤니케이션을 시도하였지만, MERS−CoV에 대한 정부의 초기 위험 커뮤니케이션 대응은 매우 미숙하였던 것이다. 이와 관련하여 언론기사에서도 정부의 대응을 비판하였다.

> *컨트롤타워가 명확하지 않아 수시로 바뀌며 혼란을 부채질했다. 세월호 참사 당시 "국가안보실은 재난과 관련한 컨트롤타워 역할이 아니다"라고 했던 청와대는 메르스 사태에서도 공식적인 컨트롤타워로 나서기를 꺼려했다. 확산일로에 있는 메르스를 막겠다며 꾸린 각 부처·본부·자치단체 대책본부가 우후죽순으로 가동되면서 오히려 지휘 체계에 혼선이 일어나기도 했다. 청와대가 전면에 나서지 않는 동안 메르스 사태의 컨트롤타워는 질병관리본부장, 중앙메르스관리대책본부장, 복지부 장관 등으로 계속해서 변경됐다. 범정부적 위기관리 컨트롤타워 역할을 수행해야 할 국무총리(중앙안전관리위원장)는 이완구 전 총리의 사퇴로 공석이었다. 세월호 참사를 계기로 국가적 재난안전 컨트롤타워로 만들어진 국민안전처는 감염병 대응에 있어 제대로 된 권한과 조직을 갖추지 못한 탓에 별다른 역할을 하지 못했다. 메르스 긴급재난 문자 뒷북 발송으로 국민들의 화만 돋우기도 했다.*
>
> −중앙일보, 2015년 7월 28일 기사 중 발췌.

이와 같은 정부의 MERS−CoV 위험 커뮤니케이션 위기는 정부에 대한 국민의 불신을 초래하였다. 정부의 늑장대응과 잘못된 정보 전달로 인해 오히려 MERS−CoV 가짜 뉴스가 온라인 상에 더욱 퍼져 나가 정부도 이에 적절하게 대응하지 못하는 정도가 된 것이다. 이러한 문제는 각종 여론조사에서도 드러났다. 리얼미터에서 실시한 여론조사에서 다수의 응답자들은 정부의 MERS−CoV 대응능력을 신뢰하지 않는다고 응답하였다. 보다 구체적으로 2015년 6월 5일 리얼미터 여론조사 결과에 의하면 응답자 68.3%가 정부의 MERS−CoV 대응능력을 신뢰하지 않는다고 응답하였으며, 그 중에서 39.6%가 매우 신뢰하지 않는다고 응답하였다. 이에 반해 신뢰한다는 응답은 단지 25.9%에 불과했다(매일경제신문, 2015). 이에 따라 국민들은 정부가 제공하는 MERS−CoV에 대한 정보를 믿지 못하고 비공식적 경로를 통해

MERS-CoV 정보를 획득하고 있었다. 일례로 리얼미터 여론조사에 의하면 응답자의 57.8%가 MERS-CoV 감염자 발생 병원 또는 지역에 대한 정보를 '비공식경로로 접했다'라고 응답하였다. 특히 온라인과 SNS 등을 통해 대부분의 정보를 획득하고 있는 것으로 나타났다(매일경제신문, 2015).

이러한 질병관리에 대한 정부 신뢰하락은 무엇보다도 '확진환자 발생 의료기관 정보 공개'에 대한 정부의 늑장대응과 관련되어 있었다. 2015년 5월 29일부터 6월 3일 기간 동안 사회적으로 가장 중요한 이슈가 되었던 사항은 바로 MERS-CoV 확진자 발생 의료기관에 대한 정보공개 여부였다(질병관리본부, 2015: 117). 정부는 이에 대한 의사결정을 빠른 시간 내에 도출하지 못했으며, 이로 인해 국민들은 신뢰할 수 있는 정보를 정부로부터 얻지 못했던 것이다. 국민들은 관련 정보를 SNS 등의 비공식적 경로를 통해 획득하였고, 설상가상으로 잘못된 정보들이 확장되어 퍼져나갔다. 일례로 MERS-CoV는 "공기로 전파된다", "확진환자가 이미 100명을 넘어섰다" 등과 같은 잘못된 정보가 국민들 사이에서 유포되고 있었던 것이다(질병관리본부, 2015: 117). 특히 전문가들(대한의사협회)은 2015년 5월 31일 보건의약단체 현장 간담회에서 밀접접촉자 명단, 위험지역 입국자, 의료기관 명에 대한 정보를 공개하는 것이 바람직하다는 주장을 끊임없이 제기하였다. 그러나 정부는 이에 대한 정보를 즉각 제공하지 못하고 있다가 2015년 6월 4일부터 관련된 정보를 제공하기 시작하였다(질병관리본부, 2015: 117-118). 이와 같은 정부의 MERS-CoV 위험 커뮤니케이션 대응 방식으로 인해 결국 국민들은 정부의 질병 관련 대응능력을 의심하게 되었고, 이로 인해 사회적인 큰 혼란이 발생하였다.

또한 초기단계에 중앙정부는 지방자치단체와 원활한 정보공유를 이루지 못했다. 초기에 중앙정부는 지방자치단체에 MERS-CoV 권한을 이양하지 않았다. 2015년 6월 초에는 의심환자가 급증하여 국립보건연구원의 업무 과부하가 매우 심각한 수준에 이르렀지만, 중앙정부의 '원 보이스 대응 원칙'을 고수하기 위해 진단검사와 확진 권한을 지방자치단체로 이양하지 않았던 것이다(질병관리본부, 2015: 118). 이에 지방자치단체는 중앙정부의 대응에 불만을 가져 중앙정부와 협의를 거치지 않은 단독·돌발 행동들을 유발하였다. 이와 관련한 대표적인 예가 바로 서울시의 대응이었다. 2015년 6월

4일 서울시장은 삼성서울병원 환자 관련 정보를 중앙정부와 협의하지 않은 채 심야 긴급 브리핑을 통해 국민들에게 전달하였다(질병관리본부, 2015: 119). 이처럼 중앙정부와 지방자치단체의 정보공유에 엇박자가 나타나면서 위험 커뮤니케이션도 원활하게 이루어지지 못했다.

2) 제2단계와 3단계: 효과적인 위험 커뮤니케이션 전략

다음으로 적극 대응단계는 2015년 6월 9일부터 2015년 7월 27일까지에 해당하며, 이 기간 동안 중앙메르스관리대책본부를 중심으로 민관협력 대응 체계가 구축되었고, 국무총리 주관 범부처 대응 및 전면적 대응 체계가 가동되었다. 특히 이 단계에서 한국–WHO 메르스 합동평가단 활동이 착수되었다(질병관리본부, 2015). 적극 대응단계에서 중앙메르스관리대책본부의 기능을 전문화시켜 강화한 것이다. 질병관리본부는 현장 관리반 역학조사, 진단검사 및 검역 등의 업무에 초점을 맞추고, 보건복지부는 전반적인 대응 전략(기획총괄, 접촉자 모니터링, 병원 집중관리, 자원관리와 대외홍보 등)에 초점을 맞추어 활동하였다(질병관리본부, 2015: 58). 무엇보다도 제2단계인 적극 대응 단계에서는 민관종합대응 TF인 '즉각대응팀'의 기능을 강화하여 현장을 총 지휘하게 하고 신속하게 대응하면서 MERS–CoV 문제를 해결하고자 하였다. 대통령이 즉각대응팀에 병원 폐쇄명령권을 부여하는 등 전권을 부여함으로써 문제해결에 기여할 수 있도록 한 것이다(김병섭·김정인, 2016: 398). 이와 같이 전문성을 지닌 즉각대응팀이 현장에서 활약하고 즉각이행팀이 행정적으로 지원을 해 주면서 MERS–CoV 문제를 어느 정도 해결할 수 있게 되었다(질병관리본부, 2015: 59).

특히 이 시기는 감염병 대응 '주의' 상태였지만, 실제 운영은 '심각' 단계로 진행되었다. 이를 위해 국무총리 중심으로 국가적 수준의 민관협력 대응체계를 전면적으로 가동하였다(질병관리본부, 2015: 59). 이러한 노력으로 MERS–CoV 확진자 수는 6월 중반으로 가면서 급격하게 줄어들었고 어느 정도 안정세를 보이게 된 것이다.

[참고]

즉각대응팀의 역할

① 현장평가: 감염원, 감염력, 노출 기간, 접촉자의 범위, 격리 구역의 설정, 환경오염의 평가, 감염관리 수준 평가 등

② 대응권고: 원내 환자, 보호자, 직원 등 관리 전략, 원 내외 접촉자 관리 전략, 원내 방문객 관리 전략, 원내 환경 소독, 감염 관리 개선, 지역사회 확산 방지 전략 등
*병원 폐쇄(외래, 입원, 응급실), 병동 격리 등

③ 총괄지휘: 후속 조치를 위한 즉각이행팀 지원 요청

출처: 질병관리본부(2015: 59) 참조.

MERS-CoV가 어느 정도 안정기에 접어들 수 있게 된 가장 중요한 이유는 정부의 위험 커뮤니케이션이 초기단계보다 훨씬 발전했기 때문이었다. 일일정례브리핑 제도를 2015년 6월 1일부터 시작하여 공휴일도 없이 지속적으로 실시하였으며, 오전 11시 정례브리핑(메르스 확진환자·사망자·퇴원자 현황, 자가 격리 조치 현황, 정부 관리 대책)을 총 46회 실시하였다(질병관리본부, 2015: 119). 정례브리핑이 정착되면서 관련 정보를 신속·정확하게 국민들과 언론에 알릴 수 있었던 것이다. 이와 더불어 MERS-CoV 일일 현황을 2015년 5월 20일부터 2015년 10월 2일까지 보도 자료를 통해 매일 발표하였다.

무엇보다도 이 시기에 효과적인 정부의 위험 커뮤니케이션을 위해 전문가 그룹인 대한감염학회의 조언을 중심으로 MERS-CoV는 '공기 전염 없다', '완치 환자 인터뷰', '안심 병원 안내' 등과 같은 정확한 정보를 국민들에게 전파할 수 있도록 적극적으로 노력하였다(질병관리본부, 2015: 121). 이를 위해 전 부처, 관련기관 온라인 채널을 통한 공동 및 집중 홍보를 강화하였다. 특히 보건복지부의 '따스아리' 온라인 채널을 활용하여 국민의 눈높이에 맞는 감염병 대응방안을 홍보하였다. 또한 네이버 지식인 Q&A에 실시간으로 관련 질문에 대한 답변을 제공함으로써 신속하고, 정확하며, 공신력 있

[그림 6-9] 중앙 메르스 민관협력대응체계

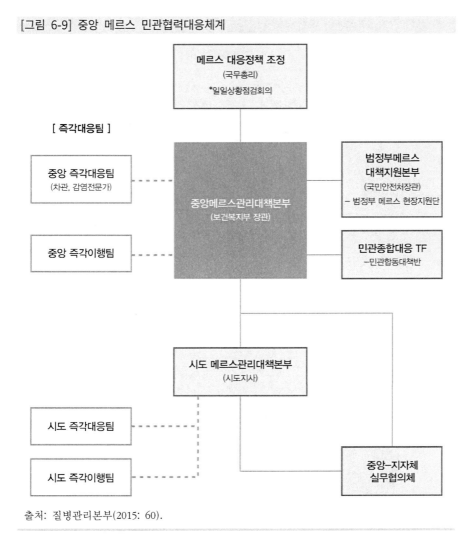

출처: 질병관리본부(2015: 60).

는 정보를 적극적으로 제공하고자 한 것이다(질병관리본부, 2015: 121). 보건복
지부는 특히 SNS, 블로거, 유트브 채널을 다양하게 활용하여 MERS – CoV와
관련한 올바른 정보를 적극적으로 국민들에게 알렸다. 그리고 2015년 5월
30일부터 24시간 메르스 핫라인(109번)을 개설하고, 2015년 6월 10일에 메
르스 포털(www.mers.go.kr)을 구축하여 효과적인 위험 커뮤니케이션을 위해
노력하였다. 이처럼 대국민 직접 대응 소통창구를 확대시켜 국민들의 신뢰
를 증진시키고자 한 것이다.

[그림 6-10] 메르스 콜센터 상담건수

출처: 질병관리본부(2015: 123).

[그림 6-11] 메르스 홈페이지

출처: 질병관리본부(2015: 124).

무엇보다도 정부는 효과적인 위험 커뮤니케이션을 위해 한국헬스커뮤니케이션학회, 민간 헬스커뮤니케이션 전문 업체 대표들을 포함한 위기소통 전문가들을 자문단으로 구성하여 적극적으로 활용하였다. 또한 2015년 6월 17일부터 '엠바고 제도'를 활용하여 정보가 언론에 부적절하게 누출되는 것을 통제하였으며, 환자 확진 및 격리 현황을 보도 자료를 통해 제공하였다(질병관리본부, 2015: 124).

이처럼 정부가 어떤 위험 커뮤니케이션 전략을 취하는가에 따라서 질병 관련 위험정책의 성공여부가 달라진다고 할 수 있다. 특히 MERS−CoV와 같이 일반대중들이 두려움과 공포감을 느끼는 신종 질병 관련 위험에 대해서는 전문가 영역과 일반대중 영역의 정보순환이 원활하게 이루어질 수 있도록 하는 정부의 매개자적 역할이 매우 중요하다고 할 수 있다. 이에 대한 상세한 논의는 본서 제3부에서 제시할 것이다.

제3절 가습기 살균제 사례

1. 가습기 살균제 사례 개요

가습기 살균제 사례는 가습기의 분무액에 포함된 가습기 살균제로 인하여 사람들이 사망하거나 폐질환과 폐 이외 질환 및 전신질환에 걸린 사건으로, 2012년 10월 8일 기준, 환경보건시민센터 집계에 의하면, 영유아 36명을 포함한 78명이 사망한 사건이다(위키백과, 2020). 가습기 살균제 사례는 질병의 원인을 정확하게 파악할 수 없는 위험사례로 간주할 수 있다(2011년 당초 원인을 알 수 없는 폐질환으로 알려졌음). 이 사건은 한국에서 발생한 세계 최초의 '바이오사이드(biocide) 사건'으로서 국민들에게 큰 충격을 준 사례이다(질병관리본부, 2014: 23).[8] 가습기 살균제는 한국 SK 케미칼 등 대기업으로부터 원료를 공급받거나 해외로부터 수입하여 '옥시레킷벤키저'와 같은 외국계기업과 '롯데마트' 등 대형 할인매장에서 제조·판매해 왔다.

1994년 처음으로 관련 제품이 출시된 이후 2011년까지 약 20여 종이 시장에 나왔으며 18년 동안 이를 사용한 사람은 약 800만 명에 이른다. 특히 가습기 살균제는 2000년대 이후 일반가정에서 매우 인기가 있었다(질병관리본부, 2014). 한국에서 사용한 가습기는 1994년 271만대에서 2011년 가장 많은 653만대로 집계되며, 가구별로 약 33%에 달했다(통계청, 2014). 그러나 [그림 6-12]에서 살펴볼 수 있듯이 2011년 정부의 역학조사 결과가 발표된 이후의 가습기 보급률은 크게 줄어들었다.

가습기 살균제 피해자들은 2000년대 초반부터 발생하였는데, 이들은 주로 임산부와 어린이 등이었다. 특히 2006년 이후에는 피해자가 4~5명씩 중환자실에 입원하는 등 그 상태가 매우 심각했으나, 그 원인을 명확하게 밝혀내지 못했다. 이 사건이 수면 위로 떠오른 것은 2011년 3월 서울 아산병원 중환자실에서 원인이 불명확한 중증폐질환 환자들, 특히 젊은 나이의 출산 직후 여성들이 입원하면서 부터이다(질병관리본부, 2014: 7). 그리고 소

---

8) 바이오사이드[살생물제(殺生物劑)]는 미생물 또는 해충을 죽이려고 활용한 제품이 오히려 사람의 목숨을 빼앗은 사건을 의미한다(질병관리본부, 2014).

[그림 6-12] 가구당 가습기 보급률 현황

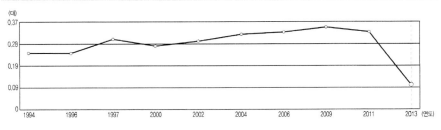

출처: 통계청(2020). 국가통계포털 자료 재구성.

<표 6-8> 환자-대조군 역학조사 환자들의 인구학적 특성과 임상적 특성

변수	전체 환자 (n=17)	생존자 (n=12)	사망자 (n=5)	p 값
인구학적				
여성	15 (88%)	10 (83%)	5 (100%)	1.000
나이(세)	35 (28~49)	36 (29~49)	34 (28~36)	0.246
≤30세	3 (18%)			
>30 to ≤40세	11 (65%)			
>40 to ≤50세	3 (18%)			
주산기	11 (65%)	6 (50%)	5 (100%)	0.102
가족 내 발병	4 (24%)	4 (33%)	0 (0.0%)	0.261
치료와 경과				
중환자 치료	10 (59%)	5 (42%)	5 (100%)	0.044
인공호흡기 치료	9 (53%)	4 (33%)	5 (100%)	0.029
체외막산소화장치(에크모)	8 (53%)	4 (33%)	4 (80%)	0.131
폐 이식	4 (24%)	4 (33%)	0 (0%)	0.261
입원 전 증상 발생 시작일 (일)	30 (1~120)	32.5 (20~120)	20 (1~80)	0.362
입원부터 인공환기까지 기간 (일)	11 (1~59)	40 (9~59)	10 (1~32)	0.914
입원부터 사망까지 기간 (일)			36 (20~60)	

출처: 질병관리본부(2014: 10).

아과 영역에서도 많은 환자가 발생하였다. 젊은 임산부와 소아 모두 실내에서 많은 시간을 보내는 집단들이며, 질환시기가 늦겨울부터 봄에 집중되어 겨울철 실내 환경과 밀접한 관련성이 있음을 밝혀내게 되었다. 그 결과 환자–대조군 역학조사를 통해 환자 발생 원인이 '가습기 살균제'와 관련성이 높다는 것을 밝혀냈다(질병관리본부, 2014: 10).[9]

[그림 6-13] 2006~2012년 가습기 살균제 소아 폐질환 발생 실태

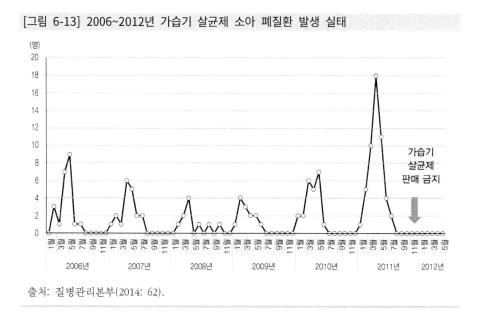

출처: 질병관리본부(2014: 62).

이후 지속적으로 정부는 '가습기 살균제 피해구제위원회'를 통해 폐·천식 질환 조사·판정, 천식질환 건강피해 피해등급 판정을 실시하였다(환경부, 2020). 최근인 2020년 4월 21일 '제16차 가습기살균제 피해구제위원회'에서 폐질환 피해인정과 천식질환 피해인정을 판단하여 「가습기살균제 피해구제를 위한 특별법」에 따라 지원을 받는 피해자가 2020년 4월 기준 2,920명이 되었다(환경부, 2020).

9) 보다 자세한 가습기 살균제 사례 경과는 <부록 6–1>을 참조하기 바란다.

<표 6-9> 가습기 살균제 피해지원 현황(2020년 4월 기준)

(단위: 명)

질환 건강피해 조사 · 판정 결과									
구분		조사 판정 결과	정부지원금 대상			정부지원금 비대상			
			소계	1단계	2단계	소계	3단계	4단계	판정 불가
합계		5,725	488	268	220	5,237	327	4,756	154
	생존	4,415	279	130	149	4,136	259	3,795	82
	사망	1,310	209	138	71	1,101	68	961	72

태아피해 조사 · 판정 결과			
구분	계	정부지원금 대상	정부지원금 비대상
합계	56	28	28
생존	37	14	23
사망	19	14	5

천식피해 조사 · 판정 결과			
구분	계	정부지원금 대상	정부지원금 비대상
합계	5,598	422	5,176
생존	4,357	394	3,963
사망	1,241	2	1,213

출처: 환경부(2020).

2. 가습기 살균제 사례에서 정부의 위험 커뮤니케이션 대응전략

가습기 살균제 사례는 우리나라에서 처음으로 발생한 바이오사이드 사건으로서 발생 초기 정부의 위험 커뮤니케이션 전략은 효과적이지 못했다. 정부는 2011년 8월 31일 가습기 살균제 사고 원인에 대한 역학조사 결과를 발표하면서도 이에 대한 피해보상 대책을 제시하지 못했다. 무엇보다도 가습기 살균제 제조 및 판매회사들에서 자신들의 책임을 인정하지 않았고 그들의 사과나 보상대책도 제공받지 못한 상태였다. 또한 정부는 이러한 상황에 대해 어떠한 조치를 내리지도 않았다(질병관리본부, 2014: 140). 물론 이후 정부는 끊임없는 진상조사와 2017년 「가습기살균제 피해구제를 위한 특별법」 제정을 통해 피해자 구호에 나서고 있지만, 사고 발생 초기 대응이 원활하지 못했다는 비판을 면하지는 못하였다.[10] 무엇보다도 정부는 가습기 살균제 문제를 기업과 소비자의 문제로만 취급하고 이에 적극적으로 대응하지 않았다. 문제 원인의 책임도 기업과 소비자에게 있지 정부책임은 아니라고 판단한 것이다(이정훈 외, 2016: 391). 이에 정부는 역학조사 이후 시간 끌기에만 몰두하면서 가습기 살균제 사례를 장기화시키게 되었다. 특히 2011년 참사가 발생했음에도 불구하고 다양한 측면에서 원인을 규명하고자 노력하지 못하고 문제의 원인을 화학물질 성분에만 집중함으로써 가습기 살균제 문제를 소극적으로 해결하고자 했다는 점에서 한계를 지녔다. 이로 인해 정부는 일반 국민들에게 사고 관련 정보를 적극적으로 알리지 않았으며, 문제의 심각성 또한 정확하게 인식하지 못하는 한계를 나타냈다(이정훈 외, 2016).

2011년 정부의 역학조사 발표 이후 대부분 위험 커뮤니케이션의 주요 주체는 언론이 되었다(이정훈 외, 2016). 언론은 가습기 살균제 피해를 집중적으로 보도하였는데, 특히 공중파 방송 시사프로그램, 프레시안과 같은 인터넷 매체, 베이비뉴스와 같은 전문언론매체 등에서 해당 사건에 대해 집중 보도하였다. 예를 들어 경향신문에서는 2013년 4월에서 5월 기간 동안 10여 차례 관련 기사를 헤드라인으로 집중 조명하면서 특집 연속기사를 게재하였다(질병관리본부, 2014).

이밖에도 가습기 살균제 사고의 문제해결을 위한 정부 외 시민단체와 전문가들의 역할이 매우 컸다. 가습기 살균제 피해자들은 시민단체와 더불어 제조회사, 정부 및 국회에 책임과 대책을 요구하는 기자회견 및 끊임없는 투쟁을 이어나갔다. 피해자들은 광화문 일인 시위 등 약 200회 이상의 시위를 하였으며, 특히 가습기 살균제 제조업체를 대상으로 민·형사상 소송을 제기해 나갔다(질병관리본부, 2014: 120). 환경보건시민센터, 환경운동연

---

10) 「가습기살균제 피해구제를 위한 특별법」의 목적은 "독성이 판명된 화학물질을 함유한 가습기살균제의 사용으로 인하여 생명 또는 건강상 피해를 입은 피해자 및 그 유족을 신속하고 공정하게 구제하는 것"이다(국가법령정보센터, 2020).

[그림 6-14] 가습기 살균제 언론 월별 보도 건수(2011년 8월~2016년 7월)

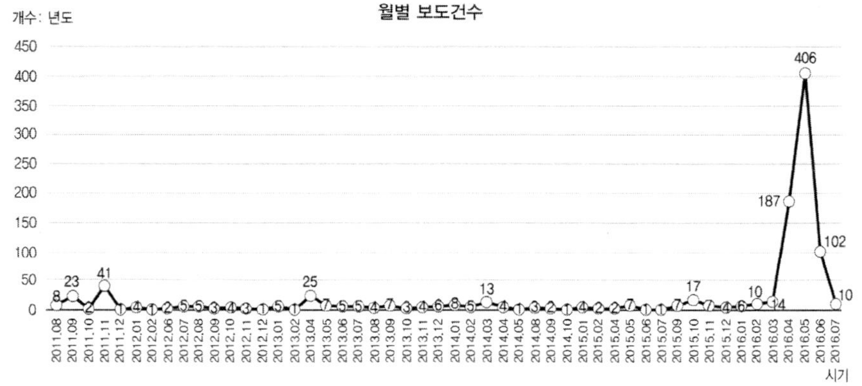

출처: 이정훈 외(2016: 372) 재인용.

합, 녹색소비자연대, 여성환경연대 등과 같은 시민단체들은 끊임없이 이 문제를 해결하기 위한 대응을 해 왔다. 무엇보다도 정부 역학조사 결과 발표 이전부터 인터넷카페 등을 통해 관련 정보를 공유하였으며, 정부 발표가 나온 뒤에도 '가습기 살균제 피해자와 가족모임'을 구성하여 공동으로 적극 대응하였다. 특히 문제해결을 위한 전문가들의 노력이 이어졌다. 정부가 가습기 살균제 피해 구제에 적극적으로 나서지 않자 한국환경보건학회 소속 전문가들이 시민단체와 함께 전국적으로 피해사례 약 100건을 조사하였다(질병관리본부, 2014: 55). 또한 한국환경독성보건학회는 학술보고를 통해 가습기 살균제 제품과 성분을 조사한 결과 판매하기 어려운 정도로 위해성이 높다는 점을 밝혀냈다. 특히 이들은 정부가 기본적인 '위해성 평가'를 하지 않아 피해가 더 증폭된 것으로 평가하였다(질병관리본부, 2014: 129).

　이와 같이 2011년 정부의 가습기 살균제 역학조사 결과 발표 이후 정부의 위험에 대한 소통 방식에는 많은 문제가 있음이 드러났다. 바람직한 문제해결 방안을 마련하기 위해서 정부는 전문가들의 조사 내용을 일반대중들에게 적극적으로 알리면서 특히 피해자들의 보상조치를 공론화해야 하였음에도 불구하고, 이를 실천하지 못했다는 점에서 한계를 지녔다. 이처럼 가습기 살균제 피해 사례 역시 정부의 위험 커뮤니케이션의 중요성을 부각시키는 대표적인 사례라고 할 수 있는 것이다.

<부록 6-1> 가습기 살균제 건강피해 사건 백서: 사건 인지부터 피해 1차 판정까지

일자	내용
1994년	㈜유공 가습기 살균제 최초 개발, 광고 및 판매 시작
2006년 3월	서울아산병원, 서울대병원 등 소아중환자실 원인 미상 호흡부전증 환자 3~4명 동시 입원 - 원인 규명 실패
2008년 3월, 2009년 4월	2006년 초 유행 급성간질환성폐렴 소아환자 발생 - 급성간질환성폐렴 소아환자 전국 현황 각각을 대한소아과학회지에 보고
2009년~2010년	2006년 유행 원인미상 폐질환자 다수 발생 입원 - 폐조직 검사 등을 실시했지만 원인 규명 실패
2011년 4월 25일	서울아산병원 원인미상 폐질환 환자 7명에 대하여 질병관리본부 신고 및 역학조사 요청
2011년 4월 26일	질병관리본부 중앙역학조사반 출동 및 역학조사 착수
2011년 6월 2일	질병관리본부 역학조사 중간경과 발표 - 감염질환이 아닌 것으로 판단되어 환경적 요인 등 원인규명 조사 지속
2011년 8월 31일	질병관리본부 역학조사 결과 발표 - 가습기 살균제가 원인미상 폐질환의 위험요인으로 추정됨으로서 사용 및 출시 자제 권고
2011년 9월 26일	질병관리본부 가습기 살균제 동물 흡입 독성실험 착수 - 안전성평가연구소에 의뢰하여 3개월 계획의 실험 개시
2011년 9월 29일	여성환경연대, 녹색소비자연대 등이 가습기 살균제 과장광고에 대하여 공정거래위원회 조사 신청
2011년 11월 11일	질병관리본부 가습기 살균제 동물 흡입 독성실험 중간경과 발표 - 일부 가습기 살균제에 노출된 쥐에서 원인미상 폐질환 환자와 같은 조직소견 확인, 가습기 살균제 폐질환 의심사례 신고 접수 시작
2011년 11월 11일	보건복지부 가습기 살균제 6종 강제수거 명령 발동 - 동물실험에서 이상 소견이 확인된 제품 및 동일·유사 성분 함유 제품 강제수거

일자	내용
2011년 12월 9일	정부 생활화학용품 안전관리 종합계획 발표 - 가습기 살균제 외 화학물질 함유 생활용품의 안전성 확보를 위한 관리체계 보완
2011년 12월 30일	식품의약품안전청 가습기 살균제 의약외품으로 지정 - 가습기 살균제 생산 및 판매 시 안전성을 입증하여 사전 허가 받도록 조치
2012년 1월 26일	가습기 살균제 피해자가 가습기 살균제 제조사 및 정부 대상으로 최초 민사소송제기
2012년 2월 3일	질병관리본부 가습기 살균제 동물 흡입 독성실험 최종결과 발표 - 원인미상 폐질환과 가습기 살균제 사용 간의 관련성 최종 확인
2012년 5월 21일	가습기 살균제 피해자 및 시민사회단체 가습기 살균제 피해대책 촉구 광화문 1인 시위 시작
2012년 7월 23일	공정거래위원회 가습기 살균제 판매사 제재 - 안전한 것으로 허위표시 판매한 4대 사업자 과징금 부과 및 시정조치 후 검찰 고발 의결
2012년 8월 31일	가습기 살균제 피해자 및 환경보건시민센터 가습기 살균제 제조판매사 형사고발 및 손해배상소송 제기
2012년 9월 19일	국회 남인순, 이언주, 장하나, 심상정 의원 '가습기 살균제 문제 이렇게 해결하자!' 국회토론회 및 피해사진 전시회 개최
2012년 11월 28일	환경부 환경보건위원회 가습기 살균제 피해 환경성질환 지정 여부 심의 부결
2012년 12월 6일	폐손상조사위원회 운영 개시 - 가습기 살균제 폐손상 의심 신고사례 조사계획 논의
2013년 4월 11일	폐손상조사위원회 위원 사퇴 선언 - 가습기 살균제 폐손상 의심 신고사례 조사 방식을 두고 정부와 이견으로 항의 표시
2013년 4월 24일	가습기 살균제 피해자 대표의 진영 보건복지부 장관 면담 - 신고 사례 조사 재개 및 피해자 구제 지원 요청
2013년 4월 30일	국회 심상정 의원 발의 가습기 살균제 피해 구제 결의안 의결 - 정부에 피해구제 방안 및 예산집행 계획 마련 촉구

일자	내용
2013년 5월 6일	질병관리본부 폐손상 조사 재개 발표 － 폐손상조사위원회 조사계획안 수용, 폐손상조사위원회 　재가동
2013년 7월 1일	서울대학교 백도명 교수팀 가습기 살균제 폐질환 의심 신고사례 조사 개시 － 과거 의무기록, 가습기 살균제 사용력 조사 및 폐 CT 등 　추가검사 시행
2014년 3월 7일	환경부 환경보건위원회에서 가습기 살균제 피해를 환경보건법 상의 환경성질환으로 지정 결정
2014년 3월 11일	질병관리본부 가습기 살균제 폐질환 의심 신고사례 조사결과 발표 － 총 361명에 대한 개인별 가습기 살균제 관련성 판정 결과 　통보
2014년 4월 3일	환경부 가습기 살균제 피해자 지원 대상 및 방안 확정 발표 － 개인별 판정 결과 상위 두 단계(가능성 매우 높음과 가능성 　높음) 해당자에게 의료비 및 장례비 지원

출처: 질병관리본부(2014: 124).

위험사례 IV
: 복지·노동 위험사례

1. 복지 · 노동 분야의 사회적 위험과 그 변화

1) 사회적 위험의 의미

본 장에서는 복지·노동 분야의 위험에 대해 다룬다. 다른 장에서 논의했던 위험사례와는 달리 복지·노동 분야의 위험은 불확실성과 예측불가능성, 위험 대상집단 제한성 기준에 따라 위험유형을 구분하기가 어렵다는 특징을 지닌다. 뿐만 아니라 복지·노동 분야의 위험은 발생 원인이 한 개인의 고유한 특성에만 기인하는 것이 아니며 해결방안 역시 개인에게 국한되어 있지 않다. 복지·노동 분야의 위험은 사회적 구조와 맥락 속에서 발생하고 사회 구성원 상호 간에 긴밀한 영향을 주고받을 수 있다는 측면에서 '사회적 위험'이라고 할 수 있다. 즉 사회적 위험은 위험의 발생 원인이 복잡하고 다양하기 때문에 단순히 개인적 차원만을 고려해 해결책을 마련할 수 있는 위험이 아니며 사회적 접근을 필요로 하는 위험을 의미한다(김주희·박병현, 2018: 7). 또한 사회적 위험은 사회구조 속에서 발생하는 위험이며, 역동적인 현대사회에서 주로 발생하게 된다(Beck, 1986). 이와 관련한 대표적인 사회적 위험으로는 퇴직, 노령, 산업재해, 돌봄, 장애 등이 있으며, 이러한 사회적 위험문제는 개인의 빈곤과 생계에 직접적으로 영향을 미칠 수 있는 사회적 구조의 문제이기도 하다(김주희·박병현, 2018).

사회적 위험은 다음과 같은 특징을 지닌다(이하 이재은 외, 2007: 116-117). 첫째, 사회적 위험은 사회적 의미에서 위험을 해석할 수 있다. 따라서 위험은 적어도 현재 또는 미래에 사회적으로 영향을 미칠 수 있다. 둘째, 사회적 위험은 정상적으로 운영되는 사회체계를 위협할 수 있을 정도의 불확실한 위험이

다. 셋째, 사회적 위험은 환경파괴, 경제적 피해, 사회변화, 생활파괴 등과 같
이 기존에 존재했던 위험에 추가적인 위해를 가한다. 따라서 사회적 위험은
"일반 국민이 사회에서 정상적인 생활을 하거나 활동하는 데 있어서 발생하
는 예기치 못한 불확실성의 정도"라고 정의할 수 있다(이재은 외, 2007: 117).

2) 전통적인 사회적 위험과 새로운 사회적 위험

사회적 위험은 시대적 변화에 따라 '전통적인 사회적 위험(old social risk)'
과 '새로운 사회적 위험(new social risk)'으로 구분할 수 있다(김주희·박병현,
2018: 8). 전통적인 사회적 위험은 산업사회의 전통적 복지국가에서 발생하는
위험이다. 전통적 복지국가에서는 산업화로 인해 질병, 실업, 산재, 노령 등
의 문제들이 발생하였으며, 이로 인해 노동자들은 사회적 위험을 겪어 왔다
(정무권, 2012: 208). 전통 복지국가에서 발생할 수 있는 사회적 위험들은 누구나
예측할 수 있으며, 발생 확률이 상대적으로 높은 위험이라고 할 수 있다. 복
지국가에서의 이러한 사회적 위험은 주로 빈곤으로 인해 발생할 가능성이 높
았다. 따라서 이를 해결하기 위해 소득보장 중심의 사회보험제도 확립을 논
의하게 된 것이다(정무권, 2012: 208). 전통적인 사회적 위험은 주로 제조업 중
심의 고용과 관련된 위험이고, 남성부양사회를 기반으로 한 산업사회에서 발
생하는 산업재해이며, 실업·질병·노령으로 인한 소득 중단 및 감소상황과
관련된 위험을 의미한다(김철주·박보영, 2006). 즉 전통적인 사회적 위험은 남
성우월주의 산업사회에서 발생하는 사회적 위험이라고 할 수 있는 것이다.

그러나 복지국가에서 후기산업사회로 전환하는 과정에서 전통적인 사
회적 위험과는 특성이 다른 '새로운 사회적 위험(new social risk)'이 등장하였
다(정무권, 2012: 208; 최영준, 2011). 새로운 사회적 위험은 산업사회에서 탈산
업사회로 이행되는 과정에서 발생하는 위험인 것이다(김주희·박병현, 2018).
무엇보다도 탈산업사회에서 경제 및 산업구조가 변화하면서 사회 구성원들
이 경험하게 되는 위험을 새로운 사회적 위험이라고 볼 수 있다(Bonoli, 2007).
특히 탈산업사회에서 경험하는 경제적·인구학적·사회적 구조 변화가 새로
운 사회적 위험의 발생 원인이 되는 것이다(Huber & John, 2006). 새로운 사회
적 위험의 대표적인 예로는 탈산업화에 따라 발생한 일과 가정생활 양립에
관련된 위험, 노동시장 진입문제, 고용안정 문제, 교육 및 훈련 접근성 위험,

저출산·고령화의 인구학적 위험 등이 제시될 수 있다(Taylor-Gooby, 2004).

전통적 복지국가에서는 노령, 실업, 질병, 장애로 인한 소득 손실에 대한 위험감소를 위해 정부의 현금보조를 강조했다면, 새로운 복지국가에서는 교육, 직업훈련이나 재교육·훈련, 일가족 양립 등과 같은 돌봄의 사회화를 통해 위험을 감소시키는 방안을 강조하는 경향이 있다(Huber & Stephens, 2006). 글로벌 경제의 확산, 산업구조 변화, 인구구조 변화 등은 노동시장의 불안정성을 강화시키며, 젠더문제, 가족해체, 돌봄문제 등으로 인해 산업화 시대와 구분되는 새로운 사회적 위험들이 급속하게 증가하고 있다(정무권, 2012: 196). 최근 들어 노동시장의 불안정성이 심화됨에 따라 노동시장의 위험이 증가하고 있으며, 젠더와 가족해체로 인한 가정과 사회의 역할·기능변화가 새로운 사회적 위험요인으로 등장하고 있다(정무권, 2012: 195-196).[1]

벡에 따르면 산업사회 시기의 복지·노동 관련 사회적 위험은 예측가능하며 계산 가능하지만, 새로운 사회에서의 복지·노동 관련 사회적 위험은 파급력과 규모를 쉽게 예측할 수 없다(Beck, 1986). 예를 들어 국민연금, 공무원연금, 군인연금 등의 공적연금 악화 문제는 건강, 질병, 환경 문제 등에 있어서도 의도하지 않은 부정적인 결과(unintended negative consequence)를 초래할 수 있다. 따라서 정부의 '위험 관리자(risk manager)'로서의 역할이 강조되고 있는 것이다(최영준, 2011).

2. 한국사회에서 사회적 위험의 복잡성과 논의방향

한국은 압축성장 과정에서 산업화가 이루어졌기에 서구사회에서와 같은 순차적인 사회적 위험 발생을 경험하지 못했다. 오히려 전통적인 사회적 위험과 새로운 사회적 위험이 복합적으로 발생하고 있는 것이다(남은영, 2009). 또한 사회보장제도 확대에 따른 사회보장지출규모는 확대되고 있지만, 노동시장 인구구조의 급격한 변화로 인해 생산가능인구인 근로세대가 급속하게 감소하는 비정상적인 형태가 나타나고 있다(김주희·박병현, 2018:

---

1) 특히 전통적인 사회적 위험에 비해 노동 분야의 새로운 사회적 위험은 정치적으로 사회적 약자인 이주민과 소수집단에게 더 많이 노출되어 있었다(Taylor-Gooby, 2004).

6). 이와 같이 전통적인 사회적 위험의 쇠퇴 그리고 새로운 사회적 위험의 발생이라는 서구의 순차적인 위험발생 구조와는 달리, 한국사회는 전통적 사회적 위험과 새로운 사회적 위험이 동시에 발생하는 '사회적 위험의 중첩성'이 발생하고 있다(이주하, 2016: 1085). [그림 7-1]에서 제시되는 바와 같이 전통적인 사회적 위험(예: 산업재해, 실업, 질병, 노령으로 인한 소득상실, 남성부양자모델, 대규모 고용창출 등), 새로운 사회적 위험(예: 국제화·탈산업화, 저출산·고령화, 노동시장 유연화, 근로빈곤층 확대, 일·가정양립 문제), 사회적 관리체계 위험(예: 압축적 산업화, 낮은 공공사회지출, 광범위한 사각지대 발생) 등이 동시에 발생하는 '사회적 위험의 중첩성'이 나타나고 있는 것이다(이주하, 2016: 1087).

[그림 7-1] 한국의 사회적 위험성 특징

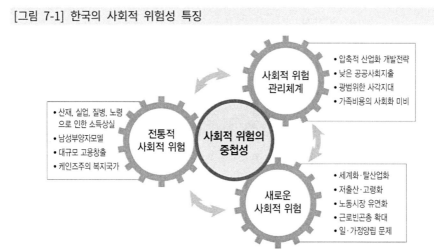

출처: 이주하(2016: 1087).

이와 관련해 본 장에서는 한국사회의 복지·노동 분야에서 전통적인 사회적 위험과 구분되는 새로운 사회적 위험은 어떠한 형태로 나타나고 있는지를 살펴보고자 한다. 특히 새로운 사회적 위험은 전통적인 사회적 위험과는 달리 아동보육 등의 돌봄문제, 그리고 불안정한 고용에 따른 노동시장 양극화와 사회적 배제를 특징으로 한다(박은하, 2013). 무엇보다도 탈산업사회에서 여성의 경제적 활동이 증가하고 일과 가정의 양립 문제가 중요하게 고려되고 있으며, 이로 인해 가정의 돌봄문제, 특히 육아문제는 현대사회에서 중요하게 고려되는 새로운 사회적 위험으로 등장하였다(Daly & Lewis, 2000; Taylor-Gooby, 2004). 탈산업사회와 신자유주의의 영향으로 인해 노동시장 유연화가 나타나고, 이에 따라 고용이 불안정해지면서 전 세계적으로 청년실업이 현대사회의 새로운 사회적 위기로 등장하였다(박병현, 2015; 조영훈·심창학, 2011). 이러한 차원에서 본 장은 국내의 새로운 사회적 위험에 관한 선행연구들을 참조하여(<표 7-1>), 복지 분야에서는 ① 가족해체와 ② 일과 가정의 양립 관련 돌봄 문제, 그리고 노동 분야에서는 ① 청년실업과 ② 조기퇴직(고용불안정) 차원의 새로운 사회적 위험에 대해 살펴보고자 한다.

<표 7-1> 국내의 새로운 사회적 위험 관련 연구

학자	국내의 새로운 사회적 위험 대상
김영란 (2006)	① 노동시장에서의 취약성과 노동가능성의 약화 ② 가족의 보살핌 책임에 의한 고용접근 제한
김철주·박보영 (2006)	① 탈산업사회에서의 완전고용의 어려움과 노동계급 분화 ② 위험의 전체 생애주기로의 확대 ③ 위험의 세대 간 전승 가능성의 확대
변영우(2012), 양종민(2013), 김영란(2014), 남은영(2015), 장효진(2015), 주정(2015), 문진영(2016)	① 가족구조의 변화 ② 저출산·고령화 ③ 여성의 노동시장 참여증대로 인한 돌봄문제 ④ 노동시장의 유연화에 따른 고용불안정 증대 ⑤ 절대적·상대적 빈곤의 증가 ⑥ 비정규직 확산과 근로빈곤층 확대 ⑦ 사회양극화 심화 ⑧ 사회보장제도 배제 인구의 증가
김주희·박병현 (2018)	① 아동돌봄 ② 청년실업 ③ 노인빈곤
박진화·이진숙 (2015)	① 일·가정양립 곤란 ② 돌봄부재(아동·노인) ③ 노인빈곤 심화

출처: 선행연구를 기반으로 저자 재구성.

제2절	**복지 분야 위험사례: 새로운 사회적 위험 증가**

1. 가족해체: 1인 가구 증가, 출산율 감소, 다문화 가족 증가

오늘날 한국사회에서 새로운 사회적 위험으로 등장하고 있는 가족해체의 대표적인 위험요소는 1인 가구의 증가, 출산율 감소, 다문화 가족 증가 등이라고 할 수 있다. 이들 각각에 대해 살펴보도록 한다.

1) 1인 가구 증가의 사회적 위험

한국사회에서 가족해체와 관련해 가장 중요한 새로운 사회적 위험의 원인으로 대두되고 있는 것은 가구유형의 변화, 즉 1인 가구의 증가이다. 1인 가구는 이제 한국사회에서 가장 많은 분포를 차지하고 있는 가구유형이 되었다.

<표 7-2> 연도 및 가구원 수별 가구 규모

(단위: 천 가구, %, %p)

가구원 수	2000년	2005년	2010년	2015년	2016년	2017년 (A)	2018년 (B)	증감 (B-A)
일반가구	14,312	15,887	17,339	19,111	19,368	19,674	19,979	305
	(100.0)	(100.0)	(100.0)	(100.0)	(100.0)	(100.0)	(100.0)	(0.0)
1인	2,224	3,171	4,142	5,203	5,398	5,619	5,849	230
	(15.5)	(20.0)	(23.9)	(27.2)	(27.9)	(28.6)	(29.3)	(0.7)
2인	2,731	3,521	4,205	4,994	5,067	5,260	5,446	185
	(19.1)	(22.2)	(24.3)	(26.1)	(26.2)	(26.7)	(27.3)	(0.5)
3인	2,987	3,325	3,696	4,101	4,152	4,179	4,204	25
	(20.9)	(20.9)	(21.3)	(21.5)	(21.4)	(21.2)	(21.0)	(−0.2)
4인	4,447	4,289	3,898	3,589	3,551	3,474	3,396	−78
	(31.1)	(27.0)	(22.5)	(18.8)	(18.3)	(17.7)	(17.0)	(−0.7)
5인 이상	1,922	1,582	1,398	1,224	1,200	1,142	1,085	−58
	(13.4)	(10.0)	(8.1)	(6.4)	(6.2)	(5.8)	(5.4)	(−0.4)

출처: 여성가족부(2019a: 4).

<표 7-2>에서도 살펴볼 수 있듯이 2015년부터 한국사회에서는 1인 가구원 수가 가장 많은 분포를 차지하게 되었다. 2000년에는 1인 가구가 전체 가구원의 15.5%밖에 되지 않았지만, 이는 지속적으로 증가하여 2005년에 20%, 2010년에 23.9%를 차지하게 되었다. 이후 2015년에 27.2%, 2016년에 27.9%, 2018년에 29.3%로 증가하는 등 현재는 전체 가구원의 30%정도가 1인 가구로 구성되어 있는 실정이다. 2005년 이전에는 4인 가구가 가장 많은 분포를 차지하였으나(2005년: 27%), 4인 가구의 분포는 점차 줄어들고 있다(여성가족부, 2019a). 한국사회에서 4인 가구는 2010년 22.5%, 2015년 18.8%, 2016년 18.3%, 2017년 17.7%, 2018년 17%로 나타났다. 과거 산업사회에서는 4인 가구가 사회 구성의 표준이었다면 이러한 표준은 점차 2인 가구로 변화하였고, 현재에는 1인 가구로 변화하고 있는 것이다. 특히 [그림 7-2]에서 제시되듯이 2018년 현재 1인 가구와 2인 가구의 비중이 56.5%를 차지하면서 한국사회에서의 가족형태를 완전히 변화시키고 있는 추세이다.

[그림 7-2] 연도별 1인 가구와 2인 가구의 분포 추이(2000~2018년)

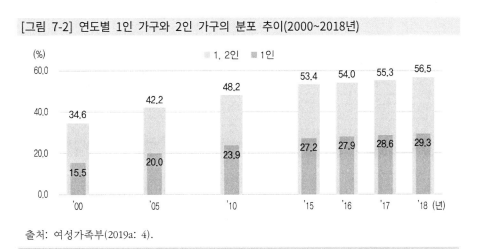

출처: 여성가족부(2019a: 4).

가구원 수에 따른 가구유형의 변화는 가족해체를 가져왔다. 보다 구체적으로 1인 가구의 구성 분포를 살펴보면 보다 명확한 가족해체 현황을 살펴볼 수 있다. <표 7-3>에서 살펴볼 수 있듯이 성별에 따른 1인 가구 수에 있어 남성과 여성이 비슷한 수준으로 나타났다. 그러나 2017년의 경우 남성 1인 가구는 2,792가구, 여성 1인 가구는 2,827가구, 2018년의 경우 남성 1인 가구는 2,906가구, 여성 1인 가구는 2,942가구로 여성이 조금 더 많은 분포를 보였다. 이와 관련해 연령을 고려한 성별 1인 가구 분포를 살펴보면 가구 특성에 확연한 차이가 나타났다. 2018년 기준 여성 1인 가구 분포는 70세 이상이 28.1%, 60대가 17.1%로 가장 많은 분포를 차지하였다. 하지만 남성의 경우 오히려 30대가 21.9%로 가장 많은 1인 가구 분포 비율을 차지하였으며, 다음으로 40대가 18.8%를 차지하였다. 남성의 경우 1인 가구

<표 7-3> 1인 가구 분포 현황(2017년과 2018년 중심)

(단위: 천 가구, %)

연 령	2017년				2018년			
	일반 가구	1인 가구			일반 가구	1인 가구		
			남자	여자			남자	여자
합 계	19,674	5,619	2,792	2,827	19,979	5,849	2,906	2,942
	(100.0)	(100.0)	(100.0)	(100.0)	(100.0)	(100.0)	(100.0)	(100.0)
20세 미만	65	61	29	32	62	58	28	31
	(0.3)	(1.1)	(1.0)	(1.1)	(0.3)	(1.0)	(1.0)	(1.0)
20~29세	1,354	962	517	444	1,423	1,020	543	477
	(6.9)	(17.1)	(18.5)	(15.7)	(7.1)	(17.4)	(18.7)	(16.2)
30~39세	3,194	968	621	347	3,167	993	637	356
	(16.2)	(17.2)	(22.2)	(12.3)	(15.9)	(17.0)	(21.9)	(12.1)
40~49세	4,429	863	545	318	4,330	864	546	318
	(22.5)	(15.4)	(19.5)	(11.2)	(21.7)	(14.8)	(18.8)	(10.8)
50~59세	4,710	948	523	425	4,767	974	543	431
	(23.9)	(16.9)	(18.7)	(15.0)	(23.9)	(16.7)	(18.7)	(14.7)
60~69세	3,180	805	332	473	3,344	870	367	503
	(16.2)	(14.3)	(11.9)	(16.7)	(16.7)	(14.9)	(12.6)	(17.1)
70세 이상	2,742	1,011	224	788	2,886	1,069	243	826
	(13.9)	(18.0)	(8.0)	(27.9)	(14.4)	(18.3)	(8.4)	(28.1)

출처: 여성가족부(2019a: 5).

분포는 60대 12.6%, 70대는 8.4%로 비교적 낮게 나타났다. 또한 성별을 고려하지 않은 순수 연령대별 1인 가구 분포는 각 연령대에서 거의 비슷한 수준으로 나타나고 있었다. 2018년의 경우 20대 17.4%, 30대 17%, 40대 14.8%, 50대 16.7%, 60대 14.9%, 70세 이상 18.3%로 큰 차이는 나타나지 않은 것이다.

이러한 결과들을 고려해 볼 때 향후 한국사회에서는 1인 가구의 지속적인 증가로 인해 가족형태가 대폭 변화될 것이다. 특히 모든 연령대에서 1인 가구의 분포가 증가할 가능성이 있다. 그럼에도 불구하고 이러한 현상은 성별과 연령에 따라 다소 차이가 날 가능성도 있다. 여성의 경우에는 노년층의 1인 가구 분포가 증가할 것이며, 남성의 경우에는 중장년층의 1인 가구 분포가 증가할 가능성이 있다. 이러한 가구 분포 변화로 인해 향후 우리 사회에서의 가족해체는 더욱 심각한 문제(예: 여성 1인 가구를 대상으로 한 범죄의 증가 등)로 대두될 수 있다. 따라서 1인 가구의 증가가 '새로운 사회적 위험' 문제로 인식될 가능성이 높은 것이다.

2) 저출산의 사회적 위험

한국사회에서 또 하나의 중요한 가족해체 원인으로 제시되는 것은 바로 심각한 출산율 감소이다. 고령화와 함께 출산율 감소는 한국사회에서 매우 심각한 사회문제를 유발시키고 있다. [그림 7-3]에서 보듯이 1970년부터 2019년까지의 출생아 수와 합계출산율은 지속적으로 하락하고 있다. 특히 합계출산율의 하락은 매우 심각한 수준이다. 1970년 한국에서의 합계출산율은 4.53명이었으나, 1975년 3.43명으로 감소하였으며, 1983년 2.06명, 1987년에는 1.53명으로 매우 가파른 속도로 감소하였다. 이러한 저출산의 문제는 2000년 이후 들어 더욱 심각하게 나타났다. 2001년 합계출산율이 1.31명에서, 2005년 1.09명으로 하락하다가, 2018년부터 합계출산율이 1이하로 하락하여 2019년에는 0.92명으로 하락하였다(통계청, 2020). 특히 2019년 모(母)의 평균 출산연령은 33.0세로 상승하였으며, 40대를 제외하고 모든 연령층에서 출산율이 하락한 점을 고려해 볼 때(통계청, 2020: 1), 향후 한국사회에서 저출산 문제는 일시적인 현상이 아니라 심각한 사회구조적인 문제가 될 가능성이 매우 높다.

[그림 7-3] 연도별 출생아 수와 합계출산율 추이

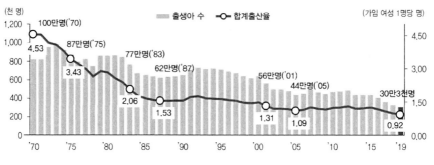

출처: 통계청(2020: 1).

한국에서의 저출산 문제는 단순 출산율 하락만의 문제가 아니다. [그림 7-4]에서 살펴볼 수 있듯이 지역에 따른 출산율을 비교해 볼 때, 2019년 가장 높은 출산율이 나타난 시도는 세종시였으며(1.47명), 그 외 전남(1.24명), 제주(1.15명), 충남(1.11명) 순으로 나타났다. 반면에 출산율이 가장 낮은 시도는 서울(0.72명)이었다. 그리고 다음으로 출산율이 낮은 지역은 부산(0.83명),

[그림 7-4] 시도별 합계출산율(2019년)

출처: 통계청(2020: 10).

대전(0.88명) 순이었다. 이러한 사실을 고려해 볼 때 대도시 즉 도시화가 심화될 수록 오히려 출산율이 낮아지는 분포를 나타내고 있는 것이다. 저출산의 원인이 다양하게 제시될 수 있지만 대도시일수록 출산율이 낮아진다는 사실을 고려해 볼 때 출산 후 자녀 양육에 대한 어려움이 존재하는 것과 무관하지 않을 것이다. 또한 이러한 저출산의 문제는 대도시에서의 가족해체를 더욱 심화시킬 가능성이 높다. 저출산 문제는 향후 도시화 정책과 관련해서도 새로운 사회적 위험으로 제기될 것이다.

3) 다문화 가족의 사회적 위험

가족해체와 관련해 또 다른 새로운 사회적 위험의 원인으로 제시될 수 있는 것이 바로 다문화가구 증가에 따른 가정해체 증가 가능성이다. 한국사회에서 다문화가구 수는 지속적으로 증가하고 있다. 「다문화 가족지원법」이 우리나라에서 처음 시행된 2008년에는 다문화가구 수가 약 14만 4천 가구 정도였으나, 2017년에는 다문화가구 수가 2배 정도 증가하여 약 30만 3천 가구로 나타났다. 이후 2018년 다문화가구 수는 31만 9천 가구에 이르고 있으며, 전체 다문화가구원 수는 96만 4천명으로 약 100만 명에 육박하고 있다(여성가족부, 2019b: 3). [그림 7-5]에서도 제시되고 있듯이 국내 다문화가구의 수는 지속적으로 증가하는 추세이다. 무엇보다도 다문화 가족이 증가함에 따라 기존의 단일 문화로만 이루어진 전통적 가족형태가 급격하게 변화하고 있다. 이러한 가운데 다문화 가족 구성원 간의 언어사용 문제, 문

[그림 7-5] 결혼이민자 · 귀화자 규모 추이

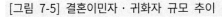
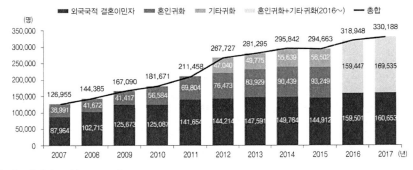

출처: 여성가족부(2019b: 3).

화 차이 관련 문제, 한국사회에의 적응 문제 등이 새로운 사회적 문제로 유
발되고 있는 것이다(예: 다문화 가족 내 가정폭력 문제, 이혼율 증가 문제 등).

　　여성가족부에서 실시한 '2018년 전국 다문화 가족실태조사'를 비롯한
기존의 선행연구들을 중심으로 다문화 가족의 경제생활, 다문화 가족의 자
녀교육 및 양육, 다문화 가족 관계 등을 간략히 분석해 보면 다음과 같다.
우선 다문화 가족의 경제생활은 가구소득 중심으로 분석해 볼 수 있다.
'2018년 전국 다문화 가족실태조사' 자료를 바탕으로 다문화가구의 가구소
득을 살펴보면, 2018년에는 가구소득 200~300만 원이 26.1%로 가장 높게
나타났다. 다음으로는 100~200만 원 미만이 22.4%로 나타났으며, 300~400
만 원 미만이 20.1% 순으로 나타났다(여성가족부, 2019b: 54). 이는 [그림
7-6]에서 보듯이 2015년 다문화 가족 조사에 비해 가구소득이 일정부분
증가하였음을 보여준다.

[그림 7-6] 다문화가구의 월평균 가구소득(2015년과 2018년 비교)

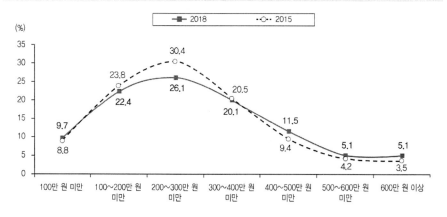

출처: 여성가족부(2019b: 55).

　　그러나 다문화 가족과 관련된 사회적 문제는 다문화 가족의 자녀교육
및 양육과 관련된 부분이 많았다. '2018년 전국 다문화 가족실태조사'를 바
탕으로 다문화 가족 자녀들의 진학률을 나타낸 <표 7-4>에 의하면 고등
교육으로 갈수록 다문화 가족 자녀의 취학률은 점차 줄어들고 있음을 알 수
있다. 다문화 가족 자녀의 순취학률은 초등학교 98.1%, 중학교 92.8%, 고등

학교 87.9%로 2018년 국민 전체 취학률에 비해서 비슷하거나 조금 낮은 분포를 나타냈다. 그러나 고등교육기관(예: 대학)에서의 교육에 있어서 순취학률은 고등학교 보다 월등히 낮은 49.6%로 나타났다. 특히 이는 국민 전체의 고등교육기관 취학률과 비교할 때 매우 낮은 수준이라고 할 수 있다.

<표 7-4> 다문화 가족 자녀의 학교급별 취학률

(단위: 명, %)

구분	다문화가구 자녀					2018년 국민 전체 취학률
	취학적령 인구(A)	총 취학아동 (B)	해당연령대 취학아동 (C)	총취학률 (B/A)	순취학률 (C/A)	
초등학교	93,996	93,143	92,193	99.1	98.1	97.4
중학교	20,236	19,689	18,789	97.3	92.8	97.9
고등학교	14,165	13,731	12,454	96.9	87.9	92.4
고등교육기관	7,640	3,464	3,792	45.3	49.6	67.6

출처: 여성가족부(2019b: 48).

　　이밖에도 다문화가구 구성원들의 관계에 대해 간략히 분석해 보면 다음과 같은 특성이 나타난다. '2018년 전국 다문화 가족실태조사'의 결과에 따르면, 부부간의 관계에 있어 만족도는 응답자의 약 80.4%가 만족한다고 응답하였다. 이는 2015년 조사결과보다 증가한 수치이며, 일반 국민들의 부부만족도 보다도 높은 수준이었다(여성가족부, 2019b: 92).

　　그러나 여전히 다문화가구 구성원들 간 문화적 인식 차이는 큰 것으로 나타났다. <표 7-5>에 의하면 문화적 차이를 인식하지 않는다고 응답한 응답자는 약 44.1%였지만, 문화적 차이를 인식한다고 응답한 응답자는 55.9%로 나타났다. 이는 아직도 많은 다문화 가족의 가족 구성원들이 문화적 차이를 인식하고 있음을 의미한다. 이로 인해 다문화 가족 간 폭행사건, 이혼사건 등이 발생하여 심각한 사회적 문제로 회자되기도 하였다(국민일보, 2019).[2]

---

2) 2019년 7월 4일 전남 영암군 소재 자신의 집에서 베트남인 아내를 폭행한 A씨가 구속된 사건이 있었다. 과거보다는 다문화 가족 간 폭행사건이 줄어들었지만 여전히 이러한 폭행사건으로 인해 다문화 가족들의 피해가 발생하고 있다.

<표 7-5> 지난 1년간 결혼이민자·귀화자의 부부간 문화적 차이 인식 정도

(단위: %)

		전혀 느낀적 없다	가끔 느꼈다	자주 느꼈다	매우 자주 느꼈다
전체		44.1	44.5	9.1	2.4
다문화 가구 유형	결혼이민자	41.7	46.2	9.6	2.5
	기타귀화자	71.9	24.2	3.3	0.6
성별	여성	39.5	47.8	10.1	2.7
	남성	67.9	27.3	3.8	1.0

출처: 여성가족부(2019b: 95).

2. 돌봄문제

1) 성불평등성과 돌봄문제의 등장

돌봄문제는 여성의 노동시장 진출이 확대됨에 따라 일과 가정의 양립에 문제가 발생하면서 생겨난 새로운 사회적 위험이라고 할 수 있다(김주희·박병현, 2018: 10). 특히 산업화 시대의 남성중심 문화에서 탈산업화 시대로 이행하는 과정에서 돌봄문제는 여성 뿐만 아니라 남성에게도 중요한 복지문제가 되었다. 탈산업사회에서 돌봄문제가 새로운 사회적 위험으로 대두된 배경은 여전히 사회적으로 산업사회의 성불평등성이 존재하는 데 있다. 이는 여성의 경제적·사회적 활동 증가로 인해 발생하는 문제이기도 하다. 하지만 이러한 '돌봄 결핍(care deficit)', 또는 '돌봄 위기(care crisis)'는 탈산업사회로 접어들게 되면서 자연스럽게 발생하는 새로운 복지국가 담론 중심의 신종 사회적 위험이기도 하다(Daly & Lewis, 2000; Taylor—Gooby, 2004; 김영미, 2009).

특히 한국과 같이 전통적인 사회적 위험과 새로운 사회적 위험이 동시에 나타나는 사회구조를 지닌 국가에서는 성불평등성을 포함한 젠더 이슈가 중요하게 고려된다. [그림 7-7]과 [그림 7-8]을 통해 알 수 있듯이 한국은 OECD 국가들과 비교했을 때 여전히 성불평등성이 매우 심각한 수준에 있다. 특히 [그림 7-7]에 의하면 2018년 기준으로 한국은 여성과 남성

[그림 7-7] 2018년도 OECD 국가들의 성별에 따른 임금차이(Gender wage gap)

(단위: %)

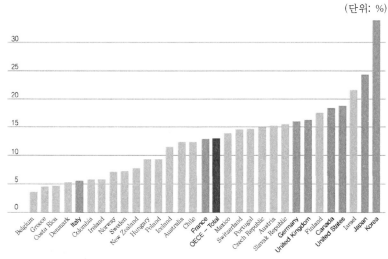

출처: OECD 통계자료 활용.3)

[그림 7-8] 2017년도 OECD 국가들의 여성 국회의원 비율

(단위: %)

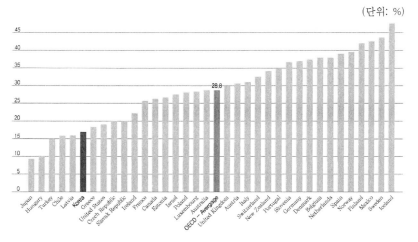

출처: OECD 통계자료 활용.4)

---

3) https://www.oecd.org/gender/data/employment/

4) https://data.oecd.org/inequality/women-in-politics.htm

의 임금 차이가 가장 심한 국가로 제시되고 있다. 다른 국가들에 비해 한국에서는 남성과 여성의 임금 차이가 30% 이상 나고 있는 것이다. 뿐만 아니라 [그림 7-8]에 의하면 OECD 국가들의 여성 국회의원 평균비율은 약 28.8% 정도 수준임에도 불구하고, 한국은 약 15.5% 정도에 머무르는 등 OECD 국가 평균에도 훨씬 못 미치는 결과를 나타냈다.

비록 OECD 국가들에 비해서 성불평등이 심각한 수준에 있기는 하지만, 한국의 성불평등지수는 점차 개선되고 있다. 특히 한국의 성불평등 정도에 대해서는 UNDP(United Nations Development Program: 유엔개발계획)의 성불평등지수(GII: Gender Inequality Index)를 살펴보면 더욱 상세하게 파악할 수 있다(<부록 7-1> 참조).[5] 뿐만 아니라 연도별 한국의 성불평등지수를 살펴보면 [그림 7-9]와 같다. [그림 7-9]에서 한국은 1995년부터 2017년 기간 동안 성불평등지수가 점차 개선되어 가고 있음을 알 수 있다. 이와 같이 한국사회에서 성불평등성이 점차 개선되어 여성의 경제활동이 증가면서 돌봄문제가 또 다른 새로운 사회적 위험으로 등장하게 된 것이다.

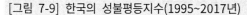

[그림 7-9] 한국의 성불평등지수(1995~2017년)

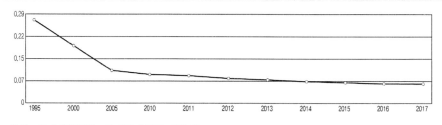

출처: 통계청(2020). 국가통계포털 재구성.

---

5) UNDP의 성불평등지수(GII)는 UNDP가 2010년부터 각국의 성불평등성을 측정하기 위하여 새로 도입한 지수이다. 기존 여성 관련 지수로 발표하던 여성권한척도(GEM)와 남녀평등지수(GDI)를 대체한 지표인 것이다. 이는 생식 건강(reproductive health), 여성 권한(empowerment), 노동 참여(labour market) 등 3개 부문에서 모성사망비, 청소년 출산율, 여성의원 비율, 중등 이상 교육받은 인구, 경제활동 참가율 등 5개 지표를 통해 측정한다. 점수가 0이면 완전 평등(no inequality), 1이면 완전 불평등을 의미한다. 보다 자세한 사항은 아래의 사이트를 참조하기 바란다.
http://www.index.go.kr/potal/main/EachDtlPageDetail.do?idx_cd=2842

2) 한국사회에서의 돌봄문제: 일과 가정의 양립문제

돌봄문제에 있어서 한국사회는 급격한 변화를 맞이하고 있다. 한국사회가 일을 우선시하는 사회에서 점차 일과 가정을 모두 중요하게 고려하는 '일과 가정의 균형'을 중시하는 사회로 변화하고 있는 것이다(통계청, 2019a).

[그림 7-10] 한국인의 일과 가정에 대한 인식과 현황

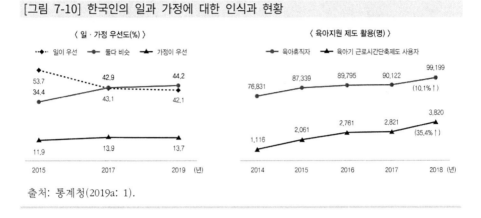

출처: 통계청(2019a: 1).

[그림 7-10]을 통해서도 알 수 있듯이 통계청 사회조사에 의하면 2019년 처음으로 응답자 중 '일을 우선한다'는 응답(42.1%)보다 '일과 가정을 동시에 중요하게 고려한다'는 응답이 44.2%로 높게 나타났다. 이러한 한국인들의 인식변화를 반영하듯 육아휴직자와 육아기 근로시간단축제도 사용자들이 점차 증가하고 있는 추세이다.

이처럼 일과 가정의 양립을 중시하는 사회로 전환되고 있음에도 불구하고 한국사회의 현실은 여전히 양육 및 돌봄의 문제는 여성의 몫이라는 인식이 강하게 자리 잡고 있다. 고용률 현황을 나타낸 [그림 7-11]을 살펴보면 2018년의 경우 미혼 남녀의 고용률 차이가 1.6%p 밖에 되지 않지만, 유배우 상태의 고용률은 무려 27.6%p 차이가 났다(남성: 81.1%, 여성: 53.5%). 이러한 차이가 발생한 이유는 여성들이 결혼을 하면서 육아, 가족돌봄, 자녀교육 등의 이유로 경력단절이 발생되는 경우가 많아지기 때문이다. 하지만 최근 경력단절 여성의 규모는 점차 줄어들고 있으며, 이로 인해 여성 뿐만 아니라 남성의 일과 가정의 양립문제도 중요한 사회적 과제가 되고 있다.

이러한 상황을 보다 구체적으로 이해하기 위해서는 돌봄문제와 관련된 육
아휴직 현황도 살펴볼 필요가 있다.

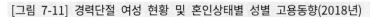

[그림 7-11] 경력단절 여성 현황 및 혼인상태별 성별 고용동향(2018년)

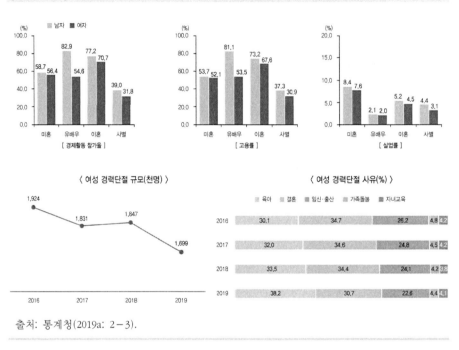

출처: 통계청(2019a: 2-3).

고용노동부 발표 자료인 [그림 7-12]에 의하면 민간부문에서 전체 육
아휴직자 수는 2009년 35,400명, 2011년 58,132명, 2013년 69,591명, 2015년
87,323명, 2017년 90,108명, 2018년 99,198명, 2019년 105,165명으로 점차
증가하고 있다. 특히 2019년에는 민간부문에서 육아휴직자 수가 10만 명을
넘어서기도 하였다. 이러한 추세를 고려해 볼 때 여성과 남성의 육아휴직
조건은 더욱 개선되고 있다는 것을 알 수 있다.

이러한 가운데 무엇보다도 특징적인 것은 한국사회에서 남성의 육아휴
직 현황이 급속도록 개선되고 있다는 점이다. [그림 7-12]에 의하면 남성
육아휴직자의 수는 2009년 이후 점차 증가하고 있다. 2009년 502명, 2011년
1,403명, 2013년 2,293명, 2015년 4,871명, 2017년 12,042명, 2018년 17,665
명, 2019년 22,297명으로 남성육아휴직자 수가 급격히 증가하는 추세인 것

이다. 특히 2017년 이후 정부의 일과 가정의 양립 강화 정책으로 인해 남성
육아휴직자 수가 급속도록 증가하였다. 남성육아휴직자 수의 양적 증가 뿐
만 아니라 여성육아휴직자 수를 고려한 육아휴직 분포도를 살펴보면 그 증
가폭이 더욱 크다고 할 수 있다. 남성육아휴직자 수의 비율은 2009년 1.4%,
2011년 2.4%, 2013년 3.3%, 2015년 5.6%, 2016년 8.5%, 2017년 13.4%, 2018
년 17.8%, 2019년 21.2%로 증가하였다. 2009년에는 남성육아휴직자 비율이
전체 육아휴직의 1.4% 밖에 되지 않았지만, 약 10년여가 지난 현재(2019년)
에는 21.2%로 20%p가 증가하였다.

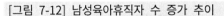
[그림 7-12] 남성육아휴직자 수 증가 추이

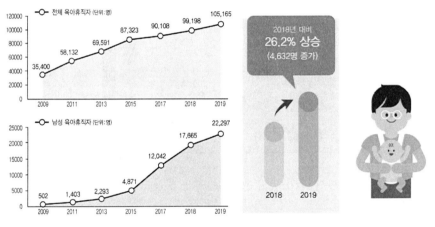

출처: 고용노동부(2020: 1).

   한국사회에서 남성의 육아휴직 현황은 매우 빠른 속도로 개선되고 있
다. 그럼에도 불구하고 민간부문 남성육아휴직은 기업규모에 따라 큰 차이
를 보이고 있었다. 2019년 300인 이상 직장규모에서의 남성육아휴직자 수
는 12,503명으로서 전체 남성육아휴직자 수의 약 56.1%를 차지하고 있었
다. 다음으로 100인 이상 300인 미만 직장규모에서의 남성육아휴직자 수는
3,080명으로 전체 남성육아휴직자 수의 13.8%를 차지하였다. 30인 이상 100
인 미만 직장규모에서의 남성육아휴직자 수는 2,462명으로 전체 남성육아
휴직자 수의 10.9%를 차지하였으며, 10인 이상 30인 미만 직장규모에서의

남성육아휴직자 수는 약 1,745명으로 전체 남성육아휴직자 수의 7.8%를 차지하였다. 10인 미만 직장규모에서의 남성육아휴직자 수는 2,543명으로 전체 남성육아휴직자 수의 약 11.4%를 차지하였다. 이러한 측면을 고려해 볼 때 기업의 규모가 클수록 남성육아휴직 사용자 수가 많았다. 최근 들어 300인 미만 직장규모를 가진 기업에서도 남성육아휴직자 수가 증가하고 있음을 고려해 볼 때 향후 개선의 여지는 충분하지만, 여전히 노동여건에 따라 돌봄문제의 복지 처우에도 상당한 차이가 존재하고 있었다.

[그림 7-13] 기업 규모별 남성육아휴직 현황

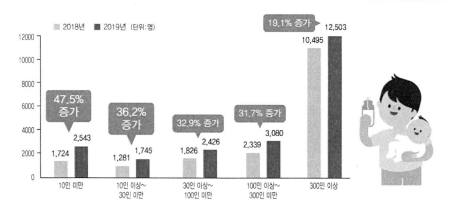

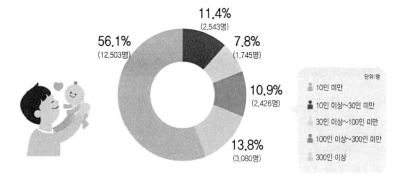

출처: 고용노동부(2020: 4-5).

　　[그림 7-14]에서는 민간부문의 육아기 근로시간단축[6] 이용자 현황을
제시하고 있다. 육아기 근로시간단축 이용자는 여성과 남성 모두 증가하고
있었다. 특히 기업규모별 현황을 살펴보면 기업규모가 작을수록, 특히 10인
미만의 직장규모일수록 해당 제도를 활용하는 인원은 더욱 많은 것으로 나

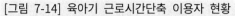

[그림 7-14] 육아기 근로시간단축 이용자 현황

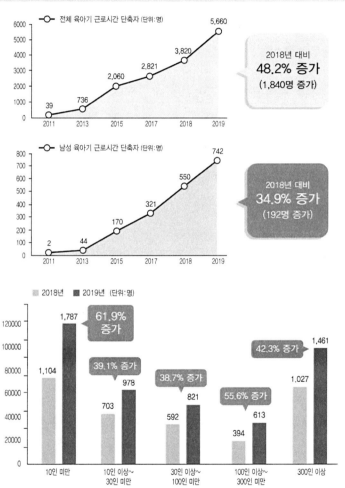

　　출처: 고용노동부(2020: 5-6).

---

6) 육아기 근로시간단축제도는 "만 8세 이하 자녀를 가진 노동자는 하루 1~5시간의 근로시간을
　단축할 수 있으며, 이에 따른 임금 감소분의 일부를 정부에서 '육아기 근로시간단축 급여'로
　지원"하는 제도이다(고용노동부, 2020).

타났다. 이와 관련해 육아기 근로시간단축제도에 있어서 근로자의 근로단축에 대한 비용을 정부가 지급해 주기 때문에 재정상황이 어려운 소규모 기업에서 더욱 많이 활용하는 측면이 있음을 알 수 있다.

위의 사실들을 고려해 볼 때 향후 한국사회에서 전체 육아휴직 증가와 남성육아휴직 증가로 인해 양적인 차원에서의 돌봄문제는 어느 정도 해소될 수 있을 것으로 보인다. 그럼에도 불구하고 근무여건에 따른 돌봄문제의 불평등은 더욱 증대될 가능성이 있다고 할 수 있다. 성별에 따른 돌봄문제도 중요한 사회적 문제가 되겠지만, 우리사회에서 지속적으로 고민을 해야 할 부분은 바로 '근무환경(예: 대기업 및 중소기업의 차이, 정규직 및 비정규직의 차이 등)'에 따른 돌봄문제의 불평등성에 있다. 이는 향후 한국사회에서의 돌봄문제에 있어서 '새로운 사회적 위험' 요인이 될 우려가 있는 것이다.

제3절 노동 분야 위험사례

1. 청년실업

1) 새로운 사회적 위험으로서의 청년실업

청년실업 문제는 노동 분야에서 한국사회를 위협하는 새로운 사회적 위험으로 떠오르고 있다. 한국사회에서 청년실업은 불안정한 고용에 따른 노동시장 양극화의 결과이며 이로 인해 사회적 배제현상이 발생할 수 있다는 점에서 현대사회에서의 새로운 사회적 위험으로 등장하였다(박은하, 2013; 박진화·이진숙, 2015). 무엇보다도 신자유주의에 의한 노동시장의 유연화는 정규직 근로자의 수를 줄이고 고용의 유연성 강화를 위해 비정규직 근로자를 증가시켰다. 이러한 가운데 산업사회 체제의 근본이 위협받게 된 것이다(이준영·김제선, 2014). 노동시장의 유연화는 한국을 비롯한 전 세계적인 현상으로 확산되었다. 이로 인해 고용불안, 저임금 등의 문제를 동반한 노동시장의 불평등을 심화시켰으며, 이에 따른 대표적인 결과로 청년실업의 문제가 발생하게 된 것이다(이준영·김제선, 2014). 청년실업과 함께 청년이 접하는 새로운 사회적 위험은 청년 비정규직 증가이다(서울경제, 2016).

[그림 7-15]와 같이 2010~2019년 기간 동안의 비정규직 현황을 살펴보면 한국의 노동시장에서 비정규직 규모와 전체 임금근로자 중 비정규직이 차지하는 비중은 계속해서 증가하고 있는 추세임을 알 수 있다. 비정규직 규모는 2010년부터 2015년까지 조금씩 증가하면서도 거의 비슷한 수준을 유지하였다. 그러다가 2016년 조금 줄어드는 듯하였으나 다시 증가하는 경향을 나타내고 있다. 뿐만 아니라 전체 임금근로자 중 비정규직 비율은 2011년부터 2016년까지는 줄어들다가 2016년 이후부터 다시 증가하고 있다. 무엇보다도 2019년 전체 임금근로자 중 비정규직이 차지하는 비중은 36.4%로 2010년 이후 가장 높은 수준이었다. 이와 같은 비정규직의 증가는 노동시장 유연화로 인한 고용의 불안정성 결과라고 할 수 있을 것이다.

[그림 7-15] 한국의 비정규직 규모와 비율 추이

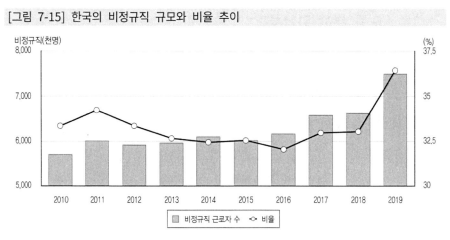

출처: 통계청(2020). 국가통계자료 재구성.

이러한 가운데 2020년 2월 4일 우리나라 최초로 제정된 「청년기본법」
에 의하면 청년은 "19세 이상 34세 이하인 사람"으로 정의되어 있다.7) 이에
따라 본서에서는 청년의 범주에 속하는 10대에서 40세 미만의 비정규직 분
포를 살펴보았다. [그림 7−16]과 <표 7−5>는 15~39세 사이의 비정규직
현황을 나타내고 있다. 특히 [그림 7−16]은 15~19세, 20~29세, 30~39세에
서의 비정규직 현황(규모)을 나타낸 것인데, 규모만을 고려 해 보았을 때 이
세 연령대에서는 거의 비슷한 비정규직 분포를 차지하고 있었다.

[그림 7-16] 15~39세 비정규직 현황(2003~2017년)

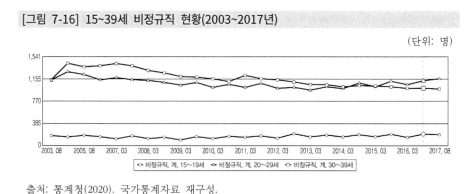

출처: 통계청(2020). 국가통계자료 재구성.

---

7) 「청년기본법」에 대한 논의는 본서 제3부에서 제시한다.

　　그렇다면 전체 비정규직 근로자 중에서 각 연령대가 차지하는 비율은 어느 정도가 되는가? 우선 <표 7-6>에 의하면 15~19세에 해당하는 비정규직 근로자가 전체 비정규직에서 차지하는 비중은 약 2~3% 정도였다. 반면 20대의 경우 과거보다는 해당 연령대가 비정규직 분포에서 차지하는 비중은 줄어들었다고 할 수 있으나(2003년 24.6% → 2017년 17.8%), 여전히 높은 분포를 차지하고 있었다. 그리고 30대 역시 과거보다는 줄어들었지만 여전히 10% 이상을 유지하고 있다(2003년 24.6% → 2017년 14.9%). 2017년의 경우 15~39세 사이의 비정규직 근로자가 전체 비정규직의 약 35%를 차지하고 있었다.

<표 7-6> 전체 비정규직자 중 15~39세 비정규직 비율(2003~2017년)

연도	15~19세	20~29세	30~39세
2003	3.60%	24.62%	24.66%
2004	2.60%	23.77%	26.49%
2005	3.08%	22.56%	25.00%
2006	2.64%	20.91%	25.38%
2007	2.75%	20.06%	24.25%
2008	2.50%	20.22%	23.21%
2009	2.54%	19.13%	20.54%
2010	2.60%	18.80%	19.53%
2011	2.65%	18.08%	19.40%
2012	3.30%	17.19%	18.74%
2013	2.94%	17.34%	17.88%
2014	2.99%	17.94%	17.21%
2015	3.05%	17.83%	16.25%
2016	3.01%	17.52%	15.43%
2017	2.74%	17.84%	14.96%

출처: 통계청(2020). 국가통계자료 재구성.

2) 한국사회에서의 청년실업

한국사회에서의 청년실업률을 살펴보면 다음과 같다. 먼저 [그림 7-17]에서 처럼 15~29세의 청년고용동향을 살펴보면 2010년부터 2012년까지 청년실업률이 하락하다가 2012년 이후 전반적으로 상승하는 경향이 있음을 알 수 있다. 2017년 이후에는 약 9~10% 정도로 청년실업률이 나타났다. OECD 국가들의 15~24세 실업률을 비교한 결과(<부록 7-2> 참조) 각 국가별로 청년실업률은 상이하게 나타났다. 하지만, 한국이 OECD 국가들에 비해 청년실업률이 높은 편은 아니라는 것을 알 수 있다. 그럼에도 불구하고 한국의 '전체 인구실업률'보다는 청년실업률이 높은 분포를 나타내고 있다. 2019년 한국의 전체 실업률이 약 3~4%인 점을 고려해 볼 때 청년실업률은 매우 높게 나타난다고 할 수 있다. 반면 고용률은 2013년 이후 점차 증가하고 있기는 하지만 여전히 다른 연령층에 비해 청년실업률이 높은 분포를 차지하고 있는 상황이다.

[그림 7-17] 청년고용동향(고용률 및 실업률)

출처: 통계청(2020). 국가통계자료 재구성.

그러나 청년실업률의 양적 수치만으로 청년실업의 문제를 논하기는 어렵다. 한국사회에서 더욱 중요하게 고려되어야 할 것은 바로 청년들이 취업을 하는 '직업의 질'과 관련된 문제이다. 이를 살펴보기 위하여 취업한 청년들의 정규직과 비정규직 분포를 검토해 보았다. 통계청에서 제시하는 자료를 활용하여 재구성한 <표 7-7>은 15~39세까지의 청년층 정규직과 비정규직의 분포를 나타낸 것이다. 15~19세의 경우 다수가 비정규직을 차지하고 있다. 보다 구체적으로 해당 연령층의 취업자 약 70% 정도가 비정규직에 해당하는 것이다. 취업과 관련해 우리사회에서 보다 중요하게 고려해야 하는 연령층은 20~29세일 것이다. 20대의 고용분포를 살펴보면 2003년에는 비정규직 비율이 약 29% 정도였다. 그 후 약 30%대를 유지하다가 다시 2014년부터 비정규직 비율이 32% 정도로 나타났다. 이에 의하면 20대 청년취업자들이 정규직과 비정규직 중 정규직으로 취업하는 비율이 약 70% 정도이며, 비정규직으로 취업하는 경우가 약 30% 정도에 해당한다는 것이다. 물론 10대에 비해서 비정규직 분포가 낮고 정규직 분포가 높은 편이기

<표 7-7> 15~39세 전체 임금근로자 중 비정규직이 차지하는 비율

연도	15~19세	20~29세	30~39세
2003	62.30%	29.60%	26.30%
2004	61.80%	33.30%	32.10%
2005	70.70%	32.80%	30.40%
2006	70.90%	30.90%	29.80%
2007	71.00%	31.20%	29.80%
2008	65.10%	31.00%	26.70%
2009	74.90%	31.70%	25.20%
2010	69.80%	31.30%	23.30%
2011	69.40%	31.60%	24.30%
2012	75.90%	30.50%	23.10%
2013	74.80%	31.20%	22.20%
2014	69.50%	32.00%	21.80%
2015	74.30%	32.10%	21.20%
2016	75.50%	32.00%	21.10%
2017	73.70%	32.80%	20.60%

출처: 통계청(2020). 국가통계자료 재구성.

는 하지만, 여전히 20대의 약 30%가 비정규직 고용형태로 취업이 이루어진 다는 점은 사회적 논의가 필요한 사항일 것이다. 이에 반해 30대의 경우 2004~2007년도 까지 약 30%의 비정규직 고용률을 유지하였으나, 그 후 지속적으로 감소하여 2017년에는 비정규직 분포가 20% 정도로 감소하였다. 20대에 비해서 30대는 비정규직 분포가 낮은 편인데, 30대 취업자의 약 80%가 정규직이며 20%가 비정규직인 것으로 나타났다.

이와 같이 한국사회에서 15~29세 청년들은 타 연령층에 비해 높은 실업률 분포를 나타내며, 무엇보다도 타 연령층에 비해 높은 비정규직 분포를 나타내고 있었다. 특히 이러한 현상은 최근 더욱 심각해지고 있는 신입사원 연령대의 증가와도 관련이 있을 것이다. 2020년 3월 취업 전문업체인 인크루트가 구직자 706명을 대상으로 설문조사를 실시한 결과, 대졸 신입취업자의 나이 상한선이 남성은 32.5세, 여성은 30.6세로 응답하였다(동아일보, 2020). 특히 대졸 신입사원의 평균연령은 점차 증가하고 있다. 인크루트의 조사에 의하면 1998년 대졸 신입사원의 평균연령은 25.1세였지만, 2008년에는 27.3세로 증가하였으며, 2018년에는 30.9세로 증가하였다는 것이다(동아일보, 2020). 신입사원의 평균연령이 증가하여 현재에는 신입사원의 평균연령이 30세에 달하고 있다는 점은 한국의 청년고용 현황에 있어 매우 심각한 문제로 작용하고 있다. 청년들의 입사 당시 연령을 30세라고 가정하고 정년을 60세로 가정한다면 실제 고용현장에서 일할 수 있는 기간은 약 30년 정도밖에 되지 않는다. 만약 퇴직연령이 60세 보다 빠르다면, 직장 근무기간은 더욱 짧아질 수밖에 없을 것이다.

이와 같이 취업연령의 증가와 청년들의 비정규직 취업 비율 증가, 높은 청년실업률 등은 한국사회에서 매우 심각한 '새로운 사회적 위험' 요인이 되고 있다. 청년들의 늦은 취업, 비정규직 증가, 청년실업률 증가는 한국사회에 심각한 부정적인 영향을 미치고 있는 것이다. 일례로 결혼 평균연령이 높아지고, 이에 따라 저출산의 문제가 악화되며, 고용의 질은 더욱 낮아지고, 일과 가정의 양립 또한 어려워지는 악순환이 계속되는 것이다. 한국사회에서 현재 경험하고 있는 다양한 새로운 사회적 위험들이 있지만, 그 중에서 청년실업 문제는 다른 위험들에 대해서도 주요 원인이 되기 때문에 더욱 주의 깊게 고려할 필요가 있다. 특히 청년고용의 질 문제는 중요하게 고려해야 한다. 한국 노동시장의 이중적 구조로 인해 1차 노동시장이 협소하고 이 때문에 청년들이 양질의 일자리를 찾지 못하게 되는 것이다. 1차 노동시장에서 청년들이 정규직으로 취업하는 기간(준비기간)이 오래 소요되며 때로는 비정규직 근로 기간이 길어지는 상황이 발생하기도 한다. 즉 2차 노동시장에 종사하는 청년들이 1차 노동시장으로 이동하는 것이 사실상 어렵다는 것이다(한국노동연구원, 2017). 이와 같이 청년실업의 문제는 청년실업 문제로만 한정되는 것이 아니라, 사회구조 전반에서 고려해야 할 문제이기에 향후 제3부에서 이에 대한 해결방안을 고민해 보도록 할 것이다.

2. 노동시장에서의 조기퇴직

1) 한국사회의 새로운 사회적 위험으로서 조기퇴직

한국사회에서 조기퇴직의 증가는 새로운 사회적 위험이 될 수 있다. 특히 한국사회가 점차 고령화되고 있다는 점을 감안할 때 조기퇴직은 노령사회로 접어든 한국사회에 매우 중요한 위협요인이 된다. 특히, 한국사회에서의 고령자 사망률이 점차 감소하고 있음을 살펴볼 때 이들의 경제활동 및 생계유지 등과 관련된 고민을 시작할 필요가 있는 것이다. [그림 7-18]에서 보듯이 2009년에 비해 2019년의 60세 이상 사망률은 점차 감소하고 있는 추세이다(통계청, 2020).

[그림 7-18] 한국의 연령별 사망률 현황(2019년)

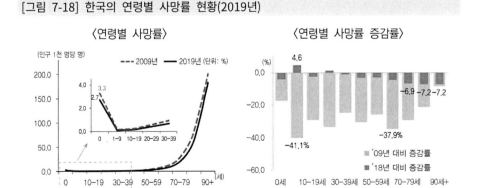

출처: 통계청(2020: 12).

    2019년 기준 65세 이상 고령자는 768만 5천명으로 나타났다. 이는 전체 인구 중 14.9%를 차지하고 있다. 지역별 65세 이상 고령인구 비율은 전남이 22.3%로 가장 높으며, 반면에 세종시는 8.9%로 가장 낮게 나타났다. 이러한 추세로 고령자 인구가 지속적으로 증가한다면 2050년에는 1,900만 7천명 정도로 증가할 예정이다(통계청, 2019b). 65세 이상의 인구분포는 2019년 14.9%, 2020년 15.7%, 2030년 25%, 2040년 33.9%, 2050년 39.8%, 2060년 43.9%로 증가할 것으로 전망된다(통계청, 2019b). 이와 같이 시간이 지나가면서 고령자 인구는 더욱 증가될 것으로 추정된다. [그림 7-19]에서 보듯이 한국사회에서 가장 많은 인구 비중을 차지하는 연령대가 바로 65세 고령층이 될 것이다.

[그림 7-19] 고령자 인구예측

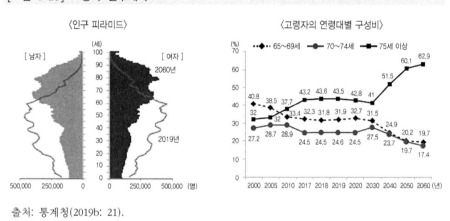

출처: 통계청(2019b: 21).

    한국사회가 고령화사회로 진입하면서 고령자의 일자리가 중요하게 고려되고 있다. 통계청 자료에 의하면 2018년 기준 65세 이상 고령자 중 취업자는 31.3%로 나타났으며, 비취업자는 68.7%로 나타났다(통계청, 2019b).
    [그림 7-20]에서 처럼 2008년 이후 2018년까지 고령자들의 경제활동 추이를 살펴보면 전반적으로 비취업자가 약 70%, 취업자가 30% 정도로 나타났다. 고령화가 가속되면서 일하고자 하는, 즉 취업을 희망하는 고령자(55~79세) 비율도 64.8%로 점차 증가하고 있다(통계청, 2019b).

[그림 7-20] 65세 이상 고령자 경제활동 추이

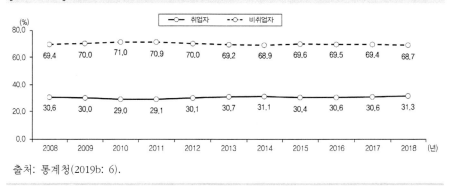

출처: 통계청(2019b: 6).

2) 한국사회에서의 조기퇴직

한국은 OECD 국가들 중에서 '실질은퇴연령(effective retirement age: 노동시장에서 완전히 퇴장하여 더 이상 경제활동에 참여하지 않는 나이)'이 가장 높은 국가이다. <표 7-8>에 의하면 2013~2018년 한국에서의 실질은퇴연령은 남성과 여성 모두 72.3세로 가장 높은 수치를 나타냈다. 다음으로 멕시코, 일본, 칠레, 뉴질랜드, 미국 등이 실질은퇴연령이 높은 국가들로 나타났다. 다른 OECD 국가들과 비교했을 때 한국사회에서 나타난 가장 중요한 특징은 '실질은퇴연령'과 '정상은퇴연령'의 차이가 매우 크다는 것이다. 한국사회는 연금 삭감 없이 개인이 은퇴할 수 있는 연령인 정상은퇴연령에 비해 실제 노동시장에서 완전히 은퇴하는 실질은퇴연령이 약 11년 이상 더 긴 것으로 나타났다. 이는 다른 OECD 국가들에 비해 그 차이가 매우 큰 것이었다. 다른 국가, 예를 들어 일본, 미국 등의 나라에서 실질은퇴연령과 정상은퇴연령은 비슷하게 나타났지만, 한국은 그 차이가 매우 크게 나타났다.

이러한 차이는 한국사회가 고령화사회이면서도 동시에 고령자들의 노동 필요성이 상당히 크다는 것을 보여준다. 한국은 정상은퇴연령이 타 국가들에 비해 상대적으로 낮다고 할 수 있다. 그러나 퇴직 후에도 고령자의 삶이 안정되지 못해 약 10년 이상을 경제활동을 해야 하는 것으로 나타났다. 앞서 [그림 7-20]에서 살펴보았듯이 65세 이상 고령 취업자 수가 약 70%에 이르는 것도 이와 유사한 맥락이라고 할 수 있을 것이다.

<표 7-8> OECD 국가들의 은퇴연령 비교

(단위: 세)

남성			여성		
	실질 은퇴연령	정상 은퇴연령		실질 은퇴연령	정상 은퇴연령
대한민국	72.3	61.0	대한민국	72.3	61.0
멕시코	71.3	65.0	일본	69.1	64.0
일본	70.8	65.0	칠레	66.7	65.0
칠레	70.0	65.0	미국	66.5	66.0
뉴질랜드	69.8	65.0	멕시코	66.5	65.0
이스라엘	69.4	67.0	뉴질랜드	66.4	65.0
포르투갈	68.5	65.2	이스라엘	66.0	62.0
아이슬란드	68.1	67.0	아이슬란드	65.9	67.0
미국	67.9	66.0	에스토니아	65.7	63.3
스웨덴	66.4	65.0	포르투갈	65.4	65.2
스위스	66.4	65.0	스웨덴	65.4	65.0
터키	66.3	51.0	스위스	65.0	64.0
노르웨이	66.1	67.0	터키	64.9	48.0
라트비아	65.7	62.8	라트비아	64.7	62.8
아일랜드	65.6	66.0	오스트레일리아	64.3	65.0
에스토니아	65.5	63.3	아일랜드	64.1	66.0
캐나다	65.5	65.0	노르웨이	64.1	67.0
오스트레일리아	65.3	65.0	캐나다	64.0	65.0
네덜란드	65.2	65.8	독일	63.6	65.5
덴마크	65.1	65.0	영국	63.6	62.7
영국	64.7	65.0	핀란드	63.4	65.0
리투아니아	64.3	63.6	리투아니아	63.0	61.9
핀란드	64.3	65.0	네덜란드	62.5	65.8
독일	64.0	65.5	덴마크	62.5	65.0
오스트리아	63.5	65.0	이탈리아	61.5	66.6
헝가리	63.4	63.5	체코 공화국	61.3	62.7

남성			여성		
	실질 은퇴연령	정상 은퇴연령		실질 은퇴연령	정상 은퇴연령
이탈리아	63.3	67.0	룩셈부르크	61.3	62.0
체코 공화국	63.2	63.2	스페인	61.3	65.0
슬로베니아	63.1	62.0	오스트리아	60.8	60.0
폴란드	62.8	65.0	프랑스	60.8	63.3
스페인	62.1	65.0	폴란드	60.6	60.0
그리스	61.7	62.0	벨기에	60.5	65.0
벨기에	61.6	65.0	슬로베니아	60.1	61.7
슬로바키아 공화국	61.1	62.2	그리스	60.0	62.0
프랑스	60.8	63.3	헝가리	60.0	62.0
룩셈부르크	60.5	62.0	슬로바키아 공화국	59.9	62.2

* 정상은퇴연령: 연금 삭감 없이 개인이 은퇴할 수 있는 정상적인 나이.
출처: OECD(2020). 자료 재구성.[8]

　　취업경험이 있는 55~64세 국민들을 대상으로 한 통계청 설문조사인 '경제활동인구조사 고령층 부가조사'에 의하면 가장 오래 근무하였던 직업을 그만둔 나이는 평균 49.4세였으며, 평균 근무기간은 15년 5.7개월로 나타났다(통계청, 2019b; 경향신문, 2019). 여성(11년 8.1개월)보다 남성(19년 2.2개월)의 근무기간이 더욱 길게 나타났다. 뿐만 아니라 <표 7-9>에 의하면 55~64세 취업경험자 중 일자리를 그만둔 가장 중요한 이유는 '사업중단, 조업중단, 휴·폐업'(33%)이었으며, 다음으로 '건강이 좋지 않아서'(약 20%)도 중요한 이유로 제시되었다. '권고사직·명예퇴직·정리해고'로 인해 일자리를 그만둔 경우도 약 12.2%에 달했으며, 특히 이러한 사유로 일자리를 그만둔 사람들의 이직연령은 평균 51.8세인 것으로 나타났다. 이에 비해 정년퇴직으로 일자리를 그만둔 사람은 약 7.1%밖에 되지 않았다. 이직연령은 58.8세로서 거의 60세 정도에 정년이 달성되었다고 할 수 있다. 특히 일자리를 그만두는 비율과 이유는 성별에 따라 크게 달랐다. 남성이 정년퇴직하는 비

---

8) https://www.oecd.org/els/emp/average-effective-age-of-retirement.htm

율은 11.9%로 나타났지만, 여성이 정년퇴직하는 비율은 2.9% 밖에 되지 않
았다. 그리고 여성의 경우 가족을 돌보기 위해서 일자리를 그만두는 비율이
상대적으로 높게 나타났다.

<표 7-9> 일자리를 그만둔 이유(55~64세, 2019년)

	계	정년퇴직	권고사직/명예퇴직/정리해고	사업부진/조업중단/휴·폐업	가족을 돌보기 위해서	건강이 좋지 않아서	일을 그만둘 나이가 되었다고 생각해서	기타
전 체	100%	7.1%	12.2%	33.0%	13.8%	19.8%	1.9%	12.1%
(이직연령)	49.4세	58.8세	51.8세	50.9세	38.2세	51.4세	51.1세	46.3세
남자	100%	11.9%	18.9%	39.1%	1.1%	14.0%	1.0%	14.0%
여자	100%	2.9%	6.3%	27.6%	25.0%	25.0	2.8%	10.4%

출처: 통계청(2019b: 36).

　　이러한 내용들을 바탕으로 고령자의 일자리 근무 현황을 살펴보면 자
영업(사업·조업)이든, 직장생활이든 자신이 가장 오랫동안 해오던 일을 그만
둔 시기는 평균적으로 약 50세 정도였으며, 대부분의 경우 20대에 그 일을
시작하여 15년 정도 업무에 종사하다 50세 전·후에 퇴직하는 패턴으로 나
타났다. 이와 같이 한국사회에서는 50세 정도에 자신의 일자리에서 퇴직하
는 조기퇴직을 경험하게 되는 것이다. 하지만, 이들은 고령화사회에서 조기
퇴직 후에도 계속해서 경제활동을 지속해야 하는 상황에 놓여있다. 한국의
실질은퇴연령이 72세 정도이기 때문에 정상은퇴 이후에도 약 20년 이상을
계속해서 일해야 하는 상황인 것이다.
　　이와 같은 한국의 상황을 고려해 볼 때 한국사회에서 조기퇴직은 새로
운 사회적 위험이 될 수 있다. 정년퇴직 후 노년시기를 보내는 고령인구가
10% 미만이라는 점에서 대부분은 70세까지 끊임없이 일자리를 가져야 하
는 것이다. 특히 2019년 기준으로 55~79세 고령자들이 일자리를 지속적으
로 가지기를 원하는 이유가 일하는 즐거움(32.8%), 사회가 필요로 함(2.0%),
건강유지(1.7%)인 것도 있지만, 거의 대부분의 경우(60% 이상)가 생활비 보탬

을 위해서 일자리를 가져야 한다고 응답한 점을 고려해 볼 때 한국에서의 조기퇴직은 매우 심각한 사회적 위험으로 고려될 수 있을 것이다(통계청, 2019b). 이러한 현상이 지속된다면 청년층과 고령층의 일자리 갈등도 격화될 수 있을 것이다.

특히 고령자들(2019년 조사, 55~79세)이 생활비를 벌기 위해 일자리를 구해야 하는 이유는 낮은 연금 수령액과도 관련이 있다. 연금 수령액은 2009년보다 지속적으로 증가하고 있지만, 연금 수령자는 전체 고령인구의 45.9% 밖에 되지 않으며, 월평균 연금 수령액이 61만 원 정도에 머무르는 한계가 있다. 이처럼 낮은 수준의 연금으로 인해 고령자들은 노후의 경제적 안정을 위해 끊임없이 일자리를 가지려고 노력하는 것이다. 또한 65세 이상 고령자 중에서 국민기초생활수급자의 비율이 7.4%임을 고려해 볼 때 노인층의 빈곤은 한국사회에서 새로운 사회적 위험으로 대두될 것이다. 이 역시 조기퇴직에 따른 부작용이라고 할 수 있다. 고령화시대의 노인 빈곤현상은 향후 심각한 사회적 문제가 될 것이다. 이에 대한 해결방안에 대해서도 본서 제3부에서 논의하기로 한다.

[그림 7-21] 금액대별 연금 수령 구성비(2009~2019년)

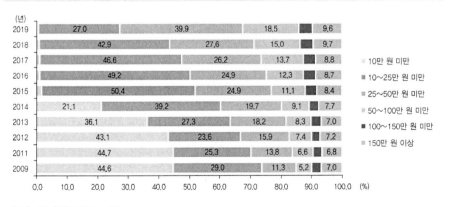

출처: 통계청(2019b: 39).

<부록 7-1> UNDP 성불평등지수(Gender Inequality Index) 순위

2019년도 순위		국가	2017년도	
			2017년 값	2017년 순위
매우 높음	1	Norway	0.048	5
	2	Switzerland	0.039	1
	3	Australia	0.109	23
	4	Ireland	0.109	23
	5	Germany	0.072	14
	6	Iceland	0.062	9
	7	Hong Kong, China (SAR)	–	–
	7	Sweden	0.044	3
	9	Singapore	0.067	12
	10	Netherlands	0.044	3
	11	Denmark	0.040	2
	12	Canada	0.092	20
	13	United States	0.189	41
	14	United Kingdom	0.116	25
	15	Finland	0.058	8
	16	New Zealand	0.136	34
	17	Belgium	0.048	5
	17	Liechtenstein	–	–
	19	Japan	0.103	22
	20	Austria	0.071	13
	21	Luxembourg	0.066	11
	22	Israel	0.098	21
	22	Korea (Republic of)	0.063	10
	24	France	0.083	16
	25	Slovenia	0.054	7
	26	Spain	0.080	15
	27	Czechia	0.124	29
	28	Italy	0.087	18
	29	Malta	0.216	45
	30	Estonia	0.122	27
	31	Greece	0.120	26

2019년도 순위		국가	2017년도	
			2017년 값	2017년 순위
	32	Cyprus	0.085	17
	33	Poland	0.132	32
	34	United Arab Emirates	0.232	49
	35	Andorra	—	—
	35	Lithuania	0.123	28
	37	Qatar	0.206	44
	38	Slovakia	0.180	39
	39	Brunei Darussalam	0.236	51
	39	Saudi Arabia	0.234	50
	41	Latvia	0.196	42
	41	Portugal	0.088	19
	43	Bahrain	0.222	47
	44	Chile	0.319	72
매우 높음	45	Hungary	0.259	54
	46	Croatia	0.124	29
	47	Argentina	0.358	81
	48	Oman	0.264	56
	49	Russian Federation	0.257	53
	50	Montenegro	0.132	32
	51	Bulgaria	0.217	46
	52	Romania	0.311	68
	53	Belarus	0.130	31
	54	Bahamas	0.340	75
	55	Uruguay	0.270	57
	56	Kuwait	0.270	57
	57	Malaysia	0.287	62
	58	Barbados	0.284	60
	58	Kazakhstan	0.197	43

2019년도 순위		국가	2017년도	
			2017년 값	2017년 순위
	60	Iran(Islamic Republic of)	0.461	109
	60	Palau	−	−
	62	Seychelles	−	−
	63	Costa Rica	0.300	64
	64	Turkey	0.317	69
	65	Mauritius	0.373	84
	66	Panama	0.461	109
	67	Serbia	0.181	40
	68	Albania	0.238	52
	69	Trinidad and Tobago	0.324	73
	70	Antigua and Barbuda	−	−
	70	Georgia	0.350	78
	72	Saint Kitts and Nevis	−	−
높음	73	Cuba	0.301	65
	74	Mexico	0.343	76
	75	Grenada	−	−
	76	Sri Lanka	0.354	80
	77	Bosnia and Herzegovina	0.166	37
	78	Venezuela (Bolivarian Republic of)	0.454	105
	79	Brazil	0.407	94
	80	Azerbaijan	0.318	71
	80	Lebanon	0.381	85
	80	The former Yugoslav Republic of Macedonia	0.149	35
	83	Armenia	0.262	55
	83	Thailand	0.393	93
	85	Algeria	0.442	100

2019년도 순위		국가	2017년도	
			2017년 값	2017년 순위
	86	China	0.152	36
	86	Ecuador	0.385	88
	88	Ukraine	0.285	61
	89	Peru	0.368	83
	90	Colombia	0.383	87
	90	Saint Lucia	0.333	74
	92	Fiji	0.352	79
	92	Mongolia	0.301	65
	94	Dominican Republic	0.451	103
	95	Jordan	0.460	108
	95	Tunisia	0.298	63
	97	Jamaica	0.412	95
	98	Tonga	0.416	96
높음	99	Saint Vincent and the Grenadines	−	−
	100	Suriname	0.441	99
	101	Botswana	0.434	98
	101	Maldives	0.343	76
	103	Dominica	−	−
	104	Samoa	0.365	82
	105	Uzbekistan	0.274	59
	106	Belize	0.386	89
	106	Marshall Islands	−	−
	108	Libya	0.170	38
	108	Turkmenistan	−	−
	110	Gabon	0.534	128
	110	Paraguay	0.467	113
	112	Moldova(Republic of)	0.226	48

2019년도 순위		국가	2017년도	
			2017년 값	2017년 순위
중간	113	Philippines	0.427	97
	113	South Africa	0.389	90
	115	Egypt	0.449	101
	116	Indonesia	0.453	104
	116	Viet Nam	0.304	67
	118	Bolivia(Plurinational State of)	0.450	102
	119	Palestine, State of	—	—
	120	Iraq	0.506	123
	121	El Salvador	0.392	91
	122	Kyrgyzstan	0.392	91
	123	Morocco	0.482	119
	124	Nicaragua	0.456	106
	125	Cabo Verde	—	—
	125	Guyana	0.504	122
	127	Guatemala	0.493	120
	127	Tajikistan	0.317	69
	129	Namibia	0.472	115
	130	India	0.524	127
	131	Micronesia(Federated States of)	—	—
	132	Timor—Leste	—	—
	133	Honduras	0.461	109
	134	Bhutan	0.476	117
	134	Kiribati	—	—
	136	Bangladesh	0.542	134
	137	Congo	0.578	143
	138	Vanuatu	—	—
	139	Lao People's Democratic Republic	0.461	109
	140	Ghana	0.538	131
	141	Equatorial Guinea	—	—
	142	Kenya	0.549	137

2019년도 순위		국가	2017년도	
			2017년 값	2017년 순위
중간	143	Sao Tome and Principe	0.538	131
	144	Eswatini(Kingdom of)	0.569	141
	144	Zambia	0.517	125
	146	Cambodia	0.473	116
	147	Angola	−	−
	148	Myanmar	0.456	106
	149	Nepal	0.480	118
	150	Pakistan	0.541	133
	151	Cameroon	0.569	141
낮음	152	Solomon Islands	−	−
	153	Papua New Guinea	0.741	159
	154	Tanzania(United Republic of)	0.537	130
	155	Syrian Arab Republic	0.547	136
	156	Zimbabwe	0.534	128
	157	Nigeria	−	−
	158	Rwanda	0.381	85
	159	Lesotho	0.544	135
	159	Mauritania	0.617	147
	161	Madagascar	−	−
	162	Uganda	0.523	126
	163	Benin	0.611	146
	164	Senegal	0.515	124
	165	Comoros	−	−
	165	Togo	0.567	140
	167	Sudan	0.564	139
	168	Afghanistan	0.653	153
	168	Haiti	0.601	144
	170	Côte d'Ivoire	0.663	155

2019년도 순위		국가	2017년도	
			2017년 값	2017년 순위
낮음	171	Malawi	0.619	148
	172	Djibouti	–	–
	173	Ethiopia	0.502	121
	174	Gambia	0.623	149
	175	Guinea	–	–
	176	Congo(Democratic Republic of the)	0.652	152
	177	Guinea－Bissau	–	–
	178	Yemen	0.834	160
	179	Eritrea	–	–
	180	Mozambique	0.552	138
	181	Liberia	0.656	154
	182	Mali	0.678	157
	183	Burkina Faso	0.610	145
	184	Sierra Leone	0.645	150
	185	Burundi	0.471	114
	186	Chad	0.708	158
	187	South Sudan	–	–
	188	Central African Republic	0.673	156
	189	Niger	0.649	151

출처: http://hdr.undp.org/en/composite/GII 재구성.

<부록 7-2> OECD 국가들의 15~24세 실업률 분포(2011~2019년)

(단위: %)

국가	2011년	2012년	2013년	2014년	2015년	2016년	2017년	2018년	2019년
한국	9.5	8.9	9.1	9.8	10.3	10.5	10.2	10.1	10.3
터키	16.3	15.3	16.5	17.5	18.1	19.1	20.1	20.0	21.3
캐나다	14.3	14.4	13.7	13.5	13.2	13.1	11.6	11.6	11.8
미국	17.2	16.1	15.4	13.3	11.5	10.3	9.1	8.2	8.4
칠레	18.0	16.9	16.8	17.2	16.2	16.1	17.2	18.2	19.2
오스트리아	8.9	9.4	9.6	10.3	10.6	11.3	9.8	9.2	8.7
벨기에	18.8	19.8	23.7	23.2	22.1	20.1	19.2	17.6	17.9
체코	18.1	19.5	19.0	15.9	12.6	10.5	7.9	8.0	7.9
덴마크	14.2	14.1	13.0	12.6	10.8	11.9	11.0	9.2	9.0
핀란드	19.9	18.9	19.8	20.4	22.3	20.0	20.0	17.3	17.0
프랑스	21.8	23.6	24.0	24.1	24.6	24.5	22.1	20.9	21.0
독일	8.5	8.0	7.8	7.7	7.2	7.0	6.8	6.4	5.7
그리스	44.6	55.2	58.2	52.4	49.8	47.3	43.5	39.5	39.3
헝가리	26.0	28.2	26.5	20.3	17.2	12.9	10.7	10.3	9.3
아이슬란드	14.2	13.3	10.5	9.6	8.6	6.3	7.6	7.3	7.5
아일랜드	29.7	30.9	26.9	23.6	20.5	17.0	14.6	13.5	12.0
이탈리아	29.3	35.5	40.3	42.9	40.5	37.9	34.8	31.5	28.7
라트비아	31.0	28.5	23.2	19.6	16.3	17.2	16.9	14.7	15.5
리투아니아	32.6	26.7	21.9	19.3	16.3	14.4	13.2	12.5	13.6
룩셈부르크	16.7	18.6	15.4	22.0	17.2	18.7	15.3	14.7	15.6

국가	2011년	2012년	2013년	2014년	2015년	2016년	2017년	2018년	2019년
네덜란드	10.0	11.7	13.2	12.7	11.3	10.8	8.9	7.0	7.0
노르웨이	8.6	8.4	9.1	7.8	9.9	11.1	10.3	9.7	10.3
폴란드	25.7	26.4	27.2	23.8	20.7	17.6	14.8	11.4	10.1
포르투갈	30.3	38.0	38.2	34.8	32.0	28.0	23.9	20.3	17.7
슬로바키아	33.5	34.1	33.7	29.7	26.5	22.2	18.9	18.2	16.9
슬로베니아	15.8	20.7	21.7	20.2	16.3	15.3	11.3	10.2	11.2
스페인	46.4	53.1	55.7	53.4	48.5	44.6	38.7	34.3	33.2
스웨덴	22.7	23.5	23.4	22.6	20.2	18.8	17.8	17.0	18.5
스위스	7.7	8.3	8.7	8.6	8.8	8.6	8.1	7.9	8.4
영국	21.1	21.1	20.6	16.9	14.6	13.0	12.0	11.2	10.6
오스트레일리아	11.3	11.7	12.2	13.3	13.1	12.7	12.7	12.2	12.1

출처: 통계청(2020). 국가통계자료 재구성.

제 **III** 부

안전사회 구축을 위한
정부 책임성과 거버넌스

CHAPTER 08

뉴노멀 시대와 위험사회에서 기존 정부 책임성 논의 한계

제1절 정부 책임성에 대한 이론적 논의

1. 안전사회에서 정부 책임성 논의 방향

바람직한 안전사회 건설을 위해서는 정부의 책임성도 재정립할 필요가 있다. 뉴노멀 시대와 위험사회의 도래로 국민의 안전에 대한 불안감이 커지고 있으며, 불확실하고 예측할 수 없는 위험들이 급작스럽게 발생하면서 안전사회에 큰 위협으로 작용하고 있다. 본서 제2부에서 살펴보았듯이 최근 한국에서는 환경·에너지 분야(예: 경주·포항지진), 생활안전 분야(예: 세월호 참사, 서울지하철 스크린 도어사고, 제천 스포츠센터·밀양 병원 화재), 질병 분야(예: 메르스 사태와 가습기 살균제 사고), 노동·복지 분야(예: 소득불균형과 복지서비스 보장성 한계) 등 다양한 영역에서 시민·사회의 안전이 위협받고 있다. 이러한 가운데 안전사회 건설을 위한 정부의 역할이 더욱 중요해 지고 있는 것이다. 국가의 가장 기본적인 존재이유는 국민의 생명과 안전을 보호하는 것이다. 「헌법」 제10조 기본권 조항, 「헌법」 제34조 제6항, 「재난 및 안전 관리 기본법」 등에서는 국민의 생명과 안전을 보호하는 것이 국가의 의무라고 명시하고 있다(김병섭·김정인, 2016). 이처럼 국가의 존재 이유이자 국민에 대한 의무이며 목적이 국민의 생명과 안전을 보호하는 것임을 「헌법」과 법률에 명시적으로 밝히고 있음에도 불구하고, 오늘날 지속적으로 발생하는 각종 사고와 위험에서 정부가 국민의 안전을 지켜내는 책임을 다하지 못하고 있다는 비판이 제기되고 있다(김병섭·김정인, 2016).

뉴노멀 시대와 위험사회에서 정부 책임성은 더욱 중요하게 논의될 필요가 있는 주제이다. 과거부터 책임성은 효과적인 정부운영을 위해 정부 또는 관료들의 역할 강조 차원에서 고려되어 왔다(Odegard, 1954). 뿐만 아니라 정책의사결정에 있어서 정부 또는 관료들의 전문성 측면에서도 책임성이 강조되어 왔다(Cleary, 1980). 그럼에도 불구하고 책임성의 의미는 여전히 명확하지 않고 모호하게 제시되는 측면이 있다. 일반적으로 책임성은 '응답의무(answerability)' 및 '결과 통제'라는 요소를 지니기에(Heywood, 2000; Sinclair, 1995), 책임성을 "권한에 근거한 행위(작위 및 부작위)에 대해 조직 내·외부로부터의 설명 요청에 대한 응답 의무 및 행위 결과에 대한 직·간접적 구속"으로 정의할 수 있다(주재현·한승주, 2015: 4).

책임성은 이미 오래 전부터 학자 및 연구자, 실무자들 사이에서 중요 연구주제로 논의되어 왔으며, 따라서 책임성의 의미는 고정불변의 것이 아니라 시간의 흐름에 따라 다소 유동적으로 변화하여 온 측면이 있다(Gormley, 1996: 175; 한상일, 2013: 131 재인용). 고전적 의미에서의 책임성은 개인적 속성 및 계층적 속성을 의미한다(de Vries, 2007).[1] 고전적 의미에서의 책임성이 확립된 시기는 개인의 소유권이 비교적 명확하게 설정되며, 이에 따라 업무의 책임소재도 분명해 지는 시기였다. 따라서 고전적 책임성은 다수에게 책임성이 분산되고 다수가 책임을 지는 '공유의 책임성' 의미보다 책임이 한 개인에게 귀속되는 '귀속적 책임성'의 의미로 해석되었다(한상일, 2013: 132). 그러나 사회현상의 변화에 따라 책임성의 의미도 변화하기 마련이다. 과거 단순하고 획일적인 사고가 팽배한 시대에서는 책임소재가 다소 명확한 고전적 의미에서의 책임성이 적합한 측면이 있었지만, 시간이 지나 조직규모가 증가하는 산업사회에 접어들면서는 고전적 책임성이 다소 부적합한 것이 되었다. 특히 조직의 복잡성과 협력적 의사결정의 중요성이 강화되면서 책임소재가 불명확한 상황들이 다수 발생하게 되었으며, 업무의 협조 및 공동적 의사결정의 필요성, 협력 등의 중요성이 강조됨으로 인해 고전적 의미에서의 책임성 보다는 다수에게 분산되고 공유되는 책임성의 의미가 보다 강화되었다(Behn, 2001). 협력관계 증진 뿐만 아니라 공공부문의 다양화(예: 민영화, 민간위탁, 공공기관 출현 등)로 인해 책임성의 일반화가 발생하였으며, 이 때문에 책임소재를 명확하게 한정하여 논의하는 것이 더욱 어렵게 되었다(de Vries, 2007; 한상일, 2013: 132). 따라서 복잡성과 다양성이 더

---

1) 아리스토텔레스는 정치적 관점에서의 책임성은 집단적 자기결정 과정에서 참여에 초점을 맞춘 것으로 보았다(Held, 2006).

욱 확대되는 뉴노멀 시대의 위험사회에서는 고전적 의미에서의 책임성 의미가 더 이상 유효하지 않게 된 것이다(김병섭·김정인, 2016).

이와 관련해 본 장에서는 뉴노멀 시대와 위험사회의 도래로 국민의 안전이 위협받고 있는 오늘날의 상황에서 안전사회 건설을 위한 정부 책임성에 대해 논의한다. 그리고 뉴노멀 시대와 위험사회에서 기존의 정부 책임성 논의가 적절하지 않음을 분석적으로 논의하고자 한다. 구체적으로 이러한 논의를 시작하기 전에 우선 정부 책임성에 관한 몇 가지 모형을 살펴볼 것이다.

2. 정부 책임성에 관한 이론적 모형과 변화

1) 정부 책임성에 대한 기존 모형 검토

정부 책임성에 관한 기존의 연구들(예: Friedrich, 1940; Finer, 1941; Mosher, 1968; 김병섭·김정인, 2014; 이광종, 1998)을 바탕으로 주요 정부 책임성 모형을 검토하면 다음과 같다. 예를 들어 이율곡(李栗谷)의 규범적인 관료 책임론, '만다린(mandarin) 이론'(Aberbach & Rockman, 1988), 프리드리히와 파이너의 내재적·외재적 책임성의 논쟁(Friedrich, 1940; Finer, 1941) 등이 대표적으로 제시될 수 있다. 이 중 동·서양을 막론하고 대표적인 고전적 책임성 논쟁으로 꼽히는 프리드리히와 파이너의 논의를 살펴보면, 이들은 1940년대 초 민주주의 체제에서 공직자(관료)가 어떠한 책임성을 지니는 것이 가장 효과적인 것인가에 대해 논쟁하였다(한상일, 2013: 133). 프리드리히는 관료의 내재적 책임성을 강조하면서 정부 관료의 전문지식이나 기술을 우선하였으며(Friedrich, 1940), 이를 책임 판단의 중요한 기준으로 고려하였다. 특히 무엇보다도 직업윤리 및 양심을 책임 판단의 중요한 기준으로 제시하였다. 관료의 내재적 책임성은 국민들의 감정에 적극적으로 반응하고 이에 부응하는 정치적이고 민주적인 책임성을 강조하였으며, 동시에 관료의 자율적 책임성(responsibility)을 강조하였다. 이에 반해 파이너는 관료의 외재적 책임성, 특히 제도적이며 법률적인 책임성을 강조하였다(Finer, 1941).[2] 무엇보다도

---

2) "의무감(sense of duty)이나 책임감(responsibility)을 책임이 발생하는 사실 즉 입증의 책임

정부조직 외부의 조직(예: 국회 또는 사법부)에 의해 확보되는 관료의 제도적 책임성(accountability)을 중요하게 고려한 것이다(김병섭·김정인, 2014: 102). 파이너에 의하면 정부조직 또는 공직자는 스스로 공공선 또는 공익을 판단할 수 없기 때문에 그들이 공공선과 공익을 자체적으로 판단하여 수단을 설정하는 것은 적절하지 못하다고 강조한다(Finer, 1941). 만약 정부조직과 공직자가 내적 판단에 따라 행동하면 정책 실패나 관료부패가 발생할 가능성이 높다고 강조한 것이다(한상일, 2013: 133).

프리드리히와 파이너가 강조한 내재적 책임성과 외재적 책임성을 기반으로 하여, 모셔는 '객관적 책임성(objective responsibility)'과 '주관적 또는 심리적 책임성(subjective or psychological responsibility)'을 강조하였다(Mosher, 1968). 이는 대상집단에 따른 책임성을 책임성의 공식성에 따라 분류하는 것으로, 어떤 책임을 어떻게 질 것인가에 대해 초점을 맞추었다(김병섭·김정인, 2016: 144). 보다 구체적으로 객관적 책임성은 외부적으로 드러나는 공식적 책임인 동시에 명시적 책임으로서, 이는 정부조직이 다른 사람들에게 지는 외부적 책임을 의미한다. 만약 객관적 책임성이 지켜지지 않는다면 이에 따른 벌칙이 정부조직에 주어지는 것이다(Mosher, 1968). 이에 반해 주관적인 책임성은 정부조직 보다는 관료의 개인적 책임, 또는 도덕적 책임을 강조하며, 정부 관료가 내면적으로 인식하는 의무감을 의미한다. 특히 주관적 책임성은 정부조직 내 관료들의 내면적 책임성이며 윤리적인 책임성으로서, 충성 또는 양심을 포함한 도덕적 책임성을 우선시한다. 뿐만 아니라 직업윤리 등을 강조한 전문가적 책임성도 중요하게 고려한다(Mosher, 1968: 9-10). <표 8-1>에서는 객관적 책임성과 주관적 책임성에 대한 주요 내용을 비교하고 있다.

(answerability)과 구분하는 것이 매우 중요하다. 나는 주관적인 책임성 개념은 정직함을 지키는 것이건 자신의 신념에 충실한 것이건 혹은 특정 기능의 목표에 충실한 것이건 효율성을 유지하는데 매우 중요하다는 사실을 다시 한 번 강조하고 싶다. 그러나 우리는 무엇보다도 공공조직을 지켜내기에 그런 종류의 주관적 책임감이 충분한 것인지를 분명히 이해해야 한다. 결국 정치적 책임감이란 공공조직을 감시하는 데 부차적일 수밖에 없다"고 파이너는 강조하였다(Finer, 1941: 335; 한상일, 2013: 133 재인용).

<표 8-1> 객관적 책임성과 주관적 책임성 비교

	객관적 책임성	주관적 책임성
정치와 행정의 관계	정치 – 행정이원론	정치 – 행정일원론
관료 행동의 예측가능성	예측가능	예측불가능
책임의 부과	공식적이고 계층적인 책임부과	관료의 전문성, 충성심, 양심 등
책임의 대상	명백한 책임 대상자 존재	다양한 책임 대상자 존재
성과(performance)에 대한 책임성	주어진 임무에 대한 성과달성 책임	관료들의 전문가적 지식과 기술에 대한 책임

출처: 김병섭·김정인(2016: 143).

　　이 밖에도 정부 책임성과 관련된 주요 이론 모형으로 롬젝과 듀브닉이 제시한 정부 책임성 유형을 살펴볼 필요가 있다(Romzek & Dubnick, 1987). 특히 롬젝과 듀브닉의 모형은 미국 우주선 챌린저(Challenger)호 폭발사고라는 재난사고에 대한 정부의 책임성을 분석하고 있다는 측면에서 오늘날 위험사회에서의 정부 책임성 연구에 시사하는 바가 크다(Romzek & Dubnick, 1987). 이들은 네 가지 책임성 종류를 책임의 원천과 통제의 정도에 따라 분류하였다. <표 8-2>에서 제시되듯이 통제원천의 내부와 외부 기준, 통제 정도의 높음과 낮음 기준에 따라 네 가지 책임성 유형으로 구분하였다. 첫 번째 책임성 유형은 관료적 또는 계층적 책임성(통제의 원천은 내부에 있으며, 통제의 정도가 높음)이다. 이는 관료조직 내 계층성을 강조한 것으로서 관료조직 내에서 최고관리자에 대해 책임을 지는 것을 의미한다. 특히 관료조직 내 지시와 명령이 중요하게 고려되며, 명확한 규칙과 규정이 중요한 책임성의 판단 기준이 된다(Romzek & Dubnick, 1987: 228). 두 번째 책임성 유형은 통제의 원천이 외부에 있으며, 통제의 정도가 높은 법적 책임성이다. 이는 공식적인 외부통제(예: 법률적 제재 및 공식적 제약)를 중요하게 고려한다는 특징을 지닌다. 계층제적 책임성과는 달리 공식적인 협정에 의한 관계(공식적인 계약)를 중요하게 고려하면서, 법률의 통과와 통제를 강조한다(김병섭·김정인, 2014: 106). 세 번째 책임성 유형은 통제의 원천이 내부에 있고, 통제의 정도가 낮은 전문가적 책임성이다. 기술적이고 복잡한 상황에서 강조되는 책임성 유형이며, 복잡한 문제를 해결할 때 전문성을 지닌 관료들에게 권한을 위임하고 이들이 스스로 문제를 해결해 나가도록 하는 책임성을 의미한다. 무엇보다도 관료들 스스로의 기술 또는 전문지식을 가장 중요하게 고려하며, 전문성이 중요한 통제수단이 된다(김병섭·김정인, 2014: 106). 네 번째 유형은 통제의 원천이 외부에 있으며 통제의 정도가 낮은 정치적 책임성이다. 이는 정부 또는 관료가 누구를 위해서 일해야 하는가에 대한 것이다. 즉 정부 또는 관료는 누구에 대해서 책임을 지는가에 대한 논의인 것이다. 롬젝과 듀브닉에 의하면 정부 또는 관료들은 일반대중(여론), 선출직 공직자, 기관장, 이익집단, 기관 관련자, 미래세대 등 다양한 행위자들에 대해 책임을 져야 한다고 주장한다(Romzek & Dubnick, 1987: 229). 무엇보다도 정부 관료가 중요하게 염두 해 두어야 하는 것은 책임성 대상자들이 누구이든 간에 정부 또는 관료들은 적극적인 정보공개를 통해서 정책적 반응성과 정책 우선순위를 설정하는 대의정부(representative government)를 중요하게 고려해야 한다는 것이다(Romzek & Dubnick, 1987: 229; 김병섭·김정인, 2014: 106).

<표 8-2> 롬젝과 듀브닉의 책임성 모형

		통제의 원천	
		내부	외부
통제의 정도	높음	관료적 혹은 계층제적(bureaucratic) 책임성	법적(legal) 책임성
	낮음	전문가적(professional) 책임성	정치적(political) 책임성

출처: Romzek & Dubnick(1987); 김병섭·김정인(2014: 105) 재인용.

2) 위험사회에서의 정부 책임성 변화: 합리성에 대한 비판

책임성의 개념과 특징은 일관된 것이 아니라 시대와 환경변화에 따라서 동적으로 달라질 수 있다는 특징이 있다. 예를 들어 책임소재의 명확성을 강조하는 고전적 의미에서의 책임성, 즉 귀속적 책임성은 복잡하고 다양한 위험이 존재하는 현대 위험사회에서는 더 이상 적합하지 않을 수 있다.

무엇보다도 예측불가능성, 복잡성, 불확실성이 높은 오늘날의 위험사회에서는 고전적·개인적 책임성이 적용되기 어려울 수 있다는 것이다. 사실상 기존의 위험사회 관련 연구들에서는 주로 위험사회나 안전사회의 특징들을 분석하는 데만 초점(예: Slovic et al., 2000)을 두었기 때문에 위험사회에 대비한 혹은 안전사회를 구축하기 위한 정부의 역할, 즉 정부의 책임성에 대해서는 논의를 소홀히 한 측면이 있다.

합리주의와 경제적 능률성을 우선시하는 근대·산업사회의 사회현상은 다소 일관성을 나타내고 있으며, 예측가능했기 때문에 위험을 통제할 수 있다고 판단하였다. 특히 근대사회는 인간이 지닌 이성에 의존한 합리성과 책임성을 강조하였다(한상일, 2013: 134). 이로 인해 합리성을 기반으로 한 규정과 규칙을 중심으로 통제하는 것이 책임성 확보에 가장 적합하다고 판단한 것이다(한상일, 2013). 이와 같은 합리주의와 효율성은 국가(정부) 및 관료 위주의 사고, 혹은 신자유주의적 사고 모두에서 중요하게 고려되었다(이재열·김동우, 2004; 한상일, 2013). 그러나 이성과 합리성을 중요하게 고려하는 국가 중심의 급속한 산업화 진행 및 발전국가의 결과는 다소 참혹한 것이었다. 특히 극심한 환경오염, 노동문제, 재난사고라는 부작용이 야기된 것이다(노진철, 2004; 이재열·김동우, 2004; Beck, 1986). 국가(정부) 기능이 합리적으로 운영되기만 하면 어떠한 위험도 극복할 수 있으며, 위험을 제거할 수 있다는 기술적(도구적) 합리성은 점차 그 설득력을 잃어가고 있다(노진철, 2004: 100).

뿐만 아니라 시장의 효율성과 합리성이 모든 것을 해결할 수 있을 것이라는 신자유적 사고 역시 더욱 심각한 위험사회를 초래할 뿐이다. 신자유주의의 효율성 증가는 비용의 절감을 야기하며, 이로 인해 위험업무를 정규직에서 비정규직으로 전가시키는 위험의 외주화 등을 유발시켰다. 이와 더불어 노동시장의 유연성, 세계화 등의 신자유적 물결은 불안정한 고용, 청년실업 확대, 비정규직 증가 등과 같은 새로운 사회적 위험을 증가키시고 있는 상황이다(Taylor-Gooby, 2004; 남은영, 2009). 특히 신자유주의적 가치를 바탕으로 한 '신공공관리(New Public Management, NPM)'의 확산으로 인해 위험에 대한 책임성이 정부에서 민간으로 전가되는 현상이 발생했다. 아웃소싱 또는 민간위탁이 증가하면서 공공서비스 생산과 제공을 정부를 대신한 민간 계약업체들이 수행함에 따라 정부의 책임성 영역(scope of accountability)이 점차 줄어들고 있는 것이다(Mulgan, 2006; 김병섭·김정인, 2016: 147). 그러나 민영화의 증가가 곧 정부의 책임성 면제를 의미하는 것은 아니다. 민영화 과정에서 발생하는 위험은 정부의 관리 및 통제 과실 차원에서 정부가 책임을 질 필요가 있다(Benish, 2014). 그럼에도 불구하고 민영화가 증가하면서 과거 정부가 져야 하는 국민 안전에 대한 책임성이 시장으로 전가되는 현상이 발생하고 있다(Mulgan, 2006).

이처럼 국가(정부) 중심의 합리성과 시장 중심의 효율성 관점에 따른 정부 책임성은 뉴노멀 시대와 위험사회에서는 더 이상 유효하지 않게 되었다. 국가 중심의 고속성장과 시장 중심의 신자유주의를 동시에 경험하고 있는 한국사회에서는 합리성에 바탕한 책임성 논의가 부적절한 측면이 있다는 것이다. 이와 관련해 본장 제2절에서는 뉴노멀 시대와 위험사회에서 합리성에 바탕한 정부 책임성의 한계에 대해 보다 구체적으로 논의하고자 한다. 특히 한국사회가 경험한 '발전국가 시대의 국가주의'와 '세계화 시대의 시장주의(신자유주의)', 이 두 관점을 중심으로 구체적인 논의를 진행하고자 한다.

제2절   뉴노멀 시대에서 기존 정부 책임성 논의의 한계

1. 한국사회에서 뉴노멀 이전 시대의 정부 책임성

1) 발전국가체제: 계층적 책임성에 따른 국정관리

제2장에서 논의하였듯이 뉴노멀 시대는 세계 금융위기 이후의 저성장 시대라고 할 수 있으며(McNamee & Diamond, 2003; El – Erian, 2008), 최근에는 COVID – 19 발생 이후에 전혀 다른 새로운 세상이 도래할 것이라는 의미에서 '코로나 뉴노멀' 세계의 진입을 앞두고 있다(매일경제, 2020). 한국사회는 저성장 시대의 뉴노멀과 코로나 뉴노멀 시대 모두를 경험하고 있다. 여기서는 먼저 이 두 가지 뉴노멀 시대 이전 시대에서의 한국사회 정부 책임성에 대해 간략히 논의하도록 한다.

20세기 산업화 시대 정부의 역할은 도구적 효율성을 강조하였으며, 정부의 책임성도 개별적 책임성과 자율성에 기반을 두었다(최상옥, 2016: 12). 특히 제2차 세계대전 이후부터 1970년대 초반까지 복지국가의 성공적 달성을 위하여 정부 중심의 공공서비스 제공이 확대된 것이다(예: 행정국가 혹은 현대복지국가). 물론 한국사회는 서구와 같이 순차적인 근대화 과정을 경험한 것이 아니라 발전국가 위주의 압축된 산업화 시대를 경험하였다. 소위 '박정희 행정시스템'이라는 국가주도의 경제성장이 대표적인 한국 산업화의 특징이라고 할 수 있다(김근세, 2016: 14). 경제개발계획을 통해 경제성장을 최우선과제로 설정하고, 가능한 모든 국가자원을 총동원하여 이를 달성하고자 했던 국가주도의 경제성장은 한국의 대표적인 성장모델로 고려되었다.

한국과 같은 발전국가(developmental state)들은 다음과 같은 특징을 지닌다. 발전국가는 경제성장을 가장 중요한 국가 기능으로 고려하며, 입법부 보다는 행정체제의 집행부(행정부) 중심으로 국정(관료체제의 중요성)을 운영한다. 또한 발전국가는 경제발전을 달성하기 위하여 재정, 금융, 산업 정책 모두 정책패키지를 활용하여 경제에 개입하려는 특징을 지닌다(Johnson, 1982; 김근세, 2016: 15). 이러한 발전국가 특징으로 인해 권위주의 정치체제가 형성되었으며, 한국 역시 1970년대부터 1980년대 초까지 권위주의적 정치체제에 의해 급속한 경제발전을 이루어왔다. 이 과정에서 국가 중심의 위계적 국정관리가 가장 중요한 통치체제로 간주되었던 것이다(김근세, 2016: 15). 특히 한국은 [그림 8-1]에서 보는 바와 같이 학인관료(學人官僚)의 전통, 의법관료(依法官僚)의 전통, 기술관료(技術官僚)의 전통을 바탕으로 하여 국가관료제를 형성해 왔다. 이러한 국가관료체계를 바탕으로 근대성과 합리성을 추구하였으며, 한국의 발전국가 달성에 큰 기여를 하였던 것이다(박종민·윤견수, 2014).

[그림 8-1] 한국 국가관료제의 세 가지 전통

출처: 박종민·윤견수(2014: 17).

국가주도의 발전국가 모형은 압축된 빠른 경제성장을 달성하는 데 중요한 기여를 하였다는 점에서 긍정적 평가를 받는다. 하지만 이러한 급속한 경제성장에 따른 부작용 역시 사회에 큰 영향을 미쳤다. 한국은 오랫동안 권위주의적 관료제 통치 하에서 급속한 산업화를 이룩하였지만 동시에 강압적인 통치 방식과 권위주의 행정체제로 인하여 다양한 사회 이익의 표출을 억압하였으며, 기계적인 중립성만을 추구하고자 했던 것이다(박종민·김병완, 1991: 85; 최상옥, 2016). 뿐만 아니라 산업화 시대의 압축적 성장으로 인해 성과주의만을 최우선적으로 고려하면서 배제와 독식이라는 부작용(예: 부의 양극화 심화 등)을 초래하였으며, 이로 인해 한국사회에서 사회 구성원 간 신뢰 확보가 어렵게 되었고, 동시에 공정한 경쟁 달성에서 한계가 발생하였다(최상옥, 2016: 17).

2) 시장주의 체제로의 이동

한국의 발전국가체제는 1980년대 중반에 접어들면서 민주화와 세계화라는 급속한 환경변화에 따라 시대적 부정합성을 드러내기 시작하였다. 한국사회에서 대표적인 발전국가의 한계는 1997년에 발생한 IMF 경제위기로 극대화 되었다(양재진, 2005: 1). 특히 1980년대 이후 새로운 시장주의를 표방하는 세계화는 자유경쟁(시장자유화)과 경제개방이라는 두 가지 축으로 발전하였다. 세계화는 민간주도의 시장원리를 경제발전의 주요 동력으로 고려하는 작은 국가를 표방하여 한국에서의 국가주도식 발전국가를 극복하는 대안으로 고려되었다(양재진, 2005: 2). 세계화의 등장으로 인해 한국의 발전국가는 <표 8-3>에서 제시된 바와 같이 자유주의와 최소국가에 입각한 규제국가(regulatory state)로 전환되었다.[3] 그럼에도 불구하고 한국사회는 발전국가 체제 유산을 완전히 떨쳐내지는 못하였다. 한국의 신자유주의(시장주의)는 여전히 강력한 국가의 힘을 우선으로 하는 발전국가의 유산을 바탕으로 이루어져왔던 것이다(김근세, 2016).

<표 8-3> 서구와 발전국가의 변화 비교

변화유형	복지국가에서 규제국가로 전환 (영국)	발전국가에서 규제국가로 전환 (일본, 한국)
재정개혁	– 긴축정책 – 복지예산의 축소 및 합리화	– 탄력적 긴축정책 – 산업육성 정책금융 및 보조금의 축소
금융체제개혁	– 민영화, 자유화 – 중앙은행의 독립 – 금융감독체제의 강화	– 제도적 민영화 및 자유화, 관치금융잔존 – 중앙은행의 제한적 독립 – 금융감독체제의 강화

---

3) 규제국가는 "동아시아의 발전국가 그리고 서구의 복지국가와는 대조되는 개념으로 등장하였다. 이론적으로는 넓게 보아 자유주의에 연원을 두고 있지만 보다 직접적으로는 질서자유주의를 바탕으로 한다. 질서자유주의는 자유시장이론과 최고국가를 지향한다는 점에서 신자유주의와 일맥상통하나, 시장의 경쟁질서는 자생적으로 형성된다고 믿는 시장근본주의적 입장을 취하지 않는다는 점에서 다르다"(양재진, 2005: 7).

변화유형	복지국가에서 규제국가로 전환 (영국)	발전국가에서 규제국가로 전환 (일본, 한국)

산업육성정책	- 공정거래제도의 강화
	- 공적(비정부) 기관의 설립을
	  통한 감독강화
		- 공정거래제도의 강화
		- 경제력 집중 억제 강화
		- 정부조직기능 확대를 통한
		  감독 강화

시장감독 체제개혁	- 없거나 간접적(시장중심)인 지원 정책	- 직접적 육성정책 잔존

노동시장개혁	- 탄력적 노동시장	- 노동시장의 유연화를 지향하나
		  현실적으로 근본적인 변화는
		  나타나지 않음

국가-시장관계	- 시장 중심적	- 국가주도적

출처: 이연호 외(2002); 양재진(2005: 8) 재인용.

2. 뉴노멀 시대에서 합리성 기반 정부 책임성의 한계

한국사회에서 국가 중심의 발전국가와 시장주의(신자유주의)의 결합은 뉴노멀 시대가 등장한 주요 원인으로 작용하였다. 특히 세계화의 신자유주의는 뉴노멀의 등장을 초래하였다. 세계화에 따라 버블경제가 발생하고, 연이어 이러한 버블경제가 붕괴되면서 유동성 과잉공급 문제가 발생하였다. 또한 금융규제 완화가 이루어지면서, 이에 대한 부작용으로 자산가격의 버블과 금융위기로 인한 저성장이 발생되었다(지식경제부, 2010). 1980년대 이후 세계화를 동반한 신자유주의에 의해서 저성장이라는 뉴노멀 시대가 초래된 것이다. 특히 뉴노멀 현상의 특징이라고 할 수 있는 저성장, 저출산, 고실업 현상들이 대부분의 경우 신자유주의의 병폐로 인해 발생하였다. 예를 들어 신자유주의에 따른 노동시장 유연화로 인하여 비정규직 및 청년실업 등이 증가하였고, 이로 인해 경제상황은 더욱 나빠지게 되었다. 출산과 양육에 대한 경제적 부담 등 때문에 저출산 문제도 악화되었다.

지나친 경쟁과 이윤만을 우선시하는 시장은 저성장이라는 뉴노멀 사회에서 효과적인 기능을 할 수 없게 되었다. 성장이 둔화되는 시점에서 시장은 투자와 고용을 줄이는 경향이 있기 때문이다. 예를 들어 COVID-19 사태 이후로 채용을 취소하는 기업이 증가하고 있다. 2020년 4월 시행된 잡코리아의 설문조사 결과에 의하면 기업의 74.6% 정도가 기존에 예정되어 있었던 채용계획을 연기하거나 취소하는 것으로 나타났다. 보다 구체적으로 '코로나19로 미뤄진 채용계획이 있다'고 응답한 기업이 46%를 차지하였으며, '취소된 채용계획이 있다'라고 응답한 기업은 13.9%로 나타났다. 또한 '미뤄진 채용과 취소된 채용계획이 모두 있다'라고 응답한 기업은 14.7%에 이르렀다(동아일보, 2020). COVID−19 사태 발생 이후 채용계획과 관련하여 기업의 40.5% 정도가 '아직 잘 모르겠다'라고 응답하였으며, '재개하지 않을 것'이라고 응답한 기업도 3.3% 정도에 달하였다(동아일보, 2020). 뿐만 아니라 COVID−19 이후 한국에서의 산업생산은 대폭 감소하였다. 통계청의 2020년 2월 산업활동동향에 의하면 모든 산업생산(계절조정·농림어업 제외)은 2020년 1월보다 3.5% 정도 감소하였으며, 2011년 2월 이후 9년 만에 최대의 감소폭을 나타내었다(연합뉴스, 2020). 뉴노멀 시대에서 시장(예: 기업)은 채용과 투자에 있어 적극적으로 대응하지 않고 수동적이면서도 소극적인 전략을 취할 가능성이 높다. 이로 인해 저성장은 더욱 고착화되는 악순환이 발생한다. 세계 금융위기로 인한 뉴노멀에서 처럼 COVID−19 발생으로 인한 뉴노멀 이후 시장은 고용을 줄이고 투자를 감소할 가능성이 높다. 정부의 기능을 시장으로 이양하는 신자유주의는 뉴노멀 현상에 효과적으로 대응할 수 없다는 의미이기도 하다. 이러한 시기에 신자유주의의 강조는 정부의 책임성을 시장(민간)으로 이양시키는 책임성 전가행위로 인식될 수 있을 것이다.

　　뉴노멀 시대에서 시장의 역할 미흡은 역설적으로 정부의 적극적 개입 필요성을 강조한다. 그럼에도 불구하고 뉴노멀 시대의 모든 이슈들은 복잡하고 다양하며, 초연결성(hyper−connectedness)을 지니기에 국가(정부) 중심만으로는 문제를 해결할 수 없다. 특히 규칙과 규정을 우선시하면서 결과보다는 투입요소에 더욱 초점을 두는 도구적 합리성 위주의 국가 중심적 국정관리 방식은 뉴노멀 시대의 복잡한 사회 문제를 더욱 어렵고 복잡하게만 만들뿐이다(난제의 악순환 초래). 또한 지시와 명령을 중요시하고 기계적인 법집행을 우선시하는 관료제 조직은 뉴노멀 시대의 위험에 능동적으로 대응하기 어렵다는 한계를 지닌다. 즉 정부의 계층적 책임성과 시장으로의 책임전가는 뉴노멀 시대에 부적합한 작동기제가 될 수밖에 없는 것이다.

| 제3절 | **위험사회에서 기존 정부 책임성 논의의 한계** |

1. 위험사회에서 합리성 기반 책임성의 한계

한국사회에서의 위험은 시대에 따라 다양한 방식으로 항상 존재해 왔다(노진철 외, 2004: 52). [그림 8-2]에 의하면 1950년대 이후 한국사회에는 지속적으로 위험이 발생해 왔다. 물론 1950년대 가장 중요한 위험은 경제적 생계위험과 국가안보 관련 위험이었다. 이후 1970년대로 접어들면서 경제적 생계위험 등은 점차 감소하였으나, 새로운 위험들이 나타나기 시작하였다. 1970년대 기술적 재난위험이 발생하기 시작하였고, 1980년대에는 사회적 해체 위험, 1990년대에는 지구적 생태 위험 등이 등장하였다. 그리고 2000년대 이후부터는 새로운 사회적 위험들이 주요 위험으로 고려되고 있다(노진철 외, 2004). 이처럼 한국사회에서는 1970년대 이후 다양한 위험들이

[그림 8-2] 한국사회의 위험 추이

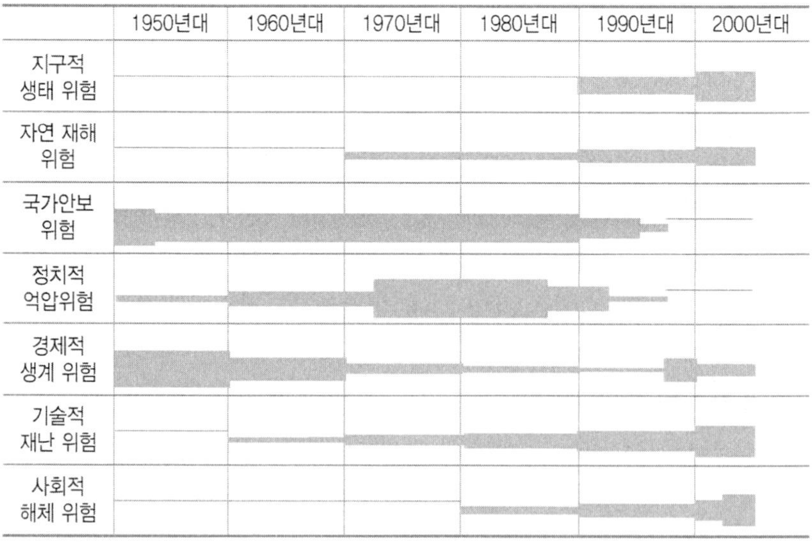

주: 선의 굵기는 위험의 크기를 나타냄. 그러나 그것은 위험의 상대적 크기라기보다는 시대적인 추이를 보여주는 의미로 해석되어야 할 것임.
출처: 노진철 외(2004: 54).

발생하고 있는데, 이는 한국사회의 급속한 경제성장과 근대화에 따른 결과라고 할 수 있을 것이다.

백에 의해서 처음 제기되었던 위험사회의 근원은 합리성을 기반으로 한 근대산업의 풍요에 대한 부작용에 있었다(Beck, 1986). 이는 우리나라도 마찬가지로 경험한 현상인 것이다. 앞서 제3장에서 충분히 논의하였듯이 위험사회는 근대화 과정에서 발생되는 근대화 산물의 부작용이라고 할 수 있다. 한국과 같이 발전국가를 경험한 국가들의 급속한 압축적 성장 이면에는 '위험성의 구조화'가 있다(이재열·김동우, 2004: 144). 한국은 발전국가에 의한 경제성장으로 인해 풍요로운 생활을 영위할 수 있게 되었지만, 이와 동시에 산업재해, 환경파괴, 대형참사, 질병, 생활안전 저해 등과 같은 새로운 사회적 위험을 동시에 겪고 있는 것이다(노진철, 2004; 이주하, 2016; 한상진, 1998; Taylor-Gooby, 2004). 즉 정부 중심의 투입요소 강조, 지시와 명령 강조, 위계적이고 권위적인 체계 운영은 안전을 위협하는 주요 원인이 되었다(이재열, 1998).

이처럼 위험사회는 발전국가 체계 실패의 결과로도 볼 수 있을 것이다. 전근대사회가 구성원들의 동질성 및 통제와 조정을 강조하였다면, 근대사회는 구성원들의 상호이질성을 강조하게 되면서 이로 인해 발생하는 여러 가지 문제(예: 갈등, 분쟁 등)의 해결을 위해 개인과 조직 간의 상호의존성이 더욱 중요하게 고려되었다(<표 8-4> 참조). 이러한 과정에서 개인의 합리성과 사회적 합리성에 불일치가 발생하게 된 것이다(이재열, 1998: 92). 특히 한국과 같이 국가 중심의 급속한 근대화 과정을 경험한 사회에서는 사회적 규칙과 유기적 연대가 온전히 자리 잡지 못한 상황에서 개인과 조직 이익극대화가 이루어지게 되면서 공적인 영역은 자율적 자정능력을 잃게 되었다. 이 때문에 개인과 조직은 자기 중심적으로 행동할 가능성이 높아졌고, 결국은 공유지의 비극과 같은 사회적 문제를 유발시키는 것이다(이재열, 1998: 92). 이러한 가운데 재난 및 안전사고와 같은 위험요소가 발생할 가능성이 더욱 높아지게 되었다.

<표 8-4> 복합체계와 단선체계의 특성비교

복합체계(complex system)	단선체계(linear system)
공간적 접근성	공간적 격리와 분산
연결 및 소통 방식의 공통성(중첩성)	전용선을 통한 소통 방식
상호연관된 하위체계	격리된 하위체계
대체의 제한성	대체의 용이성
피드백이 중요	피드백이 거의 없음
중첩적이고 상호작용적인 통제	단일목적의 일방적 통제
간접적 정보	직접적 정보

출처: 이재열(1998: 93).

2. 위험사회에서 한국의 정부 책임성 한계

이상에서 논의한 바와 같이 역사적 맥락에서 한국사회는 급진적 근대화와 시장주의(신자유주의)를 동시에 경험하고 있다. 한국사회가 복잡화되고 다양화됨에 따라 정부 중심의 도구적 합리성을 바탕으로 한 정부 중심 운영 방식(관료체제)과 민영화 같은 시장의 기능강화 모두는 적절성을 잃게 되었다. 특히 위험사회에 살고 있는 오늘날에는 이러한 방식이 더욱 적합하지 않다. 2014년 4월 16일 발생 이후 아직까지도 우리사회의 참담한 상처로 남아있는 세월호 참사에서 볼 수 있듯이 지시와 명령 체계에 의한 계층적 책임성은 복잡하고, 다양하며, 예측불가능한 위험사회 대응에 부적합하다. 다시 말해 한국사회에서 발전국가에 따른 대표적인 정부 책임성 한계가 계층적 책임성의 한계로 제시될 수 있는 것이다.

정부와 관료의 계층적 책임성 한계가 나타난 대표적인 위험사례인 세월호 참사는 여전히 많은 연구자, 실무자들에 의해 논의가 이루어지고 있다(이하 김병섭·김정인, 2014: 111; 114). 세월호 참사 사고 처리 과정에서 상관에 대한 명령, 복종 등을 강조하는 계층적 책임성의 한계가 명확하게 나타난 것이다. 정부(해양경찰청 외 정부조직)와 관료들은 지나치게 상부(예: 청와대)에 상명하복함으로써 자신들이 무엇을 해야 하고 어떻게 책임을 져야 하는지에 대해 명확하게 인지하지 못했다. 특히 실제 구조작업에 임해야 하는 정부기관과 관료들이 상부기관 (상황)보고와 의전에 더 많은 신경을 씀으로 인해서 긴급구조활동이 원활하게 이루어지지 못하는 결과를 초래하였다. 아래 내용은 세월호 참사에서 나타난 대표적인 계층적 책임성의 한계를 나타내고 있다.

가장 먼저 08:50경 사고를 인지했었어야 할 진도 VTS는 이를 인지하지 못하였다. 전남소방본부는 08:52 단원고 학생으로부터 최초 신고접수를 받은 후, 해상사고는 '해경 소관'이라는 사유로 09:13에야 소방헬기 출동지시를 한다. 세월호가 08:55 제주 VTS에 신고한 뒤, 제주해경서는 08:58 이를 제주 VTS로부터 신고 받고도 09:10부터 함정 등의 출동 지시를 한다. 해경은 08:55경 사고를 접수하고도 중대본 국가안보실 등에 보고를 지연(09:33경)하였으며, 피해 구조상황도 6차례나 부정확하게 작성 전파하였다. 해경구조본부는 08:58 이후 출동명령을 시달하면서, 구조 활동에 필수적인 탑승인원, 침몰정도 등도 제대로 알리지 않아, 효과적인 구조활동을 어렵게 하였다. 진도 VTS는 09:07~09:37까지 30분간 세월호와 단독으로 교신하여 선내 긴박한 상황(승객이동 곤란)을 실시간으로 파악하면서도 구조세력 및 구조본부 등에 전달을 소홀히 하였다. 해경본청은 09:37분, 서해해경청 목포해경서는 09:43분, 대다수 승객들이 선내 대기 중인 상황을 파악한 후에도, 현장 구조세력(123정, 헬기 등)에게 선실 내부진입, 승객퇴선 유도 등을 직접 지시하지 않았고, 현장 지휘에도 소극적으로 대응하였다. 해경본청은 10:17 세월호가 100° 이상 전복되었는데도 여객선 자체부력이 있으니, 차분하게 구조하라고 하여 현장상황과 동떨어진 지시를 시달하였다. 한마디로 보고도 지시도 우왕좌왕, 엉망진창이었다. 제대로 된 지시도 협조도 못하면서, 구조본부는 너무 많이 만들어졌다. 이재은(2014)에 의하면, 세월호 사고의 경우, 범부처사고대책본부, 중앙재난안전대책본부(안행부), 중앙사고수습본부(해수부), 중앙긴급구조본부(해경), 중앙긴급구조통제단(소방방재청), 중앙사고수습본부(교육부), 현장구조지원본부(국방부, 진도), 지방사고수습본부(해경, 인천), 경기도 재난안전대책본부, 안산시 재난안전대책본부, 지방사고수습본부(목포), 전남긴급구조통제단, 진도군 재난안전대책본부, 사고현장 구조지원본부(해군) 등의 대책본부가 설립

가동되었다. 이러한 구조본부에 보고하고 지시를 받느라 현장에서는 제대로
된 구조 업무를 할 수 없을 지경이었다.

출처: 김병섭·김정인(2014: 111).

위험사회에서는 정부 중심의 계층적 책임성만 한계를 나타내는 것이
아니다. 시장의 기능을 강조하는 신자유주의에서도 정부 책임성의 한계가
나타난다. 이와 관련된 대표적인 위험사례가 바로 서울지하철(구의역) 스크
린 도어사고이다. 앞서 제5장에서 살펴보았듯이 구의역 사고는 서울메트로
(현재 서울교통공사)가 자신들의 업무를 외주용역업체에게 민간위탁한 상황에
서 발생한 사고이다. 이는 정부의 업무를 위탁받은 업체가 비용을 줄이기
위해 점검 인력을 감축함으로 인해 발생한 안전사고였으며, 사회초년생들
의 비정규직화가 증가하면서 발생한 안전사고이기도 하다. 이러한 점에서
구의역 스크린 도어사고는 대표적인 위험의 외주화 사례라고도 할 수 있다.
정부는 민간위탁기업들의 업무에 대한 관리·감독 업무를 소홀히 했을 뿐만
아니라 위험발생의 책임까지 민간위탁기업에게 전가시키고자 한 정황이 나
타난 사고였던 것이다(김병섭·김정인, 2016: 151). 즉 정부가 의무적으로 져야
하는 시민에 대한 안전 책임성까지 민간에게 전가시킨 대표적인 사례라 할
수 있는 것이다.

한국사회는 심각한 위험사회에 접어들었으며, COVID−19 발생 이후의
사회는 새로운 뉴노멀 시대로 전개될 것이다. 발전국가와 신자유주의 국가
운영체계는 경제성장이라는 측면에서 긍정적인 역할을 해 왔지만 뉴노멀
시대와 위험사회에서는 더 이상 적합한 운영체계가 아닐 수 있다는 점을 중
요하게 고려하고 새로운 국가 운영체계에 대한 논의를 지속할 필요가 있다.
기존의 정부 책임성, 특히 계층적 책임성과 시장으로의 책임 전가는 안전사
회를 구축하는 데 있어서 지양될 필요가 있다. 따라서 다음 장에서는 안전사
회 달성을 위한 효과적인 정부 책임성 구축 방안에 대해 논의하도록 한다.

CHAPTER 09

안전사회 달성을 위한 새로운 정부 책임성

제1절 정부 책임성에 대한 새로운 접근

1. 새로운 정부 책임성에 대한 논의: 공공위험유형과 정부 책임성

제8장에서는 기존 정부 책임성에 대한 모형들이 뉴노멀 시대와 위험사회에서 적용되기는 어렵다는 점에 대해 논의하였다. 이어서 제9장에서는 안전사회를 효과적으로 구축하기 위한 새로운 정부 책임성 확보 방안에 대해 살펴보고자 한다. 새로운 정부 책임성은 안전사회의 특성을 고려하여 제시할 필요성이 있다. 안전사회 특성을 고려한 정부 책임성에 대해 본격적으로 논의하기에 앞서 아래에서는 위험유형에 따른 정부 책임성 관계에 대해 살펴볼 것이다.

위험이 공공성을 띤다면 정부는 어떠한 형태로든 위험예방 혹은 위험결과에 대한 책임을 지는 것이 바람직하다(김병섭·김정인, 2016). 이는 공공위험 문제의 해결 방안을 마련하기 위해서라도 정부 책임성이 논의될 필요가 있다는 것을 의미한다. 그렇다면 공공위험의 의미는 무엇인가? 공적인 특성을 강조하는 공공위험(public risk)에 대해 먼저 살펴보도록 한다. 공공위험은 "정부 부처가 그들의 목적 달성에 실패하거나, 혹은 공공서비스 제공에 실패한 경우, 따라서 정상적인 위험의 개념이 달라지는 경우"를 의미한다(Black, 2005: 513). 다시 말해 공공위험은 정부가 해야 하는 일을 제대로 수행하지 못할 때 발생하는 위험으로 간주할 수 있는 것이다(Black, 2005). 일반적인 위험과는 달리 공공위험은 위험예방 혹은 관리과정에서 발생하는 정부의 책임성을 강조한다. 특히 '누가(who) 누구에 대해(to whom) 책임을 질 것인지', 그리고 '무엇을(for what)·어떻게(how) 책임을 질 것인지'를 신중하게 고려해야 한다(Mulgan, 2003: 22-30).

본서 제4장에서 제7장까지 논의했던 환경·에너지 위험, 생활안전 위험, 질병 위험, 복지·노동 분야의 새로운 사회적 위험 모두가 정부의 적극적인 예방과 효과적인 관리를 필요로 하는 공공위험이라고 할 수 있다. 정부는 사회의 여러 현상에 대한 주요한 책임 주체로서 책임의 대상자인 국민에 대해 궁극적으로 책임을 져야 하는 의무를 지닌다. 이에 따라 신종 위험이 속출하는 초고도 위험사회에서 정부의 책임성을 공공위험유형에 따라 다르게 접근해 볼 필요가 있다. 현대사회가 위험사회로 진입하면서 정부에 요구되는 책임성은 위험의 유형에 따라 달라질 수 있다는 것이다(Wildavsky, 1988). 보다 구체적으로 위험과 관련한 지식과 정보가 충분히 축적되어 있는지의 여부, 위험의 예측가능성 여부(예: 예측가능성이 높은 위험과 그렇지 않은 위험)에 따라 정부의 책임성이 달리 확보될 필요가 있다(이하 김병섭·김정인, 2016 참조).

공공위험을 <표 9-1>과 같이 두 가지 기준(관련된 위험문제 특징과 위험대상 특징)에 따라 네 가지 유형으로 나누어 설명할 수 있다. 공공위험 I 유형은 위험의 불확실성과 예측불가능성이 낮으며 제한적 대상에 해당되는 위험으로 이러한 위험유형에 해당하는 대표적인 예로 세월호 참사와 구의역 스크린 도어 사망사고가 있다. 공공위험 II유형은 불확실성과 예측불가능성이 높은 위험문제이며 제한적 대상에 해당될 수 있는 공공위험이다. 이러한 위험유형에 해당하는 대표적인 예로 후쿠시마 원전사고와 광우병 사태가 있다. 공공위험 III유형은 불확실성과 예측불가능성이 낮으며 대상집단이 불특정 다수에게 해당되는 위험유형이다. 이러한 위험유형에 해당하는 대표적인 예로 교통사고가 있다. 마지막 공공위험 IV유형은 불확실성과 예측불가능성이 높으며 대상집단이 불특정 다수에게 적용될 수 있는 위험유형으로서 대표적인 예로 메르스 확산 사태와 미세먼지 사태를 들 수 있다. 그리고 최근 발생한 COVID-19 사태도 이 위험유형에 해당한다고 할 수 있다.

공공위험 I 유형과 공공위험 III유형은 정부의 '사전예방(anticipation)' 전략이 중요시 된다. 하지만 공공위험 II유형과 공공위험 IV유형처럼 공공위험에 대한 지식의 양이 적고 불확실성이 높으며 예측가능성이 낮은 공공위험에 대해서는 정부의 '사후복원(resilience)' 전략이 중요시 된다(김병섭·김정

<표 9-1> 공공위험유형에 따른 정부 책임성과 거버넌스

관련된 위험문제 특성 / 위험 대상집단		불확실성과 예측불가능성	
		낮음	높음
대상집단의 제한성	제한적 대상	【위험 Ⅰ유형 】 객관적 책임성 + 관료제적 거버넌스 (세월호 참사와 구의역 스크린 도어 사망사고)	【위험 Ⅱ 유형】 주관적 책임성 + 네트워크 거버넌스 (후쿠시마 원전사고와 광우병 사태)
	불특정 다수	【위험 Ⅲ 유형】 객관적 책임성 + 시장적 거버넌스 (교통사고)	【위험 Ⅳ 유형】 주관적 책임성 + 네트워크 거버넌스 (메르스 확산 사태와 미세먼지 사태)

출처: 김병섭·김정인(2016: 159) 재구성.

인, 2016). 보다 구체적으로 공공위험유형에 따른 효과적인 정부 책임성은 다음과 같이 고려될 수 있을 것이다. 공공위험 Ⅰ유형과 같이 "사전지식이 충분하고 예측가능한 위험에 대해서 정부는 위험의 사전예방에 대한 책임, 즉 위험예방차원에서의 객관적 책임"을 강화할 필요가 있다(김병섭·김정인, 2016: 159). 이에 정부는 위험예방을 위한 법적·절차적 책임성을 확보하고, 이러한 법·제도적 기반 위에 정부조직과 관료들이 공공위험을 예방하고 관리할 때 공공위험 Ⅰ유형에 해당하는 위험들을 예방할 수 있다는 것이다. 특히 이때 위험예방을 위한 공정하고 투명한 규제가 이루어졌는지를 살펴보아야 한다.

공공위험 Ⅱ유형에 따른 효과적인 정부 책임성 확보 방안으로는 정부·관료의 전문가적 윤리, 양심 등과 같은 주관적 책임성 강조가 있다(김병섭·김정인, 2016: 160). 이를 위해서 정부와 관료들은 예상하지 못한 새로운 유형의 공공위험 문제를 독자적으로 해결하려 하기 보다는 관련 위험 분야 전문가들과 함께 적극적으로 소통하고 협력하는 네트워크 거버넌스를 구축할 필요가 있다. 잘 알려지지 않은 신종 위험에 대해서는 전문가들과 정부, 시민이 함께 위험에 대한 공감대를 형성하고 적극적으로 관련 정보와 지식을 공유할 수 있도록 하는 장치를 마련할 필요가 있다(Carlsson, 2000). 이러한 맥락에서 공공위험과 관련된 다양한 전문가, 공익단체, 관련 이해관계자, 시민대표 등이 참여하는 공공위험 '정책공동체(policy community)'를 형성할 필요가 있다는 것이다. 이를 통한 효과적인 위험 커뮤니케이션 전략 마련도 요구된다. 즉 본서 제6장에서 논의한 것처럼 공공위험 정책공동체가 전문가 영역과 일반대중 영역을 효과적으로 연결해 주는 역할을 담당할 수 있다는 것이다.

공공위험 III유형에 적합한 정부 책임성은 위험에 대한 명확한 정보를 기반으로 엄격한 예방적 조치를 마련하는 것에 있다(김병섭·김정인, 2016: 160). 공공위험에 대한 지식이 충분히 축적되어 있기 때문에, 해당 위험에 대해 정부는 엄격한 법적·절차적 규제를 적용 할 수 있다. 동시에 공공위험이 불특정 대상들에게 분산되어 인식될 가능성이 높기 때문에, 공공위험이 유발될 경우 이에 대한 처벌조항을 강화하여 그들이 인식하는 위험비용을 증대시킬 필요성이 있다. 이를 바탕으로 공공위험에 대한 효과적인 예방 기능이 실현될 수 있을 것이다. 이와 유사한 맥락에서 불특정 다수가 위험 예방을 준수할 때, 위험예방 준수에 따른 자신들의 편익이 증진될 수 있음을 인지할 수 있도록 하는 제도(예: 신고포상금제)를 도입하는 방안도 고려할 수 있을 것이다.

마지막 공공위험 IV유형에 적합한 정부 책임성은 관료의 전문가적 책임성 및 윤리의식 등을 바탕으로 한 주관적 책임성을 강화하는 데 있다(김병섭·김정인, 2016: 161). 그러나 이러한 위험유형 영역에서는 공공위험에 대한 정보가 부족하기 때문에 정부 책임성을 확보하기가 쉽지 않다. 이전에 경험하지 못한 신종 위험에 있어서는 사전적·예방적 책임성도 중요하지만 위험이 발생하였을 경우 이에 효과적으로 대응하기 위한 즉각적인 복원전략 등도 마련될 필요가 있다(Wildavsky, 1988). 이와 같이 네 가지 공공위험의 유형에 따라 효과적인 정부의 책임성 확보 방안에 대해 살펴보았다. 앞서 언급한 것처럼 각각의 공공위험 특징을 고려하여 정부 책임성도 확립될 필요가 있을 것이다.

읽/을/거/리/

부정·불량식품 신고포상금제도(위험사회와 신고포상금제도 사례)

○ 부정·불량식품 신고방법

구분	신고 방법
전화신고	국번없이 1399
홈페이지 접속	식품의약품안전처 통합민원상담서비스
그 밖의 방법	우편, 엽서, FAX 등

○ 부정·불량식품신고 내용
- 명백히 알 수 있는 증거(사진, 현품, 이물, 광고자료 등)와 함께 신고하여
  야 접수 가능. 신고인의 성명, 주소, 생년월일, 연락처, 그리고 피신고인(업
  소)의 업소명칭(성명), 소재지, 제품정보, 위반행위 등 신고 내용을 반드시
  기재하여야 함

○ 포상금의 지급
- 식품의약품안전처장, 시·도지사 또는 시장·군수·구청장은 부정·불량식
  품을 신고한 자에게 신고 내용별로 1천만 원까지 포상금을 지급(「식품위
  생법」 제90조 제1항)

○ 포상금의 지급기준
- 신고자가 동일 업소에 대해 둘 이상의 위반사항을 신고한 경우에는 그 중
  가장 높은 금액의 기준으로 포상금을 지급

○ 포상금의 지급한도
- 신고자 1인당 연간 포상금 지급금액은 식품별로 각 300만 원을 초과하여
  지급할 수 없으며, 지급 기관별로는 지방식품의약품안전청당 각 50만 원,
  시·도당 각 100만 원을 초과하여 지급할 수 없음

○ 포상금의 지급방법
- 포상금 지급은 신고된 사항이 법 위반행위로 확인되어 고발 또는 행정처
  분 등이 시행된 후에 지급함을 원칙으로 하되, 위반행위가 명백한 경우에
  는 고발 또는 행정처분 등이 시행되기 전에도 지급할 수 있음

출처: 불량식품 신고포상금 제도 - 찾기 쉬운 생활법령정보 재구성.

2. 새로운 정부 책임성에 대한 논의: 안전사회와 확장된 정부 책임성

앞에서는 공공위험의 유형에 따른 효과적인 정부 책임성 확보 방안에 대해 논의하였다면, 여기에서는 제1장에서 제시한 안전사회 유형에 따라 정부 책임성을 확보하는 방안에 대해 논의하도록 한다. 제1장에서는 안전수준 (소극적/적극적 기준)과 안전 적용 범위(개인/사회 기준)에 따라서 안전사회를 구분하였다. 이러한 안전사회 기준에 따라 각각의 유형에 적합한 정부 책임성이 무엇인지에 대해서도 논의해 볼 필요가 있다. 따라서 여기서는 <표 9-1>에서 제시한 네 가지 공공위험유형에 따른 정부 책임성에 대해 논의하기보다 안전사회 구축을 위한 바람직한 정부 책임성 확보 방안에 대해 살펴보도록 한다([그림 9-1] 참조).

[그림 9-1] 안전사회 기준에 따른 정부 책임성

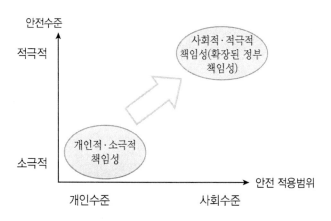

출처: 저자 작성.

제1장에서 논의한 바와 같이 근대국가에서는 개인의 신체·생명 보호가 가장 중요한 국가(정부)의 역할이었기 때문에 정부의 기본적인 책임성은 국민들이 '법익침해로부터 자유로운 상태'를 달성할 수 있도록 하는 것이었다(김대환, 2014; 김소연, 2017; 윤수정, 2019). 즉 정부는 개인에게 위험요소가 존재하지 않도록 외부위험으로부터 개인을 보호해 주는 책임을 가지고 있

었다. 이때 정부에게 요구되는 책임성은 소극적 책임성이며 제한된 책임성이었던 것이다. 정부의 개인 보호 범위가 명확하고 소극적인 수준에 국한되어 있었던 것이다. 이 시기에는 '책임 없이는 형벌도 없다(nulla poena sine culpa)'라는 엄격한 책임원칙이 준수되었다(이용식, 2001: 38).

그러나 현대 위험사회에서는 위험이 언제·어디서나 존재할 수 있기 때문에 특정한 영역만을 한정하여 위험을 제거하기는 어렵다. 뿐만 아니라 복잡성과 상호의존성을 중시하는 현대사회의 특징을 고려해 볼 때 더 이상 한 개인(조직)에게만 적용되는 위험은 존재하지 않는다. 이처럼 위험의 편재성(ubiquity)과 연계성(connectivity)으로 인해 위험의 확장성이 발생하고, 또 대상집단 내 혹은 대상집단 간 상호작용에 의해서 위험은 사회 구성원들 전체로 연계되는 구조를 지니는 것이다. 더 나아가 위험은 객관적으로 주어지는 것보다 사회 구성원들이 속해 있는 사회적·문화적 맥락에 의해 구성되고 형성되는 사회맥락성을 지니는 것이다(Rippl, 2002). 이러한 상황에서는 과거와 같이 단순히 한 개인의 신체·생명·재산에 위해를 가하는 위험요인만을 제거하는 정부의 책임성을 적용하는 것이 적절하지도, 또 효과적이지도 않은 것이다. 정부는 개인의 범위를 넘어 집단, 그리고 사회 전체에 영향을 미칠 수 있는 거시적 차원의 책임성을 요구받고 있으며, 단순히 소극적이고 수동적으로 위험을 관리하는 것이 아니라 보다 적극적이고도 능동적으로 위험을 관리할 책임성을 가지게 되는 것이다. 이러한 책임성 확보를 위해 정부는 예방적이고 사전적인 위험관리 역량을 갖출 필요가 있으며, 위험 발생 시 이에 대해 즉각적이고 능동적으로 대응할 수 있는 위기대응 역량을 갖출 필요가 있는 것이다.

아래에서는 뉴노멀 시대와 위험사회에서 안전사회를 달성하기 위한 '확장된 정부 책임성' 확보 방안에 대해 보다 구체적으로 논의하도록 한다. 이를 위해서 뉴노멀 시대와 위험사회에서 우선적으로 고려되어야 할 가치들이 무엇인지를 살펴보도록 한다. 그 이유는 가치를 어떻게 설정하는가에 따라서 정부 책임성 확장이라는 목표달성 과정 전반이 달라질 수 있기 때문이다. 가치적인 측면을 살펴본 뒤 확장된 정부 책임성을 확보하기 위한 구체적인 방안(정책수단)에는 어떤 것들이 있는지에 대해서도 논의하기로 한다.

[그림 9-2] 뉴노멀 시대와 위험사회에서 확장된 정부 책임성 구축 추진체계

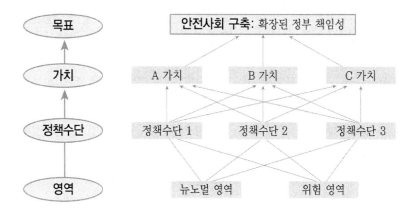

출처: 저자 작성.

제2절   뉴노멀 시대 한계 극복을 위한 정부 책임성

1. 확장된 정부 책임성과 가치

　　뉴노멀 시대에서 확장된 정부 책임성을 달성하기 위해 중요하게 고려해야 할 가치는 무엇인가? 제2장에서 살펴보았듯이 뉴노멀 시대는 표준화된 질서가 급격하게 변화하는 시대를 의미하며, 저성장 시대의 특징을 지닌다. 따라서 뉴노멀 시대에서 안전사회 구축(확장된 정부 책임성)을 위해 우선적으로 고려해야 할 가치는 ① 보장성, ② 사회적 포용성, ③ 시의성·신속성 등이 될 것이다. 이러한 가치들에 대해 간략히 살펴보면 아래와 같다.

　　첫째, 보장(保障; gewahrleistung; guarantee)성은 국민들에게 공공서비스(예: 건강보험서비스)를 제공할 때 중요하게 고려되는 국가의 책임성을 의미한다(최상옥, 2016: 14). 다시 말해 보장성이 높다는 것은 공공서비스 전달과정에서 국민들에게 제대로 공공서비스가 전달되었는지를 국가(정부)가 책임진다는 의미이다. 이러한 의미에서 보장성은 안전사회 구축을 위한 확장된 정부의 책임성을 위해서 반드시 고려되어야 할 가치라고 할 수 있다. 이러한 가치를 바탕으로 한 대표적인 정부 정책의 예로 건강보험 또는 고용보험의 보장성 확대를 들 수 있다. 건강보험의 보장성 확대는 사회연대 원칙에 따라서 사회 구성원이 부담해야 하는 재원을 국가가 대신 부담해 줌으로써 건강보험 서비스 이용자들의 의료서비스 이용에 있어서 재정적인 부담을 덜어주는 것이다(한국보건사회연구원, 2007: 40). 뉴노멀 시대는 저성장의 시대이기 때문에 일부 국민들(특히 취약계층)이 경제적 어려움으로 인해 공공서비스 제공 영역에서 배제될 가능성이 있다. 또한 뉴노멀 시대에서 발생하는 위험은 단순히 개인 차원에서 주의, 예방, 해결 할 수 있는 것이 아니기 때문에 개인의 생존, 나아가 사회 및 국가의 생존을 위해서 반드시 국가에 의한 보호 책임, 즉 보장성이 확대될 필요가 있다(홍석한, 2016: 7). 뉴노멀 시대에서 개인이 어려움을 극복할 수 있도록 국가가 지원해 주는 것이 국가의 역할이며 동시에 존재 이유이기도 하다. 따라서 국가의 보장성 강화는 정부 책임성 확보를 위해 반드시 고려되어야 할 뉴노멀 시대의 중요 가치라고 할 수 있는 것이다.

둘째, 뉴노멀 시대에서 고려되어야 할 중요 가치로는 사회적 포용성(社會的 包容性; social inclusion)이 있다. 사회적 포용성은 '모든 사람들에게 동등한 기회가 제공되는 것'을 의미하며(Ali & Zhuang, 2007: 12), 이는 사회적 약자보호가 선행되는 것을 의미한다. 즉 사회적 포용성은 취약계층 보호를 강조하며, 사회서비스 제공에 있어서 누구든지 배제되지 않아야 함을 강조한다(김정인, 2018: 66). 사회적 약자들(예: 장기 실업자)에게 사회서비스가 우선적으로 제공되어야 하며, 이들을 적극적으로 보호하여 사회서비스 제공에 있어서의 사각지대를 제거해야 한다. 사회적 포용성이 사회적 취약계층의 보호를 우선적으로 고려하지만, 이와 더불어 사회적 포용성은 포용적 성장(inclusive growth)의 주요 구성요소로서 성장과 복지의 균형 달성도 함께 추구하고 있다(OECD, 1999: 2). 즉 '공동체주의'와 '사회적 연대'를 지속적으로 유지하기 위해서는 사회적 포용성이 전제되어야 한다는 것이다. 이를 통해서 궁극적으로는 사회 구성원들의 통합과 지속가능한 경제성장을 이루어낼 수 있는 것이다. 따라서 국가(정부)는 모든 사회 구성원들이 사회서비스에서 배제되지 않도록 제도적 장치를 마련해야 하며, 동등한 기회가 제공될 수 있도록 해야 한다. 저성장의 뉴노멀 시대에서는 취약계층들의 피해가 커질 가능성이 높기 때문에 국가(정부)는 사회적 포용성을 기반으로 하는 확장된

<표 9-2> 포용적 성장 조건과 사회적 포용성

포용적 성장 조건	관련 사회적 가치
높고 지속적인 성장 (high and sustainable growth)	혁신과 성장: 지속적인 성장
	미래가치: 미래를 대비하기 위한 가치
사회적 포용성 (social inclusion)	사회적 약자보호 가치: 취약계층을 보호하고, 누구나 사회서비스 제공에 있어서 배제되지 않을 가치
	사회 구성원 통합가치: 사회 구성원 모두가 사회적 연대를 유지하면서 다양한 가치를 통합할 수 있는 가치
	기회균등의 민주적 가치: 모든 사람들에게 동등한 기회 부여 및 시민들의 직접적인 참여를 고려하는 가치

출처: Ali & Zhuang(2007); OECD(1999); 김정인(2018: 67) 재구성.

읽/을/거/리/

"마스크 주면 좋은 회사"…코로나19가 만든 신(新) 사내복지

드러그스토어에서 근무하는 직장인 A(26)씨는 얼마 전 회사로부터 마스크와 장갑을 착용하고 근무하라는 공지를 받았다. 신종 코로나바이러스 감염증(코로나19)이 확산되면서 회사는 A씨 등 직원들에게 마스크 8개와 손 세정제를 지급했다. 사태가 심각해지면서 마스크 등 물품이 더욱 중요해졌지만, 회사에서 더는 물품을 지급하지 않아 A씨는 사비로 마스크와 장갑을 구입하고 있다. 그마저도 품귀 현상으로 구입이 어려워 수소문하는 상황이다. 경남 택시 노동조합 관계자는 "사업자들이 택시기사들에게 마스크를 지급하지 않아 기사들이 사비로 사고 있다"고 토로했다. 이처럼 회사마다 코로나19 관련 대처가 달라 직장인들 사이에서는 사내 복지에 대한 불만이 터져 나오고 있다. 어떤 회사는 사무실에 마스크와 손 세정제 등을 구비해두는 반면 다른 회사는 개인위생을 철저히 하라고 권고할 뿐 지원은 없어서다. 코로나19 확산으로 마스크, 손 세정제 등에 품귀 현상이 일자 이 물품을 지급하는 회사를 '좋은 회사'로 분류하는 기준도 생겼다.

출처: 연합뉴스, 2020년 2월 25일자 기사 발췌.

정부 책임성을 확보할 필요가 있는 것이다.

셋째, 뉴노멀 시대에는 시의성·신속성도 중요한 가치로 고려되어야 한다. 제2장에서 살펴보았듯이 뉴노멀 시대는 급속한 변화가 발생하여 이전의 시기와는 완전히 단절되는 시대이다. 급진적이면서도 예측불가능한 변화가 발생하기 때문에 이에 대한 정부의 대응도 시의적절하고 신속하게 이루어질 필요가 있다. 정책의사결정과 정책집행은 정책문제가 발생하였을 때 지체 없이 이루어져야만 적절한 정책효과를 나타낼 수 있다. 특히 뉴노멀 시대에는 이전 시대에서 예상하지 못한 변화로 인해 일반대중들의 피해가 더욱 커질 수 있다. 예를 들어 세계 여러 국가들에서 COVID-19 사태 발생후 감염병 확산 방지를 위한 외국인 출입국 제한 결정을 지연시킴에 따라 감염병 확산 피해를 더욱 증가시켰다는 비판을 받고 있는 것이다(노컷뉴스, 2020).[1] 이러한 측면 등을 고려해 볼 때 뉴노멀 시대에서는 확장된 정부 책

---

1) https://www.nocutnews.co.kr/news/5282909

임성을 확보하기 위해 시의성과 신속성도 중요한 가치로 고려할 필요가 있다는 것이다.

2. 확장된 정부 책임성 확보 방안

1) 보장국가의 달성: 강한 정부[2]와 포용적 정부

뉴노멀 시대에서는 정부의 책임성 확대를 위해 보장국가(Gewährleistungsstaat)를 구축할 필요가 있다. 앞서 논의한 보장성과 사회적 포용성 가치를 기반으로 한 보장국가가 구축될 필요가 있다는 것이다. 보장국가는 "국가(지방자치단체 등 그 밖의 공적주체 포함)는 국가의 핵심적 역할(국방, 치안, 외교, 국민생활의 최소한의 보장 등)만 직접 수행하고 나머지 국가적(공익적) 역할 또는 활동은 되도록 公과 私의 협력(위임·위탁 포함)을 통해서 혹은 사인(사기업, 민간단체 포함)의 자율적 활동을 통해 달성하되, 그 공사협력 내지 사인의 자율적 활동이 본래의 목적을 달성할 수 있도록 보장(감시, 제어, 지원 등)할 책임을 지는 국가"로 정의할 수 있다(김남진, 2016: 2).

보장국가의 등장은 기존의 국가체계와 민영화에 대한 반성, 즉 관료주의와 큰 정부의 비효율적 정부운영에 대한 비판적 시각과 민영화에 따른 부작용을 우려한 관점에서 제시되었다(홍석한, 2016: 11). 그러나 이때 보장국가는 국가가 독자적으로 모든 공적과제에 대해 책임을 져야 하는 것을 의미하는 것이 아니다. 보장국가의 의미는 민간이 원활하게 운영될 수 있도록 국가가 지원하는 역할에 초점을 두고 있다. 따라서 보장국가는 뉴노멀 시대에 급증하는 사회적 난제들을 해결하기 위해 필수적이라 할 수 있는 민관협력을 위해 더욱 강조되는 국가(정부) 운영 방안이 되는 것이다. 보장국가는 '공적 임무에 대한 사인의 참가'를 보완하는 현대적 개념이다(조태제, 2012). 공적 임무에 대한 사인의 참가는 다음과 같이 이해될 수 있다. "국가는 광범위한 영역에서 (무엇보다도 생존배려의 영역에서) 그의 의무로 되어 있는 임무

---

2) 예를 들어 정부 기능 차원에서 COVID-19 이후 정부는 강한 정부가 될 가능성이 높다는 주장이 일각에서 제기되고 있다. "큰 정부냐 작은 정부냐의 문제보다 강한 정부냐 약한 정부냐의 문제. 지금은 강한 정부가 요구되고 있고, 강한 정부 패러다임이 국가의 귀환을 낳는 것으로 보인다."(국민일보, 2020).

를 스스로 수행하지 않고 사인에게 법률의 범위 내에서 그 임무수행을 행하게 하는 것"을 의미하는 것이다(조태제, 2012: 273). 이러한 차원에서 보장국가의 강화는 관료제로의 회귀를 의미하는 것이 아니라, 공사협력 차원에서 국가의 기능강화를 의미하는 것이라고 할 수 있다. 즉 기본적으로 국가는 사회의 자율성을 우선시하고 존중해야 하기 때문에 민간 우위의 자율성 틀을 설정하고, 이러한 자율성에 기반하여 국민의 기본권이 침해되지 않는 범위에서 국가가 최대한 지원하는 구조가 되는 것이다(홍석한, 2016).

이와 같은 보장국가론은 독일의 기본법에서도 찾아볼 수 있다. 독일기본법 제87f조 제1항에서는 "연방은 우편과 통신영역에서 전국적으로 제공되는 적절하고 충분한 서비스를 보장한다"라고 규정하고 있다. 그리고 동조 제2항에서는 서비스가 사적인 경제활동을 의미하며, 이는 민간 경제영역임을 강조하고 있다(홍석한, 2016: 12). 다시 말해 독일에서의 우편과 통신 서비스는 국가가 아니라 민간에 의해서 제공되어야 할 공공서비스이지만, 국민들이 적절하고 충분한 공공서비스를 제공받기 위해서는 국가가 이를 보장하고 책임져야 한다는 것이다. 또한 국가는 이러한 시장구조를 형성하기 위해서 법적 기반을 구축할 필요가 있다는 것이다(홍석한, 2016: 12). 나아가 급격하게 변화하는 현대사회에서 외부위험으로부터 국민을 보호하고 이들의 안전한 삶을 유지해 주는 것이 국가의 중요한 역할임을 언급하고 있는 것이다(홍석한, 2016).

특히 오늘날과 같은 뉴노멀 시대에서는 정부 책임성 확대 차원에서도 보장국가가 달성되어야 한다. 그러나 이와 관련해 반드시 고려되어야 하는 것은 보장성 확대가 곧 국가의 권력 강화 즉 권위주의 체제강화를 의미하는 것이 아니라는 점이다. 독일의 보장국가론에서도 살펴보았듯이 국가는 민

<표 9-3> 임무유형과 책임영역

	보장책임(保障責任)	집행책임(執行責任)	재정책임(財政責任)
국가의 핵심임무	국가의 책임		
국가의 보장임무	국가의 책임	국가 또는 사인(민간)의 책임	
사인(민간)의 핵심임무	사인(민간)의 책임		

출처: 김현준(2009: 265).

간의 역할을 존중해 주면서 이들의 안정적인 활동을 뒷받침해 주는 기능을 해야 한다. 최근 COVID−19 사태 발생 이후 국가의 역할과 기능 강화가 재조명 되고 있다(국민일보, 2020). 국가가 마스크 5부제나 재난기본소득(긴급재난지원금) 지급 등과 같은 정책을 시행하는 과정에서, 특히 질병관리와 재정관리 측면에서 강화되고 확대된 정부의 기능을 나타내고 있기 때문이다. 또한 COVID−19 발생 이후 脫세계화가 발생하여 글로벌한 세계관·경제관보다 지역적 측면에서의 국가 가치가 더욱 중요해지고 있는 것이다(조선일보, 2020). 그럼에도 불구하고 뉴노멀 시대에서의 국가 기능 강화가 국민의 기본권을 침해해서는 안 된다. 보장국가의 근본취지를 기반으로 뉴노멀 시대에서 국가 기능과 역할을 재해석 할 필요가 있다.

읽/을/거/리/

거대 정부 − "戰時 수준으로 코로나 통제… 헌법 권한 넘어서는 정부 나올 것"

코로나에 맞서기 위해 각국 정부는 천문학적인 현금 카드를 꺼내고 있다. 막대한 재정을 쏟아 붓고 돈을 찍어 무작위로 뿌려댄다. 바이러스를 막는다는 핑계로 정부의 통제는 전시(戰時) 수준으로 강화했다. 국제통화기금(IMF)이 최근 발표한 '재정 보고서'에 따르면 G20(세계 주요 20국)은 단 한 달 만에 GDP(국내총생산)의 5.8%에 달하는 돈을 경기부양책에 쏟아 부었다. 2008년 금융위기 때 G20은 첫해에 GDP의 0.8%를, 이듬해에 3.0%를 투입한 것과 대조된다.

야콥슨 삭소뱅크 CIO는 "'거대한 정부'의 실험이 세계 곳곳에서 벌어지고 있다"며 "위기는 헌법적 권한을 넘어서는 막강한 정부의 출몰로 이어지곤 했는데 코로나 이후도 마찬가지일 것"이라고 했다. 그는 거대 정부가 전체주의로 이어질 가능성을 우려했다. "1918년 스페인 독감 이후 세계엔 공산화 바람이 불었습니다. 코로나 이후 사회 불만층이 불어난다면 이들의 분노를 등에 업고 좌파 정부가 확산할 수 있습니다." … …

출처: 조선일보, 2020년 4월 21일자 기사 발췌.

2) 지식정보시스템의 구축: 정부 대응성 강화와 공정한 정부 운영

뉴노멀 시대에 정부의 책임성을 확장시키기 위해서는 4차 산업혁명 차원에서의 지식정보시스템 구축이 이루어질 필요가 있다. 뉴노멀 시대의 국가(정부)가 효과적인 정책목표를 달성하기 위해서는 정부정책의 시의성과 신속성이 바탕이 된 지식정보시스템을 구축할 필요가 있다는 것이다. 초연결·초융합·초지능의 특징을 지닌 4차 산업혁명은 뉴노멀 시대의 문제를 적극적으로 해결해 나가는 데 기여할 수 있다. 제2장에서 살펴보았듯이 COVID-19 발생 이후 뉴노멀 사회에서는 비대면(untact) 활동이 일상화될 가능성이 높다. 재택근무의 활성화, 온라인 전자상거래 확대 등 COVID-19 발생 이후의 뉴노멀 사회에서는 정보통신기술이 더욱 급격히 발전하게 될 것이다. 이와 관련해 정부는 뉴노멀 시대 사회 구성원들의 요구에 보다 적극적으로 대응하기 위하여 정보통신기술을 바탕으로 한 지식정보시스템을 구축해야 하는 것이다.

그러나 시의성과 신속성을 바탕으로 한 4차 산업혁명의 기술진보가 반

[그림 9-3] 뉴노멀 시대에서의 확장된 정부 책임성 구축 추진체계

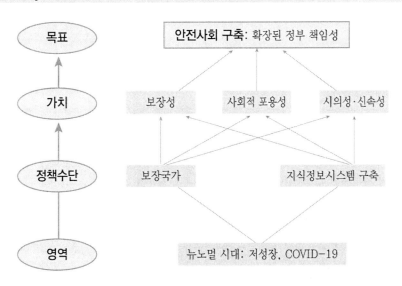

출처: 저자 작성.

드시 긍정적인 영향만을 미치는 것은 아니다. 4차 산업혁명의 정보통신기술 발달에 따른 가짜 뉴스 및 인포데믹스(infodemics)[3]의 확산은 향후 뉴노멀 시대에서의 심각한 사회문제가 될 것이다.[4] 뿐만 아니라 정보화의 활용은 오히려 정보 이용 격차를 더욱 심화시켜 정보접근의 공정성 문제도 유발시킬 수 있다. 또한 COVID-19 발생 이후 온라인 수업 등이 활성화 되면서 온라인 학습의 취약계층(예: 장애인, 저소득층)에 대한 교육 불평등 문제가 발생해 이로 인한 학습권 저해도 유발될 수 있다. 모든 국민이 온라인 교육서비스 있어서 배제되지 않도록 온라인 교육시스템 환경을 구축해야 하는 것이 정부의 책임이자 의무라고 할 수 있다(복지타임즈, 2020).[5] 뿐만 아니라 온라인 수업 및 화상회의 등이 급증함에 따라 정보 및 개인 사생활 보안문제가 심각해 질 수 있으며, 국민들의 삶에 감시와 통제가 이루어질 수 있다는 우려도 제기된다(한국경제신문, 2020).[6] 예를 들어 COVID-19 발생 이후 개인정보 노출(예: COVID-19 확진자 동선) 및 개인 사생활 노출과 같은 국가 정보독점에 따른 감시와 통제가 증가할 수 있다는 한계가 존재한다는 것이다(한겨레신문, 2020).[7] 뉴노멀 사회에서 4차 산업혁명은 더욱 가속화될 것이다. 따라서 정부에서는 이로 인해 발생될 수 있는 부작용을 해결하는 방안도 함께 고려해야 한다. 이러한 노력을 바탕으로 정부의 대응성 강화 및 공정한 정부 운영을 달성할 수 있을 것이다.

---

3) 인포데믹스는 "부정확한 정보가 전염병처럼 빠르게 확산되어 생기는 다양한 사회적 병리현상"을 의미한다(정정길 외, 2017: 419).

4) 이와 관련하여 위험사회가 가짜 뉴스나 인포데믹스 등과 결합함으로써 위험이 과장되는 '공포사회'로 전환되고 있다는 주장도 있다. 커뮤니케이션 발달로 모든 뉴스가 신속성을 나타내면서 각국의 뉴스들이 전염병과 같이 퍼지는 공포사회가 출현할 수 있다는 것이다(국민일보, 2020).

5) 이와 관련하여 COVID-19는 새로운 계급 불평등을 야기한다는 의미로 '코로나 디바이드'와 '코로나 카스트'라는 용어가 등장하였다(국민일보, 2020).

6) 대표적인 예로서 COVID-19 이후 화상회의에서 많이 사용되는 앱인 '줌(Zoom)'의 보안 문제로 미국 뉴욕시 교육당국은 온라인 수업에서 이를 사용하지 않기로 하였다(한국경제신문, 2020).

7) 특히 중국과 같은 국가통제기능이 강한 국가에서는 이러한 문제가 더욱 심각해 질 수 있다. "<사피엔스>의 작가 유발 하라리는 지난 20일 <파이낸셜타임스> 기고 '코로나바이러스 이후의 세계'에서 공동체의 안전이 위협받는 상황에서 그동안 감시기술을 거부해온 나라들에서도 대량 감시 도구가 일상화할 상황을 경고했다. 위기상황에서는 사람들 태도가 빠르게 변화하기 때문에 코로나19 이후엔 많은 나라에서 감시기술이 적극 수용될 수 있다는 우려."(한겨레신문, 2020).

제3절   **위험사회 한계 극복을 위한 정부 책임성**

1. 확장된 정부 책임성과 가치

위험사회에서 확장된 정부 책임성을 달성하기 위해 중요하게 고려해야 하는 가치로는 ① 민주성·개방성·투명성, ② 전문성, ③ 가외성 등이 있다. 첫째, 위험사회에서 확장된 정부 책임성은 민주성·개방성·투명성을 바탕으로 달성될 수 있을 것이다. 제3장에서 살펴보았듯이 위험사회에서는 객관적 위험 뿐만 아니라 일반대중들의 주관적 위험인식도 중요하게 고려해야만 한다. 따라서 정부는 국민들의 위험에 대한 주관적 위험인식을 개선해 줄 수 있어야 한다. 위험에 대한 정보는 누구에게나 공평하고 투명하게 공개되어야 하며, 위험 관련 정책에 누구나 적극적으로 참여할 수 있도록 기회가 제공되어야 한다. 또한 제6장에서 살펴보았듯이 일반대중들은 전문가들보다 위험에 대한 정보가 부족하기 때문에 이들에게 위험정보를 적극적이고 투명하게 공개해 주어야 한다.

둘째, 전문성을 기반으로 하여 정부가 위험에 대한 정확한 정보를 일반대중에게 제공할 때 전문가와 일반대중 간 위험정보 격차는 줄어들 수 있을 것이다. 물론 위험성이 높은 문제에 대해서는 전문가들도 의견의 불일치를 보이는 불확실성이 존재한다(박희제, 2013). 그럼에도 불구하고 위험에 대한 접근은 과학과 이성을 기반으로 하여 전문적이고 합리적으로 접근하는 것이 바람직하다. 전문가들 사이의 의견 불일치는 집단 지성 등을 통해 감소시킬 수 있으며, 전문성(과학과 이성)에 기반한 위험 커뮤니케이션 강화로 전문가와 일반대중 사이의 위험인식 차이를 줄일 수 있을 것이다(Lundgren & McMakin, 1998). 따라서 위험사회에서의 전문성 확보는 효과적인 위험 커뮤니케이션을 위해서도 반드시 필요하다. 그리고 위험에 대한 전문성이 갖추어 질 때 정부의 적극적 위험예방, 위험관리 등과 같은 활동 전반이 이루어질 수 있어 이를 통해 확장된 정부 책임성을 확보할 수 있게 되는 것이다.

셋째, 위험을 안전하게 관리하기 위해서는 가외성(加外性; redundancy)이 필수적으로 고려되어야 한다(김창수, 2013). 위험사회는 불확실성의 특징을 지닌다. 불확실성 하에서 가외성으로 인한 체제 신뢰성(편익)은 기하급수적으로 증가하는 반면에 가외성으로 인한 비용은 산술급수적으로 증가하기 때문에 위험사회에서 가외성의 효용이 나타나는 것이다(김영평, 1995; 김창수, 2013: 598 재인용). 특히 원전사고와 같이 위험의 피해액이 매우 큰 경우에는 가외성의 효용성이 더욱 커진다고 할 수 있다. 구체적으로 한 번의 고장으로 인해 발생할 원전의 피해액이 동일하다고 가정한다면, 가외성 요소에서 실패가 발생할 확률은 P, 실패 시 발생하는 손해액은 D, 가외성 요소를 추가 도입할 때 발생하는 한계가외성 비용은 C라고 고려할 수 있다. 이때 원전의 경우 $C \leq P \cdot D$일 가능성이 상당히 높다는 것이다. 이는 원전사고가 발생하면 이로 인해 발생하는 손해액 D가 매우 크기 때문이다(김창수, 2013: 599). 이와 같이 위험사회에서는 가외성이 필수적이라 할 수 있다. 가외성이 확보될 때 정부는 체제의 안정성을 강화할 수 있고, 이로 인해 국민의 신뢰를 증진시킬 수 있을 것이다. 이처럼 가외성을 바탕으로 안전사회를 구축하기 위한 확장된 정부 책임성을 달성할 수 있을 것이다.

2. 확장된 정부 책임성 확보 방안

1) 적극적인 법익호보 제도 마련

사회적으로 적극적인 정부 책임성 즉 확장된 정부 책임성을 달성하기 위한 현실적 방안으로는 위험사회의 특징을 반영한 법·제도 마련을 제시할 수 있을 것이다. 미래사회에서 안전한 공동체를 건설하기 위해서는 시간과 공간을 한정지을 수 없는 새로운 위험에 대한 적극적인 보호 장치를 마련할 필요가 있다(김재윤, 2013). 이를 위해서 새로운 위험에 적극적으로 대응할 수 있는 위험 예방·축소·제거 방안이 마련되어야 한다(김재윤, 2013: 127). 즉 과거에 이미 행해진 범죄 등의 위험에 대한 보호가 아니라 미래의 안전과 관련하여 발생할 수 있는 새로운 위험에 대한 적극적 보호 차원에서 법·제도적 장치의 마련이 요구된다는 것이다.

이러한 시대적 변화를 반영하듯 과거와는 달리 현대 위험사회에서는 법익보호 원칙이 '처벌금지'에서 '처벌요구'로 이동하고 있으며, 범죄화의 기준 역시 '소극적 기준'에서 '적극적 기준'으로 변화하고 있다. 또한 사회 구

성원들, 즉 시민들의 안전에 대한 욕구 증가와 이에 대한 대응책 마련 요구
가 증가됨에 따라서 위험 원인을 제거하는 위험예방원칙 강조로 사회적 분
위기가 변화하고 있다(이용식, 2001: 37). 과거의 법적 보호는 책임 귀속주의
에 바탕을 두고 있었다면, 위험사회에서의 법적 보호는 '광범위한 보편적
법익'과 '추상적 위험법'의 특징을 나타낸다(김재윤, 2013: 177). 위험사회에서
는 보호법익 역시 개인의 생명·신체 자유 등과 같은 개인적 법익에 국한되
는 것이 아니라, 국민건강·사회 기능유지 등 보편적인 법익이 중요하게 고
려되고 있는 것이다(이용식, 2001: 34). 특히 형법 분야에서도 위험형법 즉 '위
험에 중점을 둔 예방형법(risikoorientiertes Präventionsstrafrecht)'이 등장한 것은
위험사회에서의 적극적 법익보호 필요성을 제시해 주는 것이라고 할 수 있
다(김재윤, 2013: 122).

　　이와 관련된 대표적인 적극적 법익보호 법률 사례가 「원자력안전법」이
다. 제4장에서 논의했던 후쿠시마 원전사고에 대응하기 위해 원자력 사고를
사전에 적극적으로 예방하고자 하는 차원에서 위험법을 도입한 것이다. 특
히 「원자력안전법」의 제116조와 제118조의 벌칙에 관한 규정에서 이를 확
인할 수 있다(다음 <읽을거리> 참조). 즉 "위반행위들 중 안전규제관청의 인·
허가 및 승인, 인증, 지정 등을 발급받지 아니하고 원자로 및 관계시설을 설
계·건설·운영·해체하거나 핵원료물질 등 방사성물질을 취급하는 행위들"
에 대한 벌칙 조항을 제시하고 있는 데, 이러한 행위들은 그 자체가 사람의
생명·신체·재산에 대해 직접적인 피해를 주지는 않지만 인·허가를 받지
아니하는 행위는 위험을 발생시킬 수 있는 개연성이 높기 때문이다(한국형
사정책연구원, 2013: 104). 물론 위험형법과 같은 적극적 법익보호 제도가 법
치주의를 위반할 수 있다는 한계도 있지만,[8] 원자력 위험과 같이 인류의 생
존을 위협하는 새로운 위험에 대해서는 보다 강력한 조치가 필요하다는 입
장인 것이다. 만약 예방적 차원에서 이를 처벌하지 않아 원자력 안전사고가
발생하게 된다면 이에 대한 형법적 대응은 아무런 의미가 없을 것이기 때문
이다(김재윤, 2013: 134). 과잉입법이라는 한계가 있을 수 있지만 치명적인 위
해를 가할 수 있는 사안에 한해서는 위험입법을 적극 규정할 필요가 있을

---

8) 그러나 위험사회에서 추상적 위험법은 오히려 법치국가형법의 원칙을 저해시킬 수 있는 한계
　가 있다(김재윤, 2013: 133).

것이다. 특히 제4장에서 논의한 환경·에너지 관련 위험(예: 원자력)과 제6장에서 논의한 질병에 관한 위험(예: COVID-19)에 대해서는 보다 적극적인 법적·제도적 보호 장치를 마련할 필요가 있을 것이다.

읽/을/거/리/

「원자력안전법」

제116조(벌칙)

다음 각 호의 어느 하나에 해당하는 자는 3년 이하의 징역 또는 3천만 원 이하의 벌금에 처하거나 이를 병과(倂科)할 수 있다.

1. 제10조 제1항 전단·제20조 제1항 전단·제30조 제1항 전단·제30조의2 제1항 전단·제35조 제1항 전단 및 제2항 전단·제45조 제1항 전단·제53조 제1항 전단·제54조 제1항·제63조 제1항 전단 또는 제78조 제1항을 위반하여 허가·등록 또는 지정을 받지 아니하고 사용·소지·사업 등 각 해당 조에 규정된 행위를 한 자

2. 제27조(제34조에서 준용하는 경우를 포함한다)·제41조·제50조 제2항·제68조 제2항 또는 제92조 제2항에 따른 명령을 위반한 자

3. 제17조 제1항·제24조 제1항·제32조·제38조 제1항·제48조·제57조 제1항·제59조의2 제3항·제66조 제1항 또는 제81조 제1항에 따른 사업 또는 업무의 정지명령을 위반하여 사업 또는 업무를 계속한 자

제118조(벌칙)

다음 각 호의 어느 하나에 해당하는 자는 300만 원 이하의 벌금에 처한다.

1. 제15조의4 제3항·제16조 제2항(제34조에서 준용하는 경우를 포함한다)·제22조 제2항(제34조에서 준용하는 경우를 포함한다)·제23조 제2항(제34조 제1항에서 준용하는 경우를 포함한다)·제28조 제7항(제34조 및 제44조에서 준용하는 경우를 포함한다)·제37조 제2항·제47조 제2항·제56조 제2항·제65조 제2항·제75조 제2항 또는 제104조 제3항에 따른 명령을 위반한 자

2. 제23조 제1항(제34조 제1항에서 준용하는 경우를 포함한다)·제26조(제34조에서 준용하는 경우를 포함한다)·제40조 제1항·제88조 제2항 또는 제102조를 위반한 자

3. 제15조 제1항 후단(제29조·제34조·제44조·제51조 및 제69조에서 준용하
   는 경우를 포함한다) 또는 제28조 제1항 후단(제34조에서 준용하는 경우
   를 포함한다)을 위반하여 변경승인을 받지 아니하고 승인받은 사항을 변
   경한 자
4. 제99조 제1항의 허가 또는 지정 조건을 위반한 자
5. 제59조의2 제6항을 위반하여 보고를 하지 아니하거나 거짓으로 보고한 자

출처: 국가법령정보센터(2020a).

2) 위험규제 거버넌스

적극적·사회적 정부 책임성 확보와 같은 맥락에서 '위험규제 거버넌스
(risk regulation governance)' 구축을 논의할 필요가 있다. 위험규제는 "건강 및
안전에 잠재적으로 안 좋은 영향을 미치는 시장 또는 사회과정에 대한 정부
의 개입"으로 정의할 수 있다(Hood et al., 2001: 3; 이혜영, 2014: 385 재인용).
<표 9-4>에 제시되는 바와 같이 위험규제는 수단과 목적, 거시적 혹은 미
시적 기준에 따라서 그 유형을 구분할 수 있다(OECD, 2010). 이와 같이 위험
규제는 단편적인 측면만이 아니라 수단/목적, 거시적/미시적 등과 같은 기준
에 따라 체계적이고 종합적으로 접근할 필요가 있는 것이다(이혜영, 2014).

위험규제가 위험사회에서의 확장된 정부 책임성과 관련해 논의될 수
있는 것은 위험에 대한 인식확장 때문이다. 기존의 규제연구들은 대부분 위
험문제에 대한 단편적인 측면만을 지나치게 강조한 경향이 있다(OECD,
2010). 예를 들어 <표 9-4>에서 위험규제를 수단적 측면과 미시적 측면
만을 강조하는 수단 기반 위험규제에 중점을 두어왔다는 것이다.

그러나 최근 들어 위험기준을 설계하고, 기준을 보다 세분화하며, 규제
명령 및 통제를 강화하는 측면이 있다. 이와 관련된 대표적인 예가 안전장
비 요구, 오염통제장치 사용 의무화와 관련된 규제이다. 그러나 이러한 영역
의 위험규제만으로는 위험규제를 종합적이고 체계적으로 시행하기 어렵다.
따라서 "위험규제의 전반적 접근 방식을 의미하며, 정부 구조, 정부와 비정
부적 실체와의 상호작용, 정책 분석 툴, 그리고 채택된 정책을 포함"하는 개
념인 위험규제 거버넌스가 중요하게 고려되는 것이다(이혜영, 2014: 388).

<표 9-4> 위험규제 유형

	수단	목적
거시적	**관리 기반**(Management – based) – 규제 시스템 과정; 규제의 안전한 사례; 위기관리 요구사항; 자기규제 강제; 메타규제 예: 식품안전규제 HACCP; 작업장 안전; 오염방지계획	**메타 성과**(Meta – performance) – 사후 책임; 일반적 책임 조항 예: 해로운 불법행위에 대한 책임; 사고에 관한 피해보상 및 처벌
미시적	**수단 기반**(Means – based) – 기준 설계; 기준 세부화; 기술 기반 규제; 규제명령 및 통제 예: 안전장비 요구; 오염통제장치 사용 의무	**성과 기반**(Performance – based) – 산출 기반 규제; 시장 기반 규제 예: 폐수 농도 기준

출처: OECD(2010: 163); 이혜영(2014: 394) 재인용.

위험규제 거버넌스는 상호연결성이 강한 위험의 문제를 파악하는 데 용이하며, 위험규제를 둘러싼 사회적 비용을 줄일 수 있고, 복합적 위험에 대비할 수 있다는 점에서 중요한 의의를 지닌다(이혜영, 2014). 무엇보다도 위험규제는 정부 또는 관료가 개인을 넘어 사회 전체에 영향을 미칠 수 있는 위험에 대해 적극적으로 파악할 수 있게 한다는 점에서 확장된 정부 책임성과 유사한 특징을 지닌다고 할 수 있다. 특히 이는 다양한 이해관계자들이 복잡하게 얽혀 있는 위험유형과 관련해 유용하게 활용될 수 있다. 보다 광범위한 이해관계자가 존재하는 위험 즉, 생활안전 분야 위험 등에 위험규제 거버넌스를 활용함으로써 확장된 정부 책임성을 확보하는 데 기여할 수 있을 것이다.

3. 위험영역과 확장된 정부 책임성

여기서는 앞서 논의한 네 가지 위험영역(환경·에너지, 생활안전, 질병, 복지·노동 영역)에서 확장된 정부 책임성을 확보할 수 있는 구체적인 정책수단에 대해 살펴보도록 한다.

1) 환경·에너지 분야

환경·에너지 분야에서 확장된 정부 책임성을 달성하기 위해서는 적극적인 법익보호 차원에서 위험형법을 도입할 필요가 있다. 제4장에서 논의했듯이 환경·에너지 위험(미세먼지, 경주·포항지진, 후쿠시마 원전사고)은 위험이 발생하면 이에 대한 피해가 장기간에 걸쳐 매우 크게 나타난다. 2011년에 발생한 후쿠시마 원전사고는 9년여가 지난 오늘날에도 여전히 일본과 주변 국가들에게 큰 피해를 주고 있으며, 경주·포항지진의 발생은 이전까지 지진 안전국으로 여겨졌던 한국 국민들의 인식을 완전히 바꾸어 놓았다. 이제 미세먼지는 일상화가 되어 어떤 국가에서도 쉽게 해결할 수 없는 사회적 난제가 되었다. 따라서 이러한 위험문제를 해결하기 위해서 정부는 위험이 비록 발생하지 않았더라도 발생할 가능성(개연성)이 높은 행위에 대해 예방적 차원에서의 적극 규제를 시행할 필요성이 있다. 환경·에너지 위험에 있어서는 예방이 최선의 방책이 되기 때문이다. 물론 과잉금지라는 법 원칙에 위반될 수는 있겠지만, 발생하였을 경우 피해가 매우 큰 위험에 대해서는

[그림 9-4] 위험사회에서의 확장된 정부 책임성 구축 추진체계

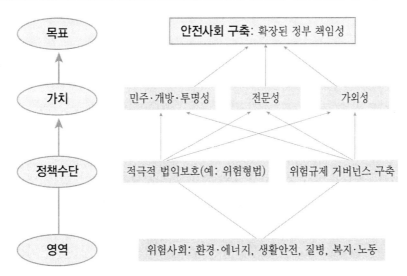

출처: 저자 작성.

위험형법과 같은 적극적 보호 조치를 시행할 필요성이 있을 것이다.

그리고 이러한 필요성에 대한 과학적인 근거를 제시하기 위해서 위험규제 거버넌스를 구축할 필요가 있다. 위험규제 거버넌스를 통해 환경·에너지 위험에 대해 종합적이고 체계적인 관리를 수행할 필요가 있는 것이다. 특히 정부는 사전적·예방적 차원에서 위험규제 거버넌스를 구축·운영하는 것이 바람직할 것이다. 이제까지 대부분의 위험관리는 사후적으로 이루어져 왔다. 하지만 환경·에너지 분야는 안전사고가 발생하면 이에 대한 복구가 사실상 거의 불가능하기 때문에 보다 적극적이고 광범위한 정부의 책임성이 요구된다. 그리고 가외성 확보 차원에서 사고가 발생하지 않도록 이중장치(예: 환경·에너지 분야 시스템 관리 등에 있어서의 이중장치)를 마련해 두는 것이 필수적이다. 또한 제4장에서 설명하였듯이 환경·에너지 분야의 위험은 객관적 위험과 주관적 위험인식이 모두가 중요하게 고려되기 때문에 전문가의 역할이 매우 중요하다. 일반인들은 이러한 분야의 위험에 대한 전문지식이 부족하기 때문에 위험 커뮤니케이션 측면에 있어서도 전문가의 역할이 중요하다는 것이다. 이들의 위험 관련 전문지식과 정확한 정보를 적극적으로 일반대중들에게 전달할 수 있도록, 즉 효과적인 위험 커뮤니케이션이 이루어질 수 있도록 정부가 커뮤니케이션 매개체로서의 역할을 충실히 이행할 필요가 있다.

2) 생활안전 분야

제5장에서 살펴보았듯이 생활안전 분야(예: 세월호 참사, 서울지하철 스크린 도어사고 사례, 제천 스포츠센터·밀양 병원 화재 사례)에서는 취약계층 보호와 안전복지가 중요하게 고려되어야 한다. 생활안전 분야에서 확장된 정부 책임성을 달성하기 위해서는 환경·에너지 분야에서와 마찬가지로 위험규제 거버넌스 구축이 필수적으로 이루어져야 한다. 생활안전 위험은 일상생활에서 발생할 수 있는 위험이기 때문에 위험에 노출된 일반인들은 위험에 익숙해지고, 이로 인해 위험을 치명적이고 심각하게 인식하지 않게 되는 경향이 있다. 그럼에도 불구하고 생활안전 위험은 일상생활에서 언제, 어디서든지 발생할 수 있고, 발생확률(P)이 높아 위험발생 시 손해액(D)의 평균적인 기대치(P×D)가 크다고 할 수 있다. 따라서 이러한 위험을 예방하기 위해서

는 발생확률(P)을 낮출 수 있는 방안에 대해 고민해 볼 필요가 있다. 이러한 측면에서 교통사고, 작업사고, 화재사고 등을 줄이기 위한 안전예방 캠페인 지속 운영이 필수적이다. 그리고 특정 분야에 있어 위험 발생 시 예상되는 큰 피해 등을 고려하여 일부 위험에 있어서는 위험형법을 도입하는 방안도 논의해 볼 필요가 있을 것이다. 예를 들어 음주운전 처벌과 스쿨존 과속 단속은 보다 엄격한 처벌조항(양형기준을 높이는 방안)을 도입할 필요가 있다. 이를 통해 안전취약계층에 대한 적극적인 보호 조치가 이루어질 수 있을 것이기 때문이다.

읽/을/거/리/

윤창호법 맞춰…음주운전 사망사고 최대 징역 12년 강화

대법원이 음주운전 등으로 사람을 숨지게 한 경우 최대 징역 12년까지 선고할 수 있도록 했다. 현재는 4년 6개월이다. 2018년 12월 '윤창호법' 시행으로 교통범죄의 법정형이 높아지면서 양형기준도 대폭 올라갔다. 양형기준이란 주요 범죄에 대한 처벌이 들쑥날쑥하게 이뤄지는 걸 막기 위해 법관이 참고하도록 만든 기준을 말한다. 새 양형기준은 2020년 7월 1일부터 시행된다. 대법원 양형위원회(위원장 김영란)는 전날(20일) 제101차 전체회의를 열어 '교통범죄 수정 양형기준'을 최종 의결했다고 21일 밝혔다. '일반 교통사고'에 속했던 특정범죄가중법상 위험운전치사·상죄를 별도로 분리해 '위험운전 교통사고' 유형을 신설하고 형량도 높였다. 위험운전치사·상죄는 술을 마시거나 약물을 복용한 후 정상적인 의사판단이 불가능한 상태에서 운전해 피해자를 사망 또는 상해에 이르게 한 사람을 처벌하는 조항이다. 먼저 피해자가 사망한 위험운전치사죄의 경우 최대 징역 12년까지 선고할 수 있다. 가중영역의 상한을 징역 3년에서 8년으로 올렸기 때문이다. 여기에 죄질이 불량할 경우 붙는 가중인자에 따라 상한의 절반(4년)이 더해져 최대 12년까지 선고된다. 비난 가능성이 높은 범죄를 저지르면 이 기준보다 높은 법정형 선고도 가능하다.

출처: 중앙일보, 2020a년 4월 22일자 기사 발췌.

3) 질병 분야

질병 분야에서 확장된 정부 책임성을 확보하기 위해서는 엄격한 위험 규제 거버넌스 구축 방안을 마련할 필요가 있다. 제6장에서 메르스와 가습기 살균제 사례에서 보았듯이 질병 분야의 위험은 불확실성과 예측불가능성이 매우 높은 위험이라고 할 수 있다. 특히 사회적으로 감염병 등과 같은 질병이 발생한 후에는 일반대중들의 예방 노력에도 불구하고, 감염병 접촉 가능성 급증에 따라 질병에 걸릴 확률이 높아지기 때문에 질병 위험에 대한 일반대중들의 공포감이 매우 크다고 할 수 있다. 따라서 이러한 질병에 대한 예방 방안 마련도 중요하지만 질병, 특히 감염병 등이 발생하였을 때 이에 대해 어떻게 대응할 것인지와 관련된 적극적인 사후 대응방안 마련도 필요한 것이다. 이를 위해 엄격한 위험규제 거버넌스를 구축할 필요가 있다. 최근 발생하는 질병들은 이전에 경험하지 못한 새로운 질병이거나 변종된 질병이 주를 이루기 때문에 질병(감염병) 발생 시 즉각적이고 빠른 대응을 필요로 한다. 때문에 효과적인 대응전략 마련을 위해서는 해당 분야 전문가들의 전문성과 지식에 의존할 수밖에 없는 상황인 것이다. 이는 전문성(과학과 이성)에 바탕을 두고 정책결정과 집행이 이루어져야 한다는 것을 의미하기도 한다. 또한 다른 위험 분야보다 집행현장의 전문성이 매우 중요하기 때문에 집행현장에서 전문가들의 재량을 적극적으로 확보해 줄 수 있는 방안을 마련해야 한다. 그리고 질병과 관련된 정보를 투명하게 공개하고 이를 일반대중들에게 효과적으로 전달하는 커뮤니케이션 전략도 마련할 필요가 있을 것이다. 효과적인 위험 커뮤니케이션에 대한 중요성은 이번 COVID-19 사태에서 일부 국가의 질병 관련 통계조작 보도 의혹이 제기되면서 전 세계적으로 해당 국가들의 신임도까지 저해되는 결과를 통해서도 확인할 수 있다(중앙일보, 2020b).[9]

4) 복지 · 노동 분야

제7장에서 살펴본 복지 · 노동 분야의 위험들(예: 가족해체, 돌봄문제, 청년실업, 조기퇴직)은 다른 위험들과는 달리 직접적인 위험이라기보다는 간접적

---

9) https://news.joins.com/article/23761244

이며 사회적 연계성을 가진 위험 분야라고 할 수 있다. 특히 해당 분야의 위험들은 탈산업화 시대에 접어들면서 발생하는 새로운 사회적 위험이기 때문에 이에 직접적으로 대응할 수 있는 정책수단들을 찾아보기는 쉽지가 않다. 더 나아가 이 분야의 위험들은 사회구조적 요인들과 관련되어 있으며, 높은 상호작용성(예: 청년실업과 돌봄문제)을 지니기 때문에 문제 해결방안을 위험 유형별로 별도로 마련하는 것은 적절하지 않다. 복지·노동 분야 위험의 복잡성, 연관성, 사회성 등 특징들을 고려해 볼 때 다양한 이해관계자들에 있어서의 위험을 분석하는 위험규제 거버넌스가 적절하게 구축될 필요가 있다. 또한 새로운 사회적 위험은 상호복합성을 지닌 문제들이기 때문에 장기적 관점에서 접근할 필요가 있으며, 종합적이고 체계적인 제도개선 방안을 마련할 필요가 있다. 예를 들어 청년실업의 문제는 저출산의 문제, 1인 가구의 증가, 돌봄문제, 조기퇴직 문제와 밀접한 관련성이 있는 것이다. 이로 인해 복지·노동 분야의 위험은 상호작용을 통해 새로운 위험을 야기(예: 세대 간 일자리 갈등문제)하기도 한다.10) 따라서 이러한 위험에 단기적인 관점으로 대응하고자 하기 보다는 중·장기적으로 사회구조를 개선해 나가는 제도적 장치 마련을 고려할 필요가 있다.11) 이처럼 중·장기적 관점에서 상호 연계되어 있는 복잡한 사회적 위험에 대응하기 위한 위험규제 거버넌스를 구축함으로써 확장된 정부 책임성을 확보해 나갈 수 있을 것이다.

<표 9-5> 위험 분야에 따른 정부 책임성 확보 방안

위험 분야	정책수단	우선되는 가치

환경·에너지 분야
(예: 미세먼지,
경주·포항지진,
후쿠시마 원전사고)
	− 위험형법 도입 필요성
	− 위험규제 거버넌스 구축
		− 전문성과 가외성 중요:
		  적극적 위험 커뮤니케이션
		  필요성
		− 개방성과 투명성 고려

10) 예를 들어 노동시장의 청년실업과 조기퇴직 문제는 서로 연관성이 높아 고령층과 청년층의 갈등 요인이 되기도 한다. 또한 문제해결을 위한 정책수단이 또 다른 문제를 야기하기도 한다. 예를 들어 근로자들의 60세 정년연장을 법으로 보호하자 역설적으로 조기퇴직이 늘고 정년퇴직이 줄어드는 현상이 발생하였다(중앙일보, 2019).
11) 일례로 청년들을 보호하기 위한 「청년기본법」이 우리나라 최초로 2020년 2월 4일 제정되었다(<부록 9−1> 참조).

위험 분야	정책수단	우선되는 가치
생활안전 분야 (예: 교통 · 화재 · 범죄 영역)	− 위험규제 거버넌스 우선 구축: 사전검사 및 예방 필수 − 특정영역(예: 음주운전, 스쿨존) 등에서 위험형법 도입 가능성 검토	− 민주성, 개방성, 투명성 고려: 안전예방교육 필요
질병 분야 (예: 메르스, 가습기 살균제, COVID-19 등)	− 위험규제 거버넌스 구축: 즉각적인 사후 대책 마련 필수	− 전문성 우선: 전문성에 기반한 정책결정 및 집행 − 투명성 · 개방성 고려: 효과적인 커뮤니케이션 전략
복지 · 노동 분야 (예: 가족해체, 돌봄문제, 청년실업, 조기퇴직)	− 위험규제 거버넌스 구축: 사전 예방적 · 체계적 방안 마련	− 민주성 · 투명성 · 개방성 우선: 복합적인 제도 개선 필요

출처: 저자 작성.

<부록 9-1> 「청년기본법」

「청년기본법」

[시행 2020. 8. 5] [법률 제16956호, 2020. 2. 4, 제정]

제1장 총칙

제1조(목적) 이 법은 청년의 권리 및 책임과 국가와 지방자치단체의 청년에 대한 책무를 정하고 청년정책의 수립·조정 및 청년지원 등에 관한 기본적인 사항을 규정함을 목적으로 한다.

제2조(기본이념) ① 이 법은 청년이 인간으로서의 존엄과 가치를 실현하고 행복한 삶을 영위할 수 있는 권리를 보장받으며 건전한 민주시민으로서의 책무를 다할 수 있도록 하는 것을 기본이념으로 한다.

② 제1항의 기본이념을 구현하기 위한 장기적·종합적 청년정책을 추진할 때에는 다음 각 호의 사항을 고려하여야 한다.

1. 청년 개개인의 자질향상과 능동적 삶의 실현
2. 청년의 정치·경제·사회·문화 등 모든 분야에 대한 참여 촉진
3. 교육, 고용, 직업훈련 등에서 청년의 평등한 기회 제공
4. 청년이 성장할 수 있는 사회적·경제적 환경 마련

제3조(정의) 이 법에서 사용하는 용어의 뜻은 다음과 같다.

1. "청년"이란 19세 이상 34세 이하인 사람을 말한다. 다만, 다른 법령과 조례에서 청년에 대한 연령을 다르게 적용하는 경우에는 그에 따를 수 있다.
2. "청년발전"이란 청년의 권리보호 및 신장, 정책결정과정 참여확대, 고용촉진, 능력개발, 복지향상 등을 통하여 정치·경제·사회·문화의 모든 영역에서 청년의 삶의 질을 향상시키는 것을 말한다.
3. "청년지원"이란 청년발전을 위하여 청년에게 제공되는 사회적·경제적 지원을 말한다.
4. "청년정책"이란 청년발전을 주된 목표로 하는 것으로서 국가 또는 지방자치단체가 시행하는 정책을 말한다.

제4조(국가와 지방자치단체의 책무) ① 국가와 지방자치단체는 청년발전에 필요한 법적·제도적 장치를 마련하여 시행하여야 한다.

② 국가와 지방자치단체는 청년정책 수립 절차에 청년의 참여 또는 의견 수렴을 보장하는 조치를 하여야 한다.

③ 국가와 지방자치단체는 청년의 공정한 기회 보장을 위한 제도적 장치를 마

련하여야 한다.

④ 국가와 지방자치단체는 이 법에 따른 업무 수행에 필요한 재원을 안정적으로 확보하기 위한 시책을 수립·실시하여야 한다.

⑤ 국가와 지방자치단체는 청년발전, 청년지원 및 청년정책과 관련된 내용을 널리 홍보하고 교육하여야 한다.

제5조(청년의 권리와 책임) ① 청년의 기본권은 정치·경제·사회·문화 등 모든 영역에서 존중되어야 한다.

② 청년은 자기 의사를 자유롭게 밝히고 스스로 결정할 권리를 가진다.

③ 청년은 인종·종교·성별·나이·학력·신체조건 등에 따른 어떠한 종류의 차별도 받지 아니한다.

④ 청년은 사회의 정당한 구성원으로서 국가·사회의 의사결정에 참여할 권리를 가진다.

⑤ 청년은 자신의 능력을 개발하고 건전한 가치관을 확립하며 가정·사회 및 국가의 구성원으로서의 책임을 다하도록 노력하여야 한다.

제6조(다른 법률과의 관계) ① 청년발전, 청년지원 및 청년정책에 관하여 다른 법률에 특별한 규정이 있는 경우를 제외하고는 이 법에서 정하는 바에 따른다.

② 청년발전, 청년지원 및 청년정책과 관련된 법률을 제정하거나 개정할 때에는 이 법의 취지에 맞도록 하여야 한다.

제7조(청년의 날) 청년발전 및 청년지원을 도모하고 청년문제에 대한 관심을 높이기 위하여 대통령령으로 청년의 날을 지정한다.

제2장 청년정책 기본계획 등

제8조(청년정책 기본계획의 수립) ① 국무총리는 5년마다 청년정책에 관한 기본계획(이하 "기본계획"이라 한다)을 수립·시행하여야 한다.

② 기본계획에는 다음 각 호의 사항이 포함되어야 한다.

1. 청년정책의 기본방향
2. 청년정책의 추진목표
3. 청년정책에 관한 분야별 주요 시책
4. 이전의 기본계획에 관한 분석·평가
5. 청년정책에 관한 기능의 조정
6. 청년정책 추진에 필요한 재원의 조달방법
7. 그 밖에 청년정책과 관련하여 대통령령으로 정하는 사항

③ 기본계획에는 고용·교육·복지 등의 분야에서 취약계층에 해당하는 청년에

대한 별도의 대책이 포함되어야 한다.

④ 기본계획의 수립 및 변경은 제13조에 따른 청년정책조정위원회의 심의를 거쳐 확정한다.

⑤ 그 밖에 기본계획의 수립 및 변경 등에 필요한 사항은 대통령령으로 정한다.

제9조(연도별 시행계획의 수립·시행 등) ① 관계 중앙행정기관의 장과 특별시장·광역시장·특별자치시장·도지사 및 특별자치도지사(이하 "시·도지사"라 한다)는 기본계획에 따라 연도별 시행계획(이하 "시행계획"이라 한다)을 매년 수립·시행하여야 한다.

② 관계 중앙행정기관의 장과 시·도지사는 제1항에 따라 다음 연도 시행계획 및 전년도 시행계획에 따른 추진실적을 매년 국무총리에게 제출하여야 하며, 국무총리는 제출된 시행계획을 점검하여 관계 중앙행정기관의 장과 시·도지사에게 시행계획의 조정을 요청할 수 있다.

③ 국무총리는 제2항에 따라 제출받은 추진실적을 종합하여 분석·평가하고, 그 결과를 제13조에 따른 청년정책조정위원회에 통보하여야 한다.

④ 국무총리는 제3항에 따른 추진실적에 대한 종합적인 분석·평가를 위하여 국공립 연구기관, 국가나 지방자치단체가 출연한 연구기관 또는 민간 연구기관을 청년정책의 분석·평가지원기관(이하 "분석·평가지원기관"이라 한다)으로 지정할 수 있다.

⑤ 국무총리는 분석·평가지원기관이 지정 기준이나 지정 조건을 위반하면 그 시정을 명하거나 그 지정을 취소할 수 있다.

⑥ 국무총리, 관계 중앙행정기관의 장 및 시·도지사는 분석·평가지원기관으로부터 정책의 분석·평가에 필요한 지원을 받을 수 있고, 분석·평가지원기관에 자문할 수 있다. 이 경우 예산의 범위에서 그 지원 및 자문에 응하는 비용을 지급할 수 있다.

⑦ 시행계획의 수립·시행·제출, 추진실적의 제출 및 분석·평가 등에 필요한 사항은 대통령령으로 정한다.

제10조(계획 수립 및 시행의 협조) ① 국무총리는 기본계획을 수립·시행하기 위하여 필요한 때에는 관련 기관·법인·단체의 장에게 협조를 요청할 수 있다.

② 관계 중앙행정기관의 장이나 시·도지사는 시행계획을 수립·시행하기 위하여 필요한 때에는 관련 기관·법인·단체의 장에게 협조를 요청할 수 있다.

③ 제1항과 제2항에 따른 협조 요청을 받은 자는 특별한 사유가 없으면 이에 협조하여야 한다.

제11조(청년 실태조사 등) ① 정부는 기본계획 등 효율적인 청년정책을 수립하기

위하여 청년의 고용·주거·교육·문화 등에 대한 실태를 조사하여 공표하여야 한다.

② 정부는 제1항에 따른 실태조사를 위하여 관련 기관·법인·단체의 장에게 필요한 자료의 제출 또는 의견의 진술을 요청할 수 있다. 이 경우 요청을 받은 자는 특별한 사유가 없으면 이에 협조하여야 한다.

③ 제1항에 따른 실태조사의 대상·내용 및 방법 등에 필요한 사항은 대통령령으로 정한다.

제12조(청년정책 연구사업) ① 국무총리는 종합적이고 체계적인 청년정책의 수립·시행 및 지원을 위한 연구사업(이하 "청년정책연구"라 한다)을 수행하여야 한다.

② 국무총리는 제1항에 따른 연구사업을 효율적으로 수행하기 위하여 대통령령으로 정하는 바에 따라 관련 전문기관·단체 등에 해당 사업의 수행을 위탁하거나 청년정책 연구시설을 조성할 수 있다.

③ 국무총리는 제2항에 따라 연구사업의 수행을 위탁하는 경우 예산의 범위에서 그 사업 수행에 필요한 경비의 전부 또는 일부를 지원할 수 있다.

제3장 청년정책의 총괄·조정

제13조(청년정책조정위원회) ① 청년정책에 관한 주요 사항을 심의·조정하기 위하여 국무총리 소속으로 청년정책조정위원회(이하 이 조에서 "위원회"라 한다)를 둔다.

② 위원회는 다음 각 호의 사항을 심의·조정한다.

1. 기본계획의 수립 및 변경에 관한 사항
2. 시행계획의 수립 및 추진실적 점검에 관한 사항
3. 청년정책의 조정 및 협력에 관한 사항
4. 청년정책의 분석·평가 및 이행상황 점검에 관한 사항
5. 청년정책의 제도개선에 관한 사항
6. 청년정책에 관한 국가와 지방자치단체 간 역할 조정에 관한 사항
7. 그 밖에 청년정책의 수립·시행에 필요한 사항으로서 대통령령으로 정하는 사항

③ 위원회는 위원장 1명과 부위원장 2명을 포함하여 40명 이내의 위원으로 구성한다.

④ 위원장은 국무총리가 되고, 부위원장은 대통령령으로 정하며, 위원은 다음 각 호의 사람이 된다.

1. 기획재정부장관·교육부장관·과학기술정보통신부장관·통일부장관·법무부장관·행정안전부장관·문화체육관광부장관·농림축산식품부장관·산업통상

자원부장관·보건복지부장관·고용노동부장관·여성가족부장관·국토교통부
장관·중소벤처기업부장관·금융위원회위원장·국무조정실장 및 그 밖에 대
통령령으로 정하는 중앙행정기관의 장

2. 「지방자치법」제165조 제1항 제1호 및 제3호에 따른 협의체에서 각각 추천
하는 지방자치단체의 장

3. 청년정책에 관한 전문지식과 경험이 풍부한 사람 또는 청년단체의 대표 등
청년을 대표하는 사람 중에서 위원장이 위촉하는 사람

⑤ 제4항 제1호 및 제2호에 따른 위원의 임기는 그 재임기간으로 하고, 같은
항 제3호에 따른 위원의 임기는 2년으로 한다. 다만, 제4항 제3호의 위원 중 기
관·단체의 대표자 자격으로 위촉된 경우에는 그 임기는 대표의 지위를 유지하
는 기간으로 한다.

⑥ 제4항 제3호에 따른 위원을 위촉할 때에는 성별을 고려하여야 한다.

⑦ 위원회를 효율적으로 운영하고 위원회의 심의사항을 전문적으로 검토하기
위하여 위원회에 실무위원회를 두며, 실무위원회에 분야별 전문위원회를 둘 수
있다.

⑧ 위원회의 사무를 효율적으로 처리하기 위하여 국무조정실에 사무국을 둔다.

⑨ 제1항부터 제8항까지에서 규정한 사항 외에 위원회·실무위원회·전문위원
회의 구성 및 운영, 사무국의 조직·운영에 필요한 사항은 대통령령으로 정한다.

제14조(지방청년정책조정위원회) ① 시·도지사는 관할 지역의 청년정책에 관한
주요사항을 심의·조정하기 위하여 지방청년정책조정위원회를 둔다.

② 지방청년정책조정위원회의 위원으로 해당 지역의 청년을 대표하는 사람을
포함하여야 한다.

③ 그 밖에 지방청년정책조정위원회의 구성 및 운영에 필요한 사항은 조례로
정한다.

제15조(정책결정과정에 청년의 참여 확대) ① 관계 중앙행정기관의 장 및 시·도
지사는 청년정책 결정과정의 자문·심의 등의 절차에 청년을 참여시키거나 그
의견을 수렴하여야 한다.

② 관계 중앙행정기관의 장 및 시·도지사는 청년정책을 주로 다루는 위원회를
구성할 때 위촉직 위원의 일정 비율 이상을 청년으로 위촉하여야 한다. 이 경우
위원회의 범위와 위원회별 청년 위촉 비율 등 구체적인 사항은 대통령령으로
정한다.

③ 관계 중앙행정기관의 장 및 시·도지사는 제1항 및 제2항에 따른 청년 참여
현황을 국무총리에게 제출하여야 한다.

④ 국무총리는 제3항에 따른 위원회의 청년 참여 현황을 공표하여야 하고, 필

요한 경우 관계 중앙행정기관의 장 및 시·도지사에게 개선을 권고할 수 있다.
⑤ 국무총리는 청년정책과제의 설정·추진·점검을 위하여 청년정책 전문가와 다양한 청년들의 참여를 활성화하도록 노력하여야 한다.

제16조(청년정책책임관의 지정 등) ① 관계 중앙행정기관의 장 및 시·도지사는 그 기관의 청년정책을 효율적으로 수립·시행하기 위하여 소속 공무원 중에서 청년정책책임관을 지정하여야 하고, 필요한 경우 청년정책에 관한 전문인력을 둘 수 있다.
② 제1항에 따른 청년정책책임관의 지정 및 임무 등에 필요한 사항은 대통령령으로 정한다.

제4장 청년의 권익증진을 위한 시책

제17조(청년 고용촉진 및 일자리의 질 향상) 국가와 지방자치단체는 청년고용을 촉진하고 청년 일자리의 질을 향상하기 위한 대책을 마련하여야 한다.

제18조(청년 창업지원) 국가와 지방자치단체는 청년의 창업을 촉진하고, 창업환경을 개선하기 위한 대책을 마련하여야 한다.

제19조(청년 능력개발 지원) 국가와 지방자치단체는 청년의 능력·재능·기술 등을 개발할 수 있는 교육환경을 조성하고 창의성과 전문성을 향상시킬 수 있는 대책을 마련하여야 한다.

제20조(청년 주거지원) 국가와 지방자치단체는 청년의 주거 안정 및 주거 수준 향상을 위한 대책을 마련하여야 한다.

제21조(청년 복지증진) 국가와 지방자치단체는 청년의 육체적·정신적 건강 증진과 삶의 질 개선 등 복지 증진을 위한 대책을 마련하여야 한다.

제22조(청년 금융생활 지원) 국가와 지방자치단체는 청년의 경제적 자립과 안정적인 금융생활을 지원하기 위한 대책을 마련하여야 한다.

제23조(청년 문화활동 지원) 국가와 지방자치단체는 청년의 다양하고 창의적인 문화 활동을 지원하기 위한 대책을 마련하여야 한다.

제24조(청년 국제협력 지원) 국가와 지방자치단체는 청년의 국제평화증진 운동과 국제협력 활동 기회를 보장하기 위한 대책을 마련하여야 한다.

제5장 보칙

제25조(권한의 위임·위탁) 국무총리는 이 법에 따른 권한의 일부를 대통령령으로 정하는 바에 따라 관계 중앙행정기관의 장 또는 시·도지사에게 위임하거나 그

업무의 일부를 청년정책 관련 전문기관·단체에 위탁할 수 있다.

제26조(포상) ① 국가와 지방자치단체는 청년발전에 관하여 공로가 현저한 자 또는 다른 사람에게 모범이 되는 청년에 대하여 포상을 할 수 있다.

② 제1항에 따른 포상의 기준·방법·절차 등에 필요한 사항은 대통령령 또는 조례로 정한다.

제27조(국회 보고) ① 정부는 기본계획, 해당 연도 시행계획 및 추진실적에 대한 평가 등을 확정한 후 지체 없이 국회에 제출하여야 한다.

② 정부는 매년 주요 청년정책의 수립·추진실적 및 청년 실태조사에 관한 연차보고서를 작성하여 정기국회 개회 전까지 국회에 제출하여야 한다.

제28조(벌칙 적용에서 공무원 의제) 다음 각 호에 해당하는 사람은 「형법」 제127조 및 제129조부터 제132조까지의 규정을 적용할 때에는 공무원으로 본다.

1. 제13조에 따른 청년정책조정위원회, 실무위원회, 전문위원회의 위원 중 공무원이 아닌 위원
2. 제14조에 따른 지방청년정책조정위원회의 위원 중 공무원이 아닌 위원
3. 제25조에 따라 위탁받은 업무에 종사하는 청년정책 관련 전문기관·단체의 임직원

부칙 〈제16956호, 2020. 2. 4.〉

이 법은 공포 후 6개월이 경과한 날부터 시행한다.

출처: 국가법령정보센터(2020b).

안전한 대한민국 건설을 위한 정부 책임성과 거버넌스

제1절 안전한 대한민국 건설: 또 하나의 안전 패러다임 변화?

1. 기존 안전 패러다임의 한계와 변화

안전사회의 패러다임은 급속도록 변화하고 있다. 1986년 울리히 벡에 의해서 위험사회라는 용어가 처음 사용된 이후로 현대인들은 오늘날 초고도의 위험사회에서 살아가고 있다. 그러나 2020년 우리가 경험하는 위험사회는 기존 근대사회에 대한 부작용으로 발생하는 위험사회와 그 성격 자체가 완전히 다르다고 볼 수 있다. COVID-19라는 누구도 예상치 못한 감염병에 의해 전 세계가 공포에 사로 잡혀 있다. 이는 점증적인 변화를 바탕으로 하던 기존의 안전관리 패러다임을 송두리째 변화시키고 있는 것이다.

예를 들어 재난안전관리와 관련하여 기존의 재난안전관리 패러다임은 <표 10-1>과 같이 변화하고 있다. 과거의 전통적 재난안전관리 패러다임은 주로 정부 중심적이었다. 특히 정부 중에서도 중앙정부 중심적이며, 지시·명령·통제·감독 등의 계층적 거버넌스 체계를 유지해 왔다. 뿐만 아니라 주로 단기적 관점에서의 문제해결에 초점을 맞추었고, 재난이 발생한 후의 대응/복구 중심 위험관리에 관심을 지녔다. 하지만 이에 반해 새로운 재난안전관리 패러다임은 중앙정부에서 지방정부로, 정부 중심에서 정부·민간부문·시민사회 간 협력네트워크 중심으로 변화하고 있다. 감독 방식도 협력, 지원, 조정, 연계 방식으로 변화하고 있으며, 단기적 처방에서 중·장기적 제도화 중심으로, 재난 대응/복구 중심에서 예방/대비 중심으로 위험관리에 대한 관심의 초점을 변화시켜가고 있다(양기근, 2010).

<표 10-1> 재난안전관리 패러다임 비교

구분	기존의 재난안전관리 패러다임	새로운 재난안전관리 패러다임
정부 내	중앙정부 중심으로부터	지방정부 중심으로
사회 내	정부부문 중심으로부터	정부＋민간부문＋시민사회의 협력 네트워크를 중심으로
방식	명령, 지시, 통제, 감독의 방식으로부터	협력, 지원, 조정, 연계의 방식으로
시간	단기적 처방 중심으로부터	중·장기적 제도화의 계획 중심으로
재난과정	대응/복구 중심으로부터	예방/대비 중심으로

출처: 양기근(2010: 14).

    중앙정부가 중심이 되는 국가주도의 중앙집권적 재난관리 방안들은 재난의 원인을 단편적이고, 획일적으로만 해석하여 위험의 다양화와 복잡화 현상에 적극적이고 능동적으로 대응하지 못하는 한계를 지녔다. 무엇보다 다양화, 복잡화, 예측불가능성을 지닌 21세기의 급격한 환경변화에서 국가주도의 안전문화는 위험에 유연하게 대응하지 못하는 한계를 지니게 된 것이다. 이에 대한 대응방안으로 최근 국민 참여 중심의 안전문화 형성이 강

<표 10-2> 방재안전의 패러다임 변화

20세기	21세기
경제적 안정 요구 단계	문화적 욕구 및 안전성 요구 단계
부문별 안전대책	종합적 안전대책
경험적 안전대책	과학적·분석적 안전대책
비용 개념의 안전대책	투자 개념의 안전대책
사후 수습 및 복구 위주	사전 예방 위주
국지적 대응	범지역적 대응
발생 빈도가 큰 소규모 재해	발생 빈도는 작으나 대형화·다양화
국가에 의한 관(官) 주도 대응	전 국민의 참여를 통한 총체적 대응
노동집약적인 인력 투입	첨단장비를 활용한 업무 능력 배양

출처: 이준(2014: 10).

조되고 있다(이준, 2014: 10). 즉 위험사회에서는 안전서비스의 수요자인 국민 중심으로 안전의 패러다임을 전환할 필요가 있는 것이다. 이와 관련해 최근에는 건설현장에서도 사용자 중심의 설계인 'Design for Safety'가 강조되고 있다(지동훈 외, 2015).[1]

한국의 재난안전정책 역시 이러한 맥락에서 재논의 될 필요가 있다. 1970년대 「민방위기본법」이 제정된 이후, 1980~1990년대에는 자연재난과 인적 재난에 대비한 개별법들이 제정되었으며, 1990년대에는 이러한 개별법들이 재난관리법으로 통합되었다. 특히 2004년부터 「재난 및 안전관리 기본법」으로 통합된 이후 「재난 및 안전관리 기본법」을 중심으로 재난안전정책이 수행되고 있는 실정이다(이유현·권기헌, 2017: 260). 한국의 재난안전정책은 [그림 10-1]을 통해서도 알 수 있듯이 5년마다 수립되는 중앙정부의 국가안전기본계획을 중심으로 시행되어 왔다. 그럼에도 불구하고 한국의 재난안전정책은 다음과 같은 한계점을 지닌다(이하 이유현·권기헌, 2017: 283). 첫째, 지역사회의 적극적인 참여를 확보하지 못한 채 지나치게 국가중심의 재난안전정책을 이행해 왔다는 점이다. 둘째, 한국의 재난안전정책은 특정 분야에만 한정되어 있어 정책의 범위를 기후변화, 사회경제 분야까지 포괄적으로 확대하지 못한 측면이 있다.

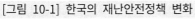

[그림 10-1] 한국의 재난안전정책 변화

출처: 이유현·권기헌(2017: 261).

---

1) 대표적인 예로 유치원을 들 수 있다. 유치원생들의 안전을 고려하여 2층 난간을 설치할 경우 어린이의 신체적 특징을 반영한 난간 높이 조정, 난간살 추가 등과 같은 안전사고 예방과 관련한 설계 대안을 마련하고 있는 것이다(지동훈 외, 2015: 496).

2. COVID-19 이후 새로운 안전사회로의 패러다임 전환

향후 우리사회는 더욱 불확실하고, 더욱 예측할 수 없으며, 더욱 상호 연결된 위험사회로 이행되어 안전사회 건설을 위협 당하게 될 것이다. 따라서 안전한 대한민국 건설을 위해 전 국민을 대상으로 새롭게 안전인식을 고취할 필요가 있다. 하지만 안전한 사회를 구축한다는 것이 쉽지만은 않다. 특히 2020년은 매우 심각하게 안전사회에 위협을 받은 시기이다. 전 세계는 COVID-19 감염병 발생이라는 급작스러운 위기와 이로 인한 새로운 변화에 직면하고 있다. 2019년 12월 경부터 COVID-19가 시작된 이후 수많은 확진자와 사망자가 발생하면서 전 세계인들이 COVID-19 공포에 사로잡혀 있다. 백신과 치료제도 개발되기 전인 상황이라 COVID-19 감염병 등장으로 인해 전 세계 어느 곳도 이제 더 이상 안전하지 못하게 된 것이다. 일각에서는 COVID-19가 14세기 중세시대를 종말로 이끈 페스트(흑사병)처럼 역사적 전환점으로 작용할 수 있을 것이라는 주장이 제기될 정도로(국민일보, 2020), 세계는 지금 COVID-19에 의해 의도하지 않은 변화를 맞이하고 있다. 향후 COVID-19가 세상에 어떤 영향을 미칠 것인가에 대해서는 정확하게 알 수는 없지만 아마도 COVID-19 이전의 세상으로, 즉 이전과 같은 일상으로 돌아가는 것은 영원히 불가능할 것이라는 관측이 지배적이다(동아일보, 2020).[2]

그렇다면 COVID-19 발생 이후의 안전사회 패러다임은 과거와 큰 변함없이 그대로 유지될 수 있을 것인가? 이에 대한 의문은 향후 안전한 대한민국을 건설하는 데 있어 매우 중요한 화두로 제시될 수 있을 것이다. 1986년 울리히 벡의 위험사회 논의를 중심으로 현대사회가 위험사회로 명명되었듯이, COVID-19 발생 이후 우리는 다른 차원의 위험사회(예: 코로나 뉴노멀 사

---

2) 한국 방역당국은 더 이상 COVID-19 이전의 세상으로 되돌아가기 힘들 것이라 했다. 정세균 국무총리는 "생활방역은 코로나19 이전 삶으로의 복귀를 의미하는 것이 아니다. 예전과 같은 일상으로는 상당히, 어쩌면 영원히 돌아갈 수 없을지도 모른다."라고 강조하였다. COVID-19 이후 방역활동과 사회적 거리두기 등이 일상이 되는 세상이 온다는 것이다(동아일보, 2020). 방역을 현장에서 책임지고 있는 방역당국도 "거듭 말하지만 코로나19 발생 이전의 세상은 이제 다시 오지 않는다. 이제는 완전히 다른 세상이라며 생활 속에서 감염병 위험을 차단하고 예방하는 방역활동이 우리의 일상"이라고 강조했다(이투데이, 2020).

회)로 진입할 가능성이 높다. 감염병이라는 누구도 예상하지 못한 위험으로 인해 한국을 비롯한 전 세계 각국에서의 삶이 변화하고 있는 것이다. 이에 COVID−19 발생이 우리사회를 어떻게 변화시키고 있는지를 먼저 간략히 살펴볼 필요가 있다.

<표 10-3> COVID-19 이후 환경변화와 위험요인

	환경	COVID-19 이후 현상	위험요인
COVID-19 →	경제 환경	− 경제성장률 하락. 경기침체 − 비대면 산업 증가(온라인 시장의 활성화)	− 저성장의 가속화
	고용·노동환경	− 고용취약계층 피해 증가 − 취약계층 작업환경 한계(재택 근무환경 차이)	− 불평등성 증가
	국제환경	− 脫세계화. 지역주의 증가 − 고립주의와 국가(민족)주의 증가	− 국가 간 갈등
	정부환경	− 국가권력 및 정부기능 강화(강한 정부의 등장) − 전문관료 우대(기술관료 전문성) − 현장대응 중요성. 지역중심. 지방자치단체 역할 강화	− 국가 권력집중 − 중앙과 지방갈등
	시민사회 환경	− 사회적 연대 필요성 증가 − 시민참여와 공동생산 증가 − 공유문화 감소	− 대면 공동체 활성화 감소
	정보 (기술) 환경	− ICT 기술 발달로 인력 대체·인원 감축 가능성 − 온라인 교육·화상회의 증가 (재택근무)	− 인력감축 − 보안문제 − 감시·통제 강화 − 온라인 복지 문제
	가정환경	− 유연근무제 활성화. 일과 가정의 양립 요구 증가 − 가족 간 접촉 증가	− 구성원 간 갈등 (예: 양육문제)

출처: 저자 작성.

COVID-19 발생은 한국을 비롯한 전 세계에서 직면한 위험 환경을 변화시키고 있다.[3] 첫째, 경제적 환경에 있어서 COVID-19 발생 이후 전 세계의 경제성장률이 하락하고 있으며, 이에 따라 대량실업이 증가하고 심각한 경기침체가 발생하고 있다. 동시에 비대면 산업(예: 온라인 시장)이 활성화될 가능성이 높아 산업구조가 변화하고 있다. 이로 인해 새롭게 나타나는 위험은 '저성장의 가속화'이다.

둘째, 고용·노동 환경에 있어서는 COVID-19 발생 이후 전 세계적으로 큰 폭의 실업률 증가와 취업자 수 감소 상황이 발생하고 있다. 특히 대면접촉이 잦은 서비스업을 중심으로 큰 폭의 일자리 감소 현상이 발생하였다. 그 중에서도 정규직보다는 비정규직, 특히 단기일자리와 일용직 등에 있어서 일자리 피해가 더욱 크게 나타나 고용의 불평등성이 급증하고 있다. 그리고 COVID-19 발생 이후 재택근무가 확산되었지만 이 역시 정규직을 중심으로 실행되고 있어 노동의 불평등성이 더욱 증가하였다. 한국의 노동시장 이중구조로 인해 사회적 취약계층의 피해는 더욱 크게 나타났다(정흥준, 2020). 초단시간, 5인 미만 영세사업장 노동자, 일일노동자들이 대부분인 서비스업, 대기업 하청 및 파견노동자 일자리가 우선적으로 사라질 가능성이 높아지고 있다. 이들은 대부분 견고한 사회보장 체계의 보호를 받고 있지 못하기 때문에 COVID-19 발생으로 인해 고용의 불평등과 양극화 현상은 더욱 심각해 질 것으로 전망된다(정흥준, 2020).

셋째, 글로벌 환경에 있어서는 COVID-19 발생 이후 脫세계화가 가속화되면서 지역주의가 팽배해질 가능성이 높다. 감염병 확산이 세계화 등과 같은 개방주의로 인해 심화되었다는 주장이 제기되면서 세계화에 대한 반감이 더욱 거세지고 있다. 또한 WHO 등 국제기구에 대한 신뢰가 대폭 하락하였으며, 감염병 예방을 위해 각 국가들이 입국제한 및 이동제한 명령을 실시하면서 新고립주의가 발생하였다. 이처럼 COVID-19 발생 이후 脫세계화는 더욱 강화될 것이며, 국가(민족)중심의 고립주의, 지역주의 경향이 강하게 나타나 '국가 간 갈등'이 심각해 질 수 있을 것이다.

넷째, 정부 환경에 있어서는 COVID-19 발생 이후 국가(정부)의 권력

---

3) 이는 본서의 이전 장들에서 논의한 COVID-19 현상들을 참고하여 작성하였다.

이 더욱 강화되고 정부의 기능이 중요하게 고려되는 '강한 정부'가 나타날 가능성이 높다. 감염병이라는 국가 위기상황에 체계적이고 적극적으로 대응하기 위해 정부는 사회적 거리두기, 이동제한, 확진자 동선공개, 마스크 5부제 등과 같은 강력한 규제정책을 시행하였다. 뿐만 아니라 경제적 안정을 추구하기 위해 적극적이고 확장적인 재정지원정책(예: 전 국민 대상 긴급재난지원금 지급 정책)을 시행하고 있다. 이러한 현상은 비단 한국에서만 나타나는 것이 아니라 전 세계에서 공통적으로 나타나고 있다. 개인의 자유를 가장 중요하게 여기는 서구사회에서도 감염병 예방을 위해 국가의 강력한 권력에 국민들이 수긍하는 현상이 나타난다.[4] 또한 한국의 질병관리본부 등과 같이 전문성을 지닌 기술관료 및 기술관료 조직에 대한 국민의 신뢰가 증가하여 이들의 역할이 재조명되고 있다. 감염병처럼 전문지식/정보/기술 등을 필요로 하는 국가 위기상황에서는 전문성을 지닌 관료와 이들로 구성된 정부조직의 역할이 다시 중요성을 지니게 되는 것이다.[5] 뿐만 아니라 감염병 확산과 같이 주민들의 생활에 직접적인 영향을 미칠 수 있는 위험이 발생할 때 현장에서 이러한 위험 상황에 직접적으로 대응하는 지방자치단체장의 권한이 중요하게 고려되고 있다.[6] 특히 광역자치단체 보다 시·군·구와 같은 기초 지방자치단체의 기능이 중요하게 고려된다(지역중심 강화). COVID-19 발생 이후 각 기초 지방자치단체에서 확진자 동선을 홈페이지와 문자 서비스 등을 활용해 시민들에게 적극적으로 공개하였고, 마스크 수급 부족 시 기초 지방자치단체에서 전 주민들을 대상으로 마스크를 배부하였으며,[7] 중앙정부 보다 더욱 신속하게 긴급재난지원금(재난기본소득)을 지

---

4) 감염병 예방과 치료라는 차원에서 이러한 국가통제를 국민들 스스로가 원하는 측면이 있다고 할 수 있다.

5) 이러한 측면에서 국가 위기 시 기술관료들(technocrats)의 역할을 다시금 고려해 볼 필요가 있다.

6) 현재 「재난 및 안전관리 기본법」 제4조에 의하면 "재난관리책임기관의 장은 소관 업무와 관련된 안전관리에 관한 계획을 수립하고 시행하여야 하며, 그 소재지를 관할하는 특별시·광역시·특별자치시·도·특별자치도(이하 "시·도"라 한다)와 시(「제주특별자치도 설치 및 국제자유도시 조성을 위한 특별법」 제10조 제2항에 따른 행정시를 포함한다. 이하 같다)·군·구(자치구를 말한다. 이하 같다)의 재난 및 안전관리업무에 협조하여야 한다"라고 규정하고 있다. 이와 같이 관련 법령에서는 지방자치단체를 재난안전관리의 주요 주체로 고려하고 있는 것이다.

7) 예를 들어 서울시 노원구의 경우 구민들을 위해 1인당 마스크 2매씩 총 110만매를 무료로 지급하였다(연합뉴스, 2020).

급하는 등 지방자치단체에서 보다 적극적으로 COVID-19 위기상황에 대응하고 있는 것이다. 이러한 정부 환경을 종합적으로 고려해 보면 COVID-19 발생 이후 국가권력은 더욱 강화될 것이며 이에 따른 부작용(예: 권위주의 재강화)이 발생할 수 있을 것이다. 또한 정부의 역할과 기능에 있어서 중앙정부와 지방자치단체의 갈등은 더욱 심화될 가능성이 있다.8)

다섯째, 시민사회 환경에 있어서는 COVID-19 발생 이후 시민사회의 중요성이 더욱 부각될 가능성이 높다. COVID-19와 같은 감염병을 효과적으로 예방하고 관리하기 위해서는 시민들의 적극적이고 자발적인 참여와 협력이 매우 중요하다. 예를 들어 사회적 거리두기 정책이 효과적으로 수행되기 위해서는 시민들의 협조가 반드시 필요한 것이다. 감염병 예방 및 확산방지를 위해 최근 COVID-19 3법 등이 개정되어 감염병 관리에 대한 법적 처벌 조항이 강화되기는 하였지만, 시민들의 이해와 협조가 없이는 정부의 감염병 예방, 관리 정책들이 효과적으로 시행될 수 없다.9) 또한 지역의 주민들은 마스크 부족 문제를 해결하기 위해 주민들 스스로 천 마스크를 만들어 이를 취약계층들에게 나누어 주는 등 지방자치단체와 주민들의 공동생산(coproduction) 활동도 병행되었다.10) 이처럼 COVID-19 발생 이후 시민사회의 중요성이 더욱 커짐에도 불구하고, 감염병 우려로 인해 사람들 간 대면접촉은 감소되고 타인과 물건 등을 공유하는 공유문화는 위축될 가능성이 높다. 이 때문에 COVID-19 발생 이후의 사회에서는 대면접촉을 통한 물리적 공동체 형성에는 어려움을 겪을 가능성이 높다. 대신에 SNS 등을 포함한 온라인을 활용하는 '가상 공동체(virtual community)'는 활성화 될 가능성이 높다.

---

8) 만약 중앙정부(대통령)와 지방자치단체장의 정치적 성향이 다르다면 위험 상황 대응에 있어서도 중앙정부와 지방자치단체의 갈등이 더욱 심화될 가능성이 높다.

9) COVID-19 3법은 감염병 예방 및 확산 방지를 위한 「감염병의 예방 및 관리에 관한 법률」, 「검역법」, 「의료법」 개정안이다. 특히 「감염병의 예방 및 관리에 관한 법률」 제79조3(벌칙)에 의하면 감염병 의심자에 대한 격리 및 강제처분이 가능해졌으며, 입원 및 격리 조치를 위반하거나 거부시 처벌을 강화(위반 시, 1년 이하 징역 또는 1천만 원 이하 벌금)하였다(법제처, 2020).

10) 예를 들어 성북동에서는 COVID-19가 확산되어 마스크 수급 상황에 문제가 발생하자 주민센터에서 마스크를 직접 만들어 마을 어르신들과 취약계층들에게 제공하기도 하였다(서울시, 2020).

여섯째, COVID-19 발생 이후 가장 큰 변화를 나타내는 위험 환경은 바로 정보(기술) 환경이 될 것이다. 비대면 접촉(untact) 사회가 확장되면서 4차 산업혁명에 따른 정보통신기술은 더욱 급격히 발전하고 있으며, 이는 전 세계인의 생활에 직접적이고도 중요한 영향을 미치고 있다. 이와 관련한 대표적인 예가 바로 온라인 수업 및 재택근무로 인한 온라인 화상회의의 증가이다. 하지만 온라인 소통이 활성화되고 있음에도 불구하고 여전히 정보 보안문제, 국가의 정보독점에 따른 감시와 통제 문제 등이 증가할 위험이 있다. 나아가 정보통신기술의 발달로 인해 AI나 로봇이 인간의 업무를 대체하면서 인력감축이 발생할 위험이 더욱 커지고 있다.

마지막으로, COVID-19 발생은 가정/가족 환경도 변화시키고 있다. COVID-19 발생 이후 직장인은 재택근무, 시차출근제 등 유연근무제 활성화를 통해 일과 가정의 조화를 추구할 수 있게 되었다. 뿐만 아니라 사회적 거리두기 등으로 인해 가족들이 함께 가정에서 보내는 시간이 늘어나면서 가족 간의 교류도 증가하고 있다.[11] 이러한 가족 간의 교류/접촉 증가는 가족 구성원들 상호 간 이해증진에 도움이 될 수 있지만 오히려 지나친 접촉으로 인한 스트레스도 증가하고 있다. 특히 부모들의 경우 자녀가 온라인 수업으로 인해 등교를 하지 않고 비대면 재택수업을 수행하게 되면서 발생하는 양육 스트레스와 피로감을 호소하고 있다. 또한 이러한 현상이 심각해지면서 가족 구성원 간의 갈등이 격화되어 가족관계에 부정적인 영향을 미치고 있기도 하다. 이는 COVID-19 발생이 가정/가족 환경에 가져온 새로운 위험요인이 될 수 있는 것이다(정신의학신문, 2020). 이처럼 COVID-19 발생이 가져온 위험 환경의 변화는 매우 급진적이고 단절적이었다.

---

11) 구글에서 COVID-19가 발생한 2020년 1월 3일부터 2월 6일 사이 131개국 사람들의 동선을 파악한 결과, 한국은 식당, 영화관, 직장, 교통시설 방문이 10~20% 줄었으며, 공원이용, 식료품점, 약국 방문횟수는 증가한 것으로 나타났다(조선일보, 2020).

> **제2절 안전사회 구축을 위한 정부 책임성 확보**
> **: 정부 역할을 중심으로**

1. COVID-19 발생 이후 정부의 역할: 경제적 지원 강화

[그림 10-2]는 COVID-19 발생이 한국 경제에 미친 영향을 나타내고 있다. 감염병 증가에 따른 공포심리가 강화되고, 이로 인해 경제활동이 위축되면서 내수와 민생에 상당한 충격을 주게 된 것이다. 특히 내수침체가 장기적으로 이어지면서 취업자 수가 크게 감소되었으며, 채용이 연기 또는 취소되어 일자리 위기상황이 심각하게 나타나고 있다(고용노동부, 2020). 특히 고용·노동 차원에서 COVID-19 발생으로 인한 실업률이 증가하고, 대대적인 고용감소가 발생하였으며, 고용의 불평등과 양극화가 심화되고 있다. 취업자의 증감은 전년 동기 대비 2020년 3월에 19.5%가 감소하였으며, 그 감소폭은 2009년 5월 이후 가장 큰 폭을 나타내고 있다(고용노동부, 2020). 취업자 수는 업종별로 차이가 나타났는데, 사회적 거리 두기 등에 가장 많은 영향을 받는 숙박·음식, 도소매, 교육 등과 같은 서비스업의 취업자가

[그림 10-2] COVID-19 발생이 한국 경제에 미친 영향

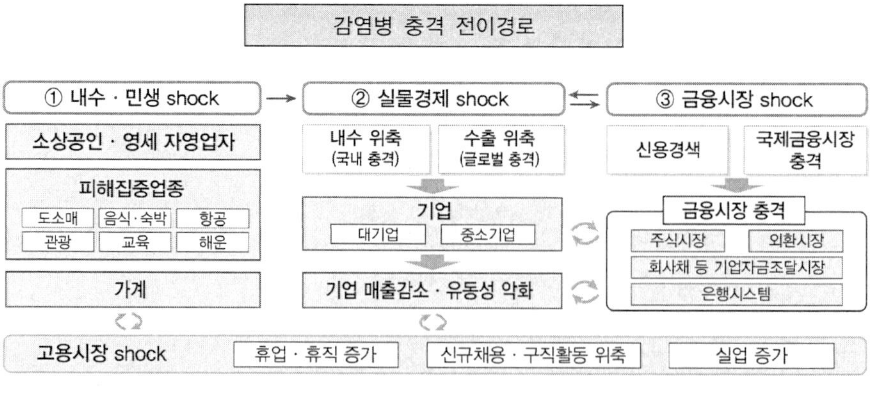

출처: 고용노동부(2020: 1).

대폭 감소하였다. 서비스업 종사자는 2020년 3월에 전년 동기 대비 약 29만 명이 감소하였다(고용노동부, 2020).

　이러한 경제 위기상황에서 정부가 적극적인 재정 확장 정책을 시행하는 것은 전 세계적 현상이다. <표 10-4>에서도 살펴 볼 수 있듯이 미국의 경우 COVID-19 발생으로 인해 신용조달에 어려움을 겪는 술기업을 대상으로 기업·시장 유동성지원(5,000억불), 항공업 급여지급 재정지원(320억

<표 10-4> COVID-19 발생으로 인한 미국과 독일의 경제 지원 정책

미국		
구분	**내용**	
지원대상	▶ 코로나19 피해로 신용조달에 어려움을 겪는 술기업	
지원방식	▶ 대출·보증, 특수목적기구(SPV) 출자, 예산지원 등 다양한 방식 활용	
지원조건	▶ 고용유지 의무[1], 고액연봉 제한[2], 정상화 이익공유 장치[3], 배당·자사 주매입 제한[4] 부과 가능 ① '20.3.24. 고용 수준의 90% 이상을 '20.9.30.까지 유지 ② '19년 연봉이 42.5만불 초과시, 추가적인 연봉인상 제한 등 ③ 주식연계증권(warrant), 선순위채권(senior debt) 등 취득 ④ 자금지원일로부터 일정기간(예: 상환일＋1년까지) 제한	

세부 프로그램	구분	지원대상	지원방식
	① 기업·시장 유동성지원 (5,000억불)	▶ 여객·화물 항공운송업, 안보관련업 등(460억불)	▶ 대출·보증 등 제공
		▶ 실물기업 전반 (4,540억불)	▶ Fed 프로그램* 지원 (SPV 출자 등) → 대출·채권매입 　등 실시 * CPFF, MSLP 등
	② 항공업 급여지급 재정지원(320억불)	▶ 여객·화물 항공운송업 등	▶ 급여지급 재원 보조
	③ 중소기업 지원	▶ 코로나 피해 중소기업	▶ 탕감가능대출 ▶ 긴급운영자금 대출

독일	
구분	내용

① 경제안정화기금(WSF, €6천억)

지원대상	▶자산·매출액 €4300만·€5000만 이상, 종업원 250명 이상 기업 * 인프라 분야 중요 기업인의 경우 규모가 작더라도 지원 가능
지원방식	▶기업채무 보증(€4천억), 자본확충(€1천억), 대출 지원(€1천억) 등
지원조건	▶보수제한, 배당제한, 일자리 목표 설정 등의 조건부과 가능

② 긴급지원프로그램(Immediate Assistance Program, €500억)

주요내용	▶소상공인·자영업자·소규모 기업 등에 대한 대출·보조금 지원

출처: 고용노동부(2020: 11).

불), 중소기업 지원(탕감가능대출, 긴급운영자금 대출)을 시행하였다. 독일 역시 경제안정화기금(€6천억)을 마련하고, 긴급지원프로그램(Immediate Assistance Program, €500억)을 지원하였다(고용노동부, 2020).

한국 정부 역시 예외는 아니다. 다음 <표 10-5>와 같이 한국 정부에서는 금융 지원 등을 포함하여 소상공인, 기업, 무급휴직자 등을 위해 긴급재난지원금 지급 계획을 발표하여 시행하고 있다(이하 정흥준, 2020: 1-2). 가족돌봄휴가 제도를 확대·시행하여 가족돌봄을 위해 직장에 나가지 않는다고 하더라도 1인당 1일 5만원씩 10일 동안 최대 50만원을 지원하기로 하였으며, 고용된 근로자를 해고하지 않는 대신 휴업수당을 70%까지 늘려 고용유지지원금을 지원하였다. 또한 특별고용지원업종으로 여행, 관광·숙박, 항공·운송, 공연 업을 지정하고 보험료 유예 등 다양한 지원방안을 마련하였으며, 추가경정예산을 통해 청년추가고용장려금, 취업성공패키지 지원을 확대하였다.

<표 10-5> COVID-19 발생 후 한국 정부의 재정정책 주요 내용

구분	날짜	주요 내용
1 · 2차 긴급예산편성	2020.02.28.	방역대응, 가족돌봄휴가, 금융공급 확대 등 20조 원
추가경정예산 의결	2020.03.17.	의료기관 손실 보상(2.3조), 중소기업 · 소상공인 지원(2.4조), 민생 · 고용안정(3.0조), 지역경제회복 (0.8조), 세입경정(3.2조) 등 11.7조 원
1차 비상경제회의	2020.03.18.	기업과 소상공인을 위한 긴급금융지원정책(50조 원)
2차 비상경제회의	2020.03.23.	금융시장 안정화를 위한 기업지원금(100조 원)
3차 비상경제회의	2020.03.30.	소득하위 70%가구 긴급재난지원금 지급(7.1조 원)
4차 비상경제회의	2020.04.08.	내수 및 수출활성화, 벤처기업 지원(56조 원)

출처: 정홍준(2020: 2).

2. COVID-19 발생 이후 정부의 역할: 방역체계 마련

COVID-19 발생 이후 정부는 2020년 2월 23일 감염병 위기단계를 '심각'단계로 상향조정하여 관리하고 있다. 그 결과 대응조직은 국무총리를 본부장으로 하는 '중앙재난안전대책본부'로 가동하고 있으며, 지방자치단체와 적극 협조하여 범정부적으로 감염병 상황에 대응하고 있다. 중앙정부의 경우 질병관리본부를 중심으로 하는 '중앙방역대책본부'와 국무총리 또는 행정안전부 장관이 주축이 되는 '중앙재난안전대책본부'로 구성된다. 특히 감염병 상황의 전문성과 특수성을 고려하여 질병관리본부가 주축이 되는 '중앙방역대책본부'가 컨트롤타워로서 기능을 수행하고 있다. 또한 '중앙재난안전대책본부' 하에 보건복지부의 '중앙사고수습본부'와 행정안전부 중심의 '범정부지원본부'를 구성하였다. '중앙사고수습본부'와 '범정부지원본부'는 질병관리본부의 '중앙방역대책본부'를 지원하는 역할을 한다. 또한 지방자치단체는 '지역재난안전대책본부'를 구성하고 하위에 '지역방역대책반'을 두고 있다. 지방자치단체장을 중심으로 구성된 '지역재난안전대책본부'는 감염병전담병원과 병상을 확보하고, 환자가 수용범위를 넘어선 경우 중앙정부에 병상, 인력, 물자 등을 지원받는 체계로 운영되고 있다.[12] 이때 '범정부지원본부'는 중앙정부와 지방자치단체 간 협조를 지원한다. 이처럼 질병관리본부가 감염병의 컨트롤타워로서 역할을 하고 있으며, 중앙정부와 지방자치단체가 상호협력하고, 각 정부부처들이 지원하는 방식으로 범정부적 방역체계를 구축하고 있는 것이다.

[그림 10-3] COVID-19 대응체계(심각단계)

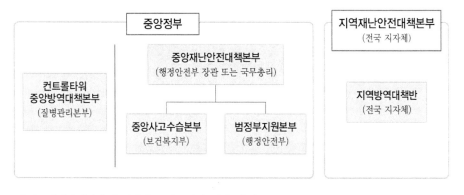

출처: 질병관리본부 홈페이지를 참조하여 저자 작성.

또한 효과적인 COVID−19 발생 상황 관리를 위해 관련 법률들을 2020년 3월 개정하였다. 「감염병의 예방 및 관리에 관한 법률」, 「검역법」, 「의료법」을 개정하여 감염병 예방 및 확산 방지에 만전을 기울이고 있다(이하 법제처, 2020). 보다 구체적으로 「감염병의 예방 및 관리에 관한 법률」 제79조 3(벌칙)에 의하면 감염병 의심자에 대한 격리 및 강제처분이 가능해졌으며, 입원 및 격리 조치를 위반하거나 거부 시 처벌을 강화(위반 시, 1년 이하 징역 또는 1천만 원 이하 벌금)하였다. 또한 동법에서 제1급 감염병 유행 시 예방 방역 등에 필요한 의약품 등의 가격상승, 또는 공급부족 시 의약품 등의 수출 및 국외 반출을 금지할 수 있도록 하였다. 이를 위반할 시에는 5년 이하 징역 또는 5천만 원 이하의 벌금을 부과하도록 했다. 그리고 의료인 및 약사 등에게는 환자의 출입국관리기록 등 정보 확인 의무를 부과하였으며, 사

---

12) 이하 내용은 질병관리본부 홈페이지 내용을 참조하여 정리하였다.

회복지시설 어린이, 노인 등 감염 취약계층에게 마스크를 지급하도록 하였다(법제처, 2020). 뿐만 아니라 「검역법」 개정을 통해 보건복지부 장관은 검역관리지역 등에서 입국하거나 해당 지역을 경유한 외국인에 대해 법무부 장관에게 입국금지를 요청할 수 있도록 하였다(법제처, 2020). 이와 같이 COVID-19 사태에 보다 적극적으로 대응하기 위하여 감염병 예방수칙을 어기는 자에 대한 처벌조항을 강화하였으며, 의료정보 확인 강화 및 의료 취약계층들을 위한 지원 정책 마련을 통해 정부의 역할과 기능을 확대하였다. 이러한 방역체계 마련을 위한 정부의 조치들은 결국 예측불가능하고 불확실하며, 전 국민에게 커다란 위협이 될 수 있는 새로운 위험에 대해 보다 적극적으로 예방 조치하거나 혹은 위험에 대응하기 위함이라고 할 수 있을 것이다.

> **제3절 안전사회 구축을 위한 효과적인 거버넌스
> : 정부, 시장, 시민사회의 관계**

1. COVID-19 발생 이후의 뉴노멀 시대에 안전 거버넌스 구축을 위하여

앞에서도 논의한 것처럼 COVID-19가 발생한 이후 세상은 완전히 달라질 것으로 예상된다. COVID-19 발생 이후 새로운 위험에 대비하고 또 대응하기 위해 체계적인 안전 거버넌스를 구축할 필요성이 있다. 이를 위해 울리히 벡의 '성찰적 근대화' 관점을 고려해 보아야 한다. 벡에 의하면 위험사회는 합리성을 우선으로 하는 고전적 근대화의 산물이다. 일방향적 근대화, 통제가능성, 기술-경제의 무한진보, 정치와 기술경제의 분리에 의해 위험사회가 초래되었다는 것이다. 하지만 현대사회에서는 이제 더 이상 근대적 사고방식이 해결방안으로 제시될 수 없다(이재열, 1998; 노진철, 2004). 따라서 새로운 사고방식으로의 '성찰적 근대화'를 고민할 필요가 있다. 성찰적 근대화는 근대 합리성을 비판하고, 산업사회를 해체하며, 기술과학에 대해 비판하는 것으로부터 시작한다. 위험은 피할 수 있는 것이 아니라 항상 존재하는 것이기에 위험 해결방안을 과거와 같이 기술진보에서 찾지 않고 끊임없는 성찰을 통한 사회운동에서 찾아야 한다는 것이다(Beck, 1986; 이재열·김동우, 2004). 이때 무엇보다도 성찰적 근대화를 위한 국민의 참여 및 역할이 강조된다. 과거 위험에 대해 과학자와 전문가들에게만 의존했던 의사결정 방식에서 벗어나 일반인이 위험 관련 정책결정에 적극적으로 참여하는 참여민주주의가 강조되는 것이다. 벡은 공론과정을 통한 참여민주주의가 위험사회를 극복할 수 있는 중요한 대안임을 주장하면서 생활 하위 영역에서도 참여 정치가 중요시되는 '생활정치'를 강조였다(김영욱, 2006).[13]

하지만 COVID-19와 같은 신종 감염병으로 인해 초래되는 위험사회에서는 벡의 주장과 같이 위험을 근대화의 산물로만 고려하기 어렵다. 즉 벡

---

13) 물론 벡의 성찰적 근대화가 이상적인 내용들을 담고 있기 때문에 현실에서는 잘 적용되지 못한다는 비판이 제기되기도 한다(이홍균, 2009).

<표 10-6> 고전적인 근대화와 성찰적인 근대화 비교

	고전적 근대화	성찰적 근대화
해체의 대상	봉건사회	산업사회
탈신비화의 대상	계층의 특권	기술과학에 대한 이해
세계관	종교적 세계관	노동, 여가, 가족성의 존재양식
지배 논리	부의 논리	위험의 논리
위험에 대한 인식	예외성, 통제가능성	편재성, 사회원리의 문제
문제해결의 단서	복지국가에 대한 기대	개인화와 세계화
문제해결 방식	기술-경제의 무한진보	성찰을 통한 사회운동
사회체계	정치와 기술경제의 분리	하위정치를 통한 기술경제의 정치화

출처: 김영욱(2006: 209).

의 성찰적 근대화 논의를 COVID-19 발생으로 인한 오늘날의 초고도 위험 사회에 그대로 적용하는 것은 다소 무리가 있다는 것이다. 그럼에도 불구하고 벡의 성찰적 근대화에 대한 중심적 사고는 COVID-19 발생 이후 우리가 반드시 고려해야 하는 안전사회 구축에 많은 함의점을 줄 수 있을 것이다.

2. COVID-19 발생 이후 안전 거버넌스 체계 구축

COVID-19 발생 이후 안전 거버넌스는 국가(정부)를 중심으로 안전체계를 구축하고, 시민들의 적극적인 참여와 전문가·시장의 효과적인 지원이 이루어지는 형태로 구성되어야 할 것이다. 이를 위해서는 국가(정부), 시민사회, 전문가·시장 간에 협력적 거버넌스 체계를 형성할 필요가 있다. 협력적 거버넌스는 "단수 또는 복수의 공공기관들(public agencies)이 공공정책, 공공관리, 공공 프로그램, 공공자산 운영과 관련된 공식적이고, 합의 지향적이며, 숙의적인 집합적 의사결정과정에서 민간의 이해관계자들과 직접적인 관련성을 유지하는 통치운영 방식"이라고 정의할 수 있다(Ansell & Gash, 2008: 544).[14] 성공적인 협력적 거버넌스 체계를 구축하기 위해서 정부의 정

---

14) 1980년대 이후 사회문제를 해결하기 위해 정부와 시장, 시민사회가 공동으로 목표를 설정하

[그림 10-4] COVID-19 발생 이후의 안전 거버넌스 체계

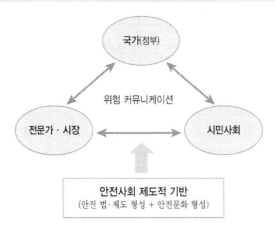

출처: 저자 작성.

확한 문제인식 및 상황인식, 창의적 문제해결 방안모색, 갈등해결 및 조정 기능, 위험부담 역량 및 책임성 등이 바탕이 될 필요가 있다(이명석 외, 2009).

안전 거버넌스의 주요 주체는 정부, 전문가·시장, 시민사회가 될 것이다. 안전사회를 구축하기 위해서 주체들 간 상호협력 체계 구축이 필요하며, 이 과정에서 정부의 역할이 매우 중요하다고 할 수 있다. 정부는 다른 행위자들과 연계하여 위험발생을 사전적으로 '예방(prevention)'하고, 위험발생 시 이를 적극적으로 '관리(management)'하며, 위험종료 후 '증거기반(evidence-based) 평가(evaluation) 및 환류(feedback)'를 수행하여야 한다. 이를 통해서 종합적이고 체계적인 안전 거버넌스를 구축할 수 있을 것이다. 특히 정부의 효과적인 위기대응 체계를 마련하기 위해서 적극적인 위험 커뮤니케이션 전략이 필수적으로 마련되어야 할 것이다. 단순히 일반대중들에게 위험정보를 전달하는 기능이 아니라 전문가와 일반대중들 간 위험에 대한 인식의 간극을 좁힐 수 있는 위험 커뮤니케이션 전략이 필요한 것이다. 특히 감염병과 같이 일반대중이 정보를 잘 모르거나 공포로 인식하는

고 사회문제 해결 과정에서 정부와 민간의 공유된 책임성(shared responsibility)과 공유된 성공(shared success)을 강조하는 현상이 나타났다. 이러한 차원에서 민관의 협력적 거버넌스가 더욱 중요하게 고려되었다(Buffett & Eimicke, 2018).

경우에는 정부의 정확한 정보전달이 필수적이라는 것은 거듭 강조해도 지나침이 없을 것이다.15) 또한 성공적인 안전 거버넌스 체계가 구축되기 위해서는 안전 관련 법·제도적 장치 마련과 일반대중들의 안전문화 형성 및 수용이 뒷받침되어야 할 것이다. 특히 정부와 국민들은 안전인식을 증진시키기 위해 협력하고, 공동으로 노력해야 한다. 정부는 국민들을 대상으로 한 생활안전교육을 강화하고 국민들이 안전 가치의 중요성을 적극적으로 수용할 수 있도록 위험 관련 홍보도 강화해야 할 것이다.16)

안전사회 추구는 개인의 기본적 욕구이자 권리이다. 안전사회를 염원하는 마음에서 본서는 대한민국 「헌법」 전문(前文)을 제시하면서 논의를 마치고자 한다.

유구한 역사와 전통에 빛나는 우리 대한국민은 3·1운동으로 건립된 대한민국임시정부의 법통과 불의에 항거한 4·19민주이념을 계승하고, 조국의 민주개혁과 평화적 통일의 사명에 입각하여 정의·인도와 동포애로써 민족의 단결을 공고히 하고, 모든 사회적 폐습과 불의를 타파하며, 자율과 조화를 바탕으로 자유민주적 기본질서를 더욱 확고히 하여 정치·경제·사회·문화의 모든 영역에 있어서 각인의 기회를 균등히 하고, 능력을 최고도로 발휘하게 하며, 자유와 권리에 따르는 책임과 의무를 완수하게 하여, 안으로는 국민생활의 균등한 향상을 기하고 밖으로는 항구적인 세계평화와 인류공영에 이바지함으로써 우리들과 우리들의 자손의 안전과 자유와 행복을 영원히 확보할 것을 다짐하면서 1948년 7월 12일에 제정되고 8차에 걸쳐 개정된 헌법을 이제 국회의 의결을 거쳐 국민투표에 의하여 개정한다.

---

15) 최근에 미국의 트럼프 대통령이 COVID-19 관련 일일 브리핑에서 "살균제가 1분 안에 바이러스를 없앤다는 것도 알았는데 체내에 주사를 놓거나 소독하는 방법은 없겠느냐. 확인을 해 보면 흥미로울 것"이라고 말을 했다. 이에 실제 뉴욕주 뉴욕시에서 가정용 세제를 삼킨 사례 약 30건이 당국에 보고되었다(헤럴드경제, 2020).

16) 예를 들어 정부는 생활 속 방역을 효과적으로 실시하기 위하여 개인이 지켜야 할 개인 지침과 사회집단이 지켜야 하는 방역공동지침을 구분하여 제시하고 있다(머니투데이, 2020). 이러한 지침이 국민들의 생활에 자연스럽게 자리 잡을 수 있도록 정기적인 안전교육이 제공될 필요가 있을 것이다.

참/고/문/헌/

[1장]

강병준(2016). 생활안전 건강 감시 조직으로서 사회적 경제조직. 「한국사회와 행정연구」, 27(2): 1-29.

고용노동부(2019). 산업재해 현황.

국가법령정보센터(2020a). 「재난 및 안전관리 기본법」

국가법령정보센터(2020b). 「사회적 참사의 진상규명 및 안전사회 건설 등을 위한 특별법」

국가법령정보센터(2020c). 「미세먼지 저감 및 관리에 관한 특별법」

김대환(2014). 국가의 국민안전보장의무. 「공법학연구」, 15(3): 3-41.

김성근(2017). 취약계층 생활안전환경 실태분석과 정책적 개선방안 탐색. 서울: 한국행정연구원.

김소연(2017). 기본권으로서의 안전권 인정에 대한 헌법적 고찰. 「공법연구」, 45(3): 174-193.

김용훈(2019). 기본권으로서의 안전권 조항의 헌법적 의의: 미국에서의 관련 논의를 참고하여. 「동아법학」, 84: 1-36.

김혜경(2014). 안전사회에서 안전법의 영역설정과 경찰의 예방임무의 범위. 아산: 치안정책연구소.

도로교통공단(2019). 교통사고 통계분석.

두피디아(2020). 안전.

류성진(2019). 국민 안전권 보장을 위한 일자리의 창출과 국가 및 지방자치단체의 역할에 대한 토론문. 한국비교공법학회 제95회 학술대회 자료집.

류현숙(2018). 안전취약계층의 안전권 보장을 위한 제도 개선 연구. 서울: 한국행정연구원.

보건복지부(2019). 전국아동학대 현황 보고서.

서재호(2015). 시민의 안전행동 동인으로서 안전욕구에 대한 탐색적 연구: Maslow의 욕구이론을 토대로. 「위기관리 이론과 실천」, 11(6): 207-226.

서재호·이승종(2012). 지역주민의 사회안전 및 사회위험 인식 영향요인에 대한 탐색적 연구. 「한국위기관리논집」, 8(3): 1-20.

소방청(2019). 화재발생총괄표.

송석윤(2007). 「헌법과 사회변동」. 서울: 경인문화사.

양기근·고은별·정원희(2017). 공공재로서의 안전과 안전복지 강화 방안: 충청남도를 중심으로. 「국정관리연구」, 12(3): 33-54.

오세연·곽영길(2017). 안전도시 구축을 위한 세종특별자치시의 외국인 범죄 대책방안에 관한 연구. 「한국자치행정학보」, 31(2): 219-239.

오승규(2013). 프랑스 공공안전정책에서의 국가-지방자치단체간 협력적 지역 거버넌스. 「법과 정책연구」, 13(3): 1187-1208.

윤수정(2019). 국민 안전권 보장을 위한 국가 및 지방자치단체의 역할. 「공법학연구」, 20(3): 3-27.

이건·김주애·류현숙(2013). 국민불안 해소 결정요인에 관한 실증적 연구: 박근혜정부의 안전정책을 위한 제언. 「한국정책학회보」, 22(4): 193-225.

이부하(2011). 헌법국가에서 국민의 안전보장. 「한독사회과학논총」, 21(1): 159-180.

이상돈(2018). 「법의 깊이」. 서울: 법문사.

이한태·전우석(2015). 한국 헌법상 기본권으로서의 안전권에 관한 연구. 「홍익법학」, 16(4): 121-145.

이호선(2018). 헌정질서 상의 정의와 사회계약론. 「법학논총」, 30(3): 357-387.

전광석(2015). 국민의 안전권과 국가의 보호의무. 「법과인권교육연구」, 8(3): 143-157.

정문식(2007). 안전에 관한 기본권의 헌법상 근거와 위헌심사의 기준. 「법과정책연구」, 7(1): 217-239.

정보통신정책연구원(2005). 한국사회의 위험구조 변화.

청와대(2017). 문재인정부 100대 국정과제.

최영준(2011). 위험 관리자로서의 복지국가: 사회적 위험에 대한 이론적 이해. 「정부학연구」, 17(2): 31-57.

통계청(2018). 2018년 사회조사 결과.

통계청(2019a). 사망원인통계.

통계청(2019b). 2018 한국의 사회지표.

한국형사정책연구원(2019). 전국범죄피해자 2018.

행정안전부(2019a). 재해연보.

행정안전부(2019b). 주민등록인구 현황.

행정안전부(2019c). 2019년 전국 지역안전지수.

행정안전부(2020). 2019년 지역안전지수.

홍성태(2012). 위험연구와 위험정치-위험사회에서 안전사회로. 「아주법학」, 4(2): 223-242.

Bailey, N., Ellis, N., & Sampson, H.(2010). *Safety and Perceptions of Risk: A Comparison between Respondent Perceptions and Recorded Accident Data.* The Lolyd's Register Educational Trust.

Brown, K., & Cullen, C.(2006). Maslow's Hierarchy of Needs Used to Measure Motivation for Religious Behavior. *Mental Health, Religion and Culture,* 9(1): 99−108.

Douglas, M., & Wildavsky, A.(1982). *Risk and Culture.* Berkely, CA: University of Californian Press.

El−Erion, M. A.(2008). *When Markets Collide: Investment Strategies for the Age of Global Economic Change.* New York, NY: McGraw−Hill Books.

El−Erion, M. A.(2010). *Navigating the New Normal in Industrial Countries.* Washington, DC: Per Jacobsson Foundation.

Gustafson, P. E.(1998). Gender Differences in Risk Perception: Theoretical and Methodological Perspectives. *Risk analysis,* 18(6): 805−811.

Holzmann, R.(2001). Social Risk Management: A New Conceptual Framework for Social Protection and Beyond. *International Tax and Public Finance,* 8(4): 529−556.

IMF(2015). The New Normal: A Sector−Level Perspective on Growth and Productivity Trends in Advanced Economies.

Lee, D. H.(2016). Suggestions for More Reliable Measurement of Korean Nuclear Power Industry Safety Culture. *Journal of the Ergonomics Society of Korea,* 35(2): 75−84.

Leterre, T.(2011), Contract Theory. In Bertrand Badie et al., (ed). *Political Science,* Vol 2: 436, Sage Publications.

Maslow, A. H.(1943). A Theory of Human Motivation. *Psychological Review,* 50(4): 370−396.

Maurice, P., Lavoie, M., Charron, R. L., Chapdelaine, A., & Bonneau, H. B.(1998). *Safety and Safety Promotion: Conceptual and Operational Aspects.* The Quebec WHO Collaborating Centre for Safety Promotion and Injury Prevention.

McNamee, R., & Diamond, D.(2003). *The New Normal: Great Opportunities in a Time of Great Risk.* London: Penguin Books Ltd.

NHTSA(2009). *Traffic Safety Facts, 2008. U.S. Department of Transportation,* National

Center for Statistical Analysis, Washington, D.C.

Rippl, S.(2002). Cultural Theory and Risk Perception: A Proposal for a Better Measurement. *Journal of Risk Research*, 5(2): 147−165.

Siegrist, M., Gutscher, H., & Earle, T. C.(2005). Perception of Risk: The Influence of General Trust, and General Confidence. *Journal of Risk Research*, 8(2): 145−156.

Singelstein, T., & Stolle, P.(2012). 윤재왕 역.「안전사회 − 21세기의 사회통제」서울: 한국형사정책연구원

Slovic, P.(1997). Perception of Risk. *Science,* 236: 280−285.

Slovic, P.(2001). Cigarette Smokers: Rational Actors or Rational Fools? In P. Slovic, (ed). *Smoking: Risk, Perception, & Policy*. pp. 97-124. Thousand Oaks, CA: Sage Publications.

Slovic, P., Fischhoff, B., & Lichtenstein, S.(2000). Facts and Fears: Understanding Perceived Risk. In P. Slovic, (ed). *The Perception of Risk*. pp. 137−153. London and Sterling, VA: Earthscan Publications Ltd.

Thompson, M., Ellis, R., & Wildavsky, A.(1990). *Cultural Theory*. Boulder, CO: Westview Press.

WHO(1998). *Safety and Safety Promotion: Conceptual and Operational Aspects*.

[2장]

구교준·이용숙(2016). 뉴노멀 시대의 경제환경과 다양성.「정부학연구」, 22(2): 27−50.

국민일보(2020). 재택근무 중 눈치보여 출근하는 직장인. 2020년 3월 13일자.

기획재정부(2020). 코로나19 관련 업종별 지원방안 Ⅲ (관광, 영화, 통신·방송).

김선재(2017). 뉴노멀 시대 한국의 인적자본이 영구적 국민경제성장에 미치는 영향.「한국콘텐츠학회논문지」, 17(6): 55−62.

김찬호·김은선·최윤정(2016). 뉴노멀 시대 지식재산(IP) 육성을 위한 미래전략. 한국기술혁신학회 학술대회. 200−227.

김향미·이삼열(2015). 헌법재판소 결정과 단절적 정책변동: 집시법 제10조 야간옥외 집회금지에 관한 결정을 중심으로.「현대사회와 행정」, 25(2): 75−102.

고용노동부(2020a). 이재갑 고용노동부장관, 언택트(Untact)방식으로 청년을 채용하는 이스트소프트 방문.

고용노동부(2020b). 재택근무 우수 사업장 방문하여 현장의견 청취.

교육부(2020). 체계적인 원격수업을 위한 운영 기준안 마련.

남궁근(2017). 「정책학 원론」. 서울: 법문사.

동아일보(2020). 31번 확진자 이후 택배 물량 '급증' … 생수·라면·통조림 3배 폭증. 2020년 4월 9일자.

매일경제(2020). 코로나 뉴노멀 시대 … 분산 다변화·클라우드·언택트 가속화. 2020 년 3월 8일자.

미래준비위원회(2016). 10년 후 대한민국 뉴노멀 시대의 성장전략.

삼일회계법인(2020). 코로나19가 가져올 구조적 변화: 디지털 경제 가속화.

서울신문(2020a). 정 총리 "생활방역 논의 예정 … 예전처럼 영원히 못 돌아갈 수도" 2020년 4월 13일자.

서울신문(2020b). 인구절벽이 만든 '폐교 쓰나미' … 이제 서울까지 덮친다. 2020년 1월 28일자.

송하승·이형찬(2018). 뉴노멀(New Normal)시대 부동산산업의 새로운 역할과 과제. 「국토정책 Brief」, 1−8.

IBK(2020). 경제전망 2020년 경제 및 산업 전망.

연합뉴스(2020). IMF, 코로나19 충격 세계경기침체에 한국경제 타격. 2020년 4월 14일자.

위키피디아(2020). 뉴노멀.

이병희(2020). 코로나19 대응 고용정책 모색. 서울: 한국노동연구원.

재정정보공개시스템(2020). 예산.

정부 24(2020). 35.1조 추경 국회 통과 … 경제위기 극복하고 포스트 코로나 시대 대비.

중앙일보(2020a). 현명한 '뉴노멀' 찾아야 가족·일·교육 붕괴 막는다. 2020년 4월 6 일자.

중앙일보(2020b). 한국 '역성장' 전망 또 나왔다 … S&P 올해 성장률 −0.6%. 2020년 3 월 23일자.

중앙일보(2020c). [디지털 세상 읽기] 줌폭탄. 2020년 4월 7일자.

조선일보(2020). 택배 상품 문 앞에 놓고 가세요… 코로나 사태로 '언택트 소비' 확산. 2020년 2월 24일자.

지상훈(2020). COVID−19로 인한 서울시 생활인구의 변화. 「월간 노동리뷰」, 181: 81−84.

지식경제부(2010). 뉴노멀 시대의 글로벌 기업 7대 TREND.

최상옥(2016). 뉴노멀 시대 新공공성 탐색. 「정부학연구」, 22(2): 5−25.

통계청(2020). 2020년 2월 온라인쇼핑 동향.

한국갤럽(2020). 데일리 오피니언 제394호.

한선경(2012). 지방정부 지출의 변동패턴에 관한 연구. 「정부학연구」, 18(3): 227−248.

Anderson, P., & Tushman, M. L.(1990). Technological Discontinuities and Dominant Designs: A Cyclical Model of Technological Change. *Administrative Science Quarterly*, 35(4): 604−633.

Baumgartner, F. R., & Jones, B. D.(1991). Agenda Dynamics and Policy Subsystems. *The Journal of Politics,* 53(4): 1044−1074.

Baumgartner, F. R., & Jones, B. D.(1993). *Agendas and Instabilities in American Politics.* Chicago, IL: University of Chicago Press.

Eldredge, N., & Gould, S. J.(1972). Punctuated Equilibria: An Alternative to Phyletic Gradualism. In T. J. M. Schopf, (ed). *Models in Paleobiology.* pp. 82−115. San Francisco, CA: Freeman Cooper.

El−Erion, M. A.(2008). *When Markets Collide: Investment Strategies for the Age of Global Economic Change.* New York, NY: McGraw−Hill Books.

El−Erion, M. A.(2010). *Navigating the New Normal in Industrial Countries.* Washington, DC: Per Jacobsson Foundation.

Gersick, C. J.(1991). Revolutionary Change Theories: A Multilevel Exploration of the Punctuated Equilibrium Paradigm. *The Academy of Management Review*, 16(1): 10–36.

IMF(2020). World Economic Outlook.

Jones, B. D., Baumgartner, F. R., & True, J. L.(1995). *The Shape of Change: Punctuations and Stability in U.S. Budgeting, 1946–94.* Working Paper 42, Program in American Politics, Texas A & M University.

Kingdon, J. W.(1994). *Agendas, Alternatives and Public Policies.* New York, NY: Harper Collins.

Kuhn, T. S.(1970). *The Structure of Scientific Revolutions.* Chicago, IL: University of Chicago Press.

Lindblom, C. E.(1959). The Science of Muddling Through. *Public Administration Review*, 19: 79−88.

Lyytinen, K., & Rose, G. M.(2003). The Disruptive Nature of Information Technology

Innovations: The Case of Internet Computing in Systems Development Organizations. *MIS Quarterly,* 27(4): 557−596.

McNamee, R., & Diamond, D.(2003). *The New Normal: Great Opportunities in a Time of Great Risk.* London: Penguin Books Ltd.

OECD(2018). The New Normal.

Prigogine, I., & Stengers, I.(1984). *Order out of Chaos: Man's New Dialogue with Nature.* London: Bantam Books.

Robinson, S. E., & Caver, F. R.(2006). Punctuated Equilibrium and Congressional Budgeting. *Political Research Quarterly,* 59(1): 161-166.

Romanelli, E., & Tushman, M. L.(1994) Organizational Transformation as Punctuated Equilibrium: An Empirical Test. *Academy of Management Journal,* 37: 1141−1166.

Tushman, M. L., & Romanelli, E.(1985). Organizational Evolution: A Metamorphosis Model of Convergence and Reorientation. *Research in Organizational Behavior,* 7: 171-222.

True, J. L., Jones, B. D., & Baumgartner, F. R.(2007). Punctuated Equilibrium Theory. In P. Sabatier, (ed). *Theories of the Policy Process.* 2nd. Cambridge, MA: Westview Press.

Wildavsky, A. B.(1964). *Politics of the Budgetary Process.* Boston, MA: Little, Brown and Company.

Wischnevsky, J. D., & Damanpour, F.(2005). Punctuated Equilibrium Model of Organizational Transformation: Sources and Consequences in the Banking Industry. In R. W. Woodman & W. A. Pasmore, (eds). *Research in Organizational Change and Development.* pp. 207−239. Bingley, Emerald Group Publishing Limited.

[3장]

권오걸(2013). 위험사회와 위험형사소송법. 「법학연구」, 51: 109 – 131.

김대환(1998). 돌진적 성장이 낳은 이중 위험사회. 「계간 사상」, 9: 26 – 45.

김병섭(1998). 부패와 위험사회. 「사상」, 38: 46 – 68.

김병섭 · 김정인(2016). 위험유형에 따른 정부 책임성과 거버넌스. 「한국행정학보」, 50(4): 139 – 168.

김영욱(2006). 위험사회와 위험 커뮤니케이션. 「커뮤니케이션 이론」, 2(2): 192 – 232.

김영평(1996). 문화와 위험 수용성. 「행정과 정책」, 2: 3 – 36.

김영평 · 최병선 · 소영진 · 정익재(1995). 한국인의 위험인지와 정책적 함의. 「한국행정학보」, 29(3): 935 – 954.

김태은(2013). 전망이론과 정책분석, 그 새로운 가치와 과제. 한국정책학회 춘계학술발표논문집.

노진철(2004). 위험사회학: 위험과 사회의 관계에 대한 사회이론화. 「경제와 사회」, 63: 98 – 125.

노진철(2014). 불확실성 시대의 위험들과 정치에 대한 요구 증대. 「사회와이론」, 25(2): 7 – 39.

다음 국어사전(2020). 위험.

두산백과(2020). 대구지하철 화재사고.

박미숙 · 김일수(2012). 현대위험사회와 법치국가형법. 형사정책연구원 연구총서, 3 – 150.

박천희 · 홍은영(2017). 위험커뮤니케이션과 원자력 위험회피행동의 관계에 관한 연구: 정부신뢰의 매개효과를 중심으로. 「한국행정학보」, 51(4): 291 – 322.

손형섭(2013). 위험사회에서의 헌법이론. 「법학연구」, 51: 1 – 28.

안나현(2016). 중형주의적 형벌정책에 관한 비판적 연구. 「법학논총」, 23(1): 303 – 333.

양기용 · 김은정 · 김창수(2018). 원전인근 지역주민의 삶, 지역의존성 그리고 위험의 친숙화: 장안지역을 대상으로. 「한국사회와 행정연구」, 29(3): 283 – 311.

유전철(1998). 위험사회의 위험형법. 「법학행정」, 18: 243 – 245.

위키피디아(2020). 행동경제학.

이대웅 · 손주희 · 권기헌(2018). 정부신뢰가 위험인식과 정책 수용성에 미치는 영향: 한국의 원자력발전소 사례를 중심으로. 「한국행정학보」, 52(1): 229 – 257.

이재열 · 김동우(2004). 이중적 위험사회형 재난의 구조. 「한국사회학」, 38(3): 143 – 176.

이재열 외(2005). 한국사회의 위험구조변화. 서울: 정보통신정책연구원.

이주하(2011). 한국의 사회적 위험 관리전략과 거버넌스. 「정부학연구」, 17(2): 3－30.

장경섭(1998). 복합위험사회의 안전권. 임현진 외. 「한국인의 삶의 질: 신체적·심리적 안전」. 서울대학교출판부. 261－292.

정무권(2012). 위험사회론과 사회적 위험의 역동성: 사회적 위험의 거시적 연구를 위한 비판적 검토. 「한국사회와 행정연구」, 23(2): 195－224.

정진성 외(2010). 「위험사회, 위험정치」. 서울: 서울대학교 출판부.

최병선(1994). 위험문제의 특성과 전략적 대응. 「한국행정연구」, 3(4): 27－49.

최진식(2008). 주민투표 후 방폐장에 대한 위험판단과 위험 수용성에 관한 연구. 「한국행정학보」, 42(2): 149－168.

표준국어대사전(2020). 위험.

한상진(1998). 왜 위험사회인가? 한국사회의 자기반성. 「사상」, 가을: 3－25.

한상진(2008). 위험사회 분석과 비판이론: 울리히 벡의 서울 강의와 한국사회. 「사회와 이론」, 12: 37－72.

홍성태(1998). 사례연구: 삼풍백화점 붕괴사고. 임현진 외. 「한국인의 삶의 질: 신체적·심리적 안전」. 서울대학교출판부. 293－326.

Beck, U.(1986). Risikogesellschaft auf dem Weg in eine andere Moderne, Frankfurt am. Main, 1986, 홍성태 옮김, 「위험사회－새로운 근대(성)을 향하여」, 새물결.

Bonoli, G.(2005). The Politics of the New Social Policies: Providing Coverage against New Social Risks in Mature Welfare States. *Policy & Politics*, 33: 431－450.

Douglas, M., & Wildavsky, A.(1982). *Risk and Culture*. Berkely, CA: University of Californian Press.

Fischhoff, B.(1995). Risk Perception and Communication Unplugged: Twenty Years of Process. *Risk Analysis*, 15(2): 137－145.

Fischhoff, B., Lichtenstein, S., Slovic, P., Derby, S., & Keeney, R.(1981). *Acceptable Risk*. New York, NY: Cambridge University Press.

Frey, B., Oberholzer－Gae, F., & Eichenberger, R.(1996). The Old Lady Visits Your Backyard: A Tale of Morals and Markets. *Journal of Political Economy*, 104(6): 1297－1313.

Giddens, A.(1990). *The Consequence of Modernity*. Redwood City, CA: Stanford University Press.

Giddens, A.(1991). *Modernity and Self－identity: Self and Society in the Late Modern*

Age. Cambridge, MA: Polity Press.

Kahneman, D., & Tversky, A.(1979). Prospect Theory: An Analysis of Decision under Risk. *Econometrica,* 4: 263−291.

Kahneman, D., & Tversky, A.(1984). Choices, Values, and Frames. *American Psychologist,* 39(4): 341−350.

Kaplan, S., & Garrick, B. J.(1981). On The Quantitative Definition of Risk. *Risk Analysis,* 1: 11−27.

Kraus, S., Ambos, T. C., Eggers, F., & Cesinger, B.(2015). Distance and Perceptions of Risk in Internationalization Decisions. *Journal of Business Research,* 68(7): 1501−1505.

Kungwani, P.(2014). Risk Management: An Analytical Study. *Journal of Business and Management,* 16(3): 83-89.

Hohenemser, C., Goble, R., Kasperson, J. K., Kates, R. W., Collins, P., Goldman, A., Slovic, P., Fischhoff, B., Lichtenstein, S., & Layman, M.(1986). Methods for Analysing and Comparing Technological Hazards. In V. Covello, J. Menkes, & J. Mumpower, (eds). *Risk Evaluation and Management.* pp. 249−274. New York: Plenum.

Hurley, R. F.(2011). *The Decision to Trust.* John Wiley & Sons.

Leiss, W., & Chociolko, C.(1994). *Risk and Responsibility.* Montreal & Kingston: McGill−Queen's University Press.

Leiss, W., & Hrudey, S. E.(2005). *On Proof and Probability: Introduction to the Law and Risk.* The Law Commission of Canada, UBC Press.

Luhmann, N.(1990). Technology, Environment and Social Risk: A Systems Perspective. *Industrial Crisis Quarterly,* 4: 223−231.

Miller, G. A.(1956). The Magical Number Seven, Plus or Minus Two: Some Limits on Our Capacity for Processing Information. *The Psychological Review,* 63(2): 81−97.

Morecroft, J. D.(1988). System Dynamics and Microwords for Policymakers. *European Journal of Operational Research,* 35(4): 301−320.

Perrow, C.(1984). *Normal Accidents: Living with High−Risk Technologies.* Basic Books, Inc.

Powell, D. A., & Leiss, W.(1997). *Mad Cows and Mother's Milk: The Perils of Poor*

Risk Communication. Buffalo, NY: McGill−Queen's University Press.

Rayner, S.(1987). Risk and Relativism in Science for Policy. In B. B. Johnson, & V. T. Covello, (eds). *The Social and Cultural Construction of Risk.* pp. 5−23. Boston, MA: Reidel.

Rayner, S.(1992). Cultural Theory and Risk Analysis. In S. Krimsky, & D. Golding, (eds). *Social Theories of Risk.* pp. 83−114. Westport, CT: Praeger.

Rowe, G., & Wright, G.(2001). Differences in Expert and Lay Judgments of Risk: Myth or Reality? *Risk Analysis*, 21(2): 341−356.

Scott, R.(1992). *Organizations: Rational, Natural and Open Systems.* Upper Saddle River, NJ: Pearson Prentice Hall.

Slovic, P.(1987). Perception of Risk. *Science*, 236: 280−285.

Slovic, P., Fischhoff, B., & Lichtenstein, S.(1980). Facts and Fears: Understanding Perceived Risk. In R. Schwing & W. Albers, Jr. (eds). *Societal Risk Assessment: How Safe is Safe Enough?* pp. 181−216. New York, NY: Plenum Press.

Slovic, P., Fischhoff, B., & Lichtenstein, S.(2000). Facts and Fears: Understanding Perceived Risk. In P. Slovic, (ed). *The Perception of Risk.* pp. 37−153. London and Sterling, VA: Earthscan Publications Ltd.

Taylor−Gooby, P.(2004). New Risks and Social Change. In P. Taylor−Gooby, (ed). *New Risks, New Welfare: The Transformation of the European Welfare State*, pp. 1−27. Oxford: Oxford university Press.

Thompson, L.(1990). Negotiation Behavior and Outcomes: Empirical Evidence and Theoretical Issues. *Psychological Bulletin*, 108: 515−532.

Tversky, A., & Kahneman, D.(1974). Judgment under Uncertainty: Heuristics and Biases. *Science*, 185: 1124−1131.

Wildavsky, A. B.(1988). *Searching for Safety. New Brunswick.* New Jersey: Social Philosophy & Policy Center.

Wildavsky, A. B., & Dake, K.(1990). Theories of Risk Perception: Who Fears What and Why?. *Deadalus*, 119(4): 41−60.

[4장]

강윤지·심민선(2019). 미세먼지 위험 메시지의 구성 방식이 메시지 수용, 위험 인식, 대처행동 의도에 미치는 영향: 핵심정보 중심의 직관적 메시지와 인지양식의 효과. 「언론과학연구」, 19(4): 5-43.

구윤희·안지수·노기영(2020). 미세먼지 위험인식이 위험정보 처리와 예방행동에 미치는 영향: 확장된 위험정보 탐색처리 모형의 적용. 「한국방송학보」, 34(1): 5-28.

국가법령정보센터(2020). 「포항지진의 진상조사 및 피해구제 등을 위한 특별법」

국립재난안전연구원(2018). 지진방재 전문기관 클러스터 활성화 방안 연구.

국민안전처(2017). 9.12 지진 백서.

기상청(2016). 경주지진 발생 현황.

기상청(2018). 포항지진 분석 보고서.

김병섭·김정인(2016). 위험유형에 따른 정부 책임성과 거버넌스. 「한국행정학보」, 50(4): 139-168.

김영욱·이현승·장유진·이혜진(2015). 언론은 미세먼지 위험을 어떻게 구성하는가? 「한국언론학보」, 59(2): 121-154.

김용표(2018). 미세먼지, 모두가 아는 위험. 「지식의 지평」, 24: 68-82.

김효정(2019). 위험인식, 두려움, 분노가 원자력정보 탐색과 처리, 공유 의도에 미치는 영향. 「한국언론학보」, 63(2): 7-45.

두산백과(2016). 후쿠시마 원전사례.

배용진(2016). 原電과 33년 동거, 양남면 사람들. 주간조선(2411호).

백혜진·이혜규(2019). 지진 뉴스에 대한 제3자 효과. 「한국광고홍보학보」, 21(2): 30-66.

온실가스종합정보센터(2019). 2019년 국가 온실가스 인벤토리.

윤소연·윤동근(2018). 텍스트마이닝을 활용한 직간접 지진 위험 영향 분석. 대한토목학회 학술대회, 188-190.

위키백과(2020a). 미세먼지.

위키백과(2020b). 경주지진.

이정윤(2020). 후쿠시마 원전사고의 교훈과 과제. 「내일을 여는 역사」, 78: 51-65.

이준영·주도희·신지원·백혜진(2019). 미세먼지 어플리케이션(앱)의 정보 제시 형식이 위험 인식, 앱 사용 의도, 예방 행동 의도에 미치는 영향: 감정휴리스틱과 기준점 휴리스틱의 적용. 「홍보학연구」, 23(2): 111-140.

전지은(2019). 후쿠시마 원전 오염수 현황과 우리의 대처 노력. FUTURE HORIZON, 82-87.

조공장 외(2016). 원전사고 대응 재생계획 수립방안 연구(1): 후쿠시마 원전사고의 중장기 모니터링에 기반하여. 한국환경정책·평가연구원.

차유리·조재희(2019). 국내 인터넷 이용자의 미세먼지 위험 예방행위 의도에 관한 사회인지 접근의 RISP, HBM 적용모형: 정보 노출, 주관적 규범, 부정적 감정, 위험 지각의 역할. 「한국언론학보」, 63(6): 96-142.

최승혜(2018). 대학생의 미세먼지 인식, 지식, 태도에 영향을 주는 요인에 대한 연구. 「한국콘텐츠학회논문지」, 18(12): 281-290.

최충익·김철민(2017). 빅데이터를 활용한 지진 위험정보의 사회적 확산 분석. 「한국지역개발학회지」, 29(3): 181-199.

통계청(2018). 2018년 사회조사 결과.

통계청(2020). 국가통계포털.

한국갤럽(2017). 한국갤럽 데일리 오피니언.

한국갤럽(2019). 한국갤럽 데일리 오피니언.

한국보건사회연구원(2011). 일본 원전사고가 우리나라 국민의 건강에 미치는 영향과 대책.

한국원자력학회 후쿠시마위원회(2012). 후쿠시마 원전 사고 분석(축약본).

한국원자력학회 후쿠시마위원회(2013). 후쿠시마 원전사고 분석.

한겨레신문(2017). 포항지진 피해가 경주지진보다 큰 5가지 이유. 2017년 11월 17일자.

한겨레신문(2019). 후쿠시마 등 일본 8개현 수산물 금지 WTO 승소 배경은? 2019년 4월 13일자.

환경관리공단(2019). 2018 대기환경연보.

환경부(2019). 환경백서.

Brainerd, C. J., & Reyna, V. F.(1990). Gist is the Gist: Fuzzy Trace Theory and The New Intuitionism. *Development Review*, 10: 3-47.

Chaiken, S., & Maheswaran, D.(1994). Heuristic Processing can Bias Systematic Processing: Effects of Source Credibility, Argument Ambiguity, and Task Importance on Attitude Judgment. *Journal of Personality and Social Psychology*, 66(3): 460-473.

Griffin, R. J., Dunwoody, S., & Neuwirth, K.(1999). Proposed Model of Relationship of Risk Information Seeking and Processing to the Development of Preventive Behaviors. *Environmental Research,* 80: 230－245.

Hine, D. W., Marks, A. D., Nachreiner, M., Gifford, R., & Heath, Y.(2007). Keeping the Home Fires Burning. *Journal of Environmental Psychology*, 27(1): 26－32.

Kahlor, L. A.(2007). An Augmented Risk Information Seeking Model: The Case of Global Warming. *Media Psychology*, 10: 414－435.

Kasperson, R. E., Renn, O., Slovic, P., Brown, H. S., Emel, J., Goble, R., Kasperson, J. X., & Ratick, S.(1988). The Social Amplification of Risk: A Conceptual Framework. *Risk Analysis,* 8(2): 177－187.

Mosher, F. C.(1968). *Democracy and the Public Service.* Oxford University Press.

OECD(2020). Environment at a Glance 2020.

Petty, R. E., & Cacioppo, J. T.(1986). *Communication and Persuasion.* NY: Springer－Verlag.

Reyna, V. F., & Brainerd, C. J.(1995). Fuzzy Trace Theory: An Interim Synthesis. *Learning and Individual Differences*, 7: 1－74.

Reyna, V. F., & Adam, M. B.(2003). Fuzzy－trace Theory, Risk Communication, and Product Labeling in Sexually Transmitted Diseases. *Risk Analysis*, 23(2): 325－342.

Yang, Z. J., Aloe, A. M., & Feeley, T. H.(2014). Risk Information Seeking and Processing Model: A Meta－analysis. *Journal of Communication,* 64: 20－41.

[5장]

강병준(2016). 생활안전 건강 감시 조직으로서 사회적 경제조직. 「한국사회와 행정연구」, 27(2): 1－29.

경향신문(2019). 어린이 보호구역 교통사고가 더 위험하다. 2019년 3월 7일자.

국가인권인원회(2018). 간접고용노동자 노동인권 실태조사.

국가인권위원회(2019). 노동자의 기본적 권리인 생명과 안전 보장을 위해 위험의 외주화 문제 개선 시급.

권순식(2016). 비정규직 고용과 산업재해의 연관성. 「산업경제연구」, 29(1): 169－194.

김명엽(2016). 생활안전을 위한 법제의 개선에 관한 연구. 「법학연구」, 16(2): 325－345.

김병섭·김정인(2014). 관료 (무)책임성의 재해석: 세월호 사고를 중심으로. 「한국행정학보」, 48(3): 99–120.

김병섭·김정인(2016). 위험유형에 따른 정부 책임성과 거버넌스. 「한국행정학보」, 50(4): 139–168.

김성근(2017). 취약계층 생활안전환경 실태분석과 정책적 개선방안 탐색. 서울: 한국행정연구원.

다음백과(2020). 민식이법.

도로교통공단(2015). OECD 회원국 교통사고 비교.

도로교통공단(2020). 교통사고분석시스템 자료.

두경자·윤용희(2006). 초등학교 저학년 아동의 생활안전 교육프로그램 개발 및 효과. 「대한가정의학회지」, 44(4): 75–86.

문화일보(2019). 서울시민 절반 "화재·전염병 불안하다". 2019년 5월 8일자.

박소손 외(2014). 시민참여형 생활안전환경조성 서비스 방안. 국립재난안전연구원.

배대식(2009). 안전한 캠퍼스 구현을 위한 생활안전 위기관리 서비스 체계 구축방안: 미국 주요 대학의 위기관리 서비스 체계를 중심으로. 「위기관리 이론과 실천」, 5(1): 27–43.

보험연구원(2018). 장애인의 위험보장 강화 방안.

부산일보(2018). [밀양 세종병원 화재] 사망 희생자 대부분이 80~90대 노령자. 2018년 1월 28일자.

서울경제(2016). 이직 전전하다 10년째 신입 임금… 비정규직의 비애. 2016년 6월 20일자.

성기환·최일문(2015). 주민 안전복지 실현을 위한 생활안전체계 구축 방안. 「한국위기관리논집」, 11(8): 41–69.

시사상식사전(2016). 세월호 참사.

신현정·신동주(2007). 생활 안전에 대한 유아의 지식, 행동, 위험요소예측능력에 관한 연구. 「유아교육연구」, 27(6): 273–293.

연합뉴스(2016). 구의역 스크린 도어 사고 … 비정규직·하청노동자 실태 드러내. 2016년 12월 14일자.

양기근·고은별·정원희(2017). 공공재로서의 안전과 안전복지 강화 방안: 충청남도를 중심으로. 「국정관리연구」, 12(3): 33–54.

위키피디아(2020a). 세월호 참사.

위키피디아(2020b). 구의역 스크린 도어.

위키피디아(2020c). 제천 스포츠센터 화재.

e - 나라지표(2020). 연도별 해양사고 발생 현황.

이상휘 · 권태삼 · 백유성 · 최영식 · 김시곤(2018). PSD 유지보수 종사자가 지각하는 고용불안이 조직몰입과 안전행동에 미치는 영향. 「한국철도학회 논문집」, 21(4): 413 - 423.

이의평(2019). 제천 스포츠센터 화재와 밀양 세종병원 화재의 비교 분석. 「한국방재학회 논문집」, 19(5): 151 - 158.

이재은 · 유현정(2007). 국가위기관리의 새로운 영역 설정과 추진 전략: 국민생활안전 위기 영역의 분류와 운영 방안 모색. 「한국위기관리논집」, 3(2): 1 - 17.

이준섭(2012). 사회적 취약계층에 대한 권리보호 및 지원체계 구축을 위한 법제 정비 연구, 법제처.

이창길(2011). 생활안전 분야의 표준화 및 성과관리체계 구축에 관한 연구. 「한국위기 관리논집」, 7(1): 23 - 42.

전주희(2019). 새로운 위험 : 노동의 외주화와 위험의 교차성. 「문화과학」, 98: 36 - 63.

중앙일보(2015). 세월호참사가 뒤바꾼 사망통계 … 0~70대 중 10대 사망만 크게 늘어. 2015년 9월 23일자.

중앙재난안전상황실(2018). 밀양시, 세종병원 화재사고 대처상황.

최현주 · 최관(2017). 어린이 통학버스 안전관리에 관한 시론적 연구. 「한국사회안전학 회지」, 12(1): 52 - 64.

통계청(2019). 한국의 사회동향 2019.

통계청(2020a). 국가통계포털.

통계청(2020b). 경제활동인구조사.

하연섭(2018). 「정부예산과 재무행정」. 서울: 다산출판사.

한국경제(2020). 이천 물류창고 화재 사망자 대부분 '일용직' 노동자였다. 2020년 4월 30일자.

Jeon, Y. O.(2008). *Introduction to Safety Culture*. Seoul: Seil Culture Publisher.

OECD(2015). Better Life Index.

Perrow, C.(1984). *Normal Accidents: Living with High Risk Technologies*. New York, NY: Basic Books.

Slovic, P., Fischhoff, B., & Lichtenstein, S.(2000). Facts and Fears: Understanding Perceived Risk. In P. Slovic, (ed). *The Perception of Risk*. pp. 37 - 153. London and Sterling, VA: Earthscan Publications Ltd.

Virtanen, M., Kivimaki, M., Joensuu, M., Virtanen, P., Elovainio, M., & Vahtera, J.(2005). Temporary Employment and Health: A Review. *International Journal of Epidemiology*, 34: 610−622.

[6장]

국가법령정보센터(2020). 「가습기살균제 피해구제를 위한 특별법」

김병섭·김정인(2016). 위험사회와 관료책임: 세월호와 메르스 사태 비교를 중심으로. 「한국사회와 행정연구」, 26(4): 379−407.

김영욱(2006). 위험사회와 위험 커뮤니케이션. 「커뮤니케이션이론」, 2(2): 192−232.

김용(2016). 국내 미디어의 메르스 보도 고찰. 「의료커뮤니케이션」, 11(1): 39−50.

김원용·이동훈(2005). 언론보도의 프레임 유형화 연구: 국내 원자력관련 신문보도를 중심으로. 「한국언론학보」, 49(6): 166−197.

김정인(2016). 공공기관 노조 메시지의 언론 프레임과 국민 수용에 관한 연구: 한국철도공사 파업을 중심으로. 「현대사회와 행정」, 26(3): 117−143.

김춘식(2009). 신종플루 보도−의료보건 이슈에 일반인 익명취재원 활용 신중해야. 「신문과 방송」, 468: 54−61.

매일경제신문(2015). 대통령 지지율 34%로↓… 국민 10명중 7명 정부 메르스대응 못 믿어. 2015년 6월 5일자.

박기수·이귀옥·최명일(2014). 언어 네트워크 분석을 이용한 신종 감염병 보도 분석. 「디지털융복합연구」, 12(2): 343−351.

박월미(2014). 현대사회 질병의 주요인인 완벽주의 유형: 검증과 확장. 「한국위기관리논집」, 10(5): 143−158.

소영진(2000). 위험 의사소통의 제도화 방안. 「사회과학」, 39(2): 27−63.

송유진·유현정(2016). 위험커뮤니케이션 유형에 따른 소비자위험정보 수용 및 반응 척도 개발. *Crisisonomy*, 12(7): 77−92.

송해룡·김원제(2017). 미디어 위험정보 구성요건과 지식이 위험통제성에 미치는 영향: 감염병을 중심으로. *Crisisonomy*, 13(6): 1−14.

송해룡·김원제·조항민(2005). 과학기술 위험보도에 관한 수용자 인식 연구. 「한국언론학보」, 49(3): 105−128.

송해룡·조항민(2015). 국내언론의 질병 관련 위험보도에 관한 특성연구 – 에볼라 바이러스에 대한 방송뉴스보도 분석을 중심으로.「한국위기관리논집」, 11(6): 45−68.

송해룡·조항민·이윤경·김원제(2012). 위험커뮤니케이션의 개념화, 구조 분석 및 영역 설정에 관한 연구.「분쟁해결연구」, 10(1): 65−98.

연합뉴스(2015). 국내 메르스 사태 일지. 2015년 7월 24일자.

위키백과(2020). 가습기 살균제.

이정헌(2011). TV홈쇼핑 쇼호스트의 구매설득커뮤니케이션 전략.「한국콘텐츠학회논문지」, 11(8): 311−320.

이정훈 외(2016). 국내 언론의 가습기 살균제 참사에 대한 보도경향 분석.「환경사회학연구 ECO」, 20(2): 351−398.

전지영(2017). 감염병 보도에서 국내 언론이 사용하는 어휘의 특성 분석: 지카 바이러스, 야생진드기, 다제내성균을 중심으로. *Crisisonomy*, 13(1): 1−15.

조홍준(2001). 보건의료 보도 – 건강을 개인문제로 접근 말아야.「신문과 방송」, 361: 20−21.

주영기·유명순(2010). 신문·TV 뉴스의 신종 출몰형 질환 및 만성질환 보도 패턴 분석.「한국언론학보」, 54(2): 363−381.

중앙일보(2015). [메르스 종식] 朴대통령 '국가적 재난' 위기대응능력 도마. 2015년 7월 28일자.

질병관리본부(2014). 가습기 살균제 건강피해 사건 백서.

질병관리본부(2015). 2015 메르스 백서 메르스로부터 교훈을 얻다.

질병관리본부(2018). 2018 메르스 중앙방역대책본부 백서.

KBS 9시 뉴스(2015). '감염우려' 딸 요구 무시... 집으로 돌려보내. 2015년 5월 21일자.

통계청(2014). 가구당 가전기기 보급률.

통계청(2020). 국가통계포털.

한국원자력안전기술원(2007). 리스크 커뮤니케이션 모델의 개발. 제12회 원자력안전기술정보회의. Session 11: 국민신뢰와 대중 커뮤니케이션.

한국일보(2016). 메르스는 낙타 탓, 미세먼지는 고등어 탓. 2016년 6월 6일자.

헤럴드경제(2016). [메르스 사태 1년] 정적인 손해는 봤지만 얻은 것도 많아요. 2016년 5월 20일자.

홍종필(2006). 공공 커뮤니케이션 캠페인 설계의 과학적 접근.「한국심리학회지: 소비자·광고」, 7(2): 249−276.

환경부(2020). 가습기살균제 피해 26명 추가 인정 … 총 920명.

Atkin, C. K., & Rice, R. E.(2012). Theory and Principles of Public Communication Campaign. In R. E. Rice, & C. K. Atkin, (eds). *Public Communication Campaign.* pp. 3−20. Los Angeles, CA: Sage.

Covello, V. T., von Winterfeldt, D., & Slovic, P.(1986). Risk Communication: A Review of the Literature. *Risk Abstracts,* 3: 1−14.

Dungan−Seaver, D.(1999). *Mass Media Initiatives and Children's Issue: An Analysis of Research and Recent Experiences Relevant to Potential Philanthropic Funders.* Paper prepared for the McKnight Foundation.

Entman, M.(1993). Framing: Toward Clarification of a Fractured Paradigm. *Journal of Communication,* 43(3): 51−58.

Friestad, M., & Wright, P.(1994). The Persuasion Knowledge Model: How People Cope with Persuasion Attempts. *Journal of Consumer Research,* 21(1): 1−31.

Glik, D. C.(2007). Risk Communication for Public Health Emergencies. *Public Health,* 28: 33−54.

Henry, G. T., & Riviera, M.(1988). *Public Information Campaigns and Changing Behaviors.* Association for Public Policy Analysis and Management.

Iyengar, S.(1991). *Is Anyone Responsible? How Television News Frames Political Issues.* Chicago, IL: The University of Chicago Press.

Leiss, W., & Chociolko, C.(1994). *Risk and Responsibility.* Montreal: McGill−Queen's University Press.

Mileti, D. S., & Fitzpatrick, C.(1991). Communication of Public Risk: Its Theory and Its Application. *Social Practice Review,* 2(1): 20−28.

Peters, H. P., & Song, H. R.(2005). *Risk Report and Mass Communication.* Seoul: Communicationbooks.

Plough, A., & Krimsky, S.(1987). The Emergence of Risk Communization Studies: Social and Political Context. *Science, Technology, & Human Values,* 12(3): 4−10.

Renn, O.(1991). Risk Communication and the Social Amplification of Risk, In R. E. Kasperson, & P. M. Stallen, (eds). *Communicating Risks to the Public.* pp. 287−323. Kluwer, Dordrecht.

Rogers, E. M., & Storey, J. D.(1987). Communication Campaigns. In C. R. Berger, & S. H. Chaffee, (eds). *Handbook of Communication Science,* pp. 419−445. Newbury Park, CA: Sage.

Slovic, P.(1987). Perception of Risk. *Science,* 236: 280–285.

Sorotzkin, B.(1985). The Quest for Perfection: Avoiding Guilt or Avoiding Shame? *Psychotherapy*, 22: 564–571.

WHO(2018). MERS situation update_August 2018.

[7장] ───

경향신문(2019). 55~64세 중 가장 오래 일한 직업에서 퇴직 연령은 49.4세 ··· 55~79 세 인구 절반이 연금 못 받아 "73세까지 근로 희망" 2019년 7월 23일자.

고용노동부(2020). 2019년 아빠 육아휴직자, 최초로 2만 명 돌파! 전체 육아휴직자도 10만명 넘어서.

국민일보(2019). 베트남 출신 아내 무차별 폭행 30대, 베트남서도 폭행. 2019년 7월 8 일자.

김영란(2006). 새로운 사회적 위험과 여성빈곤 그리고 탈빈곤정책. 「한국사회학」, 40(2): 189–226.

김영란(2014). 한국의 사회적 위험 변화와 가족위험. 「가족과 문화」, 26(2): 151–188.

김영미(2009). 복지국가의 일가족양립정책 개혁과 여성사회권: 영국, 독일, 네덜란드의 개혁을 중심으로. 「사회보장연구」, 25(3): 1–27.

김주희 · 박병현(2018). 새로운 사회적 위험에 대한 사회보장 전략에 관한 연구: AHP를 통한 전문가 인식을 중심으로. 「사회복지정책」, 45(3): 5–38.

김철주 · 박보영(2006). 새로운 사회적 위험의 도래와 복지국가의 현대화. 「사회복지정책」, 24: 317–336.

남은영(2009). 한국의 새로운 사회적 위험(New Social Risk). 한국사회학회 사회학대회 논문집. 957–976.

남은영(2015). 사회적 위험과 국민인식. 「보건복지포럼」, 7–22.

동아일보(2020). 대졸 신입사원 평균 나이 30세 넘었다. 2020년 4월 23일자.

문진영(2016). 새로운 사회적 위험과 기초보장. 한국사회보장학회 정기학술발표논문집. 1059–1072.

박병현(2015). 「사회복지정책론」. 파주: 정민사.

박은하(2013). 새로운 사회적 위험에 대응하는 복지국가 변화 연구: 퍼지셋 이상형 분석을 통한 OECD 국가 경험(1990–2009)을 중심으로. 「한국사회복지조사연구」, 36: 179–204.

박진화·이진숙(2015). 신사회적 위험 대응관점에서 본 한국의 일·가정 양립정책과 노인돌봄정책의 변화. 「인문사회 21」, 6(4): 849−877.

변영우(2012). 새로운 사회적 위험에 따른 사회지출 구조변화가 소득분배와 경제성과에 미치는 영향. 연세대학교 박사학위논문.

서울경제(2016). 이직 전전하다 10년째 신입 임금… 비정규직의 비애. 2016년 6월 20일자.

양종민(2013). 새로운 사회적 위험에 대한 복지국가의 대응. 한국사회학회 사회학대회 논문집. 315−333.

여성가족부(2019a). 여성가족부, 1인 가구를 위한 맞춤형 정책을 모색한다.

여성가족부(2019b). 2018년 전국다문화가족실태조사 연구.

이재은·김영평·정윤수·김태진(2007). 발전원별 사회적 위험도에 대한 상대적 심각성 분석: AHP 기법을 활용하여. 「한국행정학보」, 41(1): 113−132.

이주하(2016). 사회적 위험의 중첩성과 사회정책적 대응. 2016년 한국행정학회 하계학술대회.

이준영·김제선(2014). 「사회보장론」. 서울: 학지사.

장효진(2015). 한국의 사회적 위험관리와 가구의 소득변동성. 「사회보장연구」, 31(1): 205−231.

정무권(2012). 위험사회론과 사회적 위험의 역동성. 「한국사회와 행정연구」, 23(2): 195−224.

조영훈·심창학(2011). 탈산업화와 복지국가의 변모: 신제도주의에 대한 평가. 「사회복지정책」, 38(3): 105−129.

주정(2015). 새로운 사회적 위험 속에서의 사각지대 문제 및 대응체제. 「사회복지 경영연구」, 2(1): 1−28.

최영준(2011). 위험 관리자로서의 복지국가: 사회적 위험에 대한 이론적 이해. 「정부학연구」, 17(2): 31−57.

통계청(2019a). 2019 일·가정양립지표.

통계청(2019b). 2018년 출생 통계(확정).

통계청(2020). 2019년 인구동향조사 출생·사망통계 잠정 결과.

한국노동연구원(2017). 청년 고용·노동시장의 현황, 문제점 및 정책과제.

Beck, U.(1986). Risikogesellschaft auf dem Weg in eine andere Moderne, Frankfurt am. Main, 1986, 홍성태 옮김, 「위험사회−새로운 근대(성)을 향하여」, 새물결.

Bonoli, G.(2007). Time Matters Postindustrialization, New Social Risks, and Welfare State Adaptation in Advanced Industrial Democracies. *Comparative Political Studies*, 40(5): 495−520.

Daly, M., & Lewis, J.(2000). The Concept of Social Care and the Analysis of Contemporary Welfare States. *The British journal of sociology*, 51(2): 281−298.

Huber, E., & John, D. S.(2006). Combating Old and New Social Risks. In Klaus Armingeon and Giuliano Bonoli, (eds). pp. p143−168. *The Politics of Post−Industrial Welfare States: Adapting Post−War Social Policies to New Social Risks*. London: Routledge.

Huber, E., & Stephens, J. D.(2006). Combating Old and New Social Risks. In K. Armingeon, & G. Bonoli, (eds). *The Politics of Post−Industrial Welfare States: Adapting Post−War Social Policies to New Social Risks*. pp. 143−168. London: Routledge.

Taylor−Gooby, P.(2004). New Risks and Social Change. In P. Taylor−Gooby, (ed). *New Risks, New Welfare: the Transformation of the European Welfare State*. pp. 1−27. Oxford: Oxford university Press.

[8장]

김근세(2016). 한국행정의 목표: 다원적 행정가치와 전략. 「한국행정학보」, 50(4): 11−42.

김병섭·김정인(2014). 관료 (무)책임성의 재해석: 세월호 사고를 중심으로. 「한국행정학보」, 48(3): 99−120.

김병섭·김정인(2016). 위험유형에 따른 정부 책임성과 거버넌스. 「한국행정학보」, 50(4): 139−168.

남은영(2009). 한국의 새로운 사회적 위험(New Social Risk). 한국사회학회 사회학대회 논문집. 957−976.

노진철(2004). 위험사회학−위험과 사회의 관계에 대한 사회이론화. 「경제와 사회」, 63: 98−125.

노진철·서문기·이경용·이재열(2004). 위험사회와 생태적·사회적 안전. 「IT의 사회·문화적 영향 연구」, 17: 1−140.

동아일보(2020). 기업 74.6% "코로나19에 채용 취소 및 연기" 2020년 3월 25일자.

매일경제(2020). 코로나 뉴노멀 시대 ··· 분산 다변화·클라우드·언택트 가속화. 2020 년 3월 8일자.

박종민·김병완(1991). 한국 국가관료의 인식. 「한국행정학보」, 25(4): 85−101.

박종민·윤견수(2014). 한국 국가관료제의 세 가지 전통. 「한국행정학보」, 48(1): 1−24.

양재진(2005). 발전이후 발전주의론: 한국 발전국가의 성장, 위기, 그리고 미래. 「한국 행정학보」, 39(1): 1−18.

연합뉴스(2020). 코로나19로 산업생산·소비 9년만에 최대폭 감소···투자도 줄어(종합). 2020년 3월 31일자.

이광종(1998). 이율곡의 안민(安民) 교민사상(教民思想) 규범적 관료 책임론. 「한국행 정사학지」, 6: 59−79.

이연호·임유진·정석규(2002). 한국에서 규제국가의 등장과 정부−기업관계. 「한국정 치학회보」, 36(3): 199−222.

이재열(1998). 체계실패로서의 위험사회. 한국사회학회 사회학대회 논문집. 91−99.

이재열·김동우(2004). 이중적 위험사회형 재난의 구조. 「한국사회학」, 38(3): 143− 176.

이재은(2014). 세월호 사고와 바람직한 재난관리체계. 서울행정학회 포럼. 2014년 제2 호: 12−17.

이주하(2016). 2016년 한국행정학회 하계학술대회. 사회적 위험의 중첩성과 사회정책 적 대응.

주재현·한승주(2015). 공무원의 책임성 딜레마 인지와 대응: 지방자치단체 공무원을 중심으로. 「정부학연구」, 21(3): 1−33.

지식경제부(2010). 뉴노멀 시대의 글로벌 기업 7대 TREND.

최상옥(2016). 뉴노멀 시대 新공공성 탐색. 「정부학연구」, 22(2): 5−25.

한상일(2013). 한국 공공부문의 다양화와 새로운 책임성 개념의 모색. 「한국조직학회 보」, 10(2): 123−151.

한상진(1998). 왜 위험사회인가? 한국 사회의 자기반성. 「사상」(가을): 3−25.

Aberbach, J. D., & Rockman, B. A.(1988). Mandates or Mandarins? Control and Discretion in the Modern Administrative State. *Public Administration Review*, 48(2): 606−612.

Beck, U.(1986). Risikogesellschaft auf dem Weg in eine andere Moderne, Frankfurt am. Main, 1986, 홍성태 옮김, 「위험사회−새로운 근대(성)을 향하여」, 새물결.

Behn, R. D.(2001). *Rethinking Democratic Accountability*. Washington, DC: Brookings Institution Press.

Benish, A.(2014). The Public Accountability of Privatized activation: The Case of Israel. *Social Policy & Administration*, 48(2): 262−277.

Cleary, R. E.(1980). The Professional as Public Servant: The Decision−making Dilemma. *International Journal of Public Administration*, 2(2): 151−160.

de Vries, M.(2007). Accountability in the Netherlands: Exemplary in its Complexity. *Public Administration Quarterly*, 31(4): 480−507.

El−Erion, M. A.(2008). *When Markets Collide: Investment Strategies for the Age of Global Economic Change*. New York, NY: McGraw−Hill Books.

Finer, H.(1941). Administrative Responsibility in Democratic government. *Public Administration Review*, 1(4): 335−350.

Friedrich, C. J.(1940). Public Policy and the Nature of Administrative Responsibility. In C. J. Friedrich, & E. S. Mason, (eds). *Public Policy: A Yearbook of the Graduate School of Public Administration*. pp. 3−24. Cambridge, MA: Harvard University Press.

Gormley, W.(1996). Accountability Battles in State Administration. In C. Van Horn, (ed). *The State of the States*. pp. 161−178. Washington, DC: CQ Press.

Held, D.(2006). *Models of Democracy*. Cambridge: Polity Press.

Heywood, A.(2000). *Key Concepts in Politics*. London: Macmillan Press.

Johnson, C.(1982). *MITI and The Japanese Miracle: The Growth of Industrial Policy, 1925−1975*. California: Stanford University Press.

McNamee, R., & Diamond, D.(2003). *The New Normal: Great Opportunities in a Time of Great Risk*. London: Penguin Books Ltd.

Mosher, F. C.(1968). Democracy and the Public Service. Oxford University Press.

Mulgan, R.(2006). Government Accountability for Outsourced Services. *Australian Journal of Public Administration*, 65(2): 48−58.

Odegard, P. H.(1954). Toward a Responsible Bureaucracy. *Annals of the American Academy of Political and Social Science*, 292: 18−29.

Romzek, B. S., & Dubnick, M. J.(1987). Accountability in the Public Sector: Lessons from the Challenger Tragedy. *Public Administration Review*, 47(3): 227−238.

Sinclair, A.(1995). The Chameleon of Accountability: Forms and Discourses.

Accounting, Organizations and Society, 20(2): 219−237.

Slovic, P., Fischhoff, B., & Lichtenstein, S.(2000). Facts and Fears: Understanding Perceived Risk. In P. Slovic, (ed). *The Perception of Risk.* pp. 137−153. London and Sterling, VA: Earthscan Publications Ltd.

Taylor−Gooby, P.(2004). New Risks and Social Change. In P. Taylor−Gooby, (ed). *New Risks, New Welfare: the Transformation of the European Welfare State.* pp. 1−27. Oxford: Oxford university Press.

[9장]

국가법령정보센터(2020a). 「원자력안전법」

국가법령센터(2020b). 「청년기본법」

국민일보(2020). 마스크 탈취하는 세상, 코로나는 강한 국가를 불렀다. 2020년 4월 21일자.

김남진(2016). 보장국가 구현을 위한 법적·정책적 연구 학술원논문집(인문·사회과학편), 55(2): 39−71.

김대환(2014). 국가의 국민안전보장의무. 「공법학연구」, 15(3): 3−41.

김병섭·김정인(2016). 위험유형에 따른 정부 책임성과 거버넌스. 「한국행정학보」, 50(4): 139−168.

김소연(2017). 기본권으로서의 안전권 인정에 대한 헌법적 고찰. 「공법연구」, 45(3): 173−195.

김영평(1995). 「불확실성과 정책의 정당성」. 서울: 고려대학교 출판부.

김재윤(2013). 위험사회에서 형법을 통한 위험조종의 가능성과 한계: 위험형법과 적대형법을 중심으로. 「일감법학」, 25: 123−160.

김정인(2018). 사회적 가치 실현을 위한 공직가치에 관한 시론적 연구: 포용적 성장을 중심으로. 「한국인사행정학회보」, 17(1): 57−83.

김창수(2013). 위험사회와 가외성의 효용. 「한국행정논집」, 25(2): 595−619.

김현준(2009). 공공갈등과 행정법학. 「서강법학」, 11(1): 261−291.

노컷뉴스(2020). 외교보다 중요한 것은 국민의 안전이다. 2020년 2월 3일자.

박희제(2013). 전문성은 광우병 위험 인식의 결정요인이었나?: 전문가와 일반시민의 광우병 인식 차이 비교. 「농촌사회」, 23(2): 301−341.

복지타임즈(2020). 코로나19학교 온라인수업 학습권보장 연대, 저소득 취약계층 학생 학습권 보장하라. 2020년 4월 23일자.

연합뉴스(2020). 마스크 주면 좋은 회사… 코로나19가 만든 신 사내복지. 2020년 2월 25일자.

윤수정(2019). 국민 안전권 보장을 위한 국가 및 지방자치단체의 역할. 「공법학연구」, 20(3): 3-27.

이용식(2001). 위험사회에서의 법익보호와 적극적 일반예방. 「형사정책」, 13(1): 33-55.

이혜영(2014). 위험규제 거버넌스에 관한 시론적 연구: 식품안전 분야에의 적용. 「한국사회와 행정연구」, 24(4): 385-407.

정정길 외(2017). 「새로운 패러다임 행정학」. 서울: 대명출판사.

조선일보(2020). 거대정부의 진격, 악수의 종말… 코로나 이후 달라질 10가지. 2020년 4월 21일자.

조태제(2012). 공사협동 시대에 있어서의 보장국가, 보장행정 및 보장행정법의 전개. 「한양법학」, 38: 273-297.

중앙일보(2019). 정년연장의 역설… 조기퇴직 늘고 정년퇴직 줄어. 2019년 10월 8일자.

중앙일보(2020a). 윤창호법 맞춰… 음주운전 사망사고 최대 징역 12년 강화. 2020년 4월 22일자.

중앙일보(2020b). 홍콩대 연구진, 중국 코로나 확진자 수, 당국 발표보다 네 배 더 많아. 2020년 4월 23일자.

최상옥(2016). 뉴노멀 시대 新공공성 탐색. 「정부학연구」, 22(2): 5-25.

한겨레신문(2020). 코로나19로 감시기술 효과 확인… '민주적 시민 통제' 어떻게 하나. 2020년 3월 30일자.

한국경제신문(2020). 코로나19 스타 줌, 보안 문제로 미국서 사용금지령 철퇴. 2020년 4월 6일자.

한국보건사회연구원(2007). 건강보험 적정 보장성 확보방안.

한국형사정책연구원(2013). 후기현대사회의 위험관리를 위한 형법 및 형사정책 연구.

홍석한(2016). 새로운 국가역할 모델로서 보장국가론의 의미와 가능성. 「공법학연구」, 17(2): 3-28.

Ali, I., & Zhuang, J.(2007). *Inclusive Growth Toward a Prosperous Asia: Policy Implication*. Asian Development Bank.

Black, J.(2005). The Emergence of Risk-based Regulation and the New Public Risk

Management in the United Kingdom. *Public Law,* Autumn: 512−549.

Carlsson, L.(2000). Policy Networks as Collective Action. *Policy Studies Journal,* 28(3): 502−520.

Hood, C., Rothstein H., & Baldwin, R.(2001). *The Government of Risk: Understanding Risk Regulation Regimes.* Oxford: Oxford University Press.

Lundgren, R. E., & McMakin, A. H.(1998). *Risk Communication: A Handbook for Communicating Environmental, Safety, and Health Risks.* Columbus, Ohio: Battelle Press.

Mulgan, R.(2003). *Holding Power to Account.* Basingstoke: Palgrave Macmillan.

OECD(1999). *Social Enterprises Sector: Conceptual Framework.*

OECD(2010). *Risk and Regulatory Policy: Improving the Governance of Risk.*

Rippl, S.(2002). Cultural Theory and Risk Perception: A Proposal for a Better Measurement. *Journal of Risk Research,* 5(2): 147‑165.

Wildavsky, A. B.(1988). *Searching for Safety.* New Brunswick, NJ: Social Philosophy & Policy Center.

[10장]

고용노동부(2020). 일자리 위기극복을 위한 고용 및 기업 안정 대책.

국민일보(2020). 마스크 탈취하는 세상, 코로나는 강한 국가를 불렀다. 2020년 4월 21 일자.

김영욱(2006). 위험사회와 위험 커뮤니케이션. 「커뮤니케이션 이론」, 2(2): 192−232.

노진철(2004). 위험사회학−위험과 사회의 관계에 대한 사회이론화. 「경제와 사회」, 63: 98−125.

동아일보(2020). 예전으로 돌아갈 수 없다⋯ 코로나19가 바꿀 일상. 2020년 4월 14일자.

머니투데이(2020). 아프면 집에서 3~4일 휴식⋯ 정부, 생활방역 기본수칙 초안 공개. 2020년 4월 22일자.

법제처(2020). 감염병 예방 및 확산 철저히 대응하기 위한 코로나3법 개정!

서울시(2020). 성북동 주민들은 지금 '수제 마스크' 제작 봉사중!

양기근(2010). 지방정부와 중앙정부간 협력적 재난관리 방안 연구: 일본의 사례를 중 심으로. 「국정관리연구」, 5(1): 121−154.

연합뉴스(2020). 노원구, 구민 위해 마스크 무료 배부. 2020년 3월 12일자.

이명석·배재현·양세진(2009). 협력적 거버넌스와 정부의 역할: 사회적 기업 사례를 중심으로. 「한국정책학회보」, 18(4): 145－172.

이유현·권기헌(2017). 국제사회의 재난정책 패러다임에 관한 연구: 한국 재난정책에의 시사점을 중심으로. 「한국정책학회보」, 26(4): 255－290.

이재열(1998). 체계실패로서의 위험사회. 한국사회학회 사회학대회 논문집. 91－99.

이재열·김동우(2004). 이중적 위험사회형 재난의 구조. 「한국사회학」, 38(3): 143－176.

이준(2014). 안전 부담비용 수용 문화 확산 방안 연구.

이투데이(2020). 코로나19 발생 이전의 세상은 이제 없어⋯ 방역활동이 일상. 2020년 4월 11일자.

이홍균(2009). 울리히 벡의 "성찰적 근대화론" 비판 －성장의 사회 압력에 의한 행위의 관점에서. 「담론」, 12(1): 133－159.

정신의학신문(2020). 가족 갈등, 코로나 '집콕'이 가져온 또 다른 일상의 문제. 2020년 4월 22일자.

정흥준(2020). 코로나19, 사회적 보호 사각지대의 규모와 대안적 정책방향. 한국노동연구원.

조선일보(2020). 한국 거리두기 한달 쇼핑·극장 19%↓ 공원방문 51%↑⋯ 구글 韓 인구 동선 분석 발표. 2020년 4월 3일자.

지동훈·이현수·박문서(2015). 사용자 안전을 고려한 Design for Safety 개념. 「대한건축학회 학술발표대회 논문집」, 35(1): 495－496.

헤럴드경제(2020). 트럼프 "몸속 주입"에 뉴요커 30명 살균·표백제 삼켰다. 2020년 4월 26일자.

Ansell, C., & Gash, A.(2008). Collaborative Goverance in Theory and Practice. *Journal of Pubic Administration and Research Theory*, 18(4): 543－571.

Beck, U.(1986). Risikogesellschaft auf dem Weg in eine andere Moderne, Frankfurt am. Main, 1986, 홍성태 옮김, 「위험사회－새로운 근대(성)을 향하여」, 새물결.

Buffett, H. W., & Eimicke, W. B.(2018). *Social Value Investing: A Management Framework for Effective Partnerships*. New York: Columbia University Press.

제1장 총칙

제1조(목적) 이 법은 국민 건강에 위해(危害)가 되는 감염병의 발생과 유행을 방지하고, 그 예방 및 관리를 위하여 필요한 사항을 규정함으로써 국민 건강의 증진 및 유지에 이바지함을 목적으로 한다.

제2조(정의) 이 법에서 사용하는 용어의 뜻은 다음과 같다.

1. "감염병"이란 제1급감염병, 제2급감염병, 제3급감염병, 제4급감염병, 기생충감염병, 세계보건기구 감시대상 감염병, 생물테러감염병, 성매개감염병, 인수(人獸)공통감염병 및 의료관련감염병을 말한다.

2. "제1급감염병"이란 생물테러감염병 또는 치명률이 높거나 집단 발생의 우려가 커서 발생 또는 유행 즉시 신고하여야 하고, 음압격리와 같은 높은 수준의 격리가 필요한 감염병이다.

3. "제2급감염병"이란 전파가능성을 고려하여 발생 또는 유행 시 24시간 이내에 신고하여야 하고, 격리가 필요한 감염병을 말한다. 다만, 갑작스러운 국내 유입 또는 유행이 예견되어 긴급한 예방·관리가 필요하여 보건복지부장관이 지정하는 감염병을 포함한다.

4. "제3급감염병"이란 그 발생을 계속 감시할 필요가 있어 발생 또는 유행 시 24시간 이내에 신고하여야 하는 감염병을 말한다. 다만, 갑작스러운 국내 유입 또는 유행이 예견되어 긴급한 예방·관리가 필요하여 보건복지부장관이 지정하는 감염병을 포함한다.

5. "제4급감염병"이란 제1급감염병부터 제3급감염병까지의 감염병 외에 유행 여부를 조사하기 위하여 표본감시 활동이 필요한 감염병을 말한다.

6. "기생충감염병"이란 기생충에 감염되어 발생하는 감염병 중 보건복지부장관이 고시하는 감염병을 말한다.

8. "세계보건기구 감시대상 감염병"이란 세계보건기구가 국제공중보건의 비상사태에 대비하기 위하여 감시대상으로 정한 질환으로서 보건복지부장관이 고시하는 감염병을 말한다.

9. "생물테러감염병"이란 고의 또는 테러 등을 목적으로 이용된 병원체에 의하여 발생된 감염병 중 보건복지부장관이 고시하는 감염병을 말한다.

10. "성매개감염병"이란 성 접촉을 통하여 전파되는 감염병 중 보건복지부장관이 고시하는 감염병을 말한다.

11. "인수공통감염병"이란 동물과 사람 간에 서로 전파되는 병원체에 의하여 발생되는 감염병 중 보건복지부장관이 고시하는 감염병을 말한다.

12. "의료관련감염병"이란 환자나 임산부 등이 의료행위를 적용받는 과정에서 발생한 감염병으로서 감시활동이 필요하여 보건복지부장관이 고시하는 감염병을 말한다.

13. "감염병환자"란 감염병의 병원체가 인체에 침입하여 증상을 나타내는 사람으로서 제11조 제6항의 진단 기준에 따른 의사, 치과의사 또는 한의사의 진단이나 제16조의2에 따른 감염병병원체 확인기관의 실험실 검사를 통하여 확인된 사람을 말한다.

14. "감염병의사환자"란 감염병병원체가 인체에 침입한 것으로 의심이 되나 감염병환자로 확인되기 전 단계에 있는 사람을 말한다.

15. "병원체보유자"란 임상적인 증상은 없으나 감염병병원체를 보유하고 있는 사람을 말한다.

15의2. "감염병의심자"란 다음 각 목의 어느 하나에 해당하는 사람을 말한다.

　가. 감염병환자, 감염병의사환자 및 병원체보유자(이하 "감염병환자등"이라 한다)와 접촉하거나 접촉이 의심되는 사람(이하 "접촉자"라 한다)

　나. 「검역법」 제2조 제7호 및 제8호에 따른 검역관리지역 또는 중점검역관리지역에 체류하거나 그 지역을 경유한 사람으로서 감염이 우려되는 사람

　다. 감염병병원체 등 위험요인에 노출되어 감염이 우려되는 사람

16. "감시"란 감염병 발생과 관련된 자료, 감염병병원체·매개체에 대한 자료를 체계적이고 지속적으로 수집, 분석 및 해석하고 그 결과를 제때에 필요한 사람에게 배포하여 감염병 예방 및 관리에 사용하도록 하는 일체의 과정을 말한다.

16의2. "표본감시"란 감염병 중 감염병환자의 발생빈도가 높아 전수조사가 어렵고 중증도가 비교적 낮은 감염병의 발생에 대하여 감시기관을 지정하여 정기적이고 지속적인 의과학적 감시를 실시하는 것을 말한다.

17. "역학조사"란 감염병환자등이 발생한 경우 감염병의 차단과 확산 방지 등을 위하여 감염병환자등의 발생 규모를 파악하고 감염원을 추적하는 등의 활동과 감염병 예방접종 후 이상반응 사례가 발생한 경우나 감염병 여부가 불분명하나 그 발병원인을 조사할 필요가 있는 사례가 발생한 경우 그 원인을 규명하기 위하여 하는 활동을 말한다.

18. "예방접종 후 이상반응"이란 예방접종 후 그 접종으로 인하여 발생할 수 있는 모든 증상 또는 질병으로서 해당 예방접종과 시간적 관련성이 있는 것을 말한다.

19. "고위험병원체"란 생물테러의 목적으로 이용되거나 사고 등에 의하여 외부에 유출될 경우 국민 건강에 심각한 위험을 초래할 수 있는 감염병병원체로서 보건복지부령으로 정하는 것을 말한다.

20. "관리대상 해외 신종감염병"이란 기존 감염병의 변이 및 변종 또는 기존에 알려지지 아니한 새로운 병원체에 의해 발생하여 국제적으로 보건문제를 야기하고 국내 유입에 대비하여야 하는 감염병으로서 보건복지부장관이 지정하는 것을 말한다.

제3조(다른 법률과의 관계) 감염병의 예방 및 관리에 관하여는 다른 법률에 특별한 규정이 있는 경우를 제외하고는 이 법에 따른다.

제4조(국가 및 지방자치단체의 책무) ① 국가 및 지방자치단체는 감염병환자등의 인간으로서의 존엄과 가치를 존중하고 그 기본적 권리를 보호하며, 법률에 따르지 아니하고는 취업 제한 등의 불이익을 주어서는 아니 된다.

② 국가 및 지방자치단체는 감염병의 예방 및 관리를 위하여 다음 각 호의 사업을 수행하여야 한다.

1. 감염병의 예방 및 방역대책
2. 감염병환자등의 진료 및 보호
3. 감염병 예방을 위한 예방접종계획의 수립 및 시행
4. 감염병에 관한 교육 및 홍보
5. 감염병에 관한 정보의 수집·분석 및 제공
6. 감염병에 관한 조사·연구
7. 감염병병원체(감염병병원체 확인을 위한 혈액, 체액 및 조직 등 검체를 포함한다) 수집·검사·보존·관리 및 약제내성 감시(藥劑耐性 監視)
8. 감염병 예방을 위한 전문인력의 양성
9. 감염병 관리정보 교류 등을 위한 국제협력
10. 감염병의 치료 및 예방을 위한 약품 등의 비축
11. 감염병 관리사업의 평가
12. 기후변화, 저출산·고령화 등 인구변동 요인에 따른 감염병 발생조사·연구 및 예방대책 수립
13. 한센병의 예방 및 진료 업무를 수행하는 법인 또는 단체에 대한 지원
14. 감염병 예방 및 관리를 위한 정보시스템의 구축 및 운영
15. 해외 신종감염병의 국내 유입에 대비한 계획 준비, 교육 및 훈련
16. 해외 신종감염병 발생 동향의 지속적 파악, 위험성 평가 및 관리대상 해외 신종감염병의 지정
17. 관리대상 해외 신종감염병에 대한 병원체 등 정보 수집, 특성 분석, 연구를

통한 예방과 대응체계 마련, 보고서 발간 및 지침(매뉴얼을 포함한다) 고시
③ 국가·지방자치단체(교육감을 포함한다)는 감염병의 효율적 치료 및 확산방지를 위하여 질병의 정보, 발생 및 전파 상황을 공유하고 상호 협력하여야 한다.
④ 국가 및 지방자치단체는「의료법」에 따른 의료기관 및 의료인단체와 감염병의 발생 감시·예방을 위하여 관련 정보를 공유하여야 한다.

제5조(의료인 등의 책무와 권리) ①「의료법」에 따른 의료인 및 의료기관의 장 등은 감염병 환자의 진료에 관한 정보를 제공받을 권리가 있고, 감염병 환자의 진단 및 치료 등으로 인하여 발생한 피해에 대하여 보상받을 수 있다.
②「의료법」에 따른 의료인 및 의료기관의 장 등은 감염병 환자의 진단·관리·치료 등에 최선을 다하여야 하며, 보건복지부장관 또는 지방자치단체의 장의 행정명령에 적극 협조하여야 한다.
③「의료법」에 따른 의료인 및 의료기관의 장 등은 국가와 지방자치단체가 수행하는 감염병의 발생 감시와 예방·관리 및 역학조사 업무에 적극 협조하여야 한다.

제6조(국민의 권리와 의무) ① 국민은 감염병으로 격리 및 치료 등을 받은 경우이로 인한 피해를 보상받을 수 있다.
② 국민은 감염병 발생 상황, 감염병 예방 및 관리 등에 관한 정보와 대응방법을 알 권리가 있고, 국가와 지방자치단체는 신속하게 정보를 공개하여야 한다.
③ 국민은 의료기관에서 이 법에 따른 감염병에 대한 진단 및 치료를 받을 권리가 있고, 국가와 지방자치단체는 이에 소요되는 비용을 부담하여야 한다.
④ 국민은 치료 및 격리조치 등 국가와 지방자치단체의 감염병 예방 및 관리를 위한 활동에 적극 협조하여야 한다.

제2장 기본계획 및 사업

제7조(감염병 예방 및 관리 계획의 수립 등) ① 보건복지부장관은 감염병의 예방 및 관리에 관한 기본계획(이하 "기본계획"이라 한다)을 5년마다 수립·시행하여야 한다.
② 기본계획에는 다음 각 호의 사항이 포함되어야 한다.
1. 감염병 예방·관리의 기본목표 및 추진방향
2. 주요 감염병의 예방·관리에 관한 사업계획 및 추진방법
2의2. 감염병 대비 의약품·장비 등의 비축 및 관리에 관한 사항
3. 감염병 전문인력의 양성 방안
3의2.「의료법」제3조 제2항 각 호에 따른 의료기관 종별 감염병 위기대응역량

의 강화 방안

4. 감염병 통계 및 정보의 관리 방안

5. 감염병 관련 정보의 의료기관 간 공유 방안

6. 그 밖에 감염병의 예방 및 관리에 필요한 사항

③ 특별시장·광역시장·도지사·특별자치도지사(이하 "시·도지사"라 한다)와 시장·군수·구청장(자치구의 구청장을 말한다. 이하 같다)은 기본계획에 따라 시행계획을 수립·시행하여야 한다.

④ 보건복지부장관, 시·도지사 또는 시장·군수·구청장은 기본계획이나 제3항에 따른 시행계획의 수립·시행에 필요한 자료의 제공 등을 관계 행정기관 또는 단체에 요청할 수 있다.

⑤ 제4항에 따라 요청받은 관계 행정기관 또는 단체는 특별한 사유가 없으면 이에 따라야 한다.

제8조(감염병관리사업지원기구의 운영) ① 보건복지부장관 및 시·도지사는 제7조에 따른 기본계획 및 시행계획의 시행과 국제협력 등의 업무를 지원하기 위하여 민간전문가로 구성된 감염병관리사업지원기구를 둘 수 있다.

② 국가 및 지방자치단체는 감염병관리사업지원기구의 운영 등에 필요한 예산을 지원할 수 있다.

③ 제1항 및 제2항에 따른 감염병관리사업지원기구의 설치·운영 및 지원 등에 필요한 사항은 대통령령으로 정한다.

제8조의2(감염병병원) ① 국가는 감염병의 연구·예방, 전문가 양성 및 교육, 환자의 진료 및 치료 등을 위한 시설, 인력 및 연구능력을 갖춘 감염병전문병원 또는 감염병연구병원을 설립하거나 지정하여 운영한다.

② 국가는 감염병환자의 진료 및 치료 등을 위하여 권역별로 보건복지부령으로 정하는 일정규모 이상의 병상(음압병상 및 격리병상을 포함한다)을 갖춘 감염병전문병원을 설립하거나 지정하여 운영한다.

③ 국가는 예산의 범위에서 제1항 및 제2항에 따른 감염병전문병원 또는 감염병연구병원을 설립하거나 지정하여 운영하는 데 필요한 예산을 지원할 수 있다.

④ 제1항 및 제2항에 따른 감염병전문병원 또는 감염병연구병원을 설립하거나 지정하여 운영하는 데 필요한 절차, 방법, 지원내용 등의 사항은 대통령령으로 정한다.

제9조(감염병관리위원회) ① 감염병의 예방 및 관리에 관한 주요 시책을 심의하기 위하여 보건복지부에 감염병관리위원회(이하 "위원회"라 한다)를 둔다.

② 위원회는 다음 각 호의 사항을 심의한다.

1. 기본계획의 수립

2. 감염병 관련 의료 제공

3. 감염병에 관한 조사 및 연구

4. 감염병의 예방·관리 등에 관한 지식 보급 및 감염병환자등의 인권 증진

5. 제20조에 따른 해부명령에 관한 사항

6. 제32조 제2항에 따른 예방접종의 실시기준과 방법에 관한 사항

6의2. 제33조의2제1항에 따라 제24조의 필수예방접종 및 제25조의 임시예방접종에 사용되는 의약품(이하 "필수예방접종약품등"이라 한다)의 사전 비축 및 장기 구매에 관한 사항

6의3. 제33조의2제2항에 따른 필수예방접종약품등의 공급의 우선순위 등 분배기준, 그 밖에 필요한 사항의 결정

7. 제34조에 따른 감염병 위기관리대책의 수립 및 시행

8. 제40조 제1항 및 제2항에 따른 예방·치료 의약품 및 장비 등의 사전 비축, 장기 구매 및 생산에 관한 사항

8의2. 제40조의2에 따른 의약품 공급의 우선순위 등 분배기준, 그 밖에 필요한 사항의 결정

9. 제71조에 따른 예방접종 등으로 인한 피해에 대한 국가보상에 관한 사항

10. 내성균 관리대책에 관한 사항

11. 그 밖에 감염병의 예방 및 관리에 관한 사항으로서 위원장이 위원회의 회의에 부치는 사항

제4장 감염병감시 및 역학조사 등

제16조(감염병 표본감시 등) ① 보건복지부장관은 감염병의 표본감시를 위하여 질병의 특성과 지역을 고려하여 「보건의료기본법」에 따른 보건의료기관이나 그 밖의 기관 또는 단체를 감염병 표본감시기관으로 지정할 수 있다.

② 보건복지부장관, 시·도지사 또는 시장·군수·구청장은 제1항에 따라 지정받은 감염병 표본감시기관(이하 "표본감시기관"이라 한다)의 장에게 감염병의 표본감시와 관련하여 필요한 자료의 제출을 요구하거나 감염병의 예방·관리에 필요한 협조를 요청할 수 있다. 이 경우 표본감시기관은 특별한 사유가 없으면 이에 따라야 한다.

③ 보건복지부장관, 시·도지사 또는 시장·군수·구청장은 제2항에 따라 수집한 정보 중 국민 건강에 관한 중요한 정보를 관련 기관·단체·시설 또는 국민들에게 제공하여야 한다.

④ 보건복지부장관, 시·도지사 또는 시장·군수·구청장은 표본감시활동에 필

요한 경비를 표본감시기관에 지원할 수 있다.

제17조(실태조사) ① 보건복지부장관 및 시·도지사는 감염병의 관리 및 감염 실
태와 내성균 실태를 파악하기 위하여 실태조사를 실시하고, 그 결과를 공표하
여야 한다.

② 보건복지부장관 및 시·도지사는 제1항에 따른 조사를 위하여 의료기관 등
관계 기관·법인 및 단체의 장에게 필요한 자료의 제출 또는 의견의 진술을 요
청할 수 있다. 이 경우 요청을 받은 자는 정당한 사유가 없으면 이에 협조하여
야 한다.

③ 제1항에 따른 실태조사에 포함되어야 할 사항과 실태조사의 시기, 방법, 절
차 및 공표 등에 관하여 필요한 사항은 보건복지부령으로 정한다.

제18조(역학조사) ① 질병관리본부장, 시·도지사 또는 시장·군수·구청장은 감
염병이 발생하여 유행할 우려가 있거나, 감염병 여부가 불분명하나 발병원인을
조사할 필요가 있다고 인정하면 지체 없이 역학조사를 하여야 하고, 그 결과에
관한 정보를 필요한 범위 에서 해당 의료기관에 제공하여야 한다. 다만, 지역확
산 방지 등을 위하여 필요한 경우 다른 의료기관에 제공하여야 한다.

② 질병관리본부장, 시·도지사 또는 시장·군수·구청장은 역학조사를 하기 위
하여 역학조사반을 각각 설치하여야 한다.

제18조의2(역학조사의 요청) ① 「의료법」에 따른 의료인 또는 의료기관의 장은
감염병 또는 알 수 없는 원인으로 인한 질병이 발생하였거나 발생할 것이 우려
되는 경우 보건복지부장관 또는 시·도지사에게 제18조에 따른 역학조사를 실
시할 것을 요청할 수 있다.

② 제1항에 따른 요청을 받은 보건복지부장관 또는 시·도지사는 역학조사의
실시 여부 및 그 사유 등을 지체 없이 해당 의료인 또는 의료기관 개설자에게
통지하여야 한다.

③ 제1항에 따른 역학조사 실시 요청 및 제2항에 따른 통지의 방법·절차 등 필
요한 사항은 보건복지부령으로 정한다.

제18조의3(역학조사인력의 양성) ① 보건복지부장관은 제60조의2제3항 각 호에
해당하는 사람에 대하여 정기적으로 역학조사에 관한 교육·훈련을 실시할 수
있다.

② 제1항에 따른 교육·훈련 과정 및 그 밖에 필요한 사항은 보건복지부령으로
정한다.

제7장 감염 전파의 차단 조치

제34조(감염병 위기관리대책의 수립·시행) ① 보건복지부장관은 감염병의 확산 또는 해외 신종감염병의 국내 유입으로 인한 재난상황에 대처하기 위하여 위원회의 심의를 거쳐 감염병 위기관리대책(이하 "감염병 위기관리대책"이라 한다)을 수립·시행하여야 한다.

② 감염병 위기관리대책에는 다음 각 호의 사항이 포함되어야 한다.

1. 재난상황 발생 및 해외 신종감염병 유입에 대한 대응체계 및 기관별 역할
2. 재난 및 위기상황의 판단, 위기경보 결정 및 관리체계
3. 감염병위기 시 동원하여야 할 의료인 등 전문인력, 시설, 의료기관의 명부 작성
4. 의료용품의 비축방안 및 조달방안
5. 재난 및 위기상황별 국민행동요령, 동원 대상 인력, 시설, 기관에 대한 교육 및 도상연습 등 실제 상황대비 훈련
6. 그 밖에 재난상황 및 위기상황 극복을 위하여 필요하다고 보건복지부장관이 인정하는 사항

③ 보건복지부장관은 감염병 위기관리대책에 따른 정기적인 훈련을 실시하여야 한다.

④ 감염병 위기관리대책의 수립 및 시행 등에 필요한 사항은 대통령령으로 정한다.

제34조의2(감염병위기 시 정보공개) ① 보건복지부장관은 국민의 건강에 위해가 되는 감염병 확산으로 인하여 「재난 및 안전관리 기본법」 제38조 제2항에 따른 주의 이상의 위기경보가 발령되면 감염병 환자의 이동경로, 이동수단, 진료의료기관 및 접촉자 현황 등 국민들이 감염병 예방을 위하여 알아야 하는 정보를 정보통신망 게재 또는 보도자료 배포 등의 방법으로 신속히 공개하여야 한다.

② 누구든지 제1항에 따라 공개된 사항이 다음 각 호의 어느 하나에 해당하는 경우에는 보건복지부장관에게 서면이나 말로 또는 정보통신망을 이용하여 이의신청을 할 수 있다.

1. 공개된 사항이 사실과 다른 경우
2. 공개된 사항에 관하여 의견이 있는 경우

③ 보건복지부장관은 제2항에 따라 신청한 이의가 상당한 이유가 있다고 인정하는 경우에는 공개된 정보의 정정 등 필요한 조치를 하여야 한다.

④ 제1항 및 제2항에 따른 정보공개와 이의신청의 범위, 절차 및 방법 등에 관하여 필요한 사항은 보건복지부령으로 정한다.

제35조(시·도별 감염병 위기관리대책의 수립 등) ① 보건복지부장관은 제34조 제1항에 따라 수립한 감염병 위기관리대책을 시·도지사에게 알려야 한다.

② 시·도지사는 제1항에 따라 통보된 감염병 위기관리대책에 따라 특별시·광역시·도·특별자치도(이하 "시·도"라 한다)별 감염병 위기관리대책을 수립·시행하여야 한다.

제35조의2(재난 시 의료인에 대한 거짓 진술 등의 금지) 누구든지 감염병에 관하여 「재난 및 안전관리 기본법」 제38조 제2항에 따른 주의 이상의 예보 또는 경보가 발령된 후에는 의료인에 대하여 의료기관 내원(內院)이력 및 진료이력 등 감염 여부 확인에 필요한 사실에 관하여 거짓 진술, 거짓 자료를 제출하거나 고의적으로 사실을 누락·은폐하여서는 아니 된다.

제36조(감염병관리기관의 지정 등) ①보건복지부장관 또는 시·도지사는 보건복지부령으로 정하는 바에 따라 「의료법」 제3조에 따른 의료기관을 감염병관리기관으로 지정하여야 한다.

② 시장·군수·구청장은 보건복지부령으로 정하는 바에 따라 「의료법」에 따른 의료기관을 감염병관리기관으로 지정할 수 있다.

③ 제1항 및 제2항에 따라 지정받은 의료기관(이하 "감염병관리기관"이라 한다)의 장은 감염병을 예방하고 감염병환자등을 진료하는 시설(이하 "감염병관리시설"이라 한다)을 설치하여야 한다. 이 경우 보건복지부령으로 정하는 일정 규모 이상의 감염병관리기관에는 감염병의 전파를 막기 위하여 전실(前室) 및 음압시설(陰壓施設) 등을 갖춘 1인 병실을 보건복지부령으로 정하는 기준에 따라 설치하여야 한다.

④ 보건복지부장관, 시·도지사 또는 시장·군수·구청장은 감염병관리시설의 설치 및 운영에 드는 비용을 감염병관리기관에 지원하여야 한다.

⑤ 감염병관리기관이 아닌 의료기관이 감염병관리시설을 설치·운영하려면 보건복지부령으로 정하는 바에 따라 특별자치도지사 또는 시장·군수·구청장에게 신고하여야 한다. 이 경우 특별자치도지사 또는 시장·군수·구청장은 그 내용을 검토하여 이 법에 적합하면 신고를 수리하여야 한다.

⑥ 보건복지부장관, 시·도지사 또는 시장·군수·구청장은 감염병 발생 등 긴급상황 발생 시 감염병관리기관에 진료개시 등 필요한 사항을 지시할 수 있다.

제37조(감염병위기 시 감염병관리기관의 설치 등) ① 보건복지부장관, 시·도지사 또는 시장·군수·구청장은 감염병환자가 대량으로 발생하거나 제36조에 따라 지정된 감염병관리기관만으로 감염병환자등을 모두 수용하기 어려운 경우에는 다음 각 호의 조치를 취할 수 있다.

1. 제36조에 따라 지정된 감염병관리기관이 아닌 의료기관을 일정 기간 동안 감

염병관리기관으로 지정

2. 격리소·요양소 또는 진료소의 설치·운영

② 제1항 제1호에 따라 지정된 감염병관리기관의 장은 보건복지부령으로 정하는 바에 따라 감염병관리시설을 설치하여야 한다.

③ 보건복지부장관, 시·도지사 또는 시장·군수·구청장은 제2항에 따른 시설의 설치 및 운영에 드는 비용을 감염병관리기관에 지원하여야 한다.

④ 제1항 제1호에 따라 지정된 감염병관리기관의 장은 정당한 사유없이 제2항의 명령을 거부할 수 없다.

⑤ 보건복지부장관, 시·도지사 또는 시장·군수·구청장은 감염병 발생 등 긴급상황 발생 시 감염병관리기관에 진료개시 등 필요한 사항을 지시할 수 있다.

제38조(감염병환자등의 입소 거부 금지) 감염병관리기관은 정당한 사유 없이 감염병환자등의 입소(入所)를 거부할 수 없다.

제39조(감염병관리시설 등의 설치 및 관리방법) 감염병관리시설 및 제37조에 따른 격리소·요양소 또는 진료소의 설치 및 관리방법 등에 관하여 필요한 사항은 보건복지부령으로 정한다.

제39조의2(감염병관리시설 평가) 보건복지부장관, 시·도지사 및 시장·군수·구청장은 감염병관리시설을 정기적으로 평가하고 그 결과를 시설의 감독·지원 등에 반영할 수 있다. 이 경우 평가의 방법, 절차, 시기 및 감독·지원의 내용 등은 보건복지부령으로 정한다.

제39조의3(접촉자 격리시설 지정) ① 시·도지사는 감염병 발생 또는 유행 시 감염병환자등의 접촉자를 격리하기 위한 시설(이하 "접촉자 격리시설"이라 한다)을 지정하여야 한다. 다만, 「의료법」 제3조에 따른 의료기관은 접촉자 격리시설로 지정할 수 없다.

② 보건복지부장관 또는 시·도지사는 감염병환자등의 접촉자가 대량으로 발생하거나 제1항에 따라 지정된 접촉자 격리시설만으로 접촉자를 모두 수용하기 어려운 경우에는 제1항에 따라 접촉자 격리시설로 지정되지 아니한 시설을 일정기간 동안 접촉자 격리시설로 지정할 수 있다.

③ 제1항 및 제2항에 따른 접촉자 격리시설의 지정 및 관리 방법 등에 필요한 사항은 보건복지부령으로 정한다.

제40조(생물테러감염병 등에 대비한 의약품 및 장비의 비축) ① 보건복지부장관은 생물테러감염병 및 그 밖의 감염병의 대유행이 우려되면 위원회의 심의를 거쳐 예방·치료 의약품 및 장비 등의 품목을 정하여 미리 비축하거나 장기 구매를 위한 계약을 미리 할 수 있다.

② 보건복지부장관은 「약사법」 제31조 제2항에도 불구하고 생물테러감염병이나 그 밖의 감염병의 대유행이 우려되면 예방·치료 의약품을 정하여 의약품 제조업자에게 생산하게 할 수 있다.

③ 보건복지부장관은 제2항에 따른 예방·치료 의약품의 효과와 이상반응에 관하여 조사하고, 이상반응 사례가 발생하면 제18조에 따라 역학조사를 하여야 한다.

제40조의2(감염병 대비 의약품 공급의 우선순위 등 분배기준) 보건복지부장관은 생물테러감염병이나 그 밖의 감염병의 대유행에 대비하여 제40조 제1항 및 제2항에 따라 비축하거나 생산한 의약품 공급의 우선순위 등 분배기준, 그 밖에 필요한 사항을 위원회의 심의를 거쳐 정할 수 있다.

제40조의3(수출금지 등) ① 보건복지부장관은 제1급감염병의 유행으로 그 예방·방역 및 치료에 필요한 의약외품, 의약품 등 보건복지부령으로 정하는 물품(이하 "의약외품등"이라 한다)의 급격한 가격상승 또는 공급부족으로 국민건강을 현저하게 저해할 우려가 있을 때에는 그 의약외품등의 수출이나 국외 반출을 금지할 수 있다.

② 보건복지부장관은 제1항에 따른 금지를 하려면 미리 관계 중앙행정기관의 장과 협의하여야 하고, 금지 기간을 미리 정하여 공표하여야 한다.

제41조(감염병환자등의 관리) ① 감염병 중 특히 전파 위험이 높은 감염병으로서 제1급감염병 및 보건복지부장관이 고시한 감염병에 걸린 감염병환자등은 감염병관리기관에서 입원치료를 받아야 한다.

② 보건복지부장관, 시·도지사 또는 시장·군수·구청장은 감염병관리기관의 병상(病床)이 포화상태에 이르러 감염병환자등을 수용하기 어려운 경우에는 감염병관리기관이 아닌 다른 의료기관에서 입원치료하게 할 수 있다.

③ 보건복지부장관, 시·도지사 또는 시장·군수·구청장은 다음 각 호의 어느 하나에 해당하는 사람에게 자가(自家) 또는 감염병관리시설에서 치료하게 할 수 있다.

1. 제1항 및 제2항에 따른 입원치료 대상자가 아닌 사람

2. 감염병환자등과 접촉하여 감염병이 감염되거나 전파될 우려가 있는 사람

④ 제1항부터 제3항까지의 규정에 따른 자가치료 및 입원치료의 방법 및 절차 등에 관하여 필요한 사항은 대통령령으로 정한다.

제41조의2(사업주의 협조의무) ① 사업주는 근로자가 이 법에 따라 입원 또는 격리되는 경우 「근로기준법」 제60조 외에 그 입원 또는 격리기간 동안 유급휴가를 줄 수 있다. 이 경우 사업주가 국가로부터 유급휴가를 위한 비용을 지원 받을 때에는 유급휴가를 주어야 한다.

② 사업주는 제1항에 따른 유급휴가를 이유로 해고나 그 밖의 불리한 처우를 하여서는 아니 되며, 유급휴가 기간에는 그 근로자를 해고하지 못한다. 다만, 사업을 계속할 수 없는 경우에는 그러하지 아니하다.

③ 국가는 제1항에 따른 유급휴가를 위한 비용을 지원할 수 있다.

④ 제3항에 따른 비용의 지원 범위 및 신청·지원 절차 등 필요한 사항은 대통령령으로 정한다.

제42조(감염병에 관한 강제처분) ① 보건복지부장관, 시·도지사 또는 시장·군수·구청장은 해당 공무원으로 하여금 다음 각 호의 어느 하나에 해당하는 감염병환자등이 있다고 인정되는 주거시설, 선박·항공기·열차 등 운송수단 또는 그 밖의 장소에 들어가 필요한 조사나 진찰을 하게 할 수 있으며, 그 진찰 결과 감염병환자등으로 인정될 때에는 동행하여 치료받게 하거나 입원시킬 수 있다.

1. 제1급감염병

2. 제2급감염병 중 결핵, 홍역, 콜레라, 장티푸스, 파라티푸스, 세균성이질, 장출혈성대장균감염증, A형간염, 수막구균 감염증, 폴리오, 성홍열 또는 보건복지부장관이 정하는 감염병

3. 삭제

4. 제3급감염병 중 보건복지부장관이 정하는 감염병

5. 세계보건기구 감시대상 감염병

6. 삭제

② 보건복지부장관, 시·도지사 또는 시장·군수·구청장은 제1급감염병이 발생한 경우 해당 공무원으로 하여금 감염병의심자에게 다음 각 호의 어느 하나에 해당하는 조치를 하게 할 수 있다. 이 경우 해당 공무원은 감염병 증상 유무를 확인하기 위하여 필요한 조사나 진찰을 할 수 있다.

1. 자가(自家) 또는 시설에 격리

2. 유선·무선 통신, 정보통신기술을 활용한 기기 등을 이용한 감염병의 증상 유무 확인

제45조(업무 종사의 일시 제한) ① 감염병환자등은 보건복지부령으로 정하는 바에 따라 업무의 성질상 일반인과 접촉하는 일이 많은 직업에 종사할 수 없고, 누구든지 감염병환자등을 그러한 직업에 고용할 수 없다.

② 제19조에 따른 성매개감염병에 관한 건강진단을 받아야 할 자가 건강진단을 받지 아니한 때에는 같은 조에 따른 직업에 종사할 수 없으며 해당 영업을 영위하는 자는 건강진단을 받지 아니한 자를 그 영업에 종사하게 하여서는 아니 된다.

제9장 방역관, 역학조사관, 검역위원 및 예방위원 등

제60조(방역관) ① 보건복지부장관 및 시·도지사는 감염병 예방 및 방역에 관한 업무를 담당하는 방역관을 소속 공무원 중에서 임명한다. 다만, 감염병 예방 및 방역에 관한 업무를 처리하기 위하여 필요한 경우에는 시장·군수·구청장이 방역관을 소속 공무원 중에서 임명할 수 있다.

제60조의2(역학조사관) ① 감염병 역학조사에 관한 사무를 처리하기 위하여 보건복지부 소속 공무원으로 100명 이상, 시·도 소속 공무원으로 각각 2명 이상의 역학조사관을 두어야 한다. 이 경우 시·도 역학조사관 중 1명 이상은 「의료법」 제2조 제1항에 따른 의료인 중 의사로 임명하여야 한다.

출처: 국가법령정보센터(2020). 「감염병의 예방 및 관리에 관한 법률」 내용 일부 발췌.

찾/아/보/기/

김정인(金貞忍)

서울대학교 행정대학원과 미국 University of Southern California(USC)에서 행정학(정책학 전공) 및 정책학 석사를, 미국 University of Georgia에서 인사혁신 논문으로 박사 학위를 취득한 후 한국인적자원연구센터 선임연구원으로 재직하였다. 현재는 수원대학교 법·행정학부에서 부교수로 재직하고 있다. 주요 연구 관심분야는 인사정책, 조직관리, 조직행태, 공공갈등관리 등이 있다. 5급, 7급, 9급 국가공무원 공채 출제위원으로 활동하였다. 주요 저서로는 「참여형 공공갈등관리의 이해」(2018, 2019년 세종도서 학술부문 선정), 「인간과 조직을 위한 행정학」(2020) 등이 있다.

이 저서는 2018년 정부(교육부)의 재원으로 한국연구재단의 지원을 받아 수행된 연구임 (NRF-2018S1A6A4A01038263).

뉴노멀 시대, 위험과 정부 책임성:
안전사회 건설을 위하여

초판발행   2020년 8월 30일

지은이   김정인
펴낸이   안종만·안상준

편 집   장유나
기획/마케팅   이영조
표지디자인   박현정
제 작   우인도·고철민

펴낸곳   (주) **박영사**
                서울특별시 종로구 새문안로3길 36, 1601
                등록 1959. 3. 11. 제300-1959-1호(倫)

전 화   02)733-6771
f a x   02)736-4818
e-mail   pys@pybook.co.kr
homepage   www.pybook.co.kr
ISBN   979-11-303-1060-2   93350

정 가   27,000원